普通高等学校应用型教材

金融系列

国际结算

（第四版）

主编　高　洁　黄　莉

中国人民大学出版社
·北京·

出版说明

随着金融成为现代经济运行的核心，社会对金融教育和人才培养提出了更高的要求：分层培养人才。既要着力于培养研究型人才，又要培养大批应用型人才，这已是共识。许多非研究型院校师生反映，市场上现有的金融学教材大多重理论轻实践，重国际化轻中国化。根据这些院校的特点和培养目标，他们认为在教材内容上不仅要包含本领域的基本理论问题，让学生对于基本概念、基本原理有完整的掌握，而且要包含本领域的基本实践问题，让学生掌握一定的实务操作方法，以应对未来工作的挑战。本着这一要求，由李小牧教授和李嘉珊教授牵头，中国人民大学出版社组织中国人民大学、西安交通大学、北京第二外国语学院、北京外国语大学、首都经贸大学、对外经济贸易大学、北京工商大学等若干所学校以及国家外汇管理局、保险公司、证券公司、商业银行等的专家，设计和推出了这套"'十三五'普通高等教育应用型规划教材·金融系列"。该套教材突出了以下三点：

第一，所列课程完全根据教育部"高等教育面向21世纪教学内容与课程体系改革规划"编写。

第二，根据应用型人才培养目标，教材强化了各项业务的操作规程和实践做法，通过对案例的分析和点评让学生对实务操作有一个真切的体验。

第三，压缩教材的篇幅，学生可以通过网络获取学习资料、练习题等相关内容，从而减轻了学生负担。

需要说明的是，出于对应用型人才培养进行探索的要求，出版社并没有提出过分严格的要求，只是在教材的定位、篇幅、编写体例上提出了一些原则性建议，具体编写工作则实行主编负责制，由各位主编和作者全权处理各教材的编写工作，并对各自的内容负责。

教材的出版凝结了所有参编专家、教授的辛劳和智慧，在此一并表示感谢！

真诚地期待广大教师、学生和其他读者的批评与意见。

中国人民大学出版社

第四版前言

应中国人民大学出版社之邀，我们《国际结算》编写小组成员对2015年的第三版教材进行了修订。在新版教材中，我们力图使本教材内容的条理性、逻辑性更强，教材中的案例更生动、更有解释力。

在第五章“信用证结算方式”中，我们补充了银行付款责任（bank payment obligation，BPO）的相关概念和内容，并介绍了《BPO统一规则》。

在第七章“国际保理业务”中，我们介绍了国际保理商联合会与国际保理商协会进行合并的新动向，补充了由中国银行业协会保理专业委员会组织制定，并于2016年10月31日公布的《中国银行业保理业务规范》。

为了更好地把握国际结算领域新业务的发展趋势，本教材新设第十章“跨境贸易人民币结算”，以便学生掌握跨境贸易人民币结算的基本概念，了解跨境贸易人民币结算支付体系的发展现状与方向。

最后，本教材更新了部分参考文献。

本教材由高洁（对外经济贸易大学）和黄莉（中国工商银行国际结算单证中心）主编，参编成员有宋小娜（北京信息科技大学）、梁瑞（北京联合大学）和李少楠（中国电建地产集团有限公司）。本教材共分为十二章，参与修订成员的章节分工如下：第一章、第八章、第九章、第十一章和第十二章由高洁编写；第二章由宋小娜编写；第三章、第四章由罗立彬编写；第五章由梁瑞编写；第六章由梁瑞和黄莉共同编写；第七章由李少楠编写，第十章由黄莉编写。高洁对本教材进行了总纂。

本教材得到了中国人民大学出版社的大力支持，在此表示衷心感谢！

由于作者水平有限，书中难免存在不妥之处，敬请读者批评指正。

编者

第一版前言

据中国海关总署统计，自2002年中国正式加入世界贸易组织以来，中国对外贸易增长速度连续6年保持在20%以上，进出口规模翻了两番。2007年中国外贸进出口总值首次超过2万亿美元，达21 738亿美元，比上年增长23.5%，净增加4 134亿美元。其中，出口12 180亿美元，增长25.7%，比上年回落1.5个百分点；进口9 558亿美元，增长20.8%，比上年增加0.9个百分点。全年累计贸易顺差为2 622亿美元。

我国国际贸易的增长促使国际结算业务同步增长，给从事国际结算业务的金融机构带来了丰厚而稳定的利润，国际结算业务成为中资银行和外资银行必争的一块领域。如果说“南京爱立信事件”让中资银行嗅到了来自外资银行国际结算业务竞争的气息，那么金融业的全面开放则使中资银行备感压力。引用业内人士的话：国际结算业务对于进入中国的外资银行而言，一定是第一个进入的市场。根据某外资银行的市场分析报告，外资银行对客户的业务供给顺序依次是国际结算清算业务、外汇资金业务、企业现金管理和外汇存款业务，显示了其对国际结算业务的重视。而国际结算业务中针对客户提供的贸易融资业务，更是各家外资银行在中国市场上最具竞争性的领域。据统计，有91%的银行认为贸易融资领域的竞争将非常激烈。2006年3月，东亚银行开始按《中华人民共和国外资银行管理条例》的规定从事银行业务，到年底，其贸易融资规模就达到了十多亿港元。

面对压力，中资银行也做好了应对准备。中国银行制定了国际结算业务的中期发展目标，力争3～5年内保有30%以上的市场份额。中国工商银行和中国建设银行等国内的银行也在加大拓展国际结算业务的力度。

国际结算业务的竞争归根结底是人才的竞争，培养高素质的国际结算业务应用型人才是当务之急。这也是本教材编写的初衷。本教材的编写可以概括为以下几个特点：

(1) 及时介绍最新的国际结算惯例。虽然国际结算业务属于传统的银行业务，但其国际惯例、规则却不断变化。在2007年7月1日，《跟单信用证统一惯例600号》正式取代了已沿用十多年的《跟单信用证统一惯例500号》，成为国际上普遍接受的新的国际惯例。本书将这一重大变化及时纳入教材中，并予以详细介绍，以便学生了解新惯例的变化要点，尽快领会新的条款要求。

(2) 知识点、案例分析与习题并重。为了更好地跟踪国际结算业务的发展动向，突出应用型教学的特点，使学生及时领会国际结算业务的精髓，了解实际业务中发生纠纷、违约的背景和处理方法，教材中融入了知识点、案例分析和课后习题。这样的设计可以激发学生的学习兴趣，便于学生随时自主检查学习效果。

(3) 对国际结算理论的阐述图文并茂、清晰顺畅。国际结算业务操作性较强，本教材在介绍国际结算理论时，尽量使用通俗流畅的业务术语，并适时加入示意图、流程图、单证票据示样，使枯燥的文字变得生动形象，便于学生快速掌握专业理论要点，熟悉国际结算单证格式，从更宏观的视角对国际结算理论和实务有全面的把握。

本书由高洁和罗立彬主编。各章分工如下：第1章、第8章、第9章和第10章由高洁编写，第2章由宋小娜编写，第3章、第4章由罗立彬编写，第5章由梁瑞编写，第6章由罗立彬和梁瑞编写，第7章由李少楠编写。方正中、董橙、刘逾、张丽娜和刘芳参与了部分资料的收集及书稿的校对工作，在此一并表示感谢。

本书得到北京市人才强教中青年骨干教师项目资助。

由于编者水平有限，疏漏之处在所难免，敬请专家、读者批评指正。

编者

2008年6月

目　录

第一章　绪　论……………………………………………(1)
第一节　国际结算概述……………………………………(1)
第二节　国际支付清算体系………………………………(4)
第二章　国际结算中的票据………………………………(12)
第一节　票据概述…………………………………………(12)
第二节　汇　票……………………………………………(17)
第三节　本　票……………………………………………(29)
第四节　支　票……………………………………………(32)
第三章　汇款结算方式……………………………………(43)
第一节　汇款结算方式概述………………………………(43)
第二节　汇款头寸的偿付与退汇…………………………(49)
第三节　汇款结算方式在国际贸易中的应用……………(53)
第四章　托收结算方式……………………………………(58)
第一节　托收结算方式概述………………………………(58)
第二节　跟单托收的交单条件和业务程序………………(68)
第三节　托收业务中的资金融通与托收的风险…………(71)
第五章　信用证结算方式…………………………………(82)
第一节　信用证结算方式概述……………………………(83)
第二节　信用证项下主要当事人的权利和义务…………(96)
第三节　信用证的流转程序………………………………(100)

第四节　信用证的种类…………………………………………………………(103)
第五节　电子信用证……………………………………………………………(114)
第 六 章　银行保函与备用信用证……………………………………………(155)
第一节　银行保函概述…………………………………………………………(155)
第二节　银行保函的种类………………………………………………………(166)
第三节　银行保函与商业信用证的比较………………………………………(174)
第四节　备用信用证……………………………………………………………(175)
第五节　保函和备用信用证适用惯例及法律简介……………………………(181)
第 七 章　国际保理业务…………………………………………………………(193)
第一节　国际保理概述…………………………………………………………(193)
第二节　国际保理业务运作……………………………………………………(199)
第三节　国际保理与出口信用保险……………………………………………(205)
第 八 章　福费廷业务……………………………………………………………(224)
第一节　福费廷业务概述………………………………………………………(224)
第二节　福费廷业务流转程序…………………………………………………(228)
第三节　福费廷业务的成本……………………………………………………(232)
第 九 章　供应链金融……………………………………………………………(247)
第一节　供应链金融概述………………………………………………………(247)
第二节　供应链金融的发展……………………………………………………(256)
第 十 章　跨境贸易人民币结算…………………………………………………(263)
第一节　跨境贸易人民币结算业务发展概述…………………………………(263)
第二节　跨境贸易人民币结算产品……………………………………………(266)
第三节　跨境贸易人民币清算模式及清算系统介绍…………………………(268)
第四节　跨境贸易人民币结算展望……………………………………………(271)
第十一章　国际结算中的单据及审单……………………………………………(277)
第一节　商业发票………………………………………………………………(277)
第二节　海运提单………………………………………………………………(279)
第三节　保险单据………………………………………………………………(282)
第四节　其他主要单据…………………………………………………………(286)
第五节　单据审核的基本原则…………………………………………………(290)
第六节　银行对单据审核的要点………………………………………………(293)
第十二章　国际非贸易结算………………………………………………………(320)
第一节　非贸易结算的内容……………………………………………………(320)
第二节　侨汇与外币兑换业务…………………………………………………(322)
第三节　信用卡…………………………………………………………………(325)

主要参考文献………………………………………………………………………(328)

第一章

绪　论

学习目标

● 了解国际结算的含义、特点及研究对象
● 掌握国际贸易结算的历史发展过程
● 熟悉国际上主要的支付清算体系

第一节　国际结算概述

一、国际结算的含义

国际结算是指国家间由于经济、文化、科技交流而产生的以货币表示的债权与债务的清偿行为。

随着国际交往的日益增多、国际分工的不断深化，国与国之间的货币收付量越来越大。据统计，目前世界上几乎每天都要发生数以千亿美元计的国际结算业务量。

不同国家的政府、企业、个人都通过货币收付来了结各自的债权债务关系。引起跨国货币收付的原因有很多：①国际旅游；②国外亲友赠款；③出国留学；④援助国外受灾区；⑤劳务输出；⑥国际工程承包；⑦技术转让；⑧国际商品贸易；⑨外汇买卖；⑩对外投资；⑪对外筹资；⑫政府间外交活动；⑬国际文化、艺术、体育交流；等等。具体可划分为以下四类：

(1) 有形贸易类。商品进出口引起的货币收付，如⑧。

(2) 无形贸易类。货币单方面付出或以劳务为背景的货币收付，如①～⑤、⑫、⑬。

（3）复合类。货币收付既含商品交易又含劳务交易，如⑥、⑦。

（4）金融类。货币与货币的交易，如⑨、⑩、⑪。

二、国际结算研究的对象和原则

国际结算研究的对象是实现国际结算的方法以及作为媒介的各种工具。实现国际结算的方法主要是指国际汇款方式、托收方式、信用证方式等，而作为媒介的各种工具是指汇票、本票和支票。

在国际结算业务中应掌握“按时合理付汇、安全及时收汇”的原则，既要履信守约，对合理的应付外汇进行按时支付，对不合理的部分可以拒绝，以维护银行的国际形象，又要及时收回应收外汇，保证外汇资金的安全，提高资金的运转效率。

三、国际贸易结算的历史发展过程

（一）从现金结算发展到非现金结算

早期商人用金、银等货币来支付货款和清偿债务。这种方式存在许多弊端，如需要运输、支付运费和保费、清点不便，还要识别真伪、负担风险、耽搁时间等。该方式在交易量少时尚可应付，但随着对外经济交往的扩大，就需要有新的结算方式来替代。

公元 11 世纪，地中海沿岸的商品贸易已有相当规模，商人开始用“字据”代替现金。16 世纪至 17 世纪，欧洲大陆由字据发展起来的票据已广泛使用，此时的票据代替了现金，开始行使结算的功能。

（二）从商品买卖发展到单据买卖

原始的结算方式是现金交货方式。卖方一手交货，买方一手付款，货款同时两清。随着海上运输业的不断发展，卖方将货物交给承运人，委托其将货物运至买方，承运人将货物收据交给卖方，卖方将货物收据转寄买方，由买方向承运人取货。这样一来，货物收据逐渐演变为海运提单，具备了货物收据、运输契约和物权单据的作用。在这种情况下，结算方式由交货付款转变为凭单付款，卖方交出单据代表交出货物，买方付款赎回单据代表赎回货物。国际结算完全以单据为依据，实行单据和付款对流的原则。

（三）从买卖双方直接结算发展到买卖通过银行结算

买卖双方直接结算方式不适合国际贸易的客观情况。因为买卖双方位于不同的国家，有不同的贸易习惯，使用不同的货币，外汇管理制度存在差异，办理面对面现金交货的直接结算有较大的困难，而委托银行办理结算则较为便利：

（1）以银行信用代替商业信用，克服了商业信用的局限性。

（2）银行通过买卖转移不同货币、不同金额、不同支付时间的各种外汇凭证，把各国进出口贸易商品结算转变为各国经营国际结算业务的不同银行间的结算，可以使数以万亿计的国际债权与债务集中到商人的存款账户上，最大限度地进行国际非现金结算。

（3）交易双方通过银行结算不仅可以了结债权与债务，而且可以得到银行的资金融通。

（4）银行的国际性机构、全球网络及现代化通信设施能为客户办理各种服务。

正是由于银行结算的诸多优势，使买卖双方的直接结算最终发展为通过银行结算。

四、国际结算的条件

（一）货币条件

货币条件是指发生的国际贸易使用哪国的货币进行结算。国际结算的货币条件应根据以下几方面来确定：

1. 确定商品的价格货币和结算货币

价格货币是指在贸易中表示商品价格的货币，可用买方国、卖方国或第三国货币表示。

结算货币（支付货币）是指用来支付商品货款的货币，有时价格货币就是结算货币，有时两者不同。当买卖双方不发生货币兑换，没有汇价、买汇、结汇的问题时，两者相同；价格货币与结算货币不同是指买卖双方要通过谈判，选择币值稳定的货币或用世界通用货币定价，并根据支付前一天的某外汇市场牌价确定结算货币的汇率。

2. 确定贸易是自由外汇贸易还是记账外汇贸易

自由外汇（现汇）是指在贸易和非贸易项下进行收付时不加任何限制，不采取差别性的多种汇率，在国际外汇市场上可随时兑换所需外汇的货币。

记账外汇是指记在清算账户上的外汇，只限于协定双方在双边支付时使用，不能做多边清算，不得自由运用。

记账外汇贸易又称协定贸易，是根据两国政府间的贸易支付协定来进行贸易的，无须逐笔结清，但要求进出口平衡。货款的结算记入双方指定银行开立的清算账户内，并要严格按协定范围通过清算账户收付外汇。清算一年一次，其差额可用商品、现汇或黄金支付，并在货币符号前加清算“CL”字样。

3. 确定国际结算中的硬币和软币

硬币是汇率较坚挺的货币，软币是汇率疲软的货币。

4. 货币的选择

由于在记账外汇贸易的支付协定中已确定了清算货币，因此，只有现汇贸易才需要选择货币。在选择货币时应注意：

（1）选择自由兑换、调拨灵活的货币，避免汇价波动和遭受冻结的风险。

（2）出口收汇尽量多用硬币，进口付汇尽量多用软币。

（3）在平等互利的基础上，结合货物的价格、贸易习惯、商品畅滞来灵活选用货币。

（二）时间条件

时间条件是指发生的国际贸易在什么时间进行结算，通常有以下三种结算时间：

（1）预付（advanced payment），是指卖方将单据交给银行或买方以前，由买方预先支付货款。预付对卖方有利。

（2）即付（immediate payment），是指卖方将单据交给银行或买方时，买方见单即付款。即付对买卖双方是对等的。

（3）迟付（deferred payment），是指卖方将单据交给买方或银行若干时间后，再收取买方支付的货款。迟付对买方有利。

（三）方式条件

方式条件是指发生的国际贸易以何种方式进行结算。国际结算方式大体上分为国际汇款方式、国际托收方式和国际信用证方式三大类别。

五、国际结算发展的特点

（1）国际结算中的非信用证结算方式正在取代信用证结算方式，成为国际贸易结算方式的主流，尤以欧美国家为甚，主要是为了适应市场向买方市场的转变。非信用证结算方式包括电汇（T/T）、记账赊销（O/A）、承兑交单（D/A）、付款交单（D/P）方式以及在O/A、D/A方式基础上发展起来的国际保理业务。这些方式对买方非常有利，可以降低费用、加速资金周转。

（2）国际结算的单据日趋多样化、复杂化。由于世界经济全球化、一体化的发展，国际贸易领域的竞争日益激烈，促使贸易保护主义重新抬头，出现了新形式的贸易壁垒。这些壁垒多出于对本国环境保护和生态平衡的考虑，导致对国际结算的单据要求越来越多、越来越苛刻。这些单据包括商业、保险、检验、多式运输等方面以及双方国家管理机构所规定的各种单据。

（3）国际结算的电子化、标准化提高了结算效率。电子信息技术的飞速发展和计算机的广泛使用，使银行可以采用新技术，如SWIFT（环球银行金融电讯协会，Society for Worldwide Interbank Financial Telecommunication）系统和EDI（电子数据交换），实现了单据标准化、业务电脑化，使之能够快速、安全、高效地完成国际收付，并出现了建立在计算机和计算机网络基础上为客户提供新的金融服务的电子银行。

（4）国际贸易结算的法律规范日益健全，国际惯例、公约在国际结算中起着重要作用。随着经济、贸易和科技的发展，国际贸易结算规则不断推陈出新。例如，适合备用信用证的《国际备用证惯例》（ISP 98）规则，于1999年生效实行；在1991年版本的基础上进行修改，并于2000年6月颁布的《国际保理业务惯例规则》；2007年7月1日正式生效的《跟单信用证统一惯例600号》和2009年通过并于2010年7月1日开始生效的《见索即付保函统一规则》（URDG 758）。此外，国际商会在2010年9月对《2000年国际贸易术语解释通则》进行了修改和补充，推出了《2010年国际贸易术语解释通则》，并于2011年1月1日开始实施，新版将13种贸易术语缩减为11种。国际商会（ICC）协同国际福费廷协会（IFA）共同制定了《ICC－IFA福费廷统一规则》，该规则于2013年1月生效。2013年4月17日，《关于审核跟单信用证项下单据的国际标准银行实务》（即ISBP 745）取代了ISBP 681正式推出。

第二节　国际支付清算体系

随着国际经济、贸易往来的不断发展，国际主要货币的跨国清算和支付日益增多。为此，如何快速、高效地清算客户在途资金成为衡量一个银行服务质量和水平的重要标志，也是其竞争力的充分体现。各国中央银行都在开发本国的支付清算系统，并积极了解和参与国际支付清算体系。目前，世界上被广为接受的主要国际支付清算系统有：美元支付清算系统CHIPS和Fedwire、欧元跨国清算系统TARGET、伦敦自动清算支付系统

CHAPS、日本银行金融网络系统 BOJ-NET 及环球银行金融电讯协会 SWIFT 系统。

一、美元支付清算系统

当今的国际贸易绝大多数都是通过美元进行计价、支付并完成交易的。银行在进行美元资金的支付与划转过程中，必然涉及美元支付清算系统。

(一) 纽约清算所同业支付系统

纽约清算所同业支付系统（clearing house for inter-bank payment system，CHIPS）是一个由纽约清算所协会（New York Clearing House Association，NYCHA）拥有，100 多家银行参与的电子支付系统。它建于 1970 年 4 月，是当前最重要的国际大额美元支付清算系统。

纽约清算所同业支付系统的参与者可以是纽约清算所协会会员、纽约市的商业银行、纽约州银行法规定的投资公司以及在纽约设有分支机构的国外银行。其中有 12 家是清算银行，它们都在联邦储备银行开立账户，作为其成员银行。其他各家非成员银行须在一家成员银行开立账户并将成员银行作为它们的清算银行，用于每天 CHIPS 头寸的清算。成员银行要把它们的电子支付头寸通过设在美联储的账户进行最后清算。

参与 CHIPS 的银行必须向纽约清算所申请，经批准成为 CHIPS 会员。为了识别每笔付款和防止出现误付，每个会员银行都拥有一个美国银行协会颁发的号码，即 ABANo (American Bankers Association number)，作为参加 CHIPS 清算的代号。每个 CHIPS 会员银行所属客户在该行开立的账户，由纽约清算所颁发统一确认号码——UID 号码（universal identification number)，作为收款人的代码。凡通过 CHIPS 支付和收款的双方必须都是 CHIPS 的会员银行，只有这样才能经过 CHIPS 直接清算。

纽约清算所同业支付系统是一个贷记转账系统。在转账时，付款方命令银行将资金划转给受款方。此系统通常从当地时间 7:00 开始运行到 16:30，结算一般在 18:00 以前完成。在运行期间，每个参与者在营业日开始时的起始金额均为零。支付系统根据发送和接收的支付信息连续地计算每一个参与者的净头寸。每日 16:30 之后，清算所通知每个参与者的净头寸及结算参与者的总净头寸。如果一个结算参与者的净头寸为净借记，则该参与者必须在 17:45 之前将资金划转到支付系统结算账户上。待资金划转后，清算所将资金偿付处于净贷记的结算参与者，并在 18:00 之前通知一天的结算完毕。

CHIPS 的特点是：①为实时的、大额的、多边的、终局性支付；②具有最大的流动性，1 美元日周转 500 次；③免除了日透支费；④可以提供在线现金管理工具；⑤给公司客户传输汇款相关信息；⑥服务于国内市场和国际市场，可处理超过 95% 的美元跨境支付；⑦每日日终进行净额清算的资金转账。

(二) 联邦资金转账系统

联邦资金转账系统（Fedwire）是美国联邦储备银行拥有并运行的全美范围内的大额资金转账系统。它提供实时的全额结算转账服务，主要用于纽约州以外的美国境内银行间的资金划拨。它同样也是一个贷记转账系统，即由付款者发出结算指示。

该系统的参与者可以是联邦储备成员银行、在美联储设有存款账户的金融机构和美国境内的外国银行。

在联邦储备银行开设账户的银行可以直接利用此系统发送和接受支付，大约有1万多家金融机构使用此系统进行转账服务。此系统的运行时间从美国东部时间12:30开始，运行至18:30，每笔业务经处理后单独结算。发送机构授权联邦银行将一定金额借记其在联邦储备银行的账户，接受机构授权联邦储备银行贷记其在美联储的账户。

联邦资金转账系统与纽约清算所同业支付系统相比，1美元日周转为12次。此外，该系统要征收日透支费，银行支付给联邦资金转账系统的日透支费约为2 400万美元。

二、欧元跨国清算系统

1999年1月1日欧洲统一货币欧元产生以后，为了建立与现行的货币支付方式相适应的跨国支付系统，以保证欧元区资金的自由流动，解决跨国界的银行与客户、银行与银行之间的款项往来、资金调拨问题，在欧洲货币联盟内部出现了以下三种主要的跨国欧元清算系统。

（一）泛欧自动实时总额清算系统

泛欧自动实时总额清算系统（trans-European automated real-time gross settlement express transfer system，TARGET）隶属于欧洲中央银行，是建立在区内15个国家原有的国内清算系统上，通过连接15个国家资金清算系统及原欧洲货币单位（ECU）的清算系统，并借助SWIFT网络组成的欧元跨国清算系统。其他的欧元跨国清算系统大体上也是通过连接欧元区内各国的不同清算系统而形成的。TARGET体系的16个系统见表1-1。

表1-1 TARGET体系的16个系统

欧元区

芬兰	BoF-RTGS	德国	ELS	西班牙	SLBE
荷兰	TOP	法国	TBF	葡萄牙	SPGT
比利时	ELLIPS	奥地利	ARTIS	爱尔兰	IRIS
卢森堡	LIPS-Gross	意大利	BI-REL	希腊	HERMES Euro
欧洲中央银行	EPM				

非欧元区

丹麦	DEBES	瑞典	Euro-RIX	英国	CHAPS-Euro

TARGET系统是一种贷记转账支付系统，是为了有效贯彻欧洲中央银行体系的单一货币政策，保证当天完成欧元跨国大额收付款业务而设立的。该系统始运行于1999年1月1日，它是通过欧洲中央银行、各参加国中央银行、各参加国内部RTGS（实时总额结算）清算系统（也是即时清算）来完成资金清算的，参与该系统的银行多达5 300余家。TARGET清算系统的具体流程，见图1-1。

TARGET系统适用于欧洲中央银行与参加国中央银行之间的货币交付、商业银行间大额款项调拨的清算以及客户大额即时收付款项的清算。

该系统的特点是：①款项必须是大额，且每笔都要有即时的头寸，不能透支；②清算效

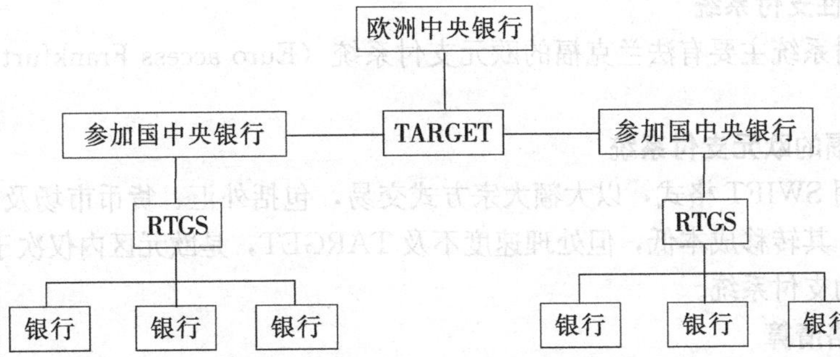

图 1－1 TARGET 清算系统

率高，几分钟内可完成一笔；③清算时间从 AM 7:00 到 PM 6:00，款项当天支付，当天最终交收，当天起息；④清算是无条件的，不可改变及撤销；⑤款项是每笔分开清算，一天内系统可完成 10 万笔；⑥由于在清算时必须经 5 家银行，所以清算成本较高，大约每笔花费 1.5～3 欧元；⑦本系统用户间不需要签订系统使用协议，也不需要交换用户密码。

2007 年 11 月 19 日欧洲中央银行宣布，新的欧元区支付系统 TARGET 2 自当天开始在德国等 8 个国家正式启用。

欧洲央行计划分三批推行 TARGET 2 系统。第一批在德国、立陶宛、拉脱维亚、卢森堡、马耳他、奥地利、斯洛文尼亚和塞浦路斯推行。第二批于 2008 年 2 月 18 日在比利时、芬兰、法国、爱尔兰、荷兰、葡萄牙和西班牙推行。第三批在丹麦、爱沙尼亚、欧洲中央银行、希腊、意大利和波兰推行，它们已于 2008 年 5 月 19 日加入该系统。

由欧盟和欧洲央行共同推行的 TARGET 2 支付系统是欧元区支付系统的一大创新，它克服了原有系统 TARGET 在结构上的一系列缺陷。此外，它还将对计划中的单一欧洲支付区（SEPA）做出贡献。欧洲央行希望通过建立 SEPA，统一区域内本地交易与跨国交易的费率，降低客户的交易成本，促进标准化技术平台的开发，为欧洲金融业提供公平的竞争环境。

(二) 欧洲银行协会的欧元清算系统

欧洲银行协会（European Bank Association，EBA）成立于 1985 年，总部设在巴黎。根据其组织章程规定，凡是在欧共体国家设有总部或分支机构的商业银行均可申请成为 EBA 的成员银行；获得成员行资格两年后，在符合 EBA 清算规则的基础上，可进一步申请成为 EBA 的清算银行。欧洲银行协会的欧元清算系统（以下简称“EBA 清算系统”）以前专为欧洲货币单位支付提供服务，该系统有 49 家清算银行。在 1999 年后，欧洲货币单位以 1∶1 的汇价转为欧元，EBA 改为以欧元清算。

该系统用于货币市场、外汇交易的清算和证券清算以及跟单托收、光票托收的支付。

该系统的特点是：①可以即时支付，亦可非即时支付；②款项可以多笔打包清算；③清算行之间的款项交付可当天起息；④效率高，一天可完成 30 万笔；⑤清算款项可撤销及更改；⑥成本低，每笔花费 0.25 欧元；⑦现在已有 49 个国家加入 EBA 清算系统；

⑧为避免风险，会员须缴纳保证金；⑨每日营业终了，须做日终净额清算。

（三）区域性支付系统

区域性支付系统主要有法兰克福的欧元支付系统（Euro access Frankfurt，EAF）和银行网络清算。

1. 法兰克福的欧元支付系统

该系统采用 SWIFT 格式，以大额大宗方式交易，包括外汇、货币市场及国内商品交易的资金移转，其转移成本低，但处理速度不及 TARGET，是欧元区内仅次于 TARGET 的极具竞争力的支付系统。

2. 银行网络清算

欧元的推出及固定汇率制的采用，使少数欧洲大银行能充分利用自身在欧洲的分支行网络系统为客户服务。它们以总部为龙头，下属分支机构可直接进入当地的清算系统将款项支付出去。此方式最大的优点是：只需在该大银行总部开立一个账户，即可通过该行网络系统与欧洲各地进行资金往来。同时，由于是同一家银行的网络，所以它的服务质量有保证，查询相对简单。该方式通过欧洲网络银行，利用在欧盟（EMU）各成员国的总、分行，使用既有的银行网络与地方网络联机，实现地方性资金的移转。

但是，这种以现金为支付手段、以银行为支付中介的支付方式，仍然没有改变付款人在支付过程中的主动地位。在企业之间的交易支付过程中，付款方不主动支付货币资金，收款方的资金就不能回笼，因而债务衍生机制依然存在。除了法律手段外，没有其他机制能抑制债务关系的衍生和发展。

三、伦敦自动清算支付系统

伦敦自动清算支付系统（clearing house automatic payment system，CHAPS）是指有关银行进行英镑支付时采用的电子清算系统。它创建于 1984 年，由 12 家清算银行组成。在非清算银行进行英镑支付时，需要借助这 12 家清算银行来完成。该系统的特点是：用高度自动电脑化的信息传递，部分取代了依靠票据交换的方式，使以伦敦城外的交换银行为付款人的部分交易（1 万英镑以上）也可实现当天结算。

参加 CHAPS 的银行付款电报都使用统一格式，它有 8 条信息信道，分别设有对出、入的收付电报自动加押和核押的软件装置及信息储存装置。此外，每个信道都有一个自动加数器，它可把发给或来自其他信道的付款电报所涉及的金额，根据不同收款行分别加以累计，以便每天营业终了时交换银行间进行双边对账和结算，其差额通过它们在英格兰银行的账户划拨来结清。

四、日本的清算系统

日本的清算系统称为日本银行金融网络系统（bank of Japan financial network system，BOJ-NET），其功能是通过在线网络处理日本银行与金融机构之间的交易。

早在 1982 年，日本银行就开始开发 BOJ-NET 系统。1988 年 10 月，在完成各种测试后，经由日本银行账户进行资金划拨的服务（funds transfer service）系统投入使用。1989 年 3 月，外汇与日元结算服务（foreign exchange yen settlement service）系统也相继投入使用。1990 年 5 月，又开发了日本政府债券服务（Japan government bond service，JGB Service）系统。

在 BOJ-NET 系统运作之初，有 332 个参与者。截至 1990 年年底，在外汇与日元结算服务系统及日本政府债券服务系统都投入使用后，参与者达到 448 个，增长了 30%。1990 年 10 月，BOJ-NET 系统日平均交易量为 22 000 笔，交易额达 264 万亿日元。

BOJ-NET 系统的产生，降低了支付成本，提高了支付效率，增强了支付系统的稳定性，成为全球可接受的支付系统。

五、环球银行金融电讯协会系统

1957 年欧洲经济共同体诞生之后，西欧国家间经济、贸易及金融联系日益密切，所引发的跨国资金支付业务量激增。传统的银行业务往来方式影响了业务处理的效率和资金跨国转移的速度，因此西欧和北美的一些大银行开始筹划成立区域间的银行合作组织，构建一个服务于国际银行同业间的现代化系统。1973 年 5 月，15 个西欧和北美国家的 239 家银行发起成立了"环球银行金融电讯协会"，即 SWIFT，总部设在比利时的布鲁塞尔。SWIFT 不以营利为目的，旨在为会员提供高效、优质的金融通信服务。

SWIFT 提供了一个电讯系统，用于传递全球银行间的金融或其他信息。它可以通过覆盖近百个国家的环球计算机通信网络，为会员提供安全、可靠、快捷、标准化、自动化的信息传输服务。SWIFT 系统每周 7 天、每天 24 小时工作，其功能包括对信息报文的接收、有效性的检验、分类和投放。

SWIFT 系统的信息传输服务具有快速准确、标准化与规范化、安全保密性高的突出优势。该系统电讯的线路速度为普通电传的 48～192 倍。在正常情况下，每笔交易从发出电讯到收到对方确认只需 1～2 分钟。SWIFT 根据银行实际业务需要，设计出十大类标准规范的电文格式，其成员银行均具备统一形式的银行代码，解决了传统银行系统电讯服务中由于电文格式不统一所产生的误解和低效。十类标准电文包括客户汇款与支票（customer payments and checks）、金融机构间头寸调拨（financial institution transfers）、资金市场交易（treasury markets—FX，MM，derivatives）、托收与光票（collections and cash letters）、证券（securities）、贵金属（treasury market—precious metals）、跟单信用证和保函（documentary credits and guarantees）、旅行支票（traveler's checks）、现金管理与账务（cash management and customer status）和 SWIFT 系统电报。

SWIFT 系统具备独立于电传密押的 SWIFT 密押，提供了一种通用方法进行电文鉴真操作，只有参与发送和接收电文的 SWIFT 用户才能掌握密钥，从而极大地提高了信息传输的可靠性和保密性，在相当程度上为银行免除了信息传递过程中的风险隐患。SWIFT 在荷兰和美国设有环球计算机通信网运行中心，在各会员国设有地区处理站，连接其所有会员的计算机终端，可以在极短的时间内接收到 SWIFT 电文，并对其进行自动处理。

SWIFTNet 启用以后，传统的 FIN 服务转而在新的网络 SWIFTNet Fin 上提供，其于 2002 年 8 月开通。SWIFT 把传统的 FIN 服务与新开发的、交互性的服务进行了整合，开发出 SWIFTNet 信息传送服务，以满足现代金融机构不断发展的需要。它提供的服务有四种：①金融信息传送；②SWIFTNet InterAct，提供交互（实时）和存储与转发两种信息传送方式，适合要求实时应答的金融业务；③SWIFT FileAct，提供交互和存储与转发两种文件自动传输方式，适合大批量数据的传输；④SWIFTNet Browse，以浏览为基础，使用标准的互联网浏览器（如 IE）和 SWIFT Alliance Web Station 访问 Browse 服务，其安全由 SSL 和 SIPN 保证。

以 2011 年 9 月为例，SWIFTNet Fin Systems 的 Fin 信息量为 33 亿条电文，平均每日达 1 700 万条。当月有 209 个国家的 2 326 家会员、3 350 家分会会员及其他 4 329 家非会员现场使用，使用者达 1 万多家。

若将 SWIFTNet Fin 服务按市场的交易分布，则支付占 48.1%、证券占 44.3%、债券占 6.3%、交易占 1.0%、系统占 0.3%。若将 SWIFTNet Fin 服务按区域的交易分布，则欧洲、中东和非洲占 66.8%，美洲占 20.4%，亚太占 12.7%，三者分别增长 10.6%、12%和 12.4%。

若将 FileAct 服务按区域的交易和文件量分布，则欧洲、中东和非洲占 88.1%，美洲占 9.1%，亚太占 2.8%，它们分别增长 31.5%、45%和 103.8%。若将 FileAct 服务按区域的交易和千字符分布，则欧洲、中东和非洲占 92%，美洲占 5.9%，亚太占 2.1%，三者分别增长 40.9%、18.6%和 420.2%。

若将 InterAct 服务按区域分布，则欧洲、中东和非洲占 74.4%，美洲占 17.6%，亚太占 8%，三者分别增长 9.6%、3.7%和 2.4%。

目前，200 多个国家的 10 800 家银行、证券机构和公司客户使用 SWIFT 交换标准化信息。

1983 年 2 月，中国银行加入 SWIFT 组织，成为中国内地加入该组织的首家银行；1985 年 5 月，中国银行总行正式开通使用 SWIFT 系统，并与世界上 2 000 多家银行建立了 SWIFT 密押关系。现在，我国的银行基本上都是 SWIFT 的成员。

▲专栏 1-1

“赫斯塔特风险”一说的由来

赫斯塔特银行（Bankhaus Herstatt）是联邦德国的一家小银行，在外汇交易方面非常积极。由于该行在国际外汇市场上过度从事投机活动，以致无力履行责任，因此于 1974 年 7 月 26 日（德国时间）下午，德国银行同业间系统的所有结算已经发生后，被联邦德国银行监管机构下令关闭。联邦德国银行监管机构是在欧洲市场收市后，但纽约市场仍然运作期间宣布关闭该银行的。当时，外汇交易的欧洲部分已结算，但当赫斯塔特银行倒闭的消息传到纽约后，所有涉及该行的交易均告中止，因此那些在欧洲方面已付了款的交易对手，未能在纽约收到相应数额的美元，所滞留的 6.20 亿美元的外汇交易未能完成，这在当时是一个大数字，从而造成了国际外汇市场的全球性结算危机。尽管最终部分损失得以补偿，但赫斯塔特风险仍作为结算风险的例子而闻名于世。在 20 世纪 90 年代末引进实时总额结算（RTGS）之前，赫斯塔特风险是国际银行业的主要威胁之一。

本章小结

本章是国际结算课程基础内容的导入部分，重点介绍了国际结算的概念、国际结算学科研究的对象和原则、国际结算的历史发展过程、实现国际结算的条件、当今国际结算的发展特点及世界上主要的国际支付清算系统。通过本章的学习，同学们可以初步了解国际结算学科的知识体系，为以后章节的学习打下牢固的基础。

练习题

一、术语解释

国际结算　　TARGET　　SWIFT　　Fedwire　　CHAPS

二、问答题

1. 国际贸易结算经历了哪几个历史发展过程?
2. 国际结算的发展出现了哪些新的特点?
3. 世界范围内有哪些国际支付清算系统? 各有何特点?

第二章
国际结算中的票据

学习目标

- 了解票据的概况和汇票的基本常识
- 理解汇票、本票和支票的定义及要项
- 掌握汇票的出票、背书和承兑等业务环节的操作
- 掌握汇票、本票与支票的区别与联系

第一节 票据概述

一、票据的概念与作用

票据有狭义和广义之分。狭义的票据是指以支付一定金额为目的，可以流通转让的有价证券，仅用于债权与债务的清偿和结算的凭证，是一种金融单据。广义的票据是指一般的商业凭证，除狭义的票据外，还包括提单、保险单、存单等票据。通常所说的票据是指狭义的票据，即汇票、本票和支票，也是本章所研究的票据。

在国际贸易的结算中，人们通常将广义的票据称为商业单据或货运单据，而将这种狭义的金融单据称为票据。

随着国际贸易的不断发展，票据在国际结算中的作用越来越重要。除了可以替代现金流通外，票据还发挥着结算作用（在非现金结算的条件下，票据可以充当支付工具，用以结清国际债权与债务关系）、信用作用（票据本身是无价值的，但可以以签发票据的方式

向对方提供信用，或者以贴现、抵押的方式取得银行融资）和流通作用（票据可以经前手转让给后手，也就是作为一种流通工具，在市场上广泛流通）等。

二、票据的性质

作为国际结算工具的票据，之所以能够代替货币（现金）用于结清债权与债务，是由于票据具有如下特性：

1. 票据的设权性

票据的设权性是指票据一经签发并交付，票据当事人的权利随之产生。离开票据，就不能证明其票据的权利。

2. 票据的无因性

票据的无因性是指票据是一种无须过问原因的证券。票据是出票人签发给收款人、保证由自己或第三人付款的凭证。这种保证的做出是有原因的，其原因可能是由于出票人与付款人之间的资金关系，也可能是由于对价（value）关系。票据当事人的权利与义务就是以上述关系为原因，称为票据原因。但是，票据一旦做成，票据上的权利就与原因相分离，即票据受让人无须调查票据取得的原因，只要票据记载合格，就能享受票据权利。票据的这种特性有利于票据的流通。

3. 票据的流通转让性

票据的流通转让性是票据的基本特性，是指票据上的权利以背书、交付等方式得以流通转让。需要注意的是：

（1）票据的转让不必通知债务人。根据民法规定，一般债权的债权人在转让其债权时，必须及时通知债务人。而票据的转让，仅凭交付或背书后交付即可完成，不必通知债务人，票据的债务人也不得以不知晓为由拒绝偿付。

（2）票据的受让人不仅能获得票据的全部法律权利，而且只要是受让人善意支付对价获得的票据，他的权利不受前手权利缺陷的影响。

4. 票据的要式性

票据的要式性是指票据的形式必须符合法律规定，票据上面记载的必要项目必须齐全且符合规定。

各国的法律对票据必须具备的形式和内容都做了详细规定，只有符合相关规定的票据才会受到法律的保护。

5. 票据的可追索性

票据的可追索性是指票据的付款人或承兑人如果对合格的票据拒绝承兑或付款，正当持票人为维护其票据的权利，有权通过法定程序向债务人追索，要求得到票据的权利。

6. 票据的提示性

票据的提示性是指当持票人请求付款人履行票据义务时，必须向付款人提示票据，才能请求给付票款。

7. 票据的返还性

票据的返还性是指当持票人收到票据上载明的款项时，应将票据交还付款人。付款人要求持票人写明“收讫”字样并签名，同时将票据收回，以防再度提款。

三、票据的法系

票据法是规范票据的种类、形式、内容及当事人权利与义务等事项的法律。19 世纪末，欧洲各国对于票据相继立法，从法律上保障了票据的使用和流通，其后逐渐形成了目前世界上最具影响力的两大法系，即英美法系和大陆法系。

1. 英美法系

英美法系的国家包括英国、美国、加拿大、印度、澳大利亚以及一些英属殖民地。很早以前，英、美没有专门法典，判案是根据以前某法官的案例原则来判定。在形成法系后，以 1882 年订立的英国《票据法》(Bill of Exchange Act，BEA) 为基础，规定了汇票和本票的票据法规，并把支票包括在汇票内。1952 年，美国制定的《统一商法典》(Uniform Commercial Code，根据历史案例总结得出) 中，包括了关于汇票、本票和支票的法规。

2. 大陆法系

大陆法系的国家包括法国、德国、意大利等，我国也属大陆法系。

大陆法系以成文法、法典作为法院判案依据。1930 年，法、德等 30 多个以欧洲大陆为主的国家在日内瓦召开了国际票据法统一会议，签订了《日内瓦统一汇票、本票法公约》，简称《日内瓦统一法》(Uniform Law for Bills of Exchange and Promissory Notes)。

3.《联合国国际汇票和国际本票公约》和《联合国国际支票公约》

以英国《票据法》为代表的英美法系和以《日内瓦统一法》为代表的大陆法系之间在汇票必要项目的各方面大体相同，但也有些差异。联合国国际贸易法委员会于 1986 年和 1982 年分别公布了《联合国国际汇票和国际本票公约草案》和《联合国国际支票公约草案》，想把两大法系统一成一个“公约”。1986 年，该草案被提交给联合国国际贸易法委员会第 19 届会议审议，至 1987 年 8 月第 20 届会议正式通过，定名为《联合国国际汇票和国际本票公约》和《联合国国际支票公约》，但由于签字国太少，因此到现在为止还没有世界统一的票据法。

英美法系和大陆法系在规定 (特别是汇票) 上存在一定的差异，在国际经济交流或其他交往中发生国际票据纠纷或争议时，应以出票地国家的票据法为准。

4. 我国的票据法

我国票据法充分借鉴和吸取了国外票据立法的经验，并基于我国国情，于 1995 年 5 月 10 日正式公布了《中华人民共和国票据法》，并于 1996 年 1 月 1 日起施行。该法从内容上看比较系统全面，共 7 章 111 条。在适用范围上，它既适用于国内票据，又适用于涉外票据，这是中华人民共和国成立后第一部真正规范的票据法。至此，我国的票据法体系终于形成。2004 年 8 月，《中华人民共和国票据法》(以下简称《票据法》) 经过修订，完成了与国际票据法的对接。

四、票据的当事人

票据有三个基本当事人，即出票人、付款人、收款人，此外还有背书人、承兑人、持票人等。

1. 出票人

出票人（drawer）是指开立票据、在票据上签章，并交付给他人的人。

在票据开立后，出票人对收款人及正当持票人承担票据在提示时付款人一定付款或承兑的保证责任；如果票据遭拒付，出票人被追索时应负偿还票款责任；在即期付款票据或远期付款票据未承兑之前，出票人是票据的主债务人。

2. 付款人

付款人（drawee）是根据出票人的命令支付票款的人或票据开给的当事人。

付款人对票据承担付款责任；根据英文字面含义，应称为受票人，即接受票据之人。但是，收款人或持票人不能强迫付款人付款或承担到期付款的责任，以防止出票人无故向他人滥签发票据；票据一经承兑，即表示承兑人（acceptor）同意出票人的支付命令，承担到期付款的责任；在票据承兑后，承兑人就成为票据的主债务人，出票人退居次债务人的地位。背书人、持票人或出票人均可凭承兑的票据向承兑人要求付款。

3. 收款人

收款人（payee）是收取票款的人，又称受款人，是票据的主债权人。

收款人有权向付款人要求付款，如遭拒绝，有权向出票人追索票款；当收款人经票据背书转让成为票据的第一背书人时，同样承担付款或承兑的保证责任；当票据遭拒付、持票人向其追索时，应负责偿还票款，然后向出票人追索。

4. 背书人

背书人（endorser）是指收款人或持票人在收到票据后，经过背书，将票据转让给他人的人。

背书人在票据上背书签字，就必须承担相应的法律责任；被背书人在汇票上再加背书而转让，成为第二背书人；再背书，成为第三背书人，依此类推。由此，票据可以连续转让，见图2-1。

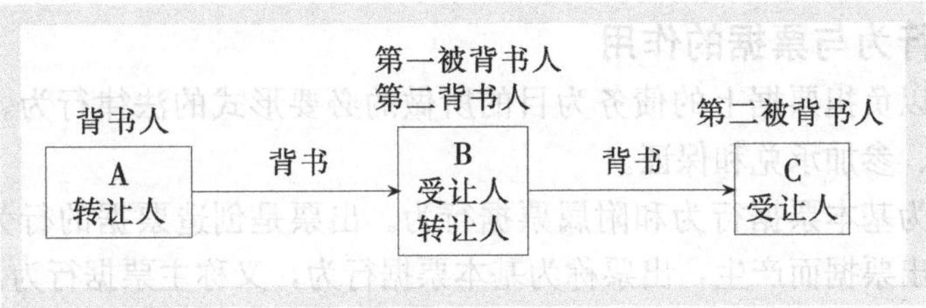

图2-1 票据的背书人

对受让人（即被背书人）来说，所有的背书人及原出票人都是他的前手（prior endorser）。对转让人（即背书人）来说，所有的受让人及被背书人都是他的后手（subsequent endorser）。

背书人对其后手承担票据的付款人付款或承兑的保证责任，并证明前手签字的真实性和权利的正当性。票据的转让人和受让人并非全是票据上的背书人和被背书人，如执票来人抬头的票据仅凭交付转让，而不经背书。

如果背书人想要免除自己的责任，可在票据上加注"不得追索"字样，如"Pay to the

order of Jack without recourse to me”。当票据遭拒付、持票人追索时，只能越过这个背书人向其前手追索，但对于此种汇票，被背书人应考虑背书人的前手是否可靠。如果所有的背书人都写上“不得追索”字样，这张票据就很难流通，因为出票人将成为唯一的负责人。

5. 承兑人

承兑人（acceptor）是指同意接受出票人的命令并在票据正面签字的人。承兑人只存在于汇票关系中，即本票和支票没有承兑行为，当然也就没有承兑人。

承兑人一经承兑，出票人退居次债务人的地位，承兑人必须保证按其所承兑的文意付款，而不能以下述情况为借口拒绝付款：①出票人不存在；②出票人的签字是伪造的；③出票人没有签发票据的能力或授权。

6. 持票人

持票人（holder）又称执票人，是指除出票人以外的票据占有人，即票据的收款人、被背书人或执票来人。

只有持票人才能向付款人或其他关系人要求履行票据所规定的义务。

依据持票人取得票据的方式不同，可将其分为付过对价持票人和正当持票人。

（1）付过对价持票人（holder for value）是指在取得票据时付过一定代价的持票人。对价是指可以支持一项简单交易或合约之物，如货物、劳务、金钱等。持票人所付的对价，不一定与票据金额完全相等。有时，持票人在取得票据时，虽未付过对价，如赠予获得，但由于其前手曾付过对价，后手也可称为付过对价持票人。

（2）正当持票人（holder in due course）又称善意持票人（bona fide holder），是指善意地付过全部金额的对价，取得一张表面完整、合格不过期的票据的持票人，并且未发现这张票据曾被拒付，也未曾发现其前手在权利方面有任何缺陷。

正当持票人的权利优于其前手，不受其前手权利缺陷的影响；不受汇票当事人之间债务纠葛的影响，即正当持票人能够获得十足的票据金额。

五、票据行为与票据的作用

票据行为是以负担票据上的债务为目的所做的必要形式的法律行为。票据行为有出票、背书、承兑、参加承兑和保证。

票据行为分为基本票据行为和附属票据行为。出票是创造票据的行为，票据上的权利、义务均因开出票据而产生，出票称为基本票据行为，又称主票据行为。背书是背书人与其他票据债务人连带负担债务偿付的行为。承兑是票据付款人承诺负担票据债务偿付的行为。参加承兑是参加承兑人承诺负担票据债务偿付的行为。保证是票据保证人发生保证债务的法律行为。背书、承兑、参加承兑和保证均为附属票据行为或从票据行为。

票据的作用主要有三个：

1. 结算作用

现代国际结算是以票据为基础的非现金结算。在非现金结算条件下，票据代替现金起到货币的支付功能和结算作用。与现金相比，票据更为安全和便于携带。

2. 资金融通作用

票据是代表一定金额的权利凭据，在流通转让的过程中，远期汇票的付款人待票据到期后再付款给持票人，本身就相当于持票人对付款人的融资。如果持票人在汇票到期前需要资金，可以把票据作为一种有价资产向银行或其他金融机构贴现，用以提前获得扣除了贴现利息的余额。

3. 流通作用

票据经过背书可以转让，受让人在背书后还可以继续转让。背书人对票据负有保证付款的责任。票据在市场上流通转让，既节约了现金使用，又扩大了流通手段。

第二节 汇 票

一、汇票的定义

汇票（bill of exchange）是国际结算中使用最广泛的票据。汇票最能反映票据的性质和特征，集中体现了票据的各种经济职能。

在英国《票据法》中，汇票是指一人（出票人）向另一人（受票人）签发的，要求后者即期、定期或在可以确定的将来，对某人（或其指定人）或持票人支付一定金额的无条件的书面支付命令。

A bill of exchange is an unconditional order in writing addressed by one person（the Drawer）to another（the Drawee）signed by the person giving it requiring the person to whom it is addressed（the Drawee）to pay on demand，or at a fixed or determinable future time a sum certain in money to or to the order of a specified，or to bearer（the payee）.

在我国《票据法》中，汇票是出票人签发的，委托付款人在见票时或在指定日期无条件支付确定的金额给收款人或持票人的票据。

托收项下的汇票实例见示样 2－1，信用证项下的汇票实例见示样 2－2。

示样 2－1 托收项下汇票

No. 1234567

Exchange for USD 51,100.00

Shanghai，4th July，2019

At 60 days after sight of this First of Exchange（Second of the same tenor and date unpaid），pay to the order of ××× Bank，Shanghai Branch the sum of U. S. DOLLARS fifty one thousand one hundred only.

Drawn against sales of wood pulp.

To：DEF Trade Company

No. 15，××× Road，New York

For China XYZ Imp. & Exp. Co.，

Shanghai Branch，Shanghai

Signature

示样 2-2 信用证项下汇票

No. ZFA0723P

Exchange for GBP 75,600.00 Tianjin, 2 Aug., 2019

At 30 days after sight of this First of Exchange (Second of the same tenor and date unpaid) pay to the order of Bank of China, Tianjin branch the sum of G. B. SEVENTY FIVE THOUSAND SIX HUNDRED only.

Drawn under Letter of Credit No. DC 12095 dated 25th Jun., 2019.

To: HSBC BANK

LONDON

For China ABC Imp. & Exp. Co.,

Tianjin, China

Signature

二、汇票的必要项目

汇票的必要项目是指汇票的形式要项，即汇票在形式上必须具备的项目。汇票只有具有这些项目才能有效成立。

根据汇票的性质及重要性，这些项目可以分为三类。

(一) 绝对必要记载项目

绝对必要记载项目是汇票必须记载的内容。绝对记载项目记载不全，汇票就成为一张无效的票据。

根据《日内瓦统一法》和我国《票据法》的规定，绝对必要记载项目包括“汇票”字样、无条件支付命令、确定的金额、付款人、收款人、出票日期和出票人签字 7 项内容。

1. “汇票”字样

写明“汇票”字样的目的在于表明票据的种类和性质，与其他支付工具（如本票、支票）加以区分。汇票一词在英文中的表示方法有：Bill of Exchange，Exchange，Draft 等。英国《票据法》不要求必须注出“汇票”字样。

2. 无条件支付命令

无条件支付命令是汇票的本质和核心，必须做到以下三点：

(1) 汇票的支付不能受到限制，不能附带任何条件。

例如，以下三张汇票的支付命令分别是：

a. 所交货物与合同相符时付 ABC 公司 1 万美元（Pay to ABC company USD 10,000.00 only providing the goods supplied in compliance with contract）。

b. 从 2 号账户存款中支付给 ABC 公司 1 万美元（Pay to ABC company USD 10,000.00 out of proceeds in our No. 2 account）。

c. 付给 ABC 公司 1 万美元，再借记我 3 号账户（Pay to ABC company USD 10,000.00 and debit same to our No. 3 account）。

汇票 a 的付款是以交货相符为条件。汇票 b 是从 2 号账户支付，但如果 2 号账户的余额不足以支付汇票金额时，支付不能完成，所以还是有条件的支付。汇票 c 是先付款后记账，记账不是付款的前提条件，所以只有汇票 c 才是真正的无条件支付命令。

（2）不能用礼貌用语，如 please，would you mind，would you please 等，这类句子已不是命令，而是请求。例如：

记载“I will be pleased if you pay to Peter USD 500 only.”的票据是无效票据。

（3）支付命令是书面的，而不是口头的，否则没法签字。书面的支付命令包括手写、打字、印定，但不能用铅笔书写，以免涂改。

3. 确定的金额

英美法系认为，如果票据上写明利息或分期付款并不影响汇票金额的确定性。大陆法系认为，汇票上写明利息条款不能使汇票全部有效，但所加注的利息条款无效。两法系都认为，如果大小写金额出现不一致，应以大写金额为准。我国《票据法》认为，如果大小写金额出现不一致，汇票无效。意大利、瑞士的法律认为，应以金额较小者为准。

汇票的权利必须以金钱表示，而不能以货物数量或其他形式表示。金额必须确定，而不能模棱两可。

（1）￡100.00 有效。

（2）￡1 000.00 plus interest，因为未注明利率，故金额不确定，所以汇票无效。

（3）about ￡100.00 无效。

（4）￡100.00 plus interest at 6% p.a.，因为注明了具体的利率，故金额可通过计算得出，所以汇票有效。

汇票除了写明金额外，有时还有一些与金额有关的其他记载项目。常见的有以下几种：

（1）记载有利息的条款。例如，“USD 100.00 plus interest at 5% p.a.”。虽然这张票据上没有说明利息的起算日和终止日，但根据惯例，以出票日开始计息，直至付款日。

（2）记载有分期付款的条款。《日内瓦统一法》不允许汇票分期付款，但英国《票据法》规定汇票可以分期付款。例如，“At 30 days after sight pay to the order of A Co. the sum of ten thousand US dollars by five equal consecutive monthly installments.”

（3）记载有汇率的条款。如果票据金额以外币表示，付款人可以支付本币，所以汇票上经常记载有汇率的条款。例如，“USD 100.00 converted into sterling equivalent at current rate of exchange.”如果汇票上没有记载使用何种汇率时，以付款地的当天行市支付。

4. 付款人

付款人又称受票人（drawee），是接受汇票支付命令的人。汇票上的付款人记载一定要明确、具体，一般都要注明详细地址。

英美法系认为，将付款人写成自己名字的汇票，叫对己汇票，持票人有权选择把它作为本票或汇票使用。而大陆法系认为，付款人与出票人应为两个不同的当事人，如果相同，这种票据是本票而不是汇票。

5. 收款人

收款人又称受款人或汇票抬头。

汇票抬头有以下几种写法：

（1）限制性抬头（restrictive order）。此种汇票只限于付给指定的收款人，不能背书转让，所以流通性差，在实务中的使用并不是很广泛。其写法有：

• pay to Mary only（仅付 Mary）

• pay to Mary not transferable（付给 Mary，不准转让）

（2）指示性抬头（indicative order），又称记名抬头。此种汇票可以由收款人本人收款，也可以由收款人通过背书的形式将汇票转让给他人，由受让人收款。由于这种汇票既可以流通转让，在使用中又安全、可靠，所以是使用最广泛的汇票抬头。其写法有：

• pay to the order of...

• pay to... or order

• pay to... company（根据英国《票据法》，此种写法可看作"pay to... company or order"）

（3）执票来人抬头（payable to bearer），又称无记名抬头。此种汇票在使用中无论谁持有汇票，都有权要求付款人付款；此种汇票无须背书，直接通过交付即可转让，但也存在因汇票丢失而被冒领的危险，所以在实际中的使用并不频繁。其写法有：

• pay bearer

• pay to... company or bearer

6. 出票日期

大陆法系认为出票日期是汇票的绝对必要记载项目，而英美法系认为出票日期不是汇票的绝对必要项目，如果汇票没有写明日期，则任何持票人均可以估计日期填写。

出票日期的作用在于以下三方面：

（1）决定汇票的到期日。对于出票日后定期付款的汇票来说，其到期日是以出票日为基础计算的。

（2）决定汇票的有效期。如《日内瓦统一法》第 23 条、第 34 条分别规定：见票后固定日期付款的汇票或即期汇票，提示要求承兑或提示要求付款的有效期是从出票后计算，以一年为限。

（3）决定出票人的行为能力。若出票时，出票人已宣告破产或清理，丧失行为能力，则汇票不能成立。

7. 出票人签字

汇票上必须有签字，否则无效。但是，如果签字是伪造的，或未经授权人签字，也视为无效。出票人在签字后，即承担汇票的责任，即谁签字谁负责，不签字就不负责。目前，各国的票据法都规定汇票一定由出票人签字。根据中国的习惯，盖章也可以，但按国际惯例，以手签为好。

出票人如果代理他的委托人签字，应在签字前加文字说明。例如：

• For the... Company

• For and on behalf of the... Company

• Per pro.

（二）相对必要记载项目

相对必要记载项目是指这些项目虽然十分重要，但如果不记载也不会影响汇票的法律效力。这些项目是出票地点、付款地点和付款期限。

1. 出票地点

出票地点是指出票人签发汇票的地点。该项目对国际汇票有重要意义，因为它关系到汇票的法律适用，即当发生有关出票的法律冲突时，票据是否成立是以出票地法律来衡量的。

出票地一般多以最小的独立行政区表示，如中国北京、中国南京或英国伦敦、美国纽约等。

《票据法》规定，汇票上若记载出票地，应当清楚明确。未记载出票地的，则出票人的营业场所、住所或经常居住地为付款地。《日内瓦统一法》规定，出票地是绝对必要记载项目。英国《票据法》规定，出票地不是绝对必要记载项目。

2. 付款地点

付款地点是付款人姓名旁边的地点，是持票人提示票据、请求付款的地点，也是在票据遭拒付时做成拒绝证书的地点。

《票据法》规定，如果汇票上无付款地点，应以付款人的营业场所、住所或经常居住地为付款地点。

3. 付款期限

付款期限是指履行付款义务的日期。汇票的付款期限大致可分为两类：即期和远期。

（1）付款期限。

1）即期。即期又称见票即付（at sight），收款人提示汇票当天就是到期日，付款人应当日付款。即期汇票无须承兑。汇票上没注明到期日的，可视为见票即付的汇票。例如：

• On demand pay to the order of...

• At sight pay...

• On presentation...

2）远期。远期汇票分为三种：

①见票日后定期付款（At × days/ × months after sight）。例如：

• At 90 days after sight pay to...

此种汇票须由持票人向付款人提示，要求承兑，以便从承兑日起算，确定付款到期日。

②出票日后定期付款（At × days/ × months after date）。例如：

• At 60 days after date of this First of Exchange, pay to...

此种汇票需要承兑，以明确承兑人的付款责任。

③定日付款（fixed date）。例如：

• On 15th Dec.，2013，fixed pay to...

此种汇票仍需提示承兑。

（2）到期日的算法。

1）见票/出票日后若干天付款，其到期日的算法是：算尾不算头，若干天后最后一天是到期日，如遇假日顺延。例如：

• At 90 days after sight...见票日即为承兑日

如为 3 月 5 日见票，3 月 6 日起算　—31 日＝26 天　3 月 5 日是头，不算

4 月 1 日　—30 日＝30 天

5月1日　　　　—31日＝31天

87天

6月1日　　　　—3日 ＝ 3天　6月3日是尾，要算

90天

此汇票的到期日是6月3日。如果6月3日适逢假日，则到期日顺延至6月4日。

2）见票/出票日后若干月付款，其到期日的算法是：应为付款之月相应日期，如无相应日期，则以该月最后一日为到期日。例如：

• At 1 month after 15th，Jan.（到期日为2月15日）

• At 1 month after 31st，Jan.（到期日为2月28日）

（三）汇票的任意记载项目

（1）正本汇票写明 First of Exchange 或 Original，副本汇票写明 Second of Exchange 或 Duplicate。正副本汇票分别写明"付一不付二"或"付二不付一"。（"pay this first bill of exchange"或者"second of the same tenor and date being unpaid"）。由于汇票往往成套开出（一式两份），但债权与债务关系只有一笔，所以付了第一张汇票的款项就不用付第二张的，付了第二张汇票的款项就不用付第一张的。

（2）预备付款人相当于汇票的第二付款人，若汇票遭到拒绝承兑或拒绝付款，即作为参加承兑人或参加付款人。

（3）其他记载项目还有禁止转让、免除做成拒绝证书和拒付通知、免于追索、汇票编号、提示期限、利息利率等。

三、汇票的分类

在国际结算中使用的汇票，按其内容和特征不同，可分成许多类。

（一）按出票人的不同，汇票分为银行汇票和商业汇票

1. 银行汇票

银行汇票（banker's draft）是一家银行对另一家银行签发的汇票，其出票人和付款人都是银行，主要是银行根据客户要求办理汇款（票汇）业务时签发使用的。

2. 商业汇票

商业汇票（trade bill）是企业或个人对企业、个人或银行签发的汇票，其出票人是企业或个人，付款人可以是企业、个人，也可以是银行；主要用于国际贸易结算中的出口商向国外进口商或银行收取货款时签发；付款方式为逆汇。商业汇票为一式两联。

（二）按承兑人的不同，汇票分为商业承兑汇票和银行承兑汇票

1. 商业承兑汇票

商业承兑汇票（trader's acceptance bill）是由企业或个人承兑的远期汇票，是建立在商业信用基础上的。

2. 银行承兑汇票

银行承兑汇票（banker's acceptance bill）是由银行承兑的远期汇票，是建立在银行信用基础上的。

银行承兑汇票比商业承兑汇票更易于被人所接受，更易于在市场上流通。

（三）按付款时间的不同，汇票分为即期汇票和远期汇票

1. 即期汇票

即期汇票（sight bill，demand draft）是在持票人提示时，付款人应立即付款的汇票。

2. 远期汇票

远期汇票（time bill，usance draft）是在未来的特定日期或一定期限付款的汇票。

远期汇票又分为确定日期付款汇票、出票后定期付款汇票和见票后定期付款汇票。其中，见票后定期付款汇票的使用较为普遍。

国际上习惯将30天以内付款的，称为短期汇票（short bill）；30天以上付款的，称为长期汇票（long bill）。

（四）按有无附属单据的不同，汇票分为光票和跟单汇票

1. 光　票

光票（clean bill）是指不附带代表货物所有权的货运单据（主要是提单、保险单）的汇票，它的流通完全依靠当事人（出票人、付款人、背书人）的信用，在国际贸易结算中较少使用。仅运费、保险费等有时采取光票的形式向对方收款。银行汇票多是光票。

2. 跟单汇票

跟单汇票（documentary bill）是指附带代表货物所有权的货运单据（如提单、发票、保险单等）的汇票。跟单汇票不仅有当事人的信用，还有物的保证，体现了货款与单据的对流，对进出口双方来说多了一重安全保障，故在国际贸易中被广泛使用，也是信用证最常用的汇票。商业汇票多是跟单汇票。

汇票按其特征分类，并不意味一张汇票只能具备一个特征，而是可以同时具备几个特征，如一张汇票同时是远期、商业、跟单汇票或即期、银行、光票等。

四、汇票的票据行为

汇票的票据行为是指汇票业务的处理手续，一般有下列几个环节：出票、背书、提示、承兑、付款、拒付、追索、参加承兑和参加付款等环节。

（一）出　票

出票（issuance）是指出票人签发汇票并将其交付给收款人的票据行为。一个有效的出票行为包括两个动作：一是填写汇票并签字；二是交付给收款人。这两个动作缺一不可。

（二）背　书

背书（endorsement）是指持票人在汇票背面签字并把它交付给对方的行为。背书行为也包括两个动作：一是签字行为；二是交付行为。两个动作同时具备才有效。

背书的方式有以下几种：

1. 限定性背书

限定性背书（restrictive endorsement）是指“支付给被背书人”的指示带有限定性的词语。例如：

- pay to A Bank only
- pay to A Bank not negotiable
- pay to A Bank not transferable

• pay to A Bank not to order

做成上述限定性背书的汇票，被背书人不能将汇票再流通或转让，只能向付款人要求付款。

2. 记名背书

记名背书（special endorsement）又称特别背书，是指背书人在汇票背面签字，并写明"付给……（被背书人名称）或其指定人"或"付给……（被背书人名称）的指定人"。例如：

• pay ABC Trading Company or order

或

• pay to the order of ABC Trading Company For ABC Trading Co.

signed ______

在实务中，票据背面注明背书位置，如"ENDORSE HERE"，则申请人应在规定位置背书；如果没有规定收款人背书位置，应遵循将票据正面从右向左翻至票据背面，在票据右边贴近边缘处背书。其他背书人应按照取得票据的先后顺序在第一背书人背书位置下方逐一背书。

背书人A可以通过记名背书的形式把汇票继续转让下去，但应保持背书的连续性，即上一次背书的被背书人就是下一次背书的背书人，最后的被背书人是持票人，持票人应以不间断的连续背书证明他的权利是正当的，见图2-2。

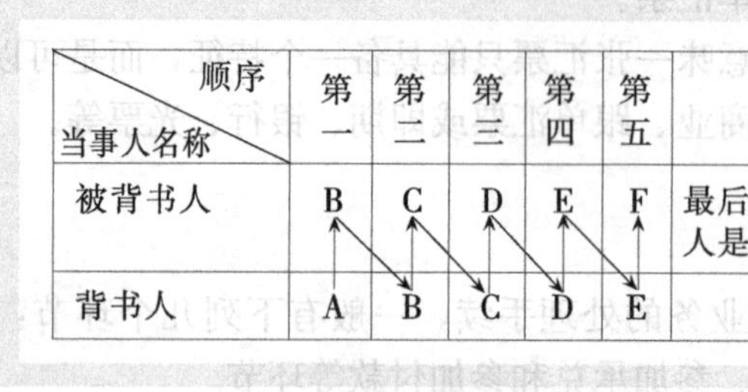

图2-2 背书的连续性

3. 空白背书

空白背书（blank endorsement）又称不记名背书、略式背书，是指背书人在汇票背面只签字，而不写付给某人（被背书人名称），即没有被背书人。《票据法》不允许空白背书。

空白背书后的汇票，凭交付而转让，交付者可不负背书人的责任。

空白背书持票人可在其背面签字并写明"付给……（被背书人名称）或其指定人"，则变为记名背书汇票流通。此后，若被背书人再进行空白背书，则又恢复为空白背书汇票。

（三）提　示

提示（presentation）是指持票人向汇票付款人出示汇票，要求付款或承兑的行为。提示可分为两种：付款提示（presentation for payment）和承兑提示（presentation for acceptance)。付款提示是持即期汇票或已到期的远期汇票要求付款人付款的提示。承兑提示是持远期汇票要求付款人承诺到期付款的提示。提示需要在规定时间做出才有效，否则持票人丧失对其前手的追索权。

(四) 承　兑

承兑（acceptance）是指远期汇票的付款人在汇票上签字，表示同意执行出票人发给他的无条件的付款命令，并将该汇票交还持票人或另制承兑通知书交给持票人。未经承兑的远期汇票，在法律上对付款人没有强制效力。

承兑包括两个行为：①汇票上写明“承兑”字样；②把承兑汇票交给持票人，或把承兑通知书交给持票人。这样才算完成了承兑行为。

承兑的种类分为一般承兑和限制承兑两种。

1. 一般承兑

一般承兑（general acceptance）又称普通承兑，是指承兑人对出票人的指示不加限制地同意确认。通常所称的承兑，即指一般承兑。

例如：Accepted

1st July，2019

For ×× Bank Ltd.，New York

signed ______

2. 限制承兑

限制承兑（qualified acceptance）是指在承兑时用明白的措辞改变汇票承兑的效果。常见的限制承兑又分为以下几种：

(1) 有条件承兑（conditional acceptance），即完成所述条件后方予付款。

例如：Accepted

1st July，2019

payable on delivery of bill of lading

For ×× Bank Ltd. New York

signed ______

此种汇票不符合“汇票是无条件支付命令”，持票人有权拒绝。

(2) 部分承兑（partial acceptance），即对金额的一部分进行承兑。例如，对于票面金额为￡1 000.00的汇票，在承兑时只承兑￡500.00。

例如：Accepted

3rd February，2019

payable for amount of ￡500.00 only

For ×× Bank Ltd. New York

signed ______

(3) 限制付款地点的承兑（local acceptance），即承兑仅在某特定地点支付。

例如：Accepted

5th February，2019

payable at the ×× Bank and there only（无此，将为普通承兑）

For Standard Bank Ltd.，New York

(4) 限制付款时间的承兑（qualified acceptance as to time）。

例如：出票日后 3 个月付款的汇票，承兑时改写为出票日后 6 个月付款。

Accepted

5th July，2018

payable at 6 months after date

For ×× Bank Ltd.，New York

signed________

关于限制性承兑，英美法系认为部分承兑的有限制条件承兑可拒绝接受。如果持票人认为可接受，必须征得出票人及前手背书人同意；否则，出票人及前手背书人不承担任何债务。大陆法系认为持票人必须接受部分承兑，但对没有承兑部分，应做成拒绝证书，以保留他的权利。

(五) 付 款

付款（payment）是指在即期汇票或远期汇票到期时，由持票人向付款人提示付款，经付款人或承兑人正当地支付票款并收回汇票（可要求持票人在汇票上注明“收讫”字样，并签字为证）的行为。在付款后，汇票上所反映的债权与债务关系即告结束。

正当付款的条件：

(1) 到期日或以后付款，而不能在到期日以前付款。

(2) 若汇票被转让，前手背书必须连续和真实。

(3) 善意的付款，不知道持票人的权利有何缺陷，是指付款人按照专业惯例，尽了专业职责，利用专业信息都不知道持票人权利有何缺陷的付款。

(六) 拒 付

拒付（dishonour）又称退票，是指在持票人提示汇票时，遭到拒绝付款（dishonour by non-payment）、拒绝承兑（dishonour by non-acceptance）或付款人避而不见、死亡或宣告破产，以致付款已事实上不可能。在拒付后，持票人立即产生追索权，其有权向背书人和出票人追索票款。

在发生拒付后，持票人应在一个营业日内，将拒付事实做成拒付通知（notice of dishonour）告知前手背书人。前手背书人应于接到通知后的一个营业日内，再通知他的前手背书人，一直通知到出票人为止。如果后手未及时通知其前手背书人，而使前手遭到损失，后手应负赔偿之责。

(七) 追 索

追索（recourse）是指当汇票遭到拒付时，为保护持票人的利益，持票人有权向背书人、出票人请求偿还汇票金额的行为。

1. 行使追索权必须具备的条件

行使追索权必须具备如下条件：

(1) 必须在法定期限内提示。未经提示，持票人不得向其前手追索。

(2) 必须在法定期限内通知。在法定期限内将拒付事实通知前手。当汇票遭到拒付时，在一般情况下，持票人应在一个营业日内，将拒付事实通知其前手背书人，前手背书人应于接到通知后的一个营业日内，再通知他的前手背书人，一直通知到出票人为止。如果后手未及时通知其前手背书人，而使前手遭到损失，后手应负赔偿之责。

(3) 必须在法定期限内做出拒付证书（protest）。拒付证书是由拒付地点的法定公证人做出的证明拒付事实的文件。持票人在请求公证人做成拒付证书时，应将汇票交出，由公证人持票向付款人再做提示，若仍遭拒付，即由公证人按规定格式做成拒付证书，连同汇票交还持票人，持票人凭拒付证书及退回的汇票向前手背书人行使追索权。公证的再提示过程见图2-3。

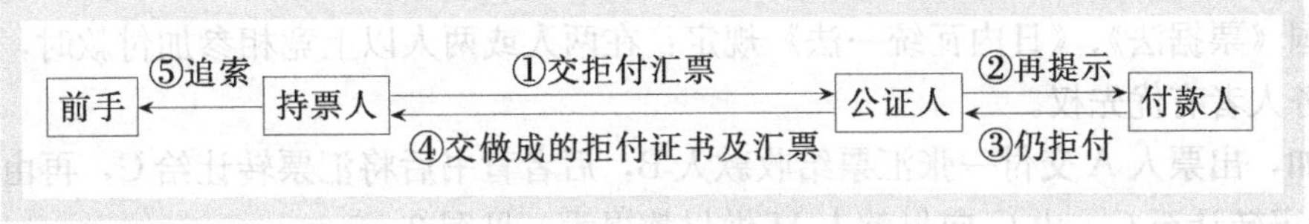

图2-3 公证的再提示过程

2. 追索顺序

债务人的责任无大小之分，只要签过字就要对票据债务负责，因此持票人可以向任何一个前手追索，也可同时向所有前手追索。对未承兑汇票，出票人是主债务人，当然是向他追索；对已承兑汇票，承兑人是主债务人。但是，在实务中，持票人一般都是向出票人追索。这是因为，即使是在承兑人是主债务人的情况下，如果依次按顺序追索，势必造成手续繁杂、费用增加的状况。此时，如果由出票人清偿，他可向承兑人追索，只要他与承兑人有资金关系。若承兑人仍不付款，出票人可向法院起诉。

（八）参加承兑

参加承兑（acceptance for honour）是指在汇票遭到拒绝承兑或无法获得承兑时，非票据债务人在得到持票人同意的情况下，参加承兑此汇票的行为。其目的是防止追索权的行使，因为在票据到期后，若付款人拒不付款，则由参加承兑人负责支付票款。这样可阻止持票人在票据到期日前追索，维护出票人和背书人的信誉。

例如，出票人A交付一张汇票给收款人B，B背书后将汇票转让给C，C再背书转让给D，由D持票向付款人E做承兑提示，见图2-4。

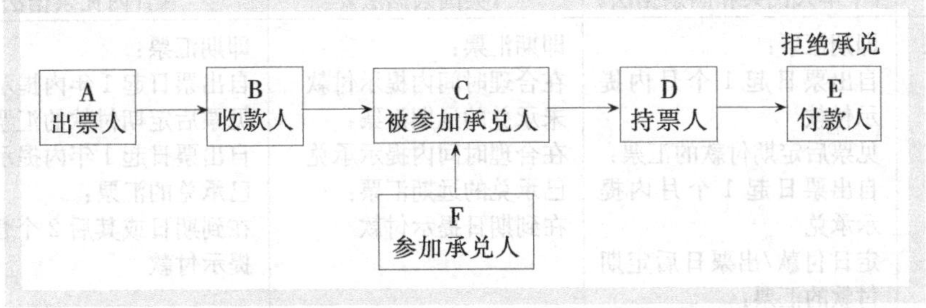

图2-4 参加承兑

在E拒绝承兑时，F参加承兑，并指定C为被参加承兑人，此举实际上保全了C和

A 的信誉。

（九）参加付款

参加付款（payment for honour）是指在汇票不获付款、持票人可以行使追索权时，非票据债务人要求付款的行为。

参加付款人在付款后，取得向被参加付款人及其前手追索的权利，但同时也免除了被参加付款人后手的债务。因此，参加付款与参加承兑一样，都能阻止追索，保全票据债务人的信用。两者不同的是，参加付款不需要经过持票人的同意，任何人均可成为参加付款人，而参加承兑必须经过持票人的同意。

英国《票据法》、《日内瓦统一法》规定：在两人或两人以上竞相参加付款时，能免除最多债务人者有优先权。

例如，出票人 A 交付一张汇票给收款人 B，后者背书后将汇票转让给 C，再由 C、D、E、F 背书转让至 G，由 G 向付款人 H 做付款提示，见图 2-5。

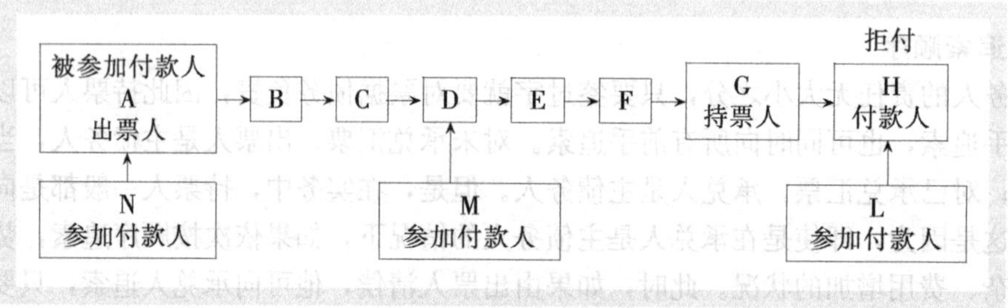

图 2-5　参加付款

在 H 拒付时，L、M、N 三人同时请求做参加付款，L、M、N 分别以 H、D、A 为被参加付款人。若由 L 付款，因 H 无后手，所以不能免除任何人的债务；由 M 付款，可免除 D 的后手 E、F、H 的债务；由 N 付款，则因被参加付款人是出票人，所有背书人都是他的后手，因此由 N 付款可免除的债务人最多，所以 N 有参加优先权。

表 2-1 展示了不同票据法对汇票票据行为的时效规定。

表 2-1　不同票据法对汇票票据行为的时效规定

内容	《中华人民共和国票据法》	《英国票据法》	《日内瓦票据法》
提示期限	即期汇票： 自出票日起 1 个月内提示付款 见票后定期付款的汇票： 自出票日起 1 个月内提示承兑 定日付款/出票日后定期付款的汇票： 在到期日前提示承兑，自到期日起 10 日内提示付款	即期汇票： 在合理时间内提示付款 未承兑的远期汇票： 在合理时间内提示承兑 已承兑的远期汇票： 在到期日提示付款	即期汇票： 自出票日起 1 年内提示付款 见票后定期付款的汇票： 自出票日起 1 年内提示承兑 已承兑的汇票： 在到期日或其后 2 个营业日内提示付款

续表

内容	《中华人民共和国票据法》	《英国票据法》	《日内瓦票据法》
拒绝证书做成期限	无规定	拒绝承兑或拒绝付款后1个营业日内	提示承兑期限内做出
拒付通知	收到拒付证明或通知后3日内通知其前手	拒付后1个营业日内通知其前手，前手收到通知之日后1个营业日内通知其前手	拒绝证书做成之日后4个营业日内持票人应通知其前手，每一背书人应于收到通知后2个营业日内通知其前手
追索权的行使	持票人对出票人和承兑人： 到期日起2年，即期汇票自出票日起2年 持票人对其前手： 被拒绝承兑或拒绝付款之日起6个月	债权成立之日起6年内	持票人对承兑人： 到期日起3年内 持票人对背书人及出票人： 做成拒绝证书之日或到期日起1年内

五、汇票贴现

汇票贴现（discount）是指在远期汇票承兑后，尚未到期，将其转让给银行或贴现公司，后者从票面金额中扣除按一定贴现率计算的贴现息后，将余额支付给贴现人的行为。

贴现行持有贴进的汇票直至到期日，提示要求承兑人付款，承兑人按票面金额付款，贴现银行收回垫款，并赚取了贴现息。所以，贴现业务既可以看作票据的买卖，又可以看作资金融通。

贴现息的计算，英镑按一年365天计算，美元、欧元按一年360天计算。

例如，出口人持有远期汇票200 000.00美元，将于54天后到期，向银行要求提前兑现，银行按贴现率6.5%扣除贴现息后付款，试计算汇票净值。

解：

$$\text{贴现息}=200\,000\times 6.5\%\times\frac{54}{360}=1\,950\ (\text{美元})$$

$$\text{汇票净值}=200\,000-1\,950=198\,050\ (\text{美元})$$

第三节 本 票

一、本票的定义

本票（promissory note）又称期票，是由一个人签发给另一个人，签票人保证在见票时或者在指定的或可以推定的将来日期，支付一定金额给予某人（或其指定人）或者执票来人的无条件的书面承诺。

本票的发令人与受令人是同一人，但一个人不能自己命令自己，所以本票上的付款文字实际上是签发本票之人告知受款人的承诺，常见的表达方式为：“We promise to pay...”。

二、本票的内容

（1）表明“本票”的字样。

（2）无条件支付的承诺。

（3）确定的金额。

（4）付款期限（未写明付款期限者，视为见票即付）。

（5）付款地点（未写明付款地点者，出票地视为付款地）。

（6）收款人或其指定人。

（7）出票日期、地点。

（8）出票人签字。

本票的样式见示样 2-3 和示样 2-4。

示样 2-3　本票

PROMISSORY NOTE

GBP 5,000.00　　　　London, 8th Sep. 2019

At 60 days after date we promise to pay ABC Corp. or order the sum of Five thousand pounds only.

For Bank of Europe, London.
signature

示样 2-4　本票

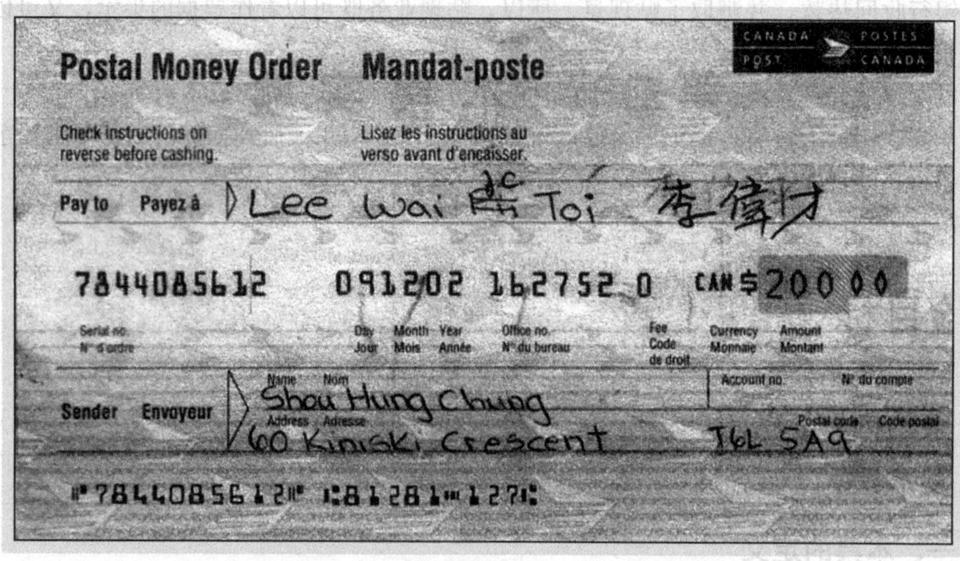

三、本票的流通规则

（1）从前面本票的定义看，出票人只要在一张纸上注明“本票”字样，承诺于“指定到期日”由自己无条件支付，就是一张票据法上的本票。但是，只有在出票人信誉良好、资金雄厚的情况下，收款人才愿意接受。

(2) 本票是出票人无条件的自我承诺，所以远期本票不存在承兑问题。

英国《票据法》规定：本票不需要承兑，所以远期本票的期限大多是“after date”或指定一个将来的日期付款“on...”，不可能有“after sight”的远期本票。《日内瓦统一法》则不同，认为可以签发“after sight”的远期本票，这就需要在一定期限内向签票人提示，请他“签认”(VISA) 见票日期。

(3) 本票制成并经签票人签名后，还必须交付给受款人，才完成“签”和“发”的行为。

(4) 本票没有成套问题，总是单独一张。

除不需要承兑和成套问题外，其他有关汇票的流通规则大多适用于本票。

四、本票的不同形式

常见的本票有以下几种：

1. 商业本票

商业本票 (trader's note) 又称一般本票，是指以工商企业为出票人签发的本票，其目的经常是为了清偿国际贸易的债权与债务关系。由于商业本票的信用基础是商业信用，并且不提供任何资产做抵押，因而出票人的付款缺乏保证，其使用范围逐渐缩小，现在已几乎不使用了。

2. 银行本票

银行本票 (banker's note) 是指以银行为出票人签发的本票，通常用于代替现金支付或进行现金转移。即期银行本票，一般称为 cashier's order，意即出纳发出的命令，也就是上柜就可取得现金。由于银行本票的这种特性，因此西方各国一致规定，商业银行本票必须是记名的和不定额的，以免流通到市面扰乱国家纸币发行制度。

3. 旅行支票

旅行支票 (traveller's cheque) 从付款人就是旅行支票的发行机构来看，它应是本票；从旅行支票发行时是购票人在发行机构的无息存款，兑付时等于支取该存款上看，它又具有支票性质。

旅行支票通常有固定的票面金额，同时发行机构为保证其流通性，通常会在世界各地设立代兑机构，方便持票人兑换。另外，由于旅行支票有严格的初签与复签制度，携带起来也较为安全。但是，随着网络与信息技术的发展，旅行支票逐渐被国际信用卡所替代。

4. 国　债

国债 (treasury bills) 是政府的财政部发行的本票，其信用基础是政府信用。

西方国家财政部的国债一般总是支付来人的、定额的，而且是大额的 (金额单位为10万或以上)，期限为3个月或91天的流通本票。由于国债可以转让、买卖、贴现、抵押，所以它已成为本国金融市场上重要的流通工具。

五、本票的用途

(1) 商品交易中的远期付款。由买方签发给卖方一张以约定付款日为到期日的本票，到期日卖方可如数收回款项。在到期日以前，卖方也可将本票进行贴现，以获取资金。

（2）借贷金钱的凭证。由借款人签发给贷款人一张约定日期付款的本票，到期日贷方收款，贷方在到期日前也可贴现。

（3）企业对外筹集资金的凭据。由企业在证券市场上发行商业本票，并通过金融机构担保，以获取资金。

（4）代替现金支付。在客户提取存款时，由于现金不足，由存款银行开立即期本票给客户，以代替支付现钞。

第四节 支 票

在现代经济生活中，支票被广泛大量地使用，与现金一起作为最基本的两种支付工具。由于它的转账划拨功能在很大程度上节约了现金的使用，又比现金更为安全、方便，因此工商企业在支付结算时经常要用到支票。但是，支票主要用于国内结算，在国际结算中使用支票的情况不多。

一、支票的定义

简单地说，支票（cheque，check）是一张以银行为受票人的见票即付的汇票，所以支票是从汇票派生出来的一个特例。英国人把支票归入汇票中。

具体地说，支票是银行存款户对银行签发的，授权银行对某人（或其指定人）或持票人即期支付一定金额的无条件的书面支付命令。

适用于凭票即付的即期汇票的各项规定，都适用于支票。

二、支票的必要项目

（1）写明“支票”的字样，一般表示为“Check”或“Cheque”。

（2）无条件支付命令。

（3）确定的金额。

（4）付款银行名称。

（5）付款地点（未写明的，以付款银行所在地为付款地点）。

（6）写明即期字样（未写明者，仍视为见票即付）。

（7）收款人或其指定人。

（8）出票日期、地点（未写明者，以出票人所在地为出票地点）。

（9）出票人签字。

英国《票据法》规定：支票提示期为合理时间。

《日内瓦统一法》规定：国内支票提示期为8天，在一国出票、另一国付款的支票提示期为20～70天，视距离而定。支票实例见示样2-5。

示样 2-5 支票

Cheque for US ＄2,560.00	London, 20 Sep., 2019
Pay to the order of China National Textile Corp. The sum of US Dollars two thousand five hundred and sixty only.	
To: National Westminster Bank Ltd. London	For DEF Co. London Signed

三、支票的分类

1. 按支票是否记名，分为记名支票和不记名支票

（1）记名支票是指写明收款人姓名的支票，如“Cheque payable to... only”或“Cheque payable to A or order”。取款时必须由收款人签字后方可支取。

（2）不记名支票（空白支票）是指不记载收款人姓名，只写“付来人”，仅凭交付转让，如“Cheque payable to bearer”。

2. 按收款方式有无限制，分为一般支票和划线支票

（1）一般支票（uncrossed check）是指可通过银行转账，也可提取现金的支票。

（2）划线支票（crossed cheque）是指由出票人、收款人或代收银行在支票上划上两条横跨票面的平行线，这种支票只能用于银行转账，不能提取现金，以防支票遗失被冒领。

划线支票又可分为：①一般划线支票（generally crossed cheque）是指划线之间空白，并在平行线内注明“××公司”或“不可流通”字样。这种支票任何银行都可以代收转账。②特别划线支票（specially crossed cheque），在平行线内写明具体代收票款银行的名称，这种支票只能委托票面写明的银行收账，不能委托其他银行收账。

若支票的受票银行违反划线的规定，比如将普通划线支票付给非银行或支付现金，将特别划线支票支付给了非指定银行，由此而使支票的真正所有人遭受的损失，该受票银行要承担责任。

持票人可将一张未划线的支票（uncrossed cheque）加上普通划线或特别划线。普通划线支票的持票人可以在普通划线上加注他的开户银行成为特别划线支票，但不可做相反方向的改变。

3. 空头支票

空头支票是指当支票持有人请求付款时，出票人在付款人处实有的可供合法支配的存款不足以支付票据金额的支票。《票据法》规定，支票出票人所签发的支票金额不得超过其在付款人处实有的存款金额，即不得签发空头支票。这就要求出票人自出票日起至支付完毕止，保证其在付款人处的存款账户中有足以支付支票金额的资金。

对于签发空头支票骗取财物的，要依法追究刑事责任。如果签发空头支票骗取财物的行为情节轻微，不构成犯罪，《票据法》规定要依照国家有关规定给予行政处罚。

4. 保付支票

保付支票（certified cheque）是指为避免出票人开空头支票，收款人可要求支票先经付款行加盖“保付”戳记并签字，表明在支票提示时一定付款。

支票一经保付，付款银行就成为主债务人，对出票人、背书人都可免予追索。

5. 银行支票

银行支票（banker's cheque）是指由银行签发并由银行付款的支票，也是银行即期汇票，出票人、付款人都是银行。

6. 旅行支票

旅行支票（traveller cheque）是指没有特定付款人和付款地点，由银行或旅行社发行的、固定金额的、专供旅行者使用的一种支付工具。

旅行支票参见示样 2－6。

示样 2－6　旅行支票

四、支票的止付和有效期

支票的付款银行在下列三种情况下可止付（countermand）：

（1）出票人在开出支票后，由于交易上的原因要停止付款，他就可以通知银行对该特定的支票（号码、日期、金额、受款人姓名）停止付款。当该支票提示时，付款银行在票上注明“奉命止付”（orders not to pay）字样后退票给持票人。

（2）存款银行在获得有关存款人死亡、破产的通知后，即止付存款人以前开出的支票，听候合法继承人、破产清理人的处理。

（3）此外，当存款人签发空头支票时，受票银行会在票上注“请洽出票人”（refer to drawer），这是银行为开空头支票的客户进行掩饰的委婉退票用语。

自支票开出并交付到持票人手中，持票人应尽早向受票银行提示付款，支票提示的有效期一般较短。大陆法系规定：出票地和付款地在同一个国家，有效期为出票后 8 天；在不同国家，有效期 20 天；在不同的洲，有效期 70 天。英美法系规定：应在合理期间提示。若没有确定的天数，英国的银行公会定为 6 个月。《票据法》规定：持票人应当自出票日起10日内提示付款。

五、汇票、本票、支票的异同

（一）汇票、本票、支票的相同点

（1）汇票、本票、支票的性质相同，都是书面债据，写明一定金额，在一定时间内，持票人或其指定人可向出票人或指定付款人支取款项的凭证。

（2）汇票、本票、支票的作用相同，都是支付手段、流通手段、融通资金的工具（可以实现结算、信用、流通、汇兑、融资的作用）。

（3）汇票、本票、支票的债权人相同，都是持票人（收款人，被背书人）。

（4）汇票、本票、支票的持票人权利相同，都是要求付款的权利和追索的权利。

（二）汇票、本票和支票的不同点

（1）基本关系人不同。汇票有三个当事人，即出票人（drawer）、付款人（payer）和受款人（payee）。本票有两个当事人，即制票人（maker）和收款人（payee）。支票有两个当事人，即银行客户（bank customer）和收款人（payee）。

（2）无条件性不同。汇票是一个人向另一个人签发的、要后者付款给第三者或本人的无条件支付命令。本票是一个人向另一个人签发的、约定自己付款给后者的无条件支付承诺。支票是银行存款户对银行签发的、付给第三者的无条件支付命令。

（3）主债务人不同。汇票的主债务人在承兑前是出票人，在承兑后是承兑人；本票的主债务人是出票人；支票的主债务人是银行客户。

（4）出票人承担的责任不同。汇票的出票人责任是担保付款人承兑和付款；本票的出票人承担付款责任；支票的出票人责任是担保银行一定付款。

（5）当事人的资金关系不同。汇票应有资金关系，本票无所谓资金关系，支票必须先有资金关系。

（6）期限不同。汇票、本票有即期和远期两种，支票只有即期一种。

（7）张数不同。汇票多为成套，而本票和支票是单张居多。

本章小结

本章是国际结算的基础部分。目前，各种国际贸易中债权与债务关系的清算大多通过票据来实现。本章的主要内容包括票据的概念、性质和作用；票据的法系；票据的当事人及他们之间的权利和责任；汇票、本票和支票的票据行为、包含的内容、票据的种类及票据之间的相同点和不同点。通过本章的学习，同学们可以了解票据的基本知识，掌握国际上两大票据法系在票据行为规定方面存在的主要差异。

知识点

传统支票给人们带来方便的同时也产生了处理成本过高、处理速度较慢和易于伪造等问题。为了防止这些问题并适应电子商务对支票的需求，美国最先着手对电子支票进行立法，并于2003年10月28日通过了《21世纪支票交换法案》。通过赋予“替代支票”（substitute checks）与纸质支票相同的法律效力，以降低票据清算成本、加快资金流通、提高清算系统的效率并有效地防止伪造支票。

目前，美国支票的电子提示是通过银行内部“On Us”支付系统进行的。在这种系统下，代收银行和付款银行预先订有协议，由代收银行保存客户提交的纸质支票并把它转换成电子影像发送到付款银行，付款银行根据纸质支票的电子影像所提供的信息借记出票人的存款账户。在支票解讫后，原纸质支票仍由代收银行保存而无须转移到付款银行手中。这种支票的电子提示称为“支票截流”（truncate）。但是，由于各种原因，不是所有的银行和个人都愿意采用支票的电子提示方式来代收款项。当银行或个人不愿意接受支票的电子影像时，《21世纪支票交换法案》为其提供了一种新的流通票据——替代支票，替代支票作为原支票法律上的“等同物”，可以取代被银行截流的纸质支票的位置，从而使银行之间的电子提示变得更为方便，整个支票系统也变得更有效率。此外，随着越来越多的支票电子影像被显示在银行的网站上，客户可以实时核实自己账户的金额，从而有效地防止了支票诈骗。

▲ 案例2-1

汇票诈骗案例

案情简介

某年8月，我国某市A公司与新加坡B商签订了一份进口胶合板的合同。合同总金额为700万美元，支付方式为托收项下付款交单。合同写明，允许分批装运胶合板。按照合同规定，第一批价值为60万美元的胶合板准时到货。经检验，A公司认为质量良好，对双方合作很满意。但是，在第二批交货期前，新加坡B商向A公司提出：“鉴于A公司资金周转困难，允许A公司对B商开出的汇票远期付款，汇票的支付条款为：见票后一年付款700万美元”，但要求该汇票由中国某国有商业银行的某市分行承兑。在承兑后，B商保证将700万美元的胶合板在一年内交货。A公司全部收货后，再付B商700万美元货款。A公司对此建议欣然接受。A公司认为只要承兑了一张远期汇票，就可以得到货物，并在国内市场销售。这是一笔无本生意，而且货款还可以投资。但让A公司始料不及的是，B商将这张由中国某国有商业银行某市分行承兑的远期汇票在新加坡一家美国银行贴现了600万美元，之后一张胶合板都没有交给A公司。事实上，B商将这笔巨额货款骗到手后就无影无踪了。一年后，新加坡美国银行就这张承兑了的远期票据要求中国某国有商业银行某市分行付款。尽管B商没有交货，承兑银行却不得以此为理由拒绝向善意持票人美国银行支付票据金额。因本票金额巨大，中国某国有商业银行报请上级批准，由我方承兑银行付给美国银行600万美元而结案。

案例分析

对于这张由新加坡B商作为出票人和收款人的汇票，经中国某国有商业银行的某市分行承兑后，该分行就成为汇票的付款人。A公司与B商之间的胶合板买卖合同是该票据的原因关系，因此B商向A公司开出远期付款命令。而A公司在某国有商业银行某市分行有账户往来关系，即存款于该银行。它们之间的这种资金关系使得该行某市分行愿意向A公司提供信用，承兑了这张远期汇票。美国银行与B商之间有对价关系，美国银行善意地支付了600万美元的对价而成为这张汇票的善意持票人。然而，票据的最大特点就是，票据法律关系一经形成，即与基础关系相分离。票据基础关系的存在和有效与否并不对善意持票人的票据权利产生影响。因此，B商实际上没有交货或者A公司没有足够的美元存在银行，都不影响美国银行对承兑人的付款请求权。对美国银行来说，这张票据上并没有写有关胶合板的情况，只有一句话："见票后一年付700万美元。"票据法律关系应依票据法的规定加以解决，票据基础关系则应以民法规定加以解决。B商正是利用了票据的特性才行骗得逞的。如果这张票据没有在市场流通，那么情况就不一样了。因为各国票据法都认为，票据在未投入流通前，票据的基础关系与由此而产生的法律关系便没有分离，两者是有联系的。也就是说，当票据的原因关系与票据法律关系存在于相同当事人之间时，债务人可以利用原因关系对抗法律关系。在该案中，如果是B商来中国某国有商业银行某市分行要求付款，某分行可提出：既然卖方不交货，买方也拒绝付款。这就是买方可向卖方提出同时履约的抗辩理由。

资料来源：中国票据网。

▲ 案例2-2

连续背书的汇票行使追索权案例

案情简介

某年3月1日，上海甲公司以上海乙公司为收款人，签发商业汇票一张，汇票金额为100万元人民币，汇票到期日为同年7月31日。上海乙公司在接到该商业汇票后将该汇票背书转让给浙江丙公司。此后，江苏丁公司、上海戊贸易公司和上海××区自来水公司亦依次通过背书转让方式取得了该商业汇票。同年8月1日，上海××区自来水公司持该汇票向银行提示付款。银行在接到该商业汇票后经查实，确认上海甲公司在银行的存款不足以支付票据款，随后将商业汇票退回给上海××区自来水公司。

上海××区自来水公司依法向其前手上海戊贸易公司进行票据追索，上海戊贸易公司在支付款项后又向其前手追偿，至江苏丁公司支付完票据款项100万元后，江苏丁公司向浙江丙公司进行追索。浙江丙公司支付了票据款项中的75万元，上海甲公司支付了票据款项中的25万元。此后，浙江丙公司依法向上海甲公司和上海乙公司就票据权利进行再追偿，但甲公司和乙公司拒绝偿付票据款项中的75万元。

为此，浙江丙公司向人民法院提起诉讼称：被告上海乙公司背书转让给原告（浙江丙公司）商业承兑汇票，被告上海甲公司系汇票出票人和付款人。在浙江丙公司将汇票背书转让给后手后，当最后持票人在汇票到期日提示付款时，因上海甲公司银行存款不足被退票。要求判令上海乙公司支付票据款项75万元及利息，并由上海甲公司承担连带清偿责任。上海乙公司辩称上海甲公司系商业汇票的出票人，应当由上海甲公司独立承担汇票款项的偿付责任。上海甲公司未答辩。

案例分析

本案系一起汇票到期后，因出票人原因致银行拒绝付款而引起的票据法律纠纷。

(1) 票据法律关系以有效票据的存在为前提。汇票当事人之间在票据的签发和转让等过程中发生的权利与义务关系就是票据法律关系。当事人之间基于票据行为而发生的债权与债务关系是票据法律关系的核心。在票据关系中，有效票据是票据的持票人主张票据权利的前提。根据《中华人民共和国民法通则》(以下简称《民法通则》) 和《票据法》的有关规定，构成有效票据应具备如下条件：①票据行为人应具有票据权利能力和票据行为能力。②票据上的记载事项必须完整。③票据必须交付。

本案中的争议票据属于有效票据。首先，与票据法律关系相关的各方当事人均是独立的企业法人，具有民事权利能力和民事行为能力，因而具有票据权利能力和票据行为能力；其次，争议的票据所记载的事项完整，符合法定条件；最后，上海甲公司在实施了出票行为后，将汇票交付给上海乙公司，而上海乙公司在实施背书行为后将汇票交付给了浙江丙公司。此后，浙江丙公司又依法对汇票进行了交付。

(2) 浙江丙公司享有票据权利。票据权利是持票人以取得票据金额为目的的，凭票据向票据债务人请求支付票据金额的权利。票据权利包括付款请求权和追索权。在本案中，上海乙公司系此商业汇票的收款人，乙公司通过合法的背书行为予以转让，之后背书行为的当事人至上海××区自来水公司均因前手的合法背书行为而享有向债务人 (上海甲公司) 请求支付款项的付款请求权。最后，由于持票人上海××区自来水公司未获付款，因此依法向其前手行使追偿权，最终通过江苏丁公司的清偿行为而得以全部实现；而江苏丁公司又向其前手浙江丙公司追偿，浙江丙公司在支付完全部款项后，依法取得了票据权利中的追偿权，即有权向上海甲公司和上海乙公司行使要求偿付票据款项的权利。在浙江丙公司取得追偿权后，其权利范围应是请求汇票债务人支付自己已经清偿的全部金额和该项金额自清偿日至再追索清偿日之间按照中国人民银行规定的利率计算的利息。

(3) 汇票的背书行为。背书是指持票人为了转让票据或其他目的，在票据背面或其粘单上所做的一种附属票据行为。背书是转让权利的一种方式，其法律特征在于：权利转移效力，即在背书成立后，票据上的一切权利，包括付款请求权、追索权和背书权等由背书人转移给被背书人；权利担保效力，即在背书后，背书人对其后手在票据上的权利实现负担保责任；权力证明效力，即持票人所持汇票的背书，只要具有连续性，法律就推定其为正当的票据权利人。

背书连续是指在票据转让中，转让汇票的背书人与受让汇票的被背书人在汇票上的签章依次前后衔接。这样，汇票的权利得以连续向后手转让，依次取得汇票的持有人的权利受到法律保护，汇票义务人的义务必须履行。在本案中，由于背书的连续性，其汇票追偿权利的行使直至浙江丙公司向其前手请求追偿为止，因此浙江丙公司依法享有票据权利。

(4) 票据责任如何承担。上海甲公司系汇票的出票人，为票据的主债务人，在完成票据行为后，即承担保证该汇票承兑和付款的责任。上海乙公司系汇票的背书人，在以背书方式转让汇票后，即承担保证其后手所持汇票承兑和付款的责任。因此，在浙江丙公司依法履行其偿付款项的义务后，有权向其前手上海乙公司行使追偿权，而上海乙公司也负有向浙江丙公司支付款项的义务。由于上海甲公司系汇票的出票人，应该对上海乙公司偿付款项的义务承担连带清偿责任，从而保证权利人的票据权利并达到票据流通的目的。

练习题

一、术语解释

票据　　汇票　　本票　　支票

参加承兑　　划线支票　　贴现

二、判断题

1. 判断以下汇票中哪些是有效汇票，并说明理由。

(1) We hereby request you to pay on our account to the order of A Company USD 10,000.

(2) Pay USD 10,000 out of the money to be received by you from A Company.

(3) A bill of exchange which is not dated and which does not specify the place where it is drawn.

(4) Pay to ABC company USD 5,000.00 and debit same to our No. 2 account.

(5) Pay Peter Smith USD 10,000 if the goods sent are acceptable.

(6) Pay Michael Jordan USD 10,000 by 5 installments.

2. 本票的出票人是绝对的主债务人，即使远期本票也不必办理承兑。(　)

3. 汇票与支票的区别在于：前者以银行为付款人，而后者的付款人不限于银行。(　　)

4. 普通支票可以经划线而成为划线支票，一般划线支票可以经记载指定银行而成为特殊划线支票。(　　)

5. 当汇票金额大小写数字不一致时，为维护出口商的利益，应以数字大的为准。(　　)

6. 汇票的主债务人在承兑前是付款人，在承兑后是承兑人。(　)

三、不定项选择题

1. 在进出口业务中，如果国外进口商开来支票作为支付凭证，为防止对方开立空头支票，可以要求对方出具(　)。

A. 划线支票　　B. 记名支票　　C. 保付支票　　D. 一般支票

2. 即期汇票的主债务人是(　)。

A. 付款人　　B. 承兑人　　C. 背书人　　D. 出票人

3. 当汇票被拒付时，持票人不可以对(　　)进行追索。

A. 被背书人　　B. 出票人　　C. 承兑人　　D. 保证人

4. 本票的基本当事人有(　　)。

A. 出票人　　B. 付款人　　C. 背书人　　D. 收款人

5. 按收款人的写法进行划分，支票可分为(　　)。

A. 一般支票　　B. 记名支票　　C. 不记名支票　　D. 保付支票

6. 票据的基本票据行为是(　　)。

A. 出票　　B. 背书　　C. 承兑　　D. 追索

7. 票据的提示必须在规定的时限内办理，否则持票人将丧失对(　　)的追索权。

A. 出票人　　B. 背书人　　C. 前手　　D. 被背书人

8. 某汇票关于付款到期日的表述为：出票日后 30 天付款。应如何计算汇票到期日？(　　)

A. 从出票日当天开始算，出票日作为 30 天的第一天

B. 从出票日第二天算起，出票日不计在内

C. 从出票日第二天算起，出票日计算在内作为 30 天的第一天

D. 可以由汇票的基本当事人约定按照上述何种方法计算

9. 本票和支票的付款人分别为(　　)和(　　)。

A. 出票人，银行　　B. 出票人或承兑人，银行

C. 出票人，企业　　D. 承兑人，企业

10. 下列关于票据金额大小写的规定，不符合任何票据法的有(　　)。

A. 金额必须大小写，大小写必须一致

B. 金额不一定要大小写

C. 大小写金额若不一致，以大写为准

D. 金额必须大小写，大小写若不一致，以大写为准

四、问答题

1. 票据有哪些主要性质？

2. 汇票的必要记载项目分为几种？各有哪些？

3. 简述划线支票的作用和种类。

4. 简述汇票与本票、支票的区别和联系。

五、综合题

1. 根据以下提示，开立一张汇票，并完成汇票的背书。

A draft for GBP 21,787.00 is drawn by China National Animal By—Products Imp. & Exp. Co., Beijing Branch. on Bank of Atlantic, London, payable at 90 days after date to the order of Bank of China Beijing Branch dated 22 Feb., 2019. Marked "Drawn under Bank of Atlantic, London L/C NO. 1162, dated 21 Jan., 2019".

持票人背书转让汇票：

(1) 第一种转让方式：空白背书。

（背面）

（2）第二种转让方式：特别背书（被背书人为 ABC Co.，Tianjin，China）。

（背面）

2. 根据以下提示，开立一张本票。

A promissory note for HKD 15,000.00 is made by Johnson Importing Co., Hong Kong promising at 30 days after date to pay to the order of Zhong-Hai Export Co., Beijing dated 20 Sep., 2019.

3. 请根据下述不同情况计算远期汇票的到期日。

付款日期	到期日
at 90 days after sight ［见票日（即承兑日）为 5 月 21 日］	
at 3 months after 21 May，2019	
at 1 month after 31 May，2019	
at 2 months after 30 Dec，2019	
at 90 days from 21 May，2019	
on June 30，2019 fixed pay to ...	

at 30 days after B/L date/July 15，2019

4. 甲交给乙一张经付款银行承兑的远期汇票，作为向乙订货的预付款。乙在该票据上背书后转让给丙，以偿还原先欠丙的借款。此后，丙于到期日向承兑行提示取款，恰遇当地法院公告该承兑行自当天起进行破产清理，因而被退票。丙随即向甲追索，甲以乙所交货物质次为由拒绝付款，并称10天前已通知银行止付，而且止付通知和止付理由同时通知了乙。在这种情况下，丙再向乙追索，但乙以汇票系甲开立为由推诿不理，因此丙向法院起诉，该起诉书的被告为甲、乙与银行三方。请问法院将如何判决?

5. A公司为支付B公司的货款，于2019年6月5日给B公司开出一张20万元的银行承兑汇票。B公司在获此汇票后，因向C公司购买一批钢材而将该汇票背书转让给了C公司，但事后不久，B公司发现C公司根本无货可供，完全是一场骗局。因此，B公司马上通知付款人停止向C公司支付票款。C公司在获此票据后，并未向付款人请求支付票款，而是将该汇票又背书转让给了D公司，以支付其所欠的工程款。D公司在获此汇票时，不知道C公司以欺诈方式从B公司获得该汇票，以及B公司已通知付款人停止付款的情况，而后于2019年7月1日向付款人请求付款。

付款人在对该汇票进行审查后拒绝付款，理由是：

(1) C公司以欺诈行为从B公司获得票据的行为是无效票据行为，B公司已通知付款人停止付款。

(2) 该汇票未记载付款日期，为无效票据。随后，付款人便做成退票理由书，交付于D公司。

根据本例提供的事实，请回答以下问题：

(1) 付款人可否以C公司的欺诈行为为由拒绝向D公司支付票款，并说明理由。

(2) A公司开出的汇票未记载付款日期，是否为无效票据?为什么?

(3) 当D公司的付款请求权得不到实现时，可以向本案的哪些当事人行使追索权?

第三章

汇款结算方式

学习目标

● 掌握汇款的定义和汇款业务有关的当事人

● 熟练掌握信汇、电汇、票汇三种汇款方式

● 了解汇款头寸偿付的方法

● 熟悉汇款业务在国际贸易中的应用

第一节　汇款结算方式概述

一、汇款的定义及汇款结算方式的当事人

（一）汇款的定义

汇款（remittance）又称汇付，是指付款人（进口商、买方、债务人）将款项交由银行，通过银行在国外的联行或代理行汇交收款人（出口商、卖方、债权人）的一种结算方式。

在汇款业务中，付款人将款项交由当地的银行，委托其将款项付给收款人，当地银行接受委托后，再委托收款人所在地的代理行，请其将款项付给收款人。汇款业务的大致流程如下：

汇款人(付款方)——汇出行——汇入行——收款人

在汇款、托收和信用证这三种主要的国际结算方式中，汇款是唯一的顺汇方式。顺汇是指由债务人主动委托银行向债权人付款。相反，托收和信用证方式均属于逆汇方式，即由债权人向债务人催收货款。

汇款是早期国际结算业务中的最主要方式。在现代国际结算中，汇款方式仍然应用广泛，它既适用于贸易结算领域，也适用于非贸易结算领域。现代技术的发展使国际汇款方式发生了根本性变化，甚至向无票据业务方向发展，但传统的汇款结算方式仍占一定地位。

（二）汇款结算方式中的当事人

汇款结算方式一般涉及四个主要当事人：

（1）汇款人（remitter）。将现金交银行申请汇款的人或被借记的客户。在国际贸易中，汇款人就是债务人、进口商或委托人，其责任是填写汇款申请书、提供款项并承担相关费用。

（2）汇出行（remitting bank）。发出付款授权书（payment order，PO）的银行，即受汇款人委托而汇出款项的银行，一般是汇款人所在地或进口地银行，其基本职责是按汇款人的要求将款项通过一定途径汇给收款人。

（3）汇入行或解付行（paying bank）。接受汇出行委托，向收款人解付款项的银行。汇入行通常是收款人所在地银行或出口方银行，必须是汇出行的联行或代理行，其职责是证实汇出行委托付款授权书的真实性，通知收款人取款并付款，同时有权在头寸落实（即汇出行拨付的款项到账）后再解付款项。

（4）收款人（beneficiary）。收取现金或被贷记的客户，通常是出口方或债权人，但也可以是汇款人本身①，其权利是凭证取款。

除上述四个主要当事人外，有时还涉及转汇行（intermediary bank）。若汇出行与解付行之间没有往来账户，汇出行就要找双方的共同账户行，即“中心账户行”转汇，称为转汇行。

二、汇款结算方式的种类

根据汇出行通知汇入行付款的方式，国际汇款业务通常可分为信汇、电汇和票汇三种。我国是外汇管制较严格的国家，无论采取哪种汇款方式，均应符合《中华人民共和国外汇管理暂行条例》或经外汇管理当局批准。

（一）信　汇

（1）信汇（mail transfer，M/T）的定义。信汇是汇出行应汇款人的申请，将信汇委托书通过航空信函的方式邮寄给汇入行，授权解付一定金额给收款人的一种汇款方式。

（2）信汇方式的流转程序，见图 3-1。

①汇款人填具汇款申请书，交款付费给汇出行，申请书上写明使用信汇方式。

②汇款人取得信汇回执。

① 例如，在后面讲到的票汇方式当中，汇款人就可以以自己为汇票抬头人，并将汇票带到国外亲自取款。

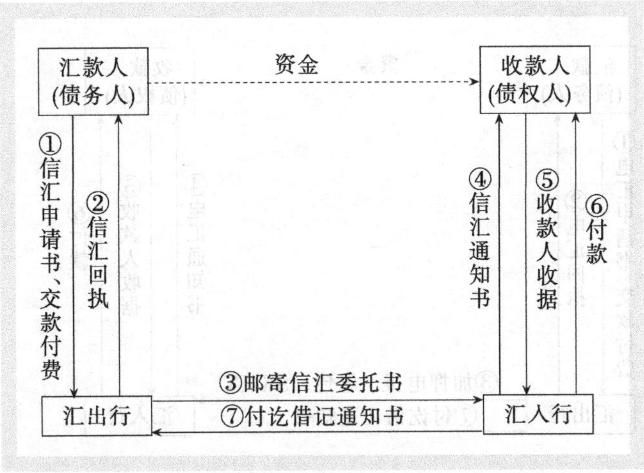

图 3-1 信汇方式的流转程序

③汇出行根据申请书制作信汇委托书或支付委托书，邮寄汇入行。

④汇入行收到信汇委托书或支付委托书后，核对签字无误，将信汇委托书的第二联信汇通知书及第三、四联收据正副本一并通知收款人。

⑤收款人凭收据取款。

⑥汇入行借记汇出行账户取出头寸，解付汇款给收款人。

⑦汇入行将付讫借记通知书寄汇出行，通知它汇款解付完毕，资金从债务人流向债权人，完成一笔信汇汇款。

信汇是一种传统的汇款方式，其优势在于费用最低，但缺点在于收款迟缓。另外，信汇当中的付款委托书需要特殊加工，不能自动转入电脑系统，相对于电汇来说，比较费时费力，因此美国等西方国家逐渐不愿意接受信汇汇款。中国银行总行营业部已于 1986 年取消对美国的信汇方式。目前，我国银行办理的信汇业务有较大部分是汇往港、澳地区，而且金额也较小。

(二) 电　汇

(1) 电汇（telegraphic transfer，T/T）的定义。汇出行应汇款人的申请，以加押电报、电传或 SWIFT 形式通知汇入行，委托其把款项付给收款人的一种汇款方式。

(2) 电汇方式的流转程序，见图 3-2。

①汇款人填写电汇申请书，交款付费给汇出行，申请书上说明使用电汇方式。

②汇款人取得电汇回执。

③汇出行发出加押电报或电传给汇入行，委托汇入行解付汇款给收款人。

④汇入行收到电报或电传，核对密押无误后，缮制电汇通知书，通知收款人收款。

⑤收款人收到电汇通知书后在收据联上盖章，交汇入行。

⑥汇入行借记汇出行账户，取出头寸，解付汇款给收款人。

⑦汇入行将付讫借记通知书寄给汇出行，通知它汇款解付完毕。资金从债务人流向债

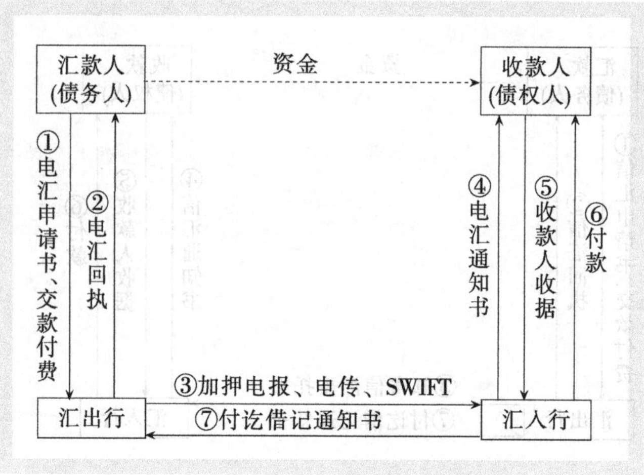

图 3-2 电汇方式的流转程序

权人，完成一笔电汇汇款。

(3) 电汇的具体方式。具体说来，电汇可以采取两种方式：一是采用电报或电传；二是采用 SWIFT 系统。采用电报或电传方式进行电汇的格式大致如下：

FM：(汇出行名称)

TO：(汇入行名称)

DATE：(发电日期)

TEST：(密押)

OUR REF. NO.（汇款编号）

NO ANY CHARGES FOR US（我行不负担费用）

PAY（AMT）VALUE（DATE）TO（付款金额、起息日）

BENEFICIARY（收款人）

MESSAGE（汇款附言）

ORDER（汇款人）

COVER（头寸拨付）

采用 SWIFT 系统的电汇方式是指运用 SWIFT 系统编制的一套银行识别码（BIC）来保证自动支付系统明确无误地识别会员，从而精确地识别相关金融交易中的金融机构。例如，BKCHCNBJ300 就是中国银行上海分行的 BIC，其中前四位 BKCH 是银行代码，CN 是国家代码，BJ 是方位代码，300 是分行代码。

电汇是汇款中最快捷的结算方式，在银行业务当中的优先级较高，整个电汇业务完成一般只需要 2～3 天的时间。另外，电汇大多是银行之间的直接往来，中间环节少，因此更为安全准确。电汇的缺点是费用较高，电报和电传本身费率较高，加上银行占用资金时间短，导致银行收取的费用较高。相关研究表明，目前在我国部分地区的实际外贸业务中，电汇方式已成为对外贸易结算的主流方式，见专栏 3-1。

专栏3-1

进出口贸易中的电汇结算方式：实际运用情况与风险规避

电汇成为当前进出口贸易中的主流结算方式。20世纪60—70年代世界贸易的85%以上采取信用证方式，但进入90年代后，信用证使用的比例迅速下降，以商业信用为基础的电汇结算方式大幅提高。下表给出了2004—2007年中国上海出口结算方式构成比例。

2004—2007年中国上海出口结算方式构成比例（%）

年份	信用证	托收	电汇	其他
2004	36.6	4.2	50.5	8.7
2005	32.2	3.7	59.3	4.8
2006	33.6	4.7	55.5	6.2
2007	34.6	4.9	55.6	4.9

资料来源：根据2004—2007年上海外汇管理局数据整理。

电汇之所以成为主流结算方式，是因为其具备手续简便、速度快、费用低、占用资金少的优点。尽管如此，它仍属于商业信用，因而仍具有较大风险。一般来说，选择电汇结算方式的前提是买卖双方都具有良好的信用，有良好的合作基础和经历。此外，还需要采取一些有效方式来规避风险。

1. 利用运输单据规避收汇风险

货物在装运港装船后，出口方通常就可获得提单等全套运输单据。但是，为了规避收汇风险，除非进口方有足够信用，出口方不应立即将正本提单提交给进口方，防止进口方在获得特权象征的正本提单后，逃避付款责任。出口方可以先将提单副本交至进口方，证明货物已经按照合同规定装运。在获得银行出具的进口方电汇货款的收据以后，再将正本提单等全套运输单据交付给进口方。

2. 通过投保出口信用保险控制收汇风险

出口信用保险是在商品出口中发生的、保险人（经营出口信用保险业务的保险公司）与被保险人（向国外买方提供信用的出口商或银行）签订的一种保险合同。根据该保险合同，被保险人向保险人交纳保险费，保险人赔偿保险合同项下买方信用及相关因素引起的经济损失。

3. 通过选用适当的电汇方式控制风险

电汇方式按汇款时间分为"前T/T"方式与"后T/T"方式两种。"前T/T"方式是指预付货款，即卖方在发货前已收到货款，然后在合同规定的时间内，将货物发给买方的一种结算方法。"后T/T"方式是指延迟付款，是在买卖双方签署合同后，由卖方先发货，买方在收到货物后再付款。显然，前者对出口商有利，而后者对进口商有利。所以，如果在进出口贸易中单纯使用任何一种方式，对于交易双方都不公平。如果在买卖合同下的货款，50%采用"前T/T"方式，50%采用"后T/T"方式，那么买卖双方在资金占用上就处于公平的状态。

资料来源：石磊，沈根荣．进出口业务中的电汇结算方式探讨．国际商务研究，2008（6）．

（三）票　汇

（1）票汇（demand draft，D/D）的定义。汇出行应汇款人的要求，开立一张有指定付款行（一般为联行和账户行）的汇票给汇款人，由汇款人自己设法交给收款人，并凭其领取款项的汇款方式。

（2）票汇方式的流转程序，见图 3-3。

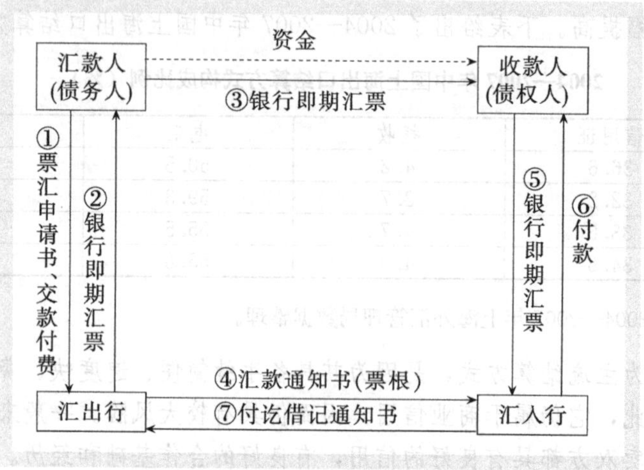

图 3-3　票汇方式的流转程序

①汇款人填具票汇申请书，交款付费给汇出行，申请书上说明使用票汇方式。

②汇出行作为出票行，开立银行即期汇票交给汇款人。

③汇款人将汇票寄收款人。

④汇出行将汇款通知书，又称票根，寄汇入行，凭此与收款人提交的汇款正本核对。近年来，银行为简化手续，汇出行已不寄汇款通知书了。

⑤收款人提示银行即期汇票给汇入行要求付款。

⑥汇入行借记汇出行账户，取出头寸，凭票解付汇款给收款人。

⑦汇入行将付讫借记通知书寄汇出行，通知它汇款解付完毕。

与信汇或电汇相比，票汇的突出特点是其灵活性。票汇的收款方式本质上是凭汇票取款，因此只要抬头许可，汇款人既可以将汇票带到国外亲自取款，也可以将汇票寄给国外债权人自行取款，还可以背书后转让给其他人取款。票汇的传送不通过银行，汇入行无须通知收款人，而由收款人持票登门取款。票汇的领款方法是收款人背书后，凭票领款，而信汇和电汇都由汇入行填制汇款收据，收款人在收据上签字。凡是不限制转让的汇票经背书后，均可转让，而信汇和电汇业务中不涉及转让问题。

（3）采用中心汇票支付。中心汇票是指以汇票所用货币的清算中心银行为付款人的即期银行汇票。例如，以华盛顿某银行为美元汇票付款人的汇票，以东京某银行为日元汇票付款人的汇票，以伦敦某银行为英镑汇票付款人的汇票都是中心汇票。中心汇票的付款人总是银行在某货币清算中心的账户行。

采用中心汇票是一种比较理想的汇款方式。对出票行来说，由于不必调拨资金，手续比较简便；对于买入行而言，只需将汇票寄到所用货币的清算中心就可收回票款，手续也十分简单。

（四）信汇、电汇与票汇三种方式的比较

信汇、电汇与票汇三种方式在结算工具、汇款成本、安全性以及汇款速度方面有所不同：

（1）结算工具不同。电汇使用电报、电传或SWIFT，用密押证实；信汇使用信汇委托书或支付授权书，用印鉴或签字证实；票汇使用银行汇票，用印鉴或签字证实。

（2）汇款成本不同。电汇的成本最高；信汇和票汇的成本较低，其中票汇的成本最低。

（3）安全性不同。电汇大多使用银行间直接通信，减少了中间环节，安全性高；信汇必须通过银行和邮政系统实现，信汇委托书有可能在邮寄途中遗失或延误，不能及时收到汇款，因此其安全性低于电汇；票汇虽有灵活的特点，却有丢失或损坏的风险，背书转让会带来一系列的债权与债务关系，容易使当事人陷入汇票纠纷，而且汇票遗失后挂失或上传的手续比较烦琐。

（4）汇款速度不同。电汇在银行的优先级别高，一般当天处理，因此汇款速度最快；信汇方式由于资金在途时间长、操作手续多，因此有些银行已很少使用信汇；票汇的结算时间可长可短，取决于持票人的意愿。

第二节　汇款头寸的偿付与退汇

一、汇款头寸的偿付

汇款头寸的偿付（reimbursement of remittance cover）俗称拨头寸，是指在办理汇款业务时，汇出行及时将汇款金额拨交给委托解付汇款的汇入行的行为。汇出行不论采用什么汇款方式向汇入行发出付款委托，每一笔汇款都必须注明拨头寸指示。汇入行要按照“收妥头寸、解付汇款”的原则，必须在接到国外汇款头寸报单或接到可以立即借记国外汇款行账户的通知后方可办理解付。因此，偿付是汇款业务当中的重要环节。

银行间头寸的具体偿付办法要视银行之间的账户关系来决定，一般应该在订立的代理合同中规定汇款方式的拨头寸办法。归纳起来有以下四种：

（1）汇款双方银行开有往来账户，可直接通过账户借记或贷记来偿付汇款头寸。若汇出行在汇入行开立了账户，则授权汇入行借记汇出行的账户。例如，“偿付办法，授权你行借记我行在你行开立的账户”。（In reimbursement，you are authorized to debit the face amount to our account with you.）汇入行在借记后，向汇出行寄出借记报单（debit advice）；若汇入行在汇出行有账户，则汇出行在汇款时主动贷记汇入行的账户。例如，“偿付办法，我行已贷记你行在我行的账户”。（In reimbursement，we have credited the face amount to your account with us.）

在此种偿付方式下，资金转移就在两家银行之间发生，而且手续少、时间快，非常方便，见图3-4和图3-5。

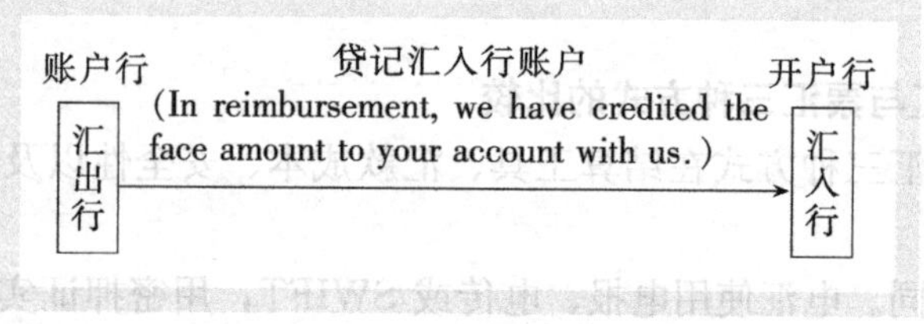

图 3-4 汇入行在汇出行有账户的情况

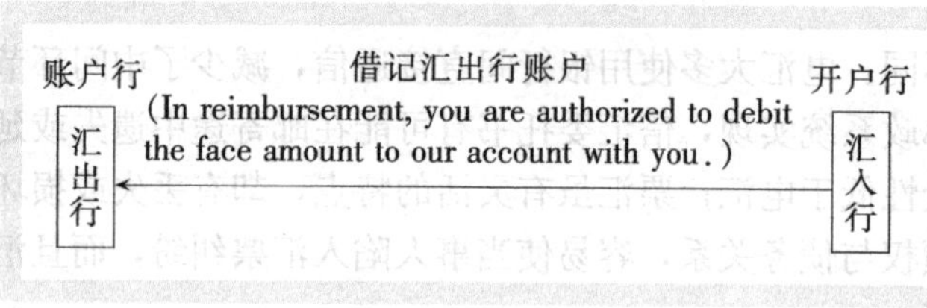

图 3-5 汇出行在汇入行有账户的情况

(2) 汇款双方均未在对方开立账户，但在同一家代理行开立了往来账户，汇出行主动通过该代理行将头寸拨付汇入行账户或由汇入行向该代理行索偿。我们称这家代理行为共同账户行，这种资金调拨方式称为偿付行转账。例如，汇出行向共同账户行指示："请借记我账并贷记（汇入）行账"。[Please credit cover to (paying bank) account with you, and debit our account.] 汇出行给汇入行的指示为："我行已授权（共同账户）行贷记你行的账户"。[In reimbursement, we have authorized (reimbursement bank) to credit cover to your account with them.] 共同账户行在借记或贷记后，分别发出借记和贷记报单，见图 3-6。

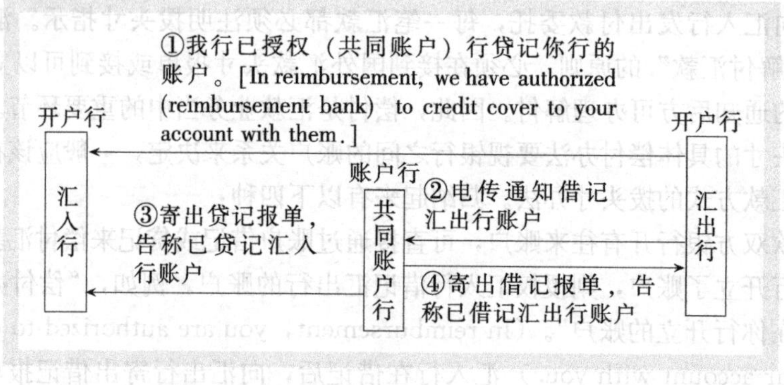

图 3-6 汇款双方均未在对方开立账户，但在同一家代理行开立有往来账户时的资金转移

(3) 如果汇出行和汇入行之间没有共同账户行，但它们各自的账户行之间有账户关系，则可通过各自的账户行进行借记和贷记操作来实施转账。在这种情况下，汇出行的账

户行借记汇出行在其处的账户，并贷记汇入行的账户行在其处的账户，并向汇入行的账户行发出贷记报单及向汇出行发出借记报单；而汇入行的账户行贷记汇入行在其处的账户，并将贷记报单发送给汇入行，见图 3－7。

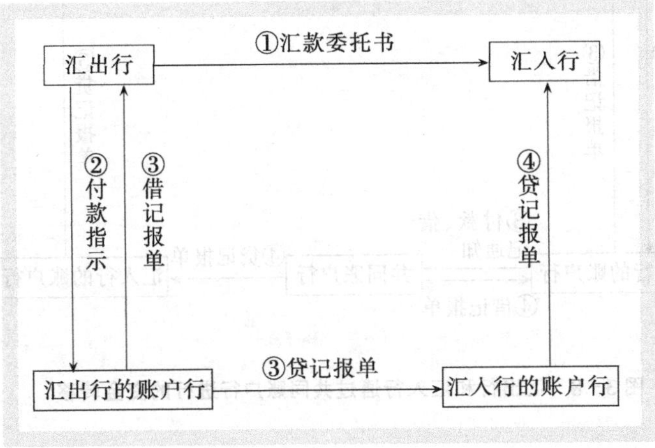

图 3－7　汇出行和汇入行之间通过它们各自的账户行进行的资金转移

①汇出行向汇入行发出汇款委托书，委托其解付一定资金给收款人。

②汇出行向其账户行发出付款指示，借记汇出行在其处的账户，并将款项汇交汇入行的账户行。

③汇出行的账户行借记汇出行在其处的账户，并贷记汇入行的账户行在其处的账户，而后向汇入行的账户行发出贷记报单及向汇出行发出借记报单。

④汇入行的账户行贷记汇入行在其处的账户，并将贷记报单发送给汇入行。

（4）如果汇出行和汇入行各自的账户行之间也没有账户往来关系，则需要找到各自账户行之间的共同账户行，并通过各自账户行的共同账户行来实施转账，见图 3－8。这时汇款业务涉及五家银行，手续比较烦琐、时间也较长，在实际操作中尽量少用。

①汇出行向汇入行发出汇款委托书，委托汇入行解付一定的金额给收款人。

②汇出行向其账户行发出指示，授权借记汇出行在该行的账户，并将款项支付给汇出行的账户行和汇入行的账户行的共同账户行。

③汇出行的账户行借记其账户并发出借记报单，同时将款项汇交共同账户行（通过向共同账户行发出借记通知来实现）。

④共同账户行借记汇出行的账户行账户，并贷记汇入行的账户行账户，同时向汇出行的账户行发出借记报单，向汇入行的账户行发出贷记报单。

⑤汇入行的账户行在接到贷记报单后，贷记汇入行账户，并向汇入行发出贷记报单。

总之，汇出行一般应将头寸及时拨给汇入行；否则，可能引起汇入行的拒付，并且要支付汇入行垫款的利息，造成对汇出行的不良印象。如果汇入行在未被调入头寸时向收款人付款，等于买入汇款，自行垫款，此时的费用及汇兑损失应由收款人负责，并在付款时扣除；如果汇入行收到汇出行划来的头寸，实际是占用资金，应及时划入收款人账户；如果发生退汇或收款人长期不来领款，应进行了解，看是否应退回头寸，

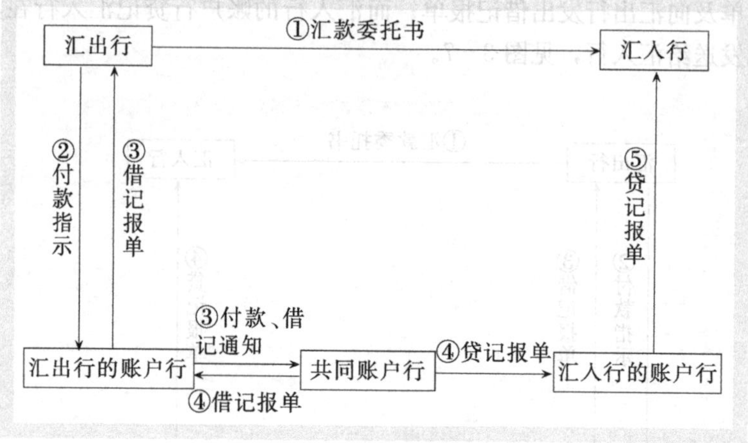

图 3-8　汇出行和汇入行通过共同账户行进行的资金转移

不应无理长期积压。

二、汇款头寸的退汇

汇款人或收款人在汇款解付前要求撤销该笔汇款称为退汇。关于退汇的概念，值得一提的是，退汇是指解付之前的汇款撤销；一旦汇入行已经解付汇款，那么汇入行不能向收款人追索，汇款人也不能要求银行退款，只能由汇款人直接与收款人交涉，要求其退款。

退汇一般是由汇款人提出，有时也由收款人提出。

1. 收款人拒收汇款

如果是收款人提出退汇，一般程序比较简单。在信汇和电汇的情况下，收款人只需要向汇入行说明退汇原因，然后汇入行再将相关的汇款凭证寄回汇出行，由汇出行通知付款人办理退汇即可；在票汇情况下，只要收款人将汇票寄回汇款人处即可。

2. 汇款人主动提出撤销电汇、信汇、票汇款

汇款人提出退汇。如果是电汇或信汇，则由汇款人提出书面申请，交验汇款回单，然后由汇出行通知汇入行停止向收款人解付。若收款人有意见，需要向汇款人交涉，而不能强求汇入行付款。

如果是票汇，则在汇款人寄出汇票前，持原汇票到汇出行申请办理退汇手续。汇出行应发函通知汇入行将有关的汇票通知书注销寄回。若汇款人已将汇票寄出，汇出行一般不接受退汇请求，以维护银行票据的信誉。

如果汇款人将汇票遗失或汇票被窃，则应办理挂失止付手续，由汇款人向汇出行出具认赔保证书，保证万一发生重付，由汇款人负责赔偿银行因此遭受的损失。随后，汇出行通知汇入行挂失止付，待汇入行书面确认后，汇出行可以办理补发汇票手续。

第三节 汇款结算方式在国际贸易中的应用

汇款结算方式按汇付货款与装运货物先后的不同，可分为预付货款和货到付款两种类型。

一、预付货款

预付货款（payment in advance）又称先结后出，是出口商要求进口商将预付的一部分货款或全部货款通过银行汇交出口商后，才装运货物的一种汇款结算方式（先汇货款资金占用时间长）。预付是针对进口商而言，对出口商来说则是预收货款。

预付货款的方式一般只适用于少数国际市场急需的、进口商得到货后能取得较高利润的畅销商品的出口。采用预付部分货款，主要是出口商为防止进口商不履行合同而将预收的部分货款作为担保。在进口商违约的情况下，出口商可以没收全部预收货款。

这种方式对进口商不利，因为预付货款要占压进口商的资金，而且进口商还要负担出口商不按合同规定装运货物的风险。为保障权益，进口商有时会规定解付条件，或要求提供银行保证书，以保证收款人如期履行交货、交单义务，否则退还已收货款，并加付利息。

二、货到付款

货到付款（payment after arrival of goods）又称先出后结，是出口商先发货，而后进口商付款的一种汇款结算方式。货到付款其实是一种赊账交易（sold on credit），有时还可称为记账赊销（open account，O/A），即卖方发货，自寄单据给买方，暂不收取货款，记在账户上，待一定时期（如一个季度）后，按账面余额结算一次。

与预付货款方式相反，货到付款对进口商有利，对出口商不利，主要体现在资金占用和风险承担两方面。在货到付款方式下，出口商的资金占用时间既包括货物在途时间，又包括资金在途时间。如果进口商收到货物后未能立即付款，则出口商的资金占用时间会更长，而进口商在无偿或只承担较低利息费用的情况下即可占用出口商资金。另外，出口商还要承担货到后进口商不付款或不按时付足款的风险。而进口商则比较主动，如果收到的货物不符合合同规定，他可不付或少付货款。

货到付款又分售定和寄售两种方式：

1. 售　定

售定（sold out/up）是指买卖双方的成交条件已洽妥，在进口商收到货物后，再通过银行将货款汇交出口商。售定方式的特点是其售价是确定的，买方付款时间通常是货到即付或货到后一个月付款，所以付款时间也是确定的。

例如，广东、福建、广西各口岸在对港、澳地区出口蔬菜、水果、生猪、塘鱼等鲜活商品时，往往采用售定的方式，其突出特点是“外贸自带单据”，即出口商在发货时，提单不经银行寄递，而是随货物一并发给进口商。这主要是考虑到运输路程较短，如果提单等经银行寄递，会影响货物交接，影响商品上市时的鲜活度。进口商根据实收货物的数量，按照规定的价格和付款期限，将货款通过银行汇交出口商。

我国为加强对这项业务的管理，要求：

（1）对办理这项业务的机构、项目等要经批准。

（2）外贸公司要选择比较可靠的商人来办理这项业务，一般由我驻外贸易机构或其指定的商店办理，并规定三天内汇回货款。

（3）外贸公司在出运货物时，必须按合同规定办理，并做到单货一致、单单一致。

（4）银行不掌握货运提单，但要掌握发票副本，外贸公司在办理出运时，必须送一份发票副本给银行，银行收到进口商汇来货款，逐笔按号抽出发票副本办理结汇手续。

2. 寄　售

寄售（sold on consignment）是指出口商先将货物运到国外，委托国外商人在当地市场代为销售，在货物售出后，被委托人（代售人）将货款扣除佣金和其他费用后汇交出口商的方式。

寄售方式有如下特点：

（1）在寄售方式下，寄售双方是委托关系，而不是买卖关系。寄售的出口商称为委托人，接受委托寄售的国外商人称为受托人，双方达成的通常是委托寄售协议。

（2）在寄售方式下，货物的价格和货款收回时间都是不确定的。受托人要到货物售出后才将货款汇给委托人，有些合同还规定在一段时间后（如三个月）未售出货，货价下降一定百分比，再过一段时间再下降一定百分比，因此货价不确定。

（3）寄售货物在出售前的物权属于委托人。因此，寄售的一切运输、保险、杂费及佣金等均由委托人负担，一般从销售款项中扣除，受托人只汇寄净款给委托人。

对出口商而言，寄售方式是最不利的，一般只用于新产品或滞销货的出口，或是用于开拓新市场。由于在寄售方式下，货款能否收回全靠受托人的代销能力，因此受托人的资信、经营能力等就显得十分重要。

三、汇款支付方式的特点

（1）风险大。无论是预付货款还是货到付款，其结算的基础都是商业信用。出口商在发货后能否顺利收回货款，进口商在预付货款后能否顺利收到符合合同规定的货物都取决于对方的信誉。因此，汇款往往只在国际结算的一些特殊场合和情况下使用。

（2）资金负担不平衡。资金负担完全由某一方来承担，在货到付款的情况下是出口商，在预付货款的情况下则是进口商。在结算过程中，双方均无法获得贸易融资。

（3）手续简便、费用少。汇款支付方式的手续是最简单的，银行的手续费也最少。因此，在交易双方相互信任的情况下，或者在跨国公司的不同子公司之间，用汇款支付方式是比较理想的。

▲ 案例 3－1

伪造“汇款证实书”案

背景

业务类型：电汇业务

汇出行：香港某商业银行

汇入行：国内某银行

收款人：国内某企业

案情简介

1995 年初，国内某银行接待了一家开户不久的企业，后者手持香港某商业银行的“汇款证实书”查询一笔 100 多万美元的电汇是否入账。该行根据该“汇款证实书”所列内容查阅了有关的对账单和往来电文，并未发现有这笔汇款，但允诺代其查询，并即电香港汇出行查询，请其提供详细汇款路线。但是，在此期间，收款人多次来电称此笔汇款保证无问题，要求银行立即入账，而银行坚持未见账户行贷记报单不能入账的原则给予婉拒。后来，香港某银行来电称，该项“汇款证实书”系部分伪造，所谓的汇款人根本不知此事。对此，国内的银行立即通知收款人，发现该企业的负责人已不知去向，其在银行账户的存款余额为零。

案例分析

这是一起假汇款案。本案例提示银行工作人员虽应时时刻刻想到为客户服务，但必须坚持原则，在汇入款业务中，汇入行必须坚持不垫款原则，只有在确实收到账户行的贷记通知时才能解付或入账。在对外贸易中，也会发生国外进口商以“汇款申请书”（或证明书）作为已汇出款项的证明，要求国内出口商立即发货或指示托收行向其交出装运单据。另外，即使汇款申请书是真的，作案者也会随即指示汇款行取消该项汇款，而仍保留原汇款申请书（或复印件）进行作案。这应引起国内有关当事人注意，勿轻信。

资料来源：史万钧．外汇业务案例选．上海：复旦大学出版社，1999.

本章小结

汇款是最传统的国际结算方式，是指付款人将款项交由银行，通过银行在国外的联行或代理行汇交收款人的一种结算方式。汇款结算方式一般涉及汇款人、汇出行、汇入行和收款人四个当事人。汇款是一种顺汇的结算方式。按照汇出行通知汇入行付款的方式，国际汇款业务可分为信汇、电汇和票汇三种。其中，费用最低的是信汇，最为快捷的是电汇，而最为灵活的是票汇。无论采用何种汇款方式，都涉及汇款头寸的偿付问题，即汇出行应及时将汇款金额拨交给委托解付汇款的汇入行。拨头寸一般有四种方法：①直接借记或贷记账户；②通过双方银行的共同账户行转账；③汇出行与汇入行各自账户行之间进行借记或贷记账户操作；④通过双方各自账户行的共同账户行进行转账。在国际贸易中，按照汇付货款与装运货物先后的不同，可分为预付货款和货到付款两种类型，其中预付货款对于出口商有利，而货到付款对进口商有利。货到付款又可分为售定与寄售两种方式。

练习题

一、术语解释

汇款　　信汇　　电汇　　票汇　　售定　　中心汇票

二、填空题

1. 顺汇是指______向______付款，而逆汇是指______向______催款。在汇款、托收和信用证三种主要的国际结算方式中，汇款是唯一的______方式。

2. 汇款业务一般涉及四个主要当事人，分别为______、______、______、______。

3. 根据汇出行通知汇入行付款的方式，国际汇款业务通常可分为______、______和______三种。

4. 根据汇付货款与装运货物先后的不同，汇款结算方式可分为______和______两种类型。其中，______对出口商较为有利，而______对进口商较为有利。汇款人或收款人在汇款解付前要求撤销该笔汇款称为______。

5. 汇款人在委托汇出行办理汇款时，要出具______。

6. 售定方式的特点是售价是______，付款时间也是______。

7. 在寄售方式下，寄售双方是______，而不是买卖关系。

三、判断题

1. 在汇款业务中，汇出行往往是汇款人或进口商所在地的银行，而汇入行往往是收款人所在地的银行或出口方银行。（　）

2. 转汇行是接受汇出行委托，将款项转汇给收款人的银行。（　）

3. 在信汇、电汇与票汇三种汇款方式中，最传统、最常用的是信汇。（　）

4. 在进行头寸偿付时，如果汇款双方银行均未在对方开立账户，但在同一家代理行开立有往来账户时，则汇出行应主动通过该代理行将头寸拨付汇入行账户，这种资金调拨方式称为偿付行转账。（　）

5. 与其他国际结算方式相比，汇款方式具有手续简便、风险大、资金负担不平衡的特点。（　）

6. 汇付方式是一种对买卖双方均有较大风险的结算方式。（　）

7. 票汇业务中使用的汇票，其出票人是汇出行。（　）

8. 在信汇、电汇、票汇中，电汇的成本最高，信汇的成本最低。（　）

9. 在一般情况下，汇入行可以在未收妥汇出行拨交的头寸时，向收款人解付款项。（　）

10. 汇款方式由于风险大，因此适用于交易双方相互信任，或者在跨国公司的不同子公司之间使用。（　）

四、单项选择题

1. 在三种汇款方式中，在银行业务中优先级别最高的是(　　)。

A. 信汇　　B. 电汇

C. 票汇　　D. 三种方式优先级别相同

2. 与信汇和电汇相比，票汇最突出的特点在于(　　)。

A. 最为灵活　　B. 费用较低

C. 最为快捷　　D. 费用最高

3. 直接通过账户借记和贷记来偿付汇款头寸的办法适用于下列哪种情况(　　)。

A. 汇出行与汇入行之间没有在对方开立账户，但有一家共同账户行

B. 汇出行与汇入行之间开有往来账户，但没有共同账户行

C. 汇出行与汇入行之间没有共同账户行，且各自的账户行之间也没有开立往来账户

D. 上述论述均不正确

4. 在寄售方式下，买卖双方是(　　)。

A. 委托关系　　B. 买卖关系

C. 合作关系　　D. 以上说法均不正确

5. D/D 的含义是指(　　)。

A. 提单　　B. 信汇

C. 电汇　　D. 票汇

6. 接受汇出行委托，向收款人解付款项的银行是(　　)。

A. 通知行　　B. 汇入行

C. 议付行　　D. 委托行

7. (　　)支付方式不利于进口商，而有利于出口商。

A. 预付货款　　B. 货到付款

C. 售定　　D. 寄售

8. 汇款人在汇款时填写(　　)，汇出行缮制(　　)邮寄给汇入行。

A. 支付委托书，汇款申请书　　B. 解付委托书，汇款申请书

C. 汇款申请书，支付委托书　　D. 汇款申请书，解付委托书

五、问答题

1. 比较信汇、电汇与票汇三种方式。

2. 汇款头寸偿付有哪些方式？

3. 简述汇款结算方式的特点。

第四章 托收结算方式

学习目标

- 理解并掌握托收结算方式的定义、当事人及基本程序
- 掌握跟单托收的收款条件及业务程序
- 熟悉托收结算方式中的资金融通方式、托收风险及其控制

第一节 托收结算方式概述

一、托收结算方式的定义

托收（collection）和汇款一样，也是一种传统的国际结算方式。在进行托收结算时，卖方开具汇票并将其交给当地银行（托收行），提出托收申请，委托该行通过它在进口地的代理行（代收行），代为向进口商收款。

在托收结算过程中，资金的传递方向与货权的传递方向是相反的，因此托收属于逆汇法，是出口商或债权人向进口商或债务人的催收，这点与汇款是不同的。

在托收业务中，尽管银行介入较多，但托收仍属于商业信用，银行只是依照委托人指示行事的代办者。托收业务顺利与否，取决于债权人与债务人的诚信度。

二、托收结算方式的当事人及其关系

（一）托收业务的当事人

1. 委托人

委托人（consignor，principal）是委托一家银行办理托收业务的当事人。在国际贸易

活动中，出口商（exporter）或卖方（seller）充当委托人的角色；国际结算业务中的出票人（drawer）和托运人（consignor）指的也是委托人。委托人需要填写托收申请书，并连同托收跟单汇票一并交给银行委托托收。

2. 托收行

托收行（remitting bank）是接受委托人的委托，转委托国外银行代为收款的出口地银行。由于托收行需要将托收汇票和单据发送给代收行并委托其收款，因此又称寄单行和委托行。在托收业务中，托收行将开出托收指示（collection advice），委托代收行代为收款。

3. 代收行

代收行（collecting bank）是接受托收行的委托，代为向付款人收款的进口地银行，它是托收汇票的被背书人或收款人，又称受托行。

4. 付款人

付款人（drawee）是进口商（importer）、买方（buyer），是指在委托人提供合格单据的情况下，根据合同规定付款的人，又称受票人（drawee）。

上述四个当事人是托收业务中最主要的当事人。除此之外，国际商会《托收统一规则》（Uniform Rules for Collection）还增加了一个当事人，即提示行（presenting bank），是指向付款人提示汇票和单据的银行，代收行可自己任提示行，也可委托与付款人有往来账户关系的银行做提示行。另外，委托人还可以在付款地指定“需要时的代理人”（customer's representative in case of need），以便在托收业务发生拒付时处理货物存仓、保险、转售、运回等事宜。委托人必须在托收申请书上写明代理人的权限。

（二）托收当事人之间的关系及托收的基本程序

1. 委托人与付款人的关系

委托人与付款人的关系是以他们所订立的契约为基础的债权与债务关系。例如，在委托人与国外付款人订立的国际货物买卖合同中，委托人是卖方，付款人是买方。据此，双方的关系是买卖关系。

2. 委托人与托收行的关系

委托人与托收行之间是委托-代理关系，这是依据委托人给托收行的托收申请书（collection application）确定的。申请书的主要内容是托收的具体事项以及委托人和托收行双方的责任范围。

3. 托收行与代收行之间的关系

托收行与代收行之间也是委托-代理关系，这是依据托收行给代收行签发的托收指示（collection advice）确定的。托收指示的内容应与委托人向托收行发出的申请书内容一致。在代收行接受委托书后，双方对于一笔托收业务的委托-代理关系即告成立。

4. 代收行与付款人的关系

代收行与付款人之间并不存在契约关系。付款人对于代收行应否付款，并非根据他对代收行应负的责任，而是根据付款人与委托人之间订立的契约中所承担的债务，即对托收票据或凭证的付款责任。

托收当事人之间的关系及托收基本程序，见图 4-1。

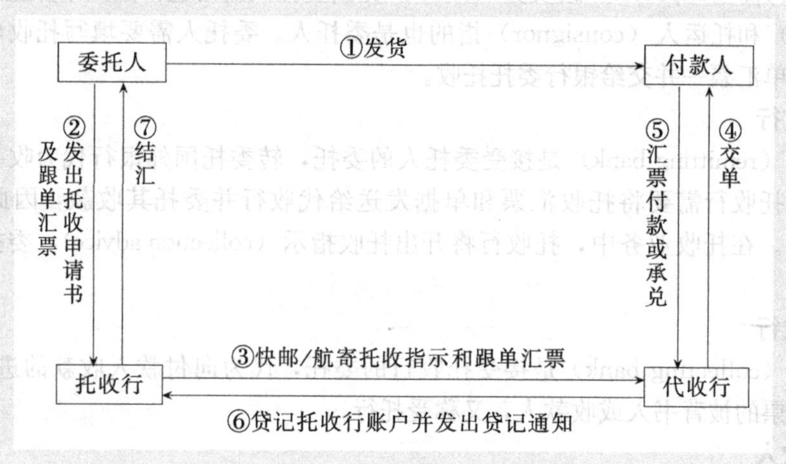

图 4-1　托收当事人之间的关系及托收基本程序

①委托人（出口商）按合同规定向付款人（进口商）发货。

②委托人备齐单据、开立汇票，向托收行（出口地银行）发出托收申请书，委托其代为收款。

③托收行在接受委托后，再向代收行（进口地银行）寄出托收指示和跟单汇票，委托其代为收款。

④代收行（或提示行）向付款人（进口商）提示单据、汇票，要求其付款（或承兑）。

⑤付款人（进口商）在验单、付款或承兑汇票后，取得货运单据并凭单提货。

⑥代收行在收款后，根据托收行的指示汇出货款，通常是在贷记托收行账户后，向托收行发出收妥贷记通知。

⑦托收行在收款后将款项付给委托人（出口商）。

三、托收当事人的责任与义务

（一）委托人

委托人主要承担两方面的责任：一方面，作为出口商，他必须履行与进口商签订的贸易合同；另一方面，作为委托人，他必须履行与托收行签订的委托-代理合同。

1. 贸易合同下的责任

（1）按合同规定发货，即出口商必须按合同要求按时、按质、按量发运货物，这是他最主要、最基本的合同义务，也是跟单托收的前提条件。

（2）提供符合合同要求的单据。在跟单托收中，出口商必须在发货后制作有关单据，如商业发票、运输单据、保险单（如果是 CIF 价格）等。这些单据必须在种类、份数以及内容上严格符合合同要求。只有提交了符合合同要求的单据，才能证明出口商已经履行了贸易合同的交货义务。

2. 委托-代理合同下的责任

（1）填写托收申请书（或称托收委托书）。出口商与托收行之间的委托-代理合同是出口商所提交的托收申请书，托收申请书上详细载明了委托的内容及双方的责任范围。托收行在接受委托人的托收申请书后，即构成委托-代理关系。

在托收申请书中，委托人必须明确指明下列事项：

1）付款人及其账户行。托收申请书必须清楚写明付款人的全称和详细地址，同时还应写明付款人的账户行。代收行可以由委托人自行指定，但托收行也可以以银行业务惯例对委托人指定的代收行提出建议，并建议选择其他代收行。一方面，选择代收行要考虑它是不是付款人的账户行，如果代收行是付款人的账户行，则可以减少收款环节，使委托人早日收款且费用较小；另一方面，还要考虑代收行的资信，资信差的代收行会使托收的风险增大，它可能对委托人的指示不予理睬，甚至与进口商（付款人）相互勾结，拖延付款或拒付。

2）交单方式。交单方式就是代收行将单据交付进口商或付款人的前提条件。交单方式分付款交单（D/P）和承兑交单（D/A）两种，付款交单又分为即期付款交单和远期付款交单。指定交单方式应按照合同规定。关于承兑交单、付款交单以及即期付款交单、远期付款交单的介绍，详见后文。

3）收妥货款的处理方式。代收行在收妥货款后，通常是贷记托收行账户，并信函通知托收行，托收行在收到代收行的贷记报单后再对委托人结汇。如果委托人要尽早收款，就必须指示以电报划款及电传通知，不过委托人应负担电报费或电传费。

4）银行费用的处理。银行费用是指银行办理托收业务的手续费及其他费用。在一般情况下，委托人和付款人应分别承担本国银行的费用，即委托人承担托收行的费用，付款人承担代收行的费用。但是，有时付款人不愿支付这些费用，如无特别规定，则代收行可在货款中扣除。根据惯例，如果托收委托书中规定代收行的费用必须由付款人承担，代收行只能向付款人收取这些费用，而代收行对因此发生的付款延期或额外开支不承担任何责任。

5）拒付时是否做拒绝证书。托收仍是一种商业信用，代收行不会也不能强迫付款人付款，因此委托人应清楚指示银行在付款人拒付时的处理方式。委托人可指示银行在付款人拒付时制作拒绝证书，以此作为证据在必要时向法院提起诉讼。如果委托人没有明确指示，则根据惯例，银行没有义务做拒绝证书。

6）拒付时货物的处理办法。在付款人拒付时，如果银行尚未交单，货物的所有权仍属于委托人。此时，最理想的处理方式是出口商能在进口当地找到买主将货物处理掉。如果出口商在进口地有可靠的代理人，可以将其定为预备付款人，在紧急情况下由预备付款人付款提货，但事先必须在汇票上记载。在没有可能售出货物时，出口商只能运回货物，这会使其损失货价15%～30%的运费。

（2）开立汇票，在跟单托收的情况下，还需要将汇票与相关单据一并交给托收行。在一般托收业务中，出口商开立的是以出口商自己为收款人，以进口商为付款人的汇票，经背书后委托银行收款。汇票的基本内容包括出票人（委托人或出口商）、收款人（委托人或托收行）、付款人（进口商）、汇票金额、票据种类及期限等。

（3）对意外情况及时指示。在出现一些意外情况时，银行应将这些情况通知委托人；此时，委托人必须及时做出指示，否则因此发生的损失均由委托人自己负责。

(4) 承担收不到货款的损失。如果因付款人拒付而收不到货款，一切损失均应由委托人自己承担，并且委托人仍应支付代理人的手续费及代理人为执行委托而支出的各项费用，如电报费、邮费、公证费等。

▲ 案例 4－1

代收行资信不佳造成款项迟付

案情简介

2004 年 12 月，A 公司委托招商银行青岛分行做托收业务 7 笔，总金额为 337 480 美元，代收行为南美某银行，交单条件为 D/P 60 天。青岛分行将这些业务寄达不久，代收行便发来付款人承兑通知，付款到期日分别在 2005 年 1 月底到 3 月初。但到最后一笔到期时，分行未收到任何付款。应委托人 A 公司申请，青岛分行开始于 2005 年 5 月 30 日催收，代收行分别于 5 月底及 6 月初发来通知，告知进口方尚未付款，并等待我方指示。6 月 23 日，青岛分行再次发出催查电，要求其立即付款，否则退回全部单据，但对方不予作答。7 月 26 日，分行向代收行总经理发电，提请关注，第二天代收行终于回电，称有关托收已经取消，并已闭卷。分行当即回电，指出代收行既未付款，也无退回，闭卷无道理，但所发电报石沉大海。2005 年 9 月，据 A 公司称，代收行早已向进口方放单。虽然最后通过托收行交涉，款项于 2006 年 3 月 10 日全部收回，但前后历经近一年时间。

案例分析

在本案中，由于代收行资信不佳，未向托收行付款而擅自放单，其操作严重违反国际惯例，使委托人遭受了迟收货款的损失，而托收行则表现出了高度负责的精神。

资料来源：阎之大．责任心＋智慧为久拖未结的远期托收案划上圆满句号．中国外汇，2006 (10)．

(二) 托收行

在托收业务中，托收行完全处于代理人的地位，因此它只需要严格按照委托人托收申请书的指示和国际规则行事。但是，托收行一方面联结着委托人（出口商），可以在第一时间把握和知晓出口商的指示，另一方面联结着国外代收行，对国外托收过程中可能出现的问题早于出口商知晓，因此托收行的组织活动对托收成功与否、效率如何起到十分重要的作用。托收行的具体职责如下：

1. 审查托收申请书、核对单据，但对单据相符与单据有效性不负责任

托收行应该认真审查委托人的托收申请书中填写的内容是否详尽明确，签章是否有效。如果委托人的指示不完整，托收行应向委托人解释并要求修改托收申请书。此外，在跟单托收的情况下，托收行还应核对实收单据的种类与份数是否与托收申请书填写的情况相同。但是，托收行没有义务审核单据的内容，如单据的形式、完整性、真伪性，单据所表示的货物的描述、数量、质量等方面的内容，托收行都不负责。当然，在实际操作中，一些托收行也常为出口商审核汇票金额、发票金额与申请书金额是否相符，提单抬头是否

正确等内容，但这都是银行为客户提供的服务和帮助。

2. 选择国外代收行

代收行可以由委托人指定，也可以由托收行自行选择。这一环节十分重要，对于托收资金的安全性和托收效率起到重要作用。

3. 制作并传递托收委托书及单据

托收行在接受委托后要制作托收委托书（见示样 4－1），其内容要与委托人的申请书严格一致，并将托收委托书与单据一起寄给代收行。

示样 4－1 出口托收委托书

致：______

请贵行按照国际商会《跟单托收统一规则》第 522 号 1995 年修订版的有关规定按我公司的下列要求处理所附单据。

国外代收行（Collecting Bank）	委托人（Drawer）	
付款人（Drawee）	托收金额	
	汇票日期	期限
合同号	发票号	

单据	汇票	发票	海运提单	空运单	保险单	装箱单重量单	品质证	产地证	G. S. P. 格式 A	受益人证明	
正本											
副本											

请依照下列标有“×”的内容：

□请贵行依所附单据办理托收

□请贵行收妥款项后，办理结汇，并贷记我公司人民币账 No. __________ 开户行__________

□请贵行收妥款项后，贷记我公司账 No. __________开户行__________

□请贵行要求代收行：□付款交单（D/P） □承兑交单（D/A）

□贵行银行费用由付款人承担□可弃权□不可弃权

□贵行银行费用由我公司负担

□请通知我公司汇票到期日

□如果付款延迟，向付款人收取__________%p.a. 的延迟付款利息

□如果付款人拒绝付款/拒绝承兑，请立即通知我公司并说明原因

□如果付款人拒绝付款/拒绝承兑，请要求代收行对货物采取必要措施（仓储、加保），费用由我公司负担

□请通过 □航邮 □快邮 □DHL 寄单

□如果需要，请联系

公 司 印 章

年 月 日

4. 接受并传递代收行所发送的信息

在托收业务进行过程中，代收行会向托收行发送有关“汇票已承兑或付款”、“汇票提示时遭到拒付”或其他意外事故，类似这样的信息，托收行都必须及时处理，如通知出口商，并向代收行传递出口商的指示。

▲ 案例 4-2

代收行地址画蛇添足，托收行疏忽造成寄单失误

案情简介

委托人×公司（出口商）委托托收行A银行向位于F国的代收行B银行提交单据，托收方式为D/P AT SIGHT（即期付款交单）。

在向托收行A银行交单时，×公司在提交给托收行的托收指示中指定的进口商名称和地址为“Y COMPANY，BLOCK NO. 2，FREEDOM BLVD，9002，COUNTRY F”，并在代收行名称和地址栏填写了从进口商处获得的下述信息：B BANK C/O Y COMPANY，BLDG NO. 1，STREET NO. 1，9000 F CITY COUNTRY F ATTN：MR. R (BANK OFFICER)。

A银行寄单时，在收件人处照抄了上述代收行名称和地址栏内容。此后，由于出口商迟迟未收到货款，经查询得知，进口商已凭托收行A银行直接寄给进口商而非代收行的托收单据中的提单提货。

经分析发现，上述乌龙事件是由于委托人和托收行双方均未关注并理解进口商提供的代收行信息中的英文单词“C/O”的含义所致，加入了本不该填写在代收行地址中的内容，从而造成了投递环节的张冠李戴。

C/O ×××（Care of）是“由×××转交”之意。如果在缮制收件人地址时加入此描述，快递公司只需把邮件交给C/O后面提到的公司地址就算完成了投递。在该案中，地址中的ATTN：MR. R（致：R先生）后的“（BANK OFFICER）”（银行官员）也让托收行和委托人误以为单据是寄给代收行的银行职员。实际上，C/O后的地址是进口商分公司的地址，而MR. R是进口商负责银行关系的雇员，而非代收行职员。

经反复交涉，货款最终由进口商直接支付给出口商。

案例分析

该案例无论是从国际惯例分析，还是从法律层面分析，都是托收行因谨慎处理方面的欠缺，而使其面临承担相应责任的风险。

URC 522第九条规定，银行以善意行事，并且以合理的谨慎履行职责。URC 522第四条规定，银行只被允许根据托收指示中的条款和本规则行事。URC 522第五条规定，为办理委托人的指示，托收行将以委托人所指定的银行作为代收行。URC 522第四条c款规定：(i) 托收指示应当载明付款人或者提示地的完整地址。如果地址不完整或者不正确，代收行可以试图确定正确的地址，但对此不承担任何义务和责任。(ii) 代收行对由

于地址的不完整/不正确而导致的任何延误不承担义务或责任。

《中华人民共和国合同法》第三百九十九条规定："受托人应当按照委托人的指示处理委托事务。需要变更委托人指示的，应当经委托人同意；因情况紧急，难以和委托人取得联系的，受托人应当妥善处理委托事务，但事后应当将该情况及时报告委托人。"

《中华人民共和国合同法》第四百零六条规定："有偿的委托合同，因受托人的过错给委托人造成损失的，委托人可以要求赔偿损失。无偿的委托合同，因受托人的故意或者重大过失给委托人造成损失的，委托人可以要求赔偿损失。"

此案中，托收行在专业服务上有违 URC 522 第九条规定的合理谨慎从事原则，并且托收行也不能以 URC 522 第四条关于托收指示的不正确而免责。

托收行将单据误寄进口商是由于其未理解 C/O 的含义，又没与委托人做任何澄清，并且在寄送单据时机械照搬委托人提供的地址资料。委托人在其托收指示中明确指出付款条件是 D/P AT SIGHT，即要求托收行指示代收行，凭进口商的付款方能交单给进口商；除此之外，委托人还提供了代收行的资料。因此，出口商的本意是委托托收行寄单给代收行。托收行在寄送单据时加上了 C/O 等信息，导致单据误被直接寄给进口商，这显然有违委托人的托收指示本意。

在实务中，托收业务一般是由出口商提供代收行的名称和地址，银行在托收业务中核查的内容主要是托收指示和单据的种类及数量。然而，即使如此，代收行的信息也是托收指示中最重要的核查内容，托收行应加强对此内容的核查，以规避风险事件。

资料来源：徐珺．由托收案谈银行的谨慎处理原则．中国外汇，2014（18）．

（三）代收行

与托收行一样，代收行也处于代理人的地位，其基本职责也是通过执行委托人指示来处理业务。具体说来，代收行有如下职责：

（1）接受并审核托收行寄来的托收指示，并发出代收回单。代收行收到托收行寄来的托收单据和托收委托书后，应核对所收单据表面上是否与托收指示所列相一致，并发回代收回单（acknowledgement of collection）以确认。在核对托收委托书及单据时，若发现任何单据遗漏，或对某些指示不能照办，应在回单中做说明，提请托收行注意。

（2）保管好单据，并严格按照托收指示向付款人提交单据。代收行的基本职责就是将收到的单据按原样提示给付款人要求付款或承兑，在托收业务中，交单就意味着交货。因此，代收行必须严格按照托收指示中的交单条件进行交单，在进口商付款或承兑以前绝对不能将单据交给进口商。如果遇到拒付，代收行应立即通知托收行，如果发出 90 天后仍未收到指示，代收行可将单据退回托收行。

（3）及时反馈信息。代收行应该将托收结果以及托收过程中的一些意外情况以快捷的方式通知托收行，以便托收行通知委托人，寻求解决措施。

▲ 案例 4-3

关于代收行是否执行托收指示的纠纷

案情简介

在一笔托收业务中，托收行在托收指示中规定："DOC TO BE RELEASED ONLY AGAINST ACCEPTANCE"（仅凭承兑放单）以及"PAYMENT ON DUE DATE TO BE GUARANTEED BY ×× BANK"（代收行担保到期付款），"TESTED TLX TO THIS EFFECT REQUIRED"（要求代收行对此事项给予押电证实）。代收行在办理承兑交单后，向托收行寄出承兑通知书，明确指出"THE BILL ACCEPTED BY DRAWEE"（付款人已承兑汇票），到期日为 1994 年 9 月 13 日。不久，当托收行查询有关承兑情况时，代收行复电再次告知"DOC HAVE BEEN ACCEPTED BY DRAWEE TO MATURE ON 940913"（已放单给付款人，到期日为 1994 年 9 月 13 日）。在上述承兑通知书及查询答复中，代收行均未表明担保付款，也未发出承诺担保的电传；托收行也未就此提出任何异议。在承兑汇票到期后，进口商拒付货款，代收行即向托收行发出拒付通知。托收行认为托收指示中要求凭代收行到期付款的担保放单，而代收行已将单据放给付款人，因此要求代收行立即付款。而代收行反驳说，放单是基于付款人的承兑，代收行根据《跟单托收统一规则》没有担保到期付款的责任。虽多次交涉，此纠纷仍未得到解决。

案例分析

本案焦点是代收行未完全执行托收指示的责任问题。托收行认为，根据国际法律一般原则，若代收行做不到托收行所要求的担保付款，应该回复托收行。而代收行强调，托收指示要求代收行担保，同时要求发押电证实，而事实上代收行并未发出这样的电传，在有关的承兑通知书及函电中也仅仅通知托收行付款人已承兑，托收行却未提出任何异议，因此代收行认为自己未承担任何担保责任。

根据《跟单托收统一规则》关于托收指示的规定，如果代收行不能遵守指示，应该回复托收行，而代收行却未这样做，只是在托收行查询单据下落时才告知仅凭承兑放单。应该说，代收行在这一点上违反了 URC 522 的规定。然而，我们并不能就此得出代收行应承担责任的结论。

托收行的指示不符合托收业务的基本原则，实际上改变了托收的性质。在托收中，银行作为代理人，并不承担额外的风险。强行赋予代收行担保客户付款的义务并不是银行业务的通行做法。另外，托收行在寄单面函中不仅指示代收行担保到期付款，而且要求代收行以加押电形式进行证实，尽管代收行并未明确通知托收行拒绝接受该指示，但也未按以加押电形式告知托收行照此执行。这一点并不能通过默示方法来完成。不能仅凭代收行未做答复的事实，就简单认定代收行已接受了托收行关于担保到期付款的指示。

在托收业务中，有的托收行希望代收行担保付款，从而将商业信用转化为银行信用；作为代收行，如果发现托收行的指示难以做到，应当不迟延地通知托收行，以免发生不必要的纠纷。

资料来源：王琪，陈王君．代收行未完全执行托收指示案．中国外汇，2000（4）．

(四) 付款人

付款人是进口商，其基本和主要义务就是按贸易或商务合同规定付款，以最终结清债权与债务。如果有关货物并不符合合同规定，付款人有权拒绝付款。一般来说，付款人必须向代收行付款，这不是根据他对代收行应该承担的责任，而是根据他与委托人之间订立的贸易合同所应承担的债务。

四、托收结算方式的种类

按照是否附带货运单据，托收可分为光票托收和跟单托收。

(一) 光票托收

光票托收（clean bill for collection）是指汇票不附带单据的托收。汇票仅附非货运单据（如发票、垫款清单）的托收，也属光票托收。在国际贸易中，光票托收通常只用于收取出口货款尾数、样品费、佣金、代垫运保费、其他贸易从属费和进口索赔款。

光票托收的业务程序是委托人将金融单据（汇票）交到托收行，托收行委托国外联行或代理行向汇票付款人收款。光票托收也有即期和远期之分，但在实际业务中，由于一般金额不大，大多是即期付款，很少有远期付款的。对于即期汇票，代收行在收到汇票后，应立即向付款人提示要求付款。若付款人无拒付理由，应立即付款赎票。对远期汇票，代收行在收到汇票后，应向付款人提示要求承兑，以肯定到期付款的责任；若付款人无拒绝承兑的理由应承兑。在承兑后，代收行取回原票，在到期日再做付款提示要求付款。如果付款人拒绝承兑或付款，代收行应及时将拒付情况通知托收行并转告委托人，以便委托人采取适当措施。

▲ 案例 4-4

光票托收的风险

案情简介

某出口商A与进口商B拟采用光票托收方式进行贸易，运输方式为空运。不久以后，出口商接到进口商开来的、国外某银行出具的并以此银行为付款人的支票，金额为10万美元。出口商A信以为真，随即将货物装运出口，并要求出口地的某银行为其办理光票托收。但是，当支票寄交至国外付款行时，被告知此支票为空头支票，最终造成出口商A货款两空的重大损失。

案例分析

在采用光票托收进行国际贸易时，通常托收的金融单据是支票。此时，出口商必须鉴别此支票的真实性，不能盲目出货。最好在出货之前能够要求进口商出具银行保付的支票，或者先光票托收回货款后发货，以避免不必要的损失。不到万不得已，不要采用这种方式进行大额交易结算。特别是在航空运输的情况下，由于航空运单不是提货单，出口商更应小心。

资料来源：徐进亮，李俊．国际结算：实务与案例．北京：机械工业出版社，2011.

（二）跟单托收

跟单托收（documentary bill for collection）是附带有商业单据的托收，在跟单托收的情况下，委托人将汇票连同货运单据（主要是代表货物所有权的提单、保险单）一起交给银行进行委托代收。

跟单托收可以带汇票，也可以不带汇票。欧洲大陆国家及有些地区为减少印花税负担，一般即期付款的托收不用汇票，仅交来货运单据而无汇票，银行也接受办理。印花税是国家对因商事、产权等行为所书立或使用的凭证而征收的税，因采用在凭证上贴印花税票的办法征税而得名。

第二节　跟单托收的交单条件和业务程序

国际贸易中货款的托收大多采用跟单托收。根据交单条件的不同，跟单托收可分为付款交单和承兑交单两种。

一、付款交单

付款交单（documents against payment，D/P）是指代收行以进口商的付款为条件向进口商交单。出口商在发货后，取得货运单据，连同汇票交托收行，并指示必须在付款人付清货款后，代收行才能将货运单据交给付款人（进口商）。

付款交单对于出口商的好处在于，由于交付货运单据是在付清货款之后，如果汇票遭拒付，代表货物所有权的货运单据仍在代收行手中，出口商仍对货物有支配权，故风险较小。

按付款时间的不同，付款交单可分为三种方式：

（1）即期付款交单（D/P at sight）。在这种方式下，卖方开具即期汇票并通过银行向买方提示，买方见票后需要马上付款，并在付清款项后才能领取单据，见图 4－2。这种方式又称“凭单据现付”。

（2）见票远期付款交单（D/P at... days after sight）。在这种方式下，卖方开具远期汇票，比如 60 天远期汇票。代收行把此汇票向买方提示，买方见票后只需“承兑”此票。“承兑汇票”这一术语的含义是买方做出承诺在见票日后 60 天保证付款。汇票一到期，买方向代收行支付货款，后者向其交付单据。远期付款交单程序见图 4－3。

（3）板期付款交单（D/P at... days after date）。板期付款交单与见票远期付款交单大致相同，两者的区别在于：前者的付款期限开始于出票日，而后者的付款期限开始于汇票的提示之日。

我们以“60 天板期汇票”为例，买方必须在卖方出票之日后 60 天付款，其他程序与见票远期付款交单相同。

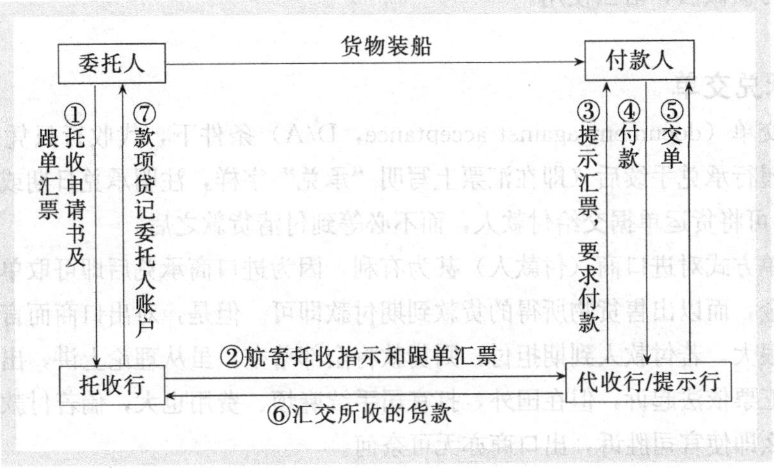

图 4－2　即期付款交单程序

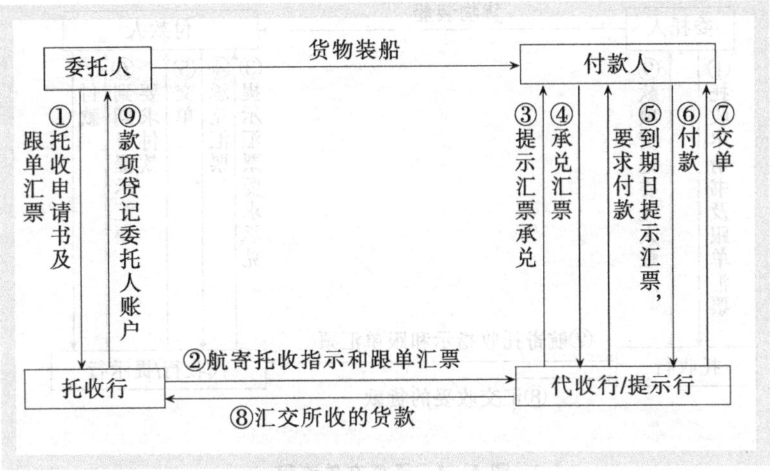

图 4－3　远期付款交单程序

远期付款交单方式的目的是给进口商（买方）以准备资金的时间，在到期付款之前，单据仍由代收行掌握，以维护出口商的权益。

如果远期付款期限较长而货物运抵目的地的时间较短，那么进口商若要等到到期日才能付款赎单，将会影响进口商提货。此时，进口商除了可以提前付款赎单外，还可申请经代收行同意后，开立信托收据（trust receipt，T/R），凭以借出单据，提货出售，并在取得货款后履行付款，换回信托收据，这是进口方银行给予进口商融通资金的一种方式。①

① 关于运用信托收据为进口商融资方面的内容，后文将有进一步介绍。

各国对远期付款交单的解释不尽一致，一些拉美国家视D/P为D/A，在实务中应注意代收行的习惯做法，恰当使用。

二、承兑交单

在承兑交单（document against acceptance，D/A）条件下，代收行只凭付款人对远期跟单汇票履行承兑手续后（即在汇票上写明"承兑"字样，注明承兑日期或加上到期日并签字），即可将货运单据交给付款人，而不必等到付清货款之后。

承兑交单方式对进口商（付款人）甚为有利，因为进口商承兑后即可取单提货，往往不必自备资金，而以出售货物所得的货款到期付款即可。但是，对出口商而言，承兑交单方式的风险很大，若付款人到期拒付，则货款将全部落空。虽从理论上讲，出口商可凭付款人承兑的汇票依法起诉，但在国外，打官司手续麻烦、费用也大，倘若付款人实际已无力偿付，那么即使官司胜诉，出口商亦无可奈何。

承兑交单流程见图4-4。

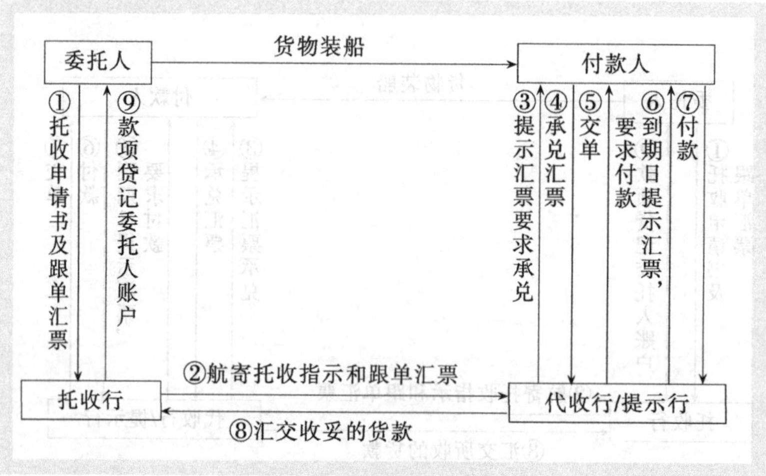

图4-4 承兑交单流程

我国出口业务在这方面遭受损失的事例较多，所以外贸公司在做承兑交单托收时，必须慎重办理。

在承兑交单项下，只使用远期汇票，其汇票付款到期日的计算又分为：

(1) 出票后若干天，D/A at... days after date。

(2) 见票后若干天，D/A at... days after sight。

(3) 发货后若干天，D/A at... days after B/L date。

汇票付款期限通常从30天到150天不等。

表4-1是对托收种类及其特点的汇总。

表 4-1 托收种类及其特点

使用率	托收种类	汇票种类	备注
最多	即期付款交单	即期汇票	—
较多	见票远期付款交单（例如，见票后 60 天付款交单）	远期汇票	见票后定日付款汇票
较少	板期付款交单（例如，出票日起 60 天付款交单）	板期汇票	出票日起定日付款汇票
极少	见票远期承兑交单	远期汇票	见票承兑，待到期日付款

▲ 案例 4-5

远期承兑交单的风险

案情简介

2009 年 1 月 20 日，A 公司向印度出口一批纺织品，托收行在托收指示中规定："DOCS TO BE RELEASED ONLY AGAINST ACCEPTANCE"（D/A，远期承兑交单），代收行在办理承兑交单后，向托收行寄出承兑通知书，明确指出"THE BILL ACCEPTED BY DRAWEE"（付款人已承兑），到期日为 2009 年 3 月 15 日。然而，在承兑汇票到期后，进口商拒付货款，代收行即向托收行发出拒付通知，托收行立即通知出口商。面对收汇可能失败的风险，出口商 A 公司面临巨大压力。幸运的是，由于进出口双方合作多年，进口商并非有意拒付，是因其资金周转面临困境，无法按期履行付款义务。直到 5 月底，进口商才付款，纠纷最终得到解决。

案例分析

类似本案当中出现的托收风险是比较常见的，出口商在采用跟单托收时，应注意做好对进口商的资信调查，并根据进口商的资信能力确定适当的授信额度和托收方式。在可能的情况下，尽量选择即期付款方式。另外，选择一家资信度较好的、服务优良的代收行也可以在一定程度上降低托收风险。

资料来源：蒲霞．无奈的选择，有备的防范．中国外汇，2009（18）．

第三节 托收业务中的资金融通与托收的风险

一、银行在托收业务中的资金融通

虽然托收属于商业信用，但银行仍可以通过多种方式向出口商和进口商提供资金融通，这也是托收与汇款之间的显著差别之一。

（一）托收出口押汇

托收出口押汇（collection bills purchased）是指在托收业务中，出口商将代表货权的提单及其他单据抵押给银行，并从银行得到扣除押汇利息及费用后的有追索权的垫款方式；或者指银行有追索权地向出口商购买跟单汇票或全套货权单据的行为。

当出口商在提示汇票及（或）单据委托银行办理托收时，可以要求托收行叙做押汇。如果托收行认为这笔交易的销售情况良好，进出口商的资信都很可靠，即可叙做托收出口押汇，买入跟单汇票，按照票面金额扣减从付款日到估计收到票款日的利息及银行手续费，将净款付给出口商。托收行成为跟单汇票的持票人。代收行收到进口商付款之后将款项汇回托收行以归还托收行的垫款。

托收出口押汇是银行向出口商提供的短期融资活动，出口商据此得以尽快收回货款，加速资金周转；有时，考虑到汇率变动因素，出口商还可以规避汇率变动风险，而银行可获得手续费和押汇利息。

在托收出口押汇中，押汇行是具备追索权的，一般在押汇合同中会对银行的追索权做出明确规定，如果银行未能按时从国外收回货款，有权要求出口商立即归还融资本息。由于在托收业务中银行没有审核单据内容的义务，因此对于具有不符点的单据，银行也可以酌情办理押汇，即使由于单据不符点导致拒付，银行还是有权从出口商处追索垫款。押汇金额可以是出口应收账款的全额，也可以是应收账款的一定比例，视出口商的需求及押汇行在风险方面的考虑而定。

托收业务中的出口押汇对于银行来说有比较大的风险，如汇率变动风险、进出口商的信用风险等。因此，银行对托收出口押汇的要求往往很严格，如要求进口商资信良好、押汇单据必须是全套货权单据，同时还要收取较高的押汇利息和手续费。

（二）贷　款

托收项下贷款（advance against collection）相当于将部分货款作为押汇，但与押汇还有所不同，出口商在流动资金不足的情况下可以要求托收行发放低于托收金额的贷款，待其到期日还贷。

（三）使用融通汇票贴现融资

1. 对出口商的融资

出口商可以使用融通汇票贴现获得融资，即在货物出运后，出口商开出一张远期融通汇票，以托收行作为受票人，以出口商作为出票人和收款人，并以托收跟单汇票作为融通汇票的质押品，一齐交给托收行；托收行待托收跟单汇票得到付款人（进口商）承兑后，承兑融通汇票，并将融通汇票送交贴现公司贴现，出口商立即得到净款融资；托收跟单汇票寄代收行，收取货款汇交托收行备付融通汇票到期日应付的票款。融通汇票的金额应略低于托收汇票，以使托收行收妥的托收汇票款足以偿付融通汇票的全额，期限应略长于托收汇票，使托收行能够先收进托收票款，以备付融通汇票，具体程序见图 4-5。

①出口商开出远期融通汇票，以托收行为受票人，出口商为出票人和收款人，并以托收跟单汇票作为融通汇票质押品，一并交给托收行。

②托收行将托收跟单汇票寄至代收行，委托代收行将跟单汇票提示给受票人（进口商），要求受票人承兑。

③托收汇票受票人（进口商）承兑汇票后，代收行向托收行寄回承兑通知书。

④托收行收到代收行寄来的承兑通知书后，自行承兑融通汇票，并将融通汇票送交贴

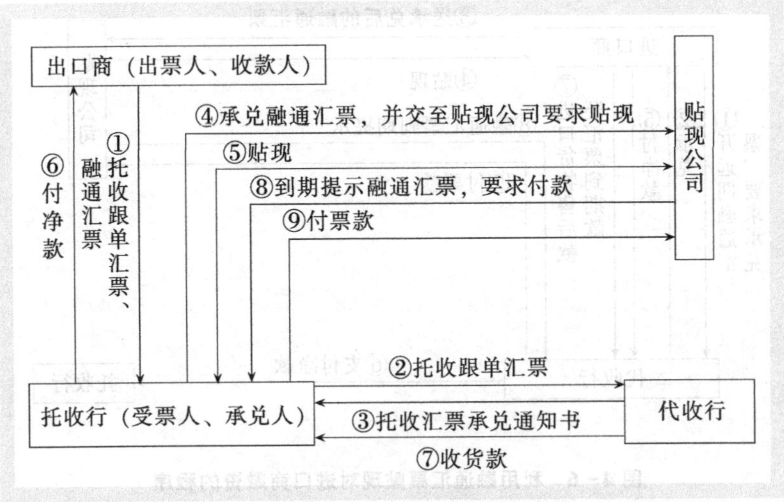

图 4-5 利用融通汇票贴现对出口商融资的程序

现公司请求贴现。

⑤贴现公司贴进融通汇票，付贴现款。

⑥托收行将贴现净款支付给出口商。

⑦待托收汇票到期日，托收行收到代收行转来的进口商支付的货款，并以此货款来备付融通汇票。

⑧融通汇票到期日，贴现公司向托收行提示融通汇票，要求付款。

⑨托收行将事先准备的货款付给贴现公司。

2. 对进口商的融资

当进口商收到代收行的通知书要求付款时，可开出一张远期融通汇票，以代收行作为受票人，以进口商作为出票人和收款人，要求代收行承兑后，送交贴现公司贴现，进口商立即得到净款用来支付给代收行。待融资汇票到期日，进口商将提取进口货物销售取得的货款归还融通汇票到期的票款，具体程序见图 4-6。

①进口商在信用额度下向代收行开出远期融通汇票，要求代收行承兑。

②代收行承兑融通汇票。

③进口商将承兑后的融通汇票送交贴现公司，要求贴现。

④贴现公司对融通汇票进行贴现。

⑤进口商将融通汇票的贴现款支付给代收行。

⑥代收行将净款作为货款支付给托收行。

⑦进口商待进口货物销售完毕后，将所得货款交付代收行，以备付融通汇票。

⑧融通汇票到期日，贴现公司向代收行提示融通汇票，要求付款。

⑨代收行将从进口商处收来的货款支付给贴现公司。

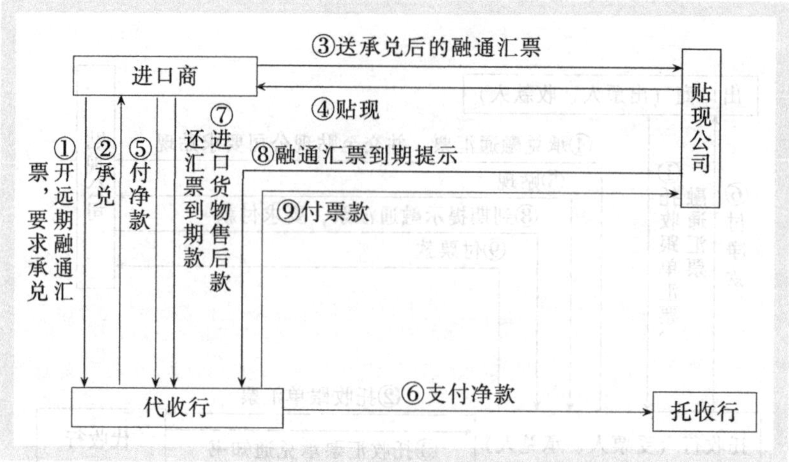

图 4－6　利用融通汇票贴现对进口商融资的程序

（四）信托收据

在付款交单方式中，如果进口商想在付款以前先行提货，可以开立信托收据（trust receipt，T/R）交给代收行，凭以借出单据，以便提货出售，并在取得货款后偿还代收行，换回信托收据。这种做法叫作“见票后若干天付款交单，以开出信托收据换取单据”（D/P at... days after sight to issue trust receipt in exchange for documents，简称 D/P，T/R），具体程序见图 4－7。

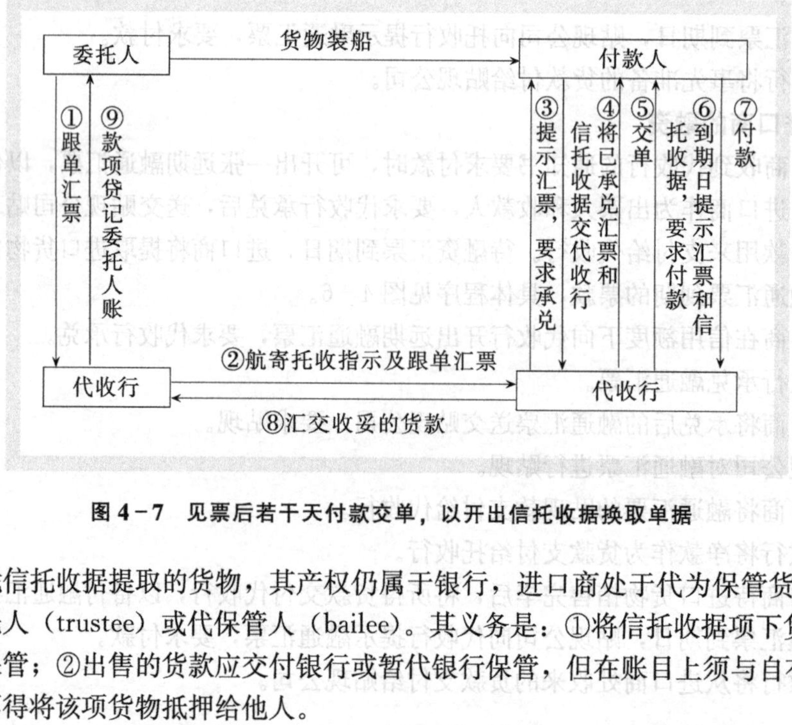

图 4－7　见票后若干天付款交单，以开出信托收据换取单据

对于凭信托收据提取的货物，其产权仍属于银行，进口商处于代为保管货物的地位，称为被信托人（trustee）或代保管人（bailee）。其义务是：①将信托收据项下货物和其他货物分开保管；②出售的货款应交付银行或暂代银行保管，但在账目上须与自有资金分别开列；③不得将该项货物抵押给他人。

代收行是信托人（truster），其权利是：①可以随时取消信托，收回借出的商品；②如商品已被出售，可以随时收回货款；③若进口商借货后倒闭清理，对该项货物或货款有优先债权。

凭信托收据给予进口商资金融通，一般是由进口商提出，并经代收行同意。

二、托收的风险

跟单托收把代表货物所有权的货运单据的交付与货款的收付结合起来，除人的信用外，还有物的保障，较原先的汇款结算方式进了一步，但它仍属商业信用，托收中的银行只是一般的代理人，它们对托收过程中的一切风险、费用和意外事故等不承担任何费用。而进出口双方能否取得按合同规定的货款或按期收到规定货物，分别取决于对方的资信。

总体说来，跟单托收是一种有利于进口商而不利于出口商的结算方式。在跟单托收中，进口商面临着付款或承兑后凭单提到的货物与合同不符，或者货物为次货、假货的风险；但相对而言，出口商的风险更大，主要体现在以下几个方面：

（1）市场风险。在货物发运后，进口地货价下跌，进口商不愿承兑或付款交单，就可能借口货物规格不符合要求或包装不良，要求降价。

（2）国家风险。因进口国政治或经济等原因导致进口政策变化，进口商无法领到进口许可证，或申请不到进口所需外汇，以致货物抵达进口地时无法进口，或进口商手中没有可支付的外汇。

（3）进口商风险。进口商因破产或倒闭而无力支付货款。

（4）惯例风险。在有些地区，如拉美地区习惯上把远期付款交单按承兑交单方式对待，即在进口商承兑远期汇票后，就立即交单给进口商。在这种情况下，出口商面临着财货两空的风险。

三、实务中使用托收方式应注意的问题

尽管托收方式会给出口商带来许多风险，但有时为了增强市场竞争能力、扩大出口，尤其是在推销滞销产品或新产品时，还是会采用托收方式。因此，为了防范托收过程中的风险，确保按时收回货款，出口商应注意以下事项：

（1）深入调查进口商资信，然后确定是否可使用托收方式及其授信额度。对于资信不好的客户或新客户，最好不使用托收方式；一般只在进口商资信较好时，才使用托收方式结算。另外，出口商还应根据进口商的资信状况决定托收金额的大小，对于经常发生贸易往来的客户要根据其资信确定相应的授信额度。

（2）代收行的选择要谨慎。好的托收行和代收行在特定时候会起到促进收款的作用。出口商在选择代收行时，应优先考虑托收行在付款地的联行；如果付款地没有托收行的联行，则应委托关系密切、资信较好的账户行办理；应避免付款人与代收行不在一个国家的情况出现，否则代收行无法催付款项。

（3）价格条件选择。托收业务在货款未收妥前的一切风险均属出口商，因此原则上应选用CIF价格条件，由出口商办理保险。万一运输途中出险，出口商可得到赔偿。但是，如果进口国规定必须由进口商办理保险，而不得不采用CFR或FOB条件者，为保障出口

商的利益，可投保“卖方利益险”(contingency insurance clause for seller’s interest)。非洲国家常规定进口货物由本国保险。

(4) 提单抬头人做法。托收业务在货物装运后的收款尚无把握，为掌握货物所有权，提单收货人应做成发货人指示或空白指示抬头，由发货人背书，而不要做成进口商指示或记名式，以防万一遭拒付，货权已转移，发货人处于被动地位。

(5) 托收单据的种类和数量。托收单据一般必包括汇票、发票、货运单据、保险单(对某些国家和地区出口的即期付款交单也可不用汇票)，如果需要其他单据应在贸易合同中说明，出口商应按合同条款如数提供。例如，对加拿大出口纺织品必须提供海关发票和普惠制产地证，否则进口商无法报关提货，从而影响及时收汇。

(6) 注意了解进口国的贸易法令、外汇管理条例和银行习惯，以免影响按时收汇。

例如：①有的国家规定进口商在进口某种商品时，必须事先取得进口许可证，否则不得进口。②有的国家外汇管理条例规定，凡以托收方式进口的货款，先由进口商以等值的当地货币交给指定的银行，待批准外汇后，才能汇出(如苏丹、冈比亚、西班牙)。对这些国家托收要格外谨慎，货物装运后要与托收行密切联系，加紧催收。③有些中南美洲的国家银行视付款交单(D/P)托收方式为货到后付款(如圭亚那、厄瓜多尔)，若对这些国家做远期付款交单或承兑交单，应适当加收利息，如提前付款可给予适当优惠。

(7) 及时向客户寄副本单据，以便其主动与代收行联系，及时付款赎单。

(8) 在托收过程中，出口商应与托收行密切联系，要健全托收汇票和账户检查制度，了解进口商承兑及付款情况，如到期不付，加紧催收。

▲ 案例 4-6

远期付款交单的风险

案情简介

上海兰生公司与美国LJ公司约定，兰生公司向LJ公司销售鞋类，付款条件为D/P after sight。在货物发运后，兰生公司将所有单据提交给A银行，委托其进行托收，并指定B银行为代收行。A银行按照委托制作了托收指示书且附上全套的单据邮寄给B银行。托收指示书中明确规定：①付款交单；②承兑后请以航空信函的方式告知到期日；③如果未承兑或未付款，请电传告知并说明理由，保留项目，等待我方指示；④必要时，根据受票人或我方指示，保存货物并办理保险；⑤凡适用处，均按国际商会《托收统一规则》办理。

此后，在合理的时间内，A银行多次向B银行查询未果，托收的货款也未按时转入A银行。对此，兰生公司也多次向A银行进行查询。最终，B银行承认其以承兑交单方式处理了上述全套单据。因此，在反复交涉均未果的情况下，兰生公司将A银行告上法院。在案件审理期间，兰生公司又以B银行没有尽到义务、造成重大损失为由，追加B银行为被告。

A银行辩称：在该笔业务中，本行秉着善意和合理的谨慎，按照原告的指示及国际商会的《托收统一规则》行事，向原告指定的代收行B银行转达并转交了原告的指令、单据，本身并无任何过错。而作为本案中另一被告的B银行，是该笔托收业务中的代收行与票据提示行，其在办理业务中存在的错误及其造成的损失与本行无关，原告应追究B银行的责任。

B银行辩称：根据《票据法》中的冲突法规范，本案票据的接收、承兑、付款等票据行为均在美国发生，因而应该适用美国的法律，即应该以美国的《统一商法典》作为处理本案的准据法。与此同时，作为原告的兰生公司与被告B银行并没有直接的利益关系和法律关系，因此本案的原告兰生公司对本行并无诉权。此外，本行在该笔托收业务中已按照美国《统一商法典》的规定来行事，并无任何过错。

案例分析

本案是由于代收行违反托收指令而导致的国际经济纠纷，争议焦点在于：

(1) 适用的法律问题。被告B银行认为案件系由票据的承兑和付款引发的，属于票据纠纷。《票据法》规定："票据的背书、承兑、付款和保证行为，适用行为地法律。"本案中票据的承兑行为发生在美国，应该适用美国的《统一商法典》作为准据法来处理争议。而按照美国《统一商法典》的规定，B银行完全可以将远期付款交单（D/P after sight）当作承兑交单D/A来处理，即不用等到LJ公司付款时交单，而是提前到LJ公司承兑汇票时就将跟单汇票项下的全套单据交给LJ公司。这种做法也是美洲许多国家的习惯。

然而，从托收业务的流程来看，作为代收行的B银行应该按照托收指示来行事。尽管本案涉及汇票的承兑、付款，但这些票据行为非案件争议问题所在，关键问题是托收行与代收行是否违反了托收指示。另外，本案中作为托收行的B银行的做法明显违反了《托收统一规则》第九条的善意和合理审慎原则。

(2) 关于原告的诉权。B银行认为，在托收法律关系中，出口商委托托收行收款与托收行委托代收行收款是两个独立的委托，作为委托人的出口商与代收行间不存在法律关系。因此，兰生公司对B银行无诉权。

然而，《托收统一规则》中规定，代收行仅仅是"参与"托收的办理过程。换言之，托收是一个完整的过程，因而在托收的法律关系中，不能把出口商委托托收行与托收行委托代收行去收款看作两个独立的委托-代理关系。

经验与教训：

(1) 出口商应该注意的事项。实践中，远期付款交单并非像理论中所讲的那样对出口商有利。有些国家不承认远期付款交单，欧洲大陆一些国家（如瑞士）、南美洲国家（如秘鲁、玻利维亚）的银行就有将远期付款交单当作承兑交单处理的习惯。

(2) 鉴于实务中不统一的做法，国际商会也不鼓励采用远期付款交单的方式，这一点在《托收统一规则》第七条中有明确规定。因此，基于理论与实践的不同理解，远期付款交单是托收方式中比较特殊的一种，应引起出口商及银行的高度重视。

资料来源：贺骁．从一则案例看远期付款交单存在的风险．黑龙江对外经贸，2009 (4)．

本章小结

托收是一种传统的国际结算方式，其业务涉及四个基本当事人，即委托人、托收行、代收行及付款人。在进行托收结算时，卖方（委托人）开具汇票并将其交给当地银行（托收行），同时提出托收申请，委托该行通过它在进口地的代理行（代收行），代卖方向进口商（付款人）收款。其中，委托人和付款人之间存在基于合同的债权与债务关系，而托收行和代收行只承担代理责任。根据托收过程中是否附带货运单据，托收可分为跟单托收和光票托收。在跟单托收项下，付款人的付款条件也有所不同，分为付款交单和承兑交单两种。付款交单根据付款期限的不同，可以分为即期付款交单和远期付款交单。托收与汇款的显著区别之一是它可以提供一定程度的资金融通，主要采用出口押汇、贷款、融通汇票和信托收据四种方式。托收仍属商业信用，总体来说有利于进口商，不利于出口商。因此在采用托收结算时，出口商面临较大风险，出口商有必要做好信息收集、谨慎沟通与恰当选择，以控制所面临的风险。

练习题

一、术语解释

托收　　跟单托收　　付款交单　　托收出口押汇　　代收行

二、填空题

1. 托收结算方式有四个主要当事人，分别为______、______、______、______。

2. 在托收业务中，委托人的责任体现在两个方面：一是作为出口商，应承担______的责任；二是作为委托人，应承担______的责任。

3. 按照是否附带单据，托收可分为______和______两种。

4. 根据交单条件的不同，跟单托收主要分为______和______两种。

5. 托收与汇款一样，均属于______信用，但托收与汇款的一个显著差别在于，托收可为出口商和进口商提供______。

6. 托收业务的委托人一般是开立汇票委托银行办理托收的______商。

7. 托收行在接受委托后要缮制______，并与委托人提供的单据一起寄给代收行。

8. 在托收业务中，托收行与代收行之间的关系是______关系。

三、判断题

1. 在托收业务中，接受委托而代卖方向付款人收款的银行称为托收行。（　　）

2. 在托收业务中，委托人与付款人的关系是债权与债务关系，而委托人与托收行、托收行与代收行之间均为委托-代理关系。（　　）

3. 由于在托收业务中，银行可以向出口商和进口商提供一定的资金融通，因此托收

属于银行信用。(　　)

4. 在跟单托收情况下，托收行在接受托收申请时，应承担核收单据的责任，即应对单据的形式、完整性、真伪性承担责任。(　　)

5. 承兑交单对出口人有利而对进口人不利。(　　)

6. 按照 URC 522 的规定，委托人为防止货到目的地后因买方拒付货款而导致货物无人领取、保管，可以直接将货物发给进口地的代收行。(　　)

7. 托收行的职责之一是审查委托申请书和核对单据，因此托收行有义务对单据相符与单据有效性负责。(　　)

8. 付款交单对于出口商来说，如果汇票遭拒付，代表货物所有权的货运单据仍在代收行手中，出口商仍对货物有支配权，故风险较小。(　　)

9. 出口押汇的实质是银行有追索权地向进口商购买跟单汇票。(　　)

10. 托收是一种相对有利于出口商，不利于进口商的结算方式。(　　)

四、单项选择题

1. 下列哪一项不属于托收业务中托收行的义务(　　)。

A. 审查委托申请书

B. 审核单据的内容

C. 制作并传递托收委托书及单据

D. 接受并传递代收行所发送的信息

2. 委托人将汇票连同货运单据一起交给银行进行委托代收的托收方式称为(　　)。

A. 光票托收　　　　B. 跟单托收

C. 付款交单托收　　　　D. 承兑交单的托收

3. 在托收业务中，出口商将代表货权的提单及其他单据抵押给银行，并从银行得到扣除押汇利息及费用后的有追索权的垫款方式，称为(　　)。

A. 托收出口押汇　　　　B. 向出口商贷款

C. 信托收据融资　　　　D. 上述论述均不正确

4. 下列关于信托收据的说法，哪一项是不正确的(　　)。

A. 信托收据是出口商融资的一种方式

B. 在信托收据项下，银行可以随时取消信托，收回借出的商品

C. 凭信托收据提取的货物，其产权仍属于银行

D. 以上说法均不正确

5. 托收申请书中一般包含的内容有(　　)。

A. 付款人及账户行　　　　B. 交单方式

C. 银行费用的处理　　　　D. 上述均包含

6. 在托收结算方式下，一旦货款被买方拒付，在进口地承担货物的提货、报关、存仓、转售等责任的当事人是(　　)。

A. 委托人　　　　B. 托收行

C. 代收行　　D. 付款人

7. 在承兑交单方式下开立的汇票一定是（　）。

A. 即期汇票　　B. 远期汇票

C. 银行汇票　　D. 银行承兑汇票

8. 在下列业务中，不属于托收行责任的是（　）。

A. 按委托人指示办事　　B. 对邮寄单据遗失负责

C. 按业务常规选择代收行　　D. 以应有的勤勉和谨慎处理业务

9. 在跟单托收业务中，即期 D/P、远期 D/P、D/A 的不同步骤主要发生在（　）之间。

A. 委托人与托收行　　B. 委托人与代收行

C. 托收行与代收行　　D. 代收行与付款人

10. 出口押汇不同于其他融资方式，而是以购买或抵押全套（　）为基础。

A. 汇票　　B. 发票

C. 保险单　　D. 货权单据

五、问答题

1. 简述托收的含义及托收的主要当事人。

2. 简述托收业务中各当事人之间的关系。

3. 简述跟单托收的分类。

4. 在托收业务中，银行可以通过哪些方式对进出口商进行融资？

六、案　例

2010 年 6—8 月国外银行（以下简称“寄单行”）向某分行（以下简称“代收行”）寄来了 4 套进口代收的单据，注明适用 URC 522，总金额 3 212 000 美元，条件为“见票 90 天承兑交单”（D/A at 90 days sight）。汇票的出票人为出口商，发票等其他单据的抬头为进口商，但托收面函及汇票上的付款人却做成了代收行。

在收到单据后，代收行并未重视汇票付款人的问题，而是向进口商原样提示了单据。进口商在该商业汇票的正面用中文写明“同意承兑，到期付款”，并加盖该公司的公章和法人代表印章。随后，代收行用 SWIFT 通知寄单行：“Docs are accepted to mature on ××× on which payment will be effected.”（单据已承兑，将于×年×月×日付款。）

在单据陆续到期付款之前，进口商称根据买卖双方新的付款协议，付款期限将延长 60 天，请代收行洽寄单行提出延期付款。代收行立即致电寄单行：“The drawee request to extend the bill to mature on ×××, PLS approach the drawer for approval. Upon receipt of your return message of agreement, we'll give you a formal message of acceptance.”（付款人请求上述票据延期到×年×月×日付款，请洽客户同意后，我方将给予正式的承兑文电。）寄单行回电答复为“Payment can be extended to ××× against your good bank undertake to effect payment on the new maturing date.”（凭你行在新到期日的付款承诺，付款可以延期到×年×月×日。）

代收行遂致电寄单行，确认了新的付款到期日："Docs are extended to mature on ×××, payment will be effected on the new maturing date."（单据已延期到×年×月×日，付款将在新的到期日执行。）

在新的到期日，进口商又一次提出延期付款，寄单行断然拒绝，要求立即付款。2011年1月，进口商称上述4笔单据项下的货物一直未能到达，经买卖双方协商，同意将单据全部退回，其余问题待双方协商解决。代收行立即致电寄单行，说明应进口商的请求已退回单据，并宣布关闭业务卷宗。

2011年2月24日，寄单行又将4套单据寄给代收行，称该行已凭代收行的承兑向出口商做了贴现，要求代收行按照承兑立即付款。

这起纠纷已诉至各自的总行，但长期得不到解决。

请问寄单行与代收行在本案例的业务处理中，各有何不妥之处？

第五章 信用证结算方式

学习目标

- 理解信用证的基本概念、特点、分类和作用
- 掌握信用证的业务流程和各当事人的权利、义务
- 了解信用证的形式和内容以及电子信用证的基本概念和国内外的发展

汇款和托收都是以商业信用为基础的国际结算方式，这使得国际贸易双方的支付存在一定的风险。采用汇款方式进行预期付款，买方处于不利地位；采用汇款方式进行迟期付款，则卖方处于不利地位。而采用托收方式，即使是即期付款交单方式，对卖方来说，也是一种迟期付款，因为卖方必须在装运后才能获得全套收款的单据。一旦买方拒付货款，即使货物的所有权还在卖方手里，卖方的损失还是难以避免的。

为了使买卖双方都处于同等地位，19 世纪出现了信用证支付方式，由银行出面担保，只要卖方按合同规定交货，就可以拿到货款，而买方又无须在卖方履行合同规定的交货义务前支付货款。信用证是有条件的银行担保，是银行（开证行）应买方（申请人）的要求和指示保证立即或在将来某一时间内付给卖方（受益人）一笔款项。卖方（受益人）得到这笔款项的条件是向银行（议付行）提交信用证中规定的单据，如商业、运输、保险和其他用途的单据。在采用信用证支付方式时，银行付款是以出口商提交信用证规定的单据为条件的，因而国际贸易结算中使用的信用证基本上都是跟单信用证。信用证结算方式是由银行在一定条件下承担确定的付款责任，从而增加了出口商和进口商的交易安全性。对于

信用证结算是如何具体地保障进出口双方的利益，本章将以跟单信用证为例，对信用证业务的基本内容进行介绍。

第一节 信用证结算方式概述

一、信用证的定义

信用证（letter of credit，L/C）是开证行根据申请人（一般是进口商）的要求，向受益人（一般是出口商）开立的一种有条件的书面付款保证。也就是说，开证行在收到受益人交付全部符合信用证规定的单据的条件下，向受益人或其指定人履行付款的责任。因此，信用证结算是一种银行信用。2007 年 7 月 1 日生效的《跟单信用证统一惯例》（Uniform Customs and Practice for Documentary Credit，即国际商会第 600 号出版物，以下简称“UCP 600”）对信用证的定义是：信用证是指一项不可撤销的安排，无论其名称或描述如何，该项安排构成开证行对相符交单予以承付的确定承诺。其中，承付是指：

（1）如果信用证为即期付款信用证，则即期付款。

（2）如果信用证为延期付款信用证，则承诺延期付款并在承诺到期日付款。

（3）如果信用证为承兑信用证，则承兑受益人开出的汇票并在汇票到期日付款。

通俗地讲，信用证是由独立于债权人与债务人之外的第三者（开证行），依照债务人的申请和要求向债权人开立的，在一定期限内，凭符合信用证条款规定的单据，即期或在一个可以确定的将来日期，支付一定金额的书面承诺。如果在国际贸易结算中采用信用证方式结算货款，那么上述债权人就是出口商（卖方），债务人就是进口商（买方）。

对信用证的定义，应把握以下三点：

（1）信用证结算依赖于银行信用，即开证行以自己的信用做出有条件的付款承诺，一旦该承诺被接受，开证行就承担第一性的付款责任。在进口商无力付款时，开证行应代替进口商对出口商承担付款责任。

（2）信用证结算是银行凭单付款。虽然信用证是以贸易合同为基础开立的，但一经开立，信用证就独立于贸易合同之外。银行付款的前提是受益人提交的单据符合信用证条款的规定，但不受贸易合同的约束。

（3）开证行的付款方式有三种。根据 UCP 600 的规定，开证行可以根据信用证的类型进行付款：

1）如果信用证为即期付款信用证，则即期付款。

2）如果信用证为延期付款信用证，则承诺延期付款并在承诺到期日付款。

3）如果信用证为承兑信用证，则承兑受益人开出的汇票并在汇票到期日付款。

二、信用证的特点

信用证的特点可概括为以下三个方面：

(1) 信用证是一项独立的自足文件。信用证是开证行与信用证受益人之间存在的一项契约，虽然该契约是以贸易合同为依据开立的，但一经开立就不再受贸易合同的约束。信用证业务的各关系人只受信用证条款的约束，由于银行不是贸易合同的当事人，所以银行不受贸易合同的约束。UCP 600 第 4 条 a 款规定："信用证与可能作为其开立基础的销售合同或其他合同是相互独立的交易，即使信用证中含有对此类合同的任何援引，银行也与该合同无关，且不受其约束。"因此，一家银行做出付款、承兑并支付汇票或议付及/或履行信用证项下其他义务的承诺，并不受申请人与开证行之间或申请人与受益人之间在已有关系下产生的索偿或抗辩的制约。据此，出口方只要提交符合信用证条款规定的单据，就能确保安全、快速地收汇，但对出口方来讲，必须保证提交的单据与贸易合同内容一致。对信用证条款与贸易合同不一致的地方，出口商应根据贸易合同认真审核。若发现不能接受的信用证条款，出口商应通知开证人修改信用证。若可以接受信用证条款，则应及时修改贸易合同，写出合同的变更通知书。

(2) 开证行承担第一性的付款责任。信用证是开证行以自己的信用做出的付款保证，所以，一旦受益人满足了信用证规定的付款条件，就可以直接向开证行要求付款，而无须向开证申请人要求付款。开证行负有第一性的付款责任，其对受益人负有不可推卸的、独立的付款责任。

(3) 信用证结算是一种纯粹的单据业务。UCP 600 第 5 条规定：银行处理的是单据，而不是单据可能涉及的货物、服务或履约行为。由此可见，信用证业务是一种单据买卖，银行只看单据，而不管货物。开证行付款的基础是受益人提交的单据满足信用证条款，同时各类单据之间相互一致。另外，银行只要求受益人所提交的单据表面上与信用证条款相符即可，而对于出口商所提交货物的实际情况是否符合贸易合同，能否安全、如期到达目的地等均不负责，也不受贸易合同争议的影响。对于单据的真伪、单据在传递过程中的丢失，银行也不负责任。

三、信用证业务中的契约关系

在国际贸易结算的信用证结算方式中，除了信用证之外，实际业务中还存在其他契约，用来维系各有关当事人之间的特定关系。

首先，在开证申请人（进口商）和信用证受益人（出口商）之间存在一份贸易合同，这份贸易合同是采用信用证结算方式进行支付的基础。

其次，在开证申请人和开证行之间存在一份开证申请书，这份开证申请书保证了信用证项下凭单支付的款项将由开证申请人偿还。

最后，在开证行与信用证受益人之间存在信用证。信用证保证了信用证受益人在规定的单据符合单证相符的条件下，可以得到开证行确定的支付。三者之间的关系见图 5－1。

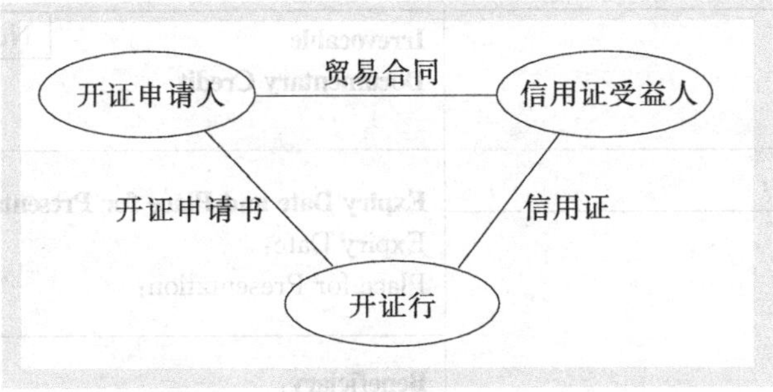

图 5－1 信用证业务中的三种契约关系

四、信用证的形式和内容

（一）信用证的格式

信用证是开证行向受益人做出的在一定条件下凭单付款的承诺证书，其形式不受成文法的限制，也不受习惯法的限制。因此，信用证的形式因银行而异，即使是同一家银行，其信用证形式也不同。为了使信用证的形式、用语及电报开立信用证时的文句记载顺序统一，国际商会在 1951 年的第十三次总会上通过了开立跟单信用证的标准形式，并于 1961 年做了进一步的修改。1970 年在国际商会理事会上通过了《开立跟单信用证的标准形式》（Standard Form for the Issuing of Documentary Credit, Brochure No. 268）。

1993 年，国际商会公布了 UCP 500 后，又制定了适用 UCP 500 条款的《最新跟单信用证标准格式》，简称“516”格式，参见示样 5－1 和示样 5－2 所示的致受益人信用证通知书和致通知行信用证通知书。

（二）信用证的开立形式

根据信用证的开立方式及记载内容的不同，一般将信用证分为信开本信用证和电开本信用证。

1. 信开本信用证

信开本信用证（to open by airmail）是指以信函（letter）形式开立的信用证，其记载的内容比较全面。开证行一般都有印好的信函格式的信用证，开立时填入具体内容即可。信开本信用证一般是开立一式两份或两份以上，开立后以航空邮寄送交通知行，见示样5－3。

示样 5-1　致受益人信用证通知书

Name of Issuing Bank:	**Irrevocable Documentary Credit** / Number
Place and Date of Issue:	**Expiry Date and Place for Presentation of Documents** Expiry Date: Place for Presentation:
Applicant:	
	Beneficiary:
Advising Bank:　Reference No.	**Amount:**
Partial Shipments　☐allowed　☐not allowed	**Credit available with Nominated Bank:** ☐by payment at sight ☐by deferred payment at ☐by acceptance of drafts at ☐by negotiation Against the documents detailed herein: ☐and Beneficiary's draft (s) drawn on:
Transhipment　☐allowed　☐not allowed	
☐Insurance covered by buyers	
Shipment as defined in UCP 600 From: For transportation to Not later than	

Documents to be presented within ☐ days after the date of shipment but within the validity of the Credit

We hereby issue the Irrevocable Documentary Credit in your favour. It is subject to the Uniform Customs and Practice for Documentary Credits (2007 Revision, International Chamber of Commerce Paris, France, Publication No. 600) and engages us in accordance with the terms thereof. The number and the date of the Credit and the name of our bank must be quoted on all drafts required if the Credit is available by negotiation, each presentation must be noted on the reverse side of this advice by the bank where the Credit is available.

This document consists of ☐ signed page (s)　　Name and signature of the Issuing Bank

示样 5-2 致通知行信用证通知书

Applicant:	**Irrevocable** **Documentary Credit** — Number
Place and Date of Issue:	**Expiry Date and Place for Presentation of Documents**
Applicant:	Expiry Date: Place for Presentation:
	Beneficiary:
Advising Bank: Reference No.	**Amount:**
Partial Shipments ☐allowed ☐not allowed Transhipment ☐allowed ☐not allowed ☐Insurance covered by buyers	**Credit available with** ☐by payment at sight ☐by deferred payment at ☐by acceptance of drafts at ☐by negotiation
Shipment as defined in UCP 600 Article 46 From: For transportation to: Not later than:	Against the documents detailed herein: ☐and Beneficiary's draft(s) drawn on:

Documents to be presented within ☐ days after the date of shipment but within the validity of the Credit

We have issued the Irrevocable Documentary Credit as detailed above. It is subject to the Uniform Customs and Practice for Documentary Credits (2007 Revision, International Chamber of Commerce, Paris, France, Publication No 600). We request you to advise the Beneficiary.

☐without adding your confirmation ☐adding your confirmation ☐adding your confirmation if requested by the Beneficiary

Bank-to-Bank Instructions

This document consists of ☐ signed page(s)

Name and signature of the Issuing Bank

示样 5-3 信开本信用证

中国农业银行湖南省分行 THE AGRICULTURAL BANK HUNAN PROVINCIAL BRANCH Telex：982042ABCHN CN Phone：0731—432523	***Irrevocable Documentary Credit*** L/C No. 180CSO30210
Date and place of issue： MARCH 26，2018 Changsha，China	Date and place of expiry MAY 30，2018 In country of beneficiary
Applicant CHINA NATIONAL ELECTRONICS IMP. & EXP. CORP. HUNAN COMPANY，INT'L ELECTRONICS BLDG.， CHANGSHA，P. R. CHINA TEL：441670	Beneficiary PHILIPS HONGKONG LIMITED CS/BUSINESS COMMUNICATION SYSTEM 26/F.，HOPEWELL CENTRE，17 KENNEDY RD.，HONG KONG TEL：8215888
Advising Bank BANKERS TRUST HONG KONG	Amount USD 77,495.79 SAY U.S. DOLLARS SEVENTY SEVEN THOUSAND FOUR HUNDRED NINETY FIVE AND CENTS SEVENTY NINE ONLY
Partial shipments ☒ allowed ☐ not allowed Transhipment ☒ Allowed ☐ not allowed Shipment from AMSTERDAM For transportation to BEIJING. CHINA Latest MAY 15，2018	Credit available with ANY BANK By ☒ Negotiation ☐ Acceptance ☐ Payment against presentation of the documents detailed herein and of your drafts at ... sight for FULL invoice value drawn on us.

☒ Signed commercial invoice in FIVE copies indicating：L/C No. and contract No.

☐ Full set of clean on board marine bills of lading made out to order. endorsed in blank and marked FREIGHT PREPAID/TO COLLECT and to notify：

☐ Insurance policy or certificate in duplicate blank endorsed，for pct of the CIF value showing claims payable at destination in the same currency as the draft and covering Institute Cargo Clauses (　　). Institute War Clauses and Institute S. R. C. C. Clauses.

☒Packing list/Weight memo in FOUR copies.

☒Certificate of quality in FOUR copies issued by THE MANUFACTURERS.

☒Certificate of origin in THREE copies issued by THE CHAMBER OF COMMERCE IN THE COUNTRY OF ORIGIN.

☒BENEFICIARY'S CERTIFIED COPY OF CABLE TO THE ACCOUNTEES ADVISING SHIP. IMMEDIATELY AFTER SHIPMENT EFFECTED.

☒CLEAN AIRWAY BILL CONSIGNED TO ORDER OF ISSUING BANK MARKED FREIGHT COLLECT SHOWING. THE L/C NO. AND NOTIFY THE APPLICANT WITH FULL ADDRESS.

Covering shipment of：

COMPONENTS FOR SOPHO-S

451482—155200　　SHIPPING MARKS= 93EMHKHNCT02002 / BEIJING CHINA

QTY：ONE LOT

FCA AMSTERDAM

<table>
<tr><td colspan="2">OTHER TERMS AND CONDITIONS:
All banking charges outside Changsha, China are for beneficiary's account.
Documents must be presented within 15 days after the date of issuance of the shipping document(s) but within the validity of the credit.</td></tr>
<tr><td>We hereby issue this Documentary Credit in your favour. It is subject to the Uniform Customs and Practice for Documentary Credits I. C. C. prevailing revision and engages us in accordance with the terms thereof. The number and the date of the credit and the name of our bank must be quoted on all drafts required.
For THE AGRICULTURAL BANK OF CHINA HUNAN PROVINCIAL BRANCH

Authorize Signature(s) ______</td><td>INSTRUCTIONS TO NEGOTIATING BANK:
1. Each presentation must be noted on the reverse of this advice.
2. All documents are to be dispatched in ONE lot by registered airmail to us at:
THE AGRICULTURAL BANK OF CHINA HUNAN PROVINCIAL BRANCH
International Department.
5/F., GINGKO BLDG.,
WUYI CENTRAL RD.
CHANGSHA, CHINA
3. In reimbursement—We shall reimburse you in accordance with your instructions upon receipt of documents in compliance with credit terms.</td></tr>
</table>

2. 电开本信用证

电开本信用证（to open by cable）是指银行以加注密押的电报、电传或 SWIFT 等电讯方法将信用证的内容传达给通知行的信用证形式。电开本信用证又可分为简电本和全电本。

（1）简电本。简电本（brief cable）是指仅记载信用证金额、有效期等主要内容的电开本信用证。简电本的内容比较简单，开证行只需将信用证的主要内容预先告知通知行，通知其进口商已经开立信用证，使其预先通知出口商，以便出口商早日备货。信用证的详细条款将通过证实书由航空邮寄送达通知行。简电本在法律上是无效的，不能作为交单议付的依据。因此，在开立简电本时，一般要在电文中注明“随寄证实书”（mail confirmation to follow）的字样，并随即将信开本形式的证实书邮寄通知行。证实书是信用证的有效文本，可以作为交单议付的依据。

（2）全电本。全电本（full cable）是开证行以电文形式开出的内容完整的信用证。如果电文中注明“This is an operative instrument, no airmail confirmation to follow”，那么这样的电开本就是有效文本，可以作为交单议付的依据。如果电文中注明“随寄证实书”，则应以邮寄的证实书作为有效文本及交单议付的依据。为节省时间与费用，这种形式信用证的使用越来越普遍。

UCP 600 第 11 条规定：a. 以经证实的电讯方式发出的信用证或信用证修改即被视为有效的信用证或修改文据，任何后续的邮寄确认书应不予理会。如果电讯声明“详情后告”（或类似用语）或声明以邮寄确认书为有效信用证或修改，则该电讯不被视为有效信用证或修改。开证行必须随即不迟延地开立有效信用证或修改，其条款不得与该电讯矛盾。b. 开证行只有在准备开立有效信用证或做出有效修改时，才可以发出关于开立或修改信用证的初步通知（预先通知）。开证行做出该预先通知，即不可撤销地保证不迟延地开立或修改信用证，且其条款不能与预先通知相矛盾。

全电本信用证见示样 5-4。

示样 5-4 全电本信用证

OCT. 06，2019
FROM：THE INDUSTRIAL BANK OF JAPAN. LTD.，TOKYO
NAGOYA BRANCH 56
TO：CHUNGKUO GUANGZHOU
TEST 2209（RPT 2209）TESTED USD 44,625.00 WITH H. O. TOKYO
ATT：L/C SECTION
RE：OPENING OF L/C（OUR REF. LC1403545）
PLEASE ADVISE THE FOLLOWING CREDIT
TO THE BENEFICIARY WITHOUT ADDING CONFIRMATION
IRREVOCABLE DOCUMENTARY CREDIT
DATE OF ISSUE：OCT. 6，2019
CREDIT NO. ILC1403545
THIS CABLE IS THE OPERATIVE CREDIT INSTRUMENT
BENEFICIARY：CHINA NATIONAL IMP. AND EXP. CORP.，GUANGDONG BRANCH，D. DLU，GUANGZHOU
APPLICANT：DAIDO KOGYO CO. LTD. NAGOYA
EXPIRY DATE：NOV. 30，2019
PRESENTATION OF DOCUMENTS FOR PAYMENT，NEGOTIATION OR ACCEPTANCE AS THE CASE MAY BE. MUST BE MADE WITHIN 15 DAYS AFTER THE DATE OF THE BILLS OF LADING AND NOT LATER THAN EXPIRY DATE.
AMOUNT：USDLS 44 625.00（RPT. USDLS 44 625.00）WE HEREBY ISSUE IN YOUR FAVOUR THIS DOCUMENTARY CREDIT WHICH IS AVAILABLE BY YOUR DRAFT(S) DRAWN AT SIGHT ON US FOR FULL INVOICE COST ACCOMPANIED BY THE FOLLOWING DOCUMENTS:
SIGNED COMMERCIAL INVOICE IN 5 COPIES INDICATING SALES CONTRACT NO. NMTJ-86-011
FULL SET OF CLEAN ON BOARD OCEAN BILLS OF LADING MADE OUT TO ORDER OF SHIPPER AND BLANK ENDORSED. MARKED FREIGHT PREPAID
NOTIFY：DAIDO KOGYO CO. LTD. NAGOYA
OTHER DOCUMENTS：
1. WEIGHT CERTIFICATE IN 3 COPIES.
2. QUALITY CERTIFICATE IN 3 COPIES.
3. CERTIFICATE OF CHEMICAL ANALYSIS IN 3 COPIES.
INSURANCE IS TO BE EFFECTED BY BUYER，COVERING SHIPMENT OF 500 METRIC TONS（5 PCT. MORE OR LESS ALLOWED）OF FOUORSPAR IN BULK. UNIT PRICE USDLS 81.00/MT CFR NAGOYA
SHIPMENT FROM CHINESE PORT(S) TO NAGOYA

PARTIAL SHIPMENTS ARE NOT PERMITTED.
TRANSHIPMENT IS NOT PERMITTED.
BILLS OF LADING MUST BE DATED NOT LATER THAN NOV. 15，2019
SPECIAL INSTRUCTIONS：
1. THIS CREDIT IS TRANSFERABLE.
SPECIAL INSTRUCTIONS TO THE NEGOTIATING BANK AND/OR DRAWEE BANK ALL DOCUMENTS INCLUDING BENEFICIARY'S DRAFT(S) MUST BE AIRMAILED DIRECTLY TO OUR HEAD OFFICE，MARUNOUCHI，CHIYOOA-KU. TOKYO. JAPAN IN TWO CONSECUTIVE LOTS.
UPON RECEIPT OF THE DOCUMENTS. WE WILL MAKE PAYMENT BY CABLE FOR YOU IN ACCORDANCE WITH YOUR INSTRUCTION.
WE ENGAGE WITH DRAWERS，ENDORSERS AND BONA FIDE HOLDERS OF DRAFT(S) DRAWN UNDER AND IN COMPLIANCE WITH THE TERMS OF THIS CREDIT THAT SUCH DRAFTS WILL BE DULY HONOURED ON DUE PRESENTATION.
AND ON DELIVERY OF DOCUMENTS AS SPECIFIED.
EXCEPT SO FAR AS OTHERWISE STATED. THIS DOCUMENTARY CREDIT IS SUBJECT TO "UNIFORM CUSTOMS AND PRACTICE FOR DOCUMENTARY CREDITS (2007 REVISION)，INTERNATIONAL CHAMBER OF COMMERCE，PUBLICATION NO 600."
44373 BKCA CM
871006 1501

（3）SWIFT 信用证。SWIFT 信用证是指根据国际商会所制定的电报信用证格式，利用 SWIFT 系统所设计的特殊传输格式来传递的信用证。SWIFT 还是环球银行金融电讯协会（Society for Worldwide Interbank Financial Telecommunication）的缩写，该协会是国际银行同业间的国际合作组织，即银行专用网络。SWIFT 信用证具有格式标准、简短明了、准确可靠、快速低廉的特点，其费用是电传的 18%左右，电报的 2.5%左右。当前，西欧、北美、南美及亚洲的国际贸易市场已广泛采用 SWIFT 信用证，世界各国和地区的大多数银行都参加了该协会并采用该协会的信息系统，我国的大多数专业银行都是其成员。

SWIFT 系统设计的信用证格式代号为 MT 700 和 MT 701。根据 SWIFT 组织的 2018—2019 年对 SWIFT 报文格式的升级要求，当信用证内容超过 MT 700 报文格式容量时，最多可以使用 7 个 MT 701 报文展示信用证报文内容，并且 MT 701 报文展示的内容不能与 MT 700 报文展示的内容重复或冲突。与信开本信用证相比，SWIFT 信用证将保证条款省略掉，但其必须加注密押，除在信用证中特别注明外，SWIFT 信用证一律受 UCP 600 的约束。

SWIFT 电开本信用证见示样 5－5。

示样 5 - 5　SWIFT 电开本信用证

27：1/1
：40A：IRREVOCABLE
：20：DC11/10086EVR
：23：N/A
：31C：110812
：40E：UCP LATEST VERSION
：31D：111105 CHINA
：50：XXX
CO.，LTD
FLAT/RM 1613 16/F TAI YAU BLDG 181
JOHNSTON RD WANCHAI HK
：59：ANSTEEL SPAIN，S. L. AV. CORTES
VALENCIANAS，58－OF. 302 46015
VALENCIA，SPAIN
：32B：EUR814900，
：39A：10/10
：41D：ANY BANK
BY NEGOTIATION
：42C：SIGHT FOR INVOICE VALUE
：42A：RABOCNSHXXX
：43P：ALLOWED
：43T：NOT ALLOWED
：44E：BAYUQUAN，CHINA
：44F：LIVERPOOL，UNITED KINGDOM
：44C：111015
：45A：1450 MT. PRIME COLD ROLLED STEEL COILS
QUALITY：DC01 ACCORDING TO EN10130
SIZE QUANTITY
1. 15×1,250 MM 245MT
1. 2×1,250 MM 55MT
1. 45×1,250 MM 325MT
1. 5×1,250 MM 75MT
1. 95×1,250 MM 250MT
1. 15×1,500 MM 150MT
1. 45×1,500 MM 150MT
1. 95×1,500 MM 200MT
TOLERANCES：ACCORDING TO EN 10131
COIL CONDITION：OILED，SURFACE STRUCTURE：MATTE FINISH，CUT EDGES
COIL ID：610 ＋/－15 MM
UNIT PRICE：EUR562/MT
TOTAL AMOUNT：EUR 814,900. 00
DELIVERY TERMS：CFR FO LIVERPOOL，UNITED KINGDOM (INCOTERMS 2010)
：46A：1. FULL SET OF ORIGINAL CLEAN ON BOARD BILL OF LADING MADE OUT TO ORDER，BLANK ENDORSED，MARKED ‘FREIGHT PREPAID’ AND NOTIFY
Coutinho AND Ferrostaal GmbH，Add：Palmaille 67 22767 Hamburg
Germany
2. BENEFICIARY'S MANUALLY SIGNED COMMERCIAL INVOICE IN THREE (3) ORIGINALS FOR FULL GOODS VALUE

3. PACKING LIST IN THREE (3) ORIGINALS
4. BENEFICIARY'S CERTIFICATE STATING THAT MILL'S TEST CERTIFICATES AND CERTIFICATE OF ORIGIN HAVE BEEN OR WILL BE SENT TO THE APPLICANT WITHIN 15 (FIFTEEN) WORKING DAYS AFTER THE BILL OF LADING DATE BY SPECIAL COURIER SERVICE BEING THE SAME AS DHL OR SIMILAR
: 47A: 1. THE NUMBER AND THE DATE OF THE CREDIT AND THE NAME OF OUR BANK MUST BE QUOTED ON ALL DRAFTS REQUIRED.
2. WE WILL DEDUCT USD 35.00 FROM THE REIMBURSEMENT FOR EACH PRESENTATION OF DISCREPANT DOCUMENTS UNDER THIS DOCUMENTARY CREDIT. NOTWITHSTANDING ANY INSTRUCTIONS TO THE CONTRARY, THIS CHARGES IS FOR ACCOUNT OF BENEFICIARY.
3. DOCUMENTS DISPOSAL CONDITION—DISCREPANT DOCUMENTS PRESENTED WILL BE REJECTED AND WILL BE HELD AT THE PRESENTER'S DISPOSAL. NEVERTHELESS, IF OUR BILLS DEPARTMENT DOES NOT ACTUALLY RECEIVE THE PRESENTER'S INSTRUCTION TO RETURN THE DOCUMENTS BY THE TIME THE APPLICANT HAS ACCEPTED AND/OR PAID FOR THE DOCUMENTS, WE MAY (BUT ARE NOT OBLIGED TO) RELEASE THE DOCUMENTS TO THE APPLICANT WITHOUT REFERENCE TO THE PRESENTER. IF THE DOCUMENTS ARE RELEASED, WE SHALL HONOUR THE RELEVANT DRAWING(S) UNDER THIS CREDIT BUT SHALL NOT BE UNDER ANY OTHER LIABILITIES TO ANY PARTIES. ANY DRAWING(S) MADE UNDER THIS CREDIT WILL BE DEEMED TO BE AN IRREVOCABLE ACCEPTANCE OF THIS CREDIT INCLUDING THIS CONDITION.
4. ALTERATION(S) /CORRECTION(S) ON DOCUMENTS MUST BE STAMPED BY ISSUER'S COMPANY CHOP WITH HIS INITIALS ON ALL ORIGINAL AND COPIES.
5. TOLERANCE: +/−10 PCT ON TOTAL QUANTITY AND TOTAL AMOUNT IS ACCEPTABLE.
6. THIRD PARTY DOCUMENTS TO BE ACCEPTABLE EXCEPT COMMERCIAL INVOICE
7. CHARTER PARTY BILL OF LADING TO BE ACCEPTABLE5.
8. DOCUMENTS UNDER FIELD 46A PART A MUST BE PRESENTED WITHIN 21 DAYS AFTER SHIPMENT DATE BUT ANYWAY WITHIN THE VALIDITY OF THIS CREDIT.
9. ALL DOCUMENTS MUST BE ISSUED IN ENGLISH.
10. CONFIRMATION AT BENEFICIARY'S REQUEST AND COST ALLOWED.
: 71B: All banking charges outside issuing bank are for the account of the beneficiary.
: 49: MAY ADD
: 78: 1. UPON RECEIPT OF CONFORMED DOCUMENTS, WE SHALL EFFECT PAYMENT AS PER YOUR INSTRUCTION.
2. DOCUMENTS TO BE SENT TO RABO BANK NEDERLAND, SHANGHAI BRANCH, AT 19F, NO. 1000 LU JIA ZUI, RING ROAD, PUDONG NEW AREA, 200120 SHANGHAI CHINA IN ONE LOT BY COURIER SERVICES.
: 57A: BPPBCHGG
: 72: PLEASE KINDLY HELP RELAY TO THE ADVISING BANK (SWIFT CODE: BPPBCHGG).
MANY THANKS.

(三) 信用证的内容

关于信用证的内容，世界各地的银行虽无统一的规定，而且每一份信用证所规定的条款内容及其措辞也可能各不相同，但基本内容大致相同，主要包括以下几个方面。

1. 关于信用证本身的项目

(1) 信用证的形式 (form of credit)。一切信用证均应明确表示为可撤销的信用证或不可撤销的信用证 (revocable or irrevocable),否则应视为不可撤销的信用证。此点在UCP 600中已取消。

(2) 信用证的号码和开证日期 (L/C No. and issuing date)。信用证必须标明开证日期,这是信用证生效的基础。

(3) 受益人 (beneficiary)。这是唯一享有利用信用证支取款项权利的人,一般为出口方,因此必须标明完整的名称和详细的地址。

(4) 开证申请人 (applicant)。一般为国际贸易中的进口方,应标明完整的名称和详细地址。

(5) 信用证金额 (amount)。这是开证行付款责任的最高限额,一般应有大写和小写数字。

(6) 有效期限 (terms of validity, expiry date)。一般是受益人交单取款的最后期限,超过这一期限,开证行就不再负付款责任。

(7) 生效地点。即交单地点,一般为开证行指定的银行。

2. 关于汇票 (draft) 的项目

(1) 出票人 (drawer)。一般是信用证的受益人,只有可转让信用证经转让后,出票人才可能不是原证的受益人。

(2) 付款人 (drawee, payer)。一般是汇票开立的对方,汇票付款人需要根据信用证的规定来确定。

(3) 收款人 (payee)。一般是议付行。

(4) 出票条款 (drawn clauses)。主要表明汇票是根据某号信用证开出的。

(5) 出票日期 (date of drawn)。主要表明开立汇票的时间。

(6) 汇票期限 (tenor)。主要表明汇票有效的最后期限。

3. 关于单据的项目

信用证业务主要处理的是单据,所以信用证通常要列明受益人需要提交的单据,并应说明单据的名称、份数和具体要求。在信用证结算中最基本和最重要的单据分别是商业发票 (commercial invoice)、运输单据 (transport documents)、保险单据 (insurance policy)。此外,还包括卖方提供的商检证、产地证、包装单据等。

4. 关于商品的描述 (description of goods)

商品的描述一般包括货名 (names)、数量 (quantity)、单价 (unit price) 以及包装 (packing)、唛头 (marks)、价格条件 (price terms)、合同号码 (contract No.) 等最主要的内容。

5. 关于运输的项目

运输的项目一般包括:

(1) 装运港或起运地 (port of loading or departure)。

(2) 卸货港或目的港 (port of discharge or destination)。

(3) 装运期限 (time of shipment)。

(4) 可否分批装运 (partial shipment allowed or not allowed)。
(5) 可否转运 (transhipment allowed or not allowed)。
(6) 运输方式 (mode of shipment)。

6. 其他事项 (other clauses)

其他事项一般包括:

(1) 开证行对议付行、通知行、付款行的指示条款 (instructions to negotiating bank/advising bank/paying bank)。这一条款对于通知行来说,一般要求其在通知受益人时加注或不加注保兑;对于议付行或代付行来说,一般规定议付金额背书条款 (endorsement clause)、索汇方法 (method of reimbursement)、寄单方法 (method of dispatching documents)。议付金额背书条款规定,在议付后,议付行须在信用证正本背面做好必要的记录;索汇方法通常是指在议付后议付行向开证行索取外汇的方法和路线,如通过上海浦东发展银行北京分行转账等;寄单方法一般会注明单证如何寄送,如必须分两个连续航班用航空邮寄开证行等。

(2) 开证行保证条款 (engagement/undertaking clause)。每一个信用证必须有此条款,表明开证行对其付款责任的书面承诺,一般的保证文句是以"We hereby engage/undertaking..."之类的句式开头。

(3) 开证行名称及代表签名 (opening bank's name and signature)。开证行名称及代表签名主要包括电报、电传的密押等。

(4) 其他特别条件 (other special conditions)。其他特别条件主要用以说明一些特别要求,如限制由某银行议付、限制由某国籍船只装运、装运船只不允许在某港口停靠或不允许采取某航线、发票须加注信用证号码等。

(5) 适用《跟单信用证统一惯例》规定的声明 (subject to UCP 600 clause)。一般的文句为:

This L/C was issued subject to uniform customs and practice for documentary credits 2007 revision ICC publication No. 600.

五、信用证的作用

与汇付和托收方式相比,信用证结算方式依托的是银行信用。因此,它对进出口双方具有以下两方面的作用。

(一) 对进出口双方提供的银行保证作用

对于进口商来说,信用证结算方式可以保证进口商在支付货款时取得代表货物所有权的单据,还可以通过信用证的条款控制出口商按质、按量、按时交货。

对于出口商来说,信用证结算方式可以保证出口商在履约交货后,只要提交符合信用证条款规定的单据,就能收到货款。与此同时,出口商也可以避免进口国限制进口或限制外汇转移所可能产生的风险。

(二) 对进出口双方提供的资金融通作用

对进口商来说,在向开证行申请开立信用证时,无须向银行缴纳全部开证金额,只需支付部分押金,等收到单据后才向开证行赎单付清差额。如果开立的是远期信用证,进口方还可以用信托收据向开证行借出单据先行提货出售，等信用证到期再向开证行付款。

对出口商来说，出口商可以在装船前凭信用证向出口地银行申请打包放款，进行装船前的融资；也可以在货物装运后，凭信用证所需单据向出口地银行申请做出口押汇（即议付款项），取得全部货款。

上述两方面作用，既解决了进出口双方之间互不信任的矛盾，又便利了双方的资金周转，极大地促进和推动了国际贸易的发展。但是，信用证结算也存在一定的缺点：首先，信用证结算手续复杂、费用较高。具有长期贸易关系的贸易商或跨国公司之间的结算更愿意采用依托商业信用的结算方式，特别是欧盟国家之间的贸易结算，多使用托收、预付或赊销与保理相结合的结算方式。其次，尽管信用证体现了银行资信担保的优势，为进出口商尤其是出口商提供了相当程度的风险保障，但在信用证业务领域依然存在着形形色色的风险隐患，围绕信用证的欺诈犯罪行为屡见不鲜，此类行为严重损害了受害当事方的权益。

第二节　信用证项下主要当事人的权利和义务

信用证的当事人是指一笔信用证业务的参与者。较其他结算方式，信用证结算方式涉及的当事人较多，而且当事人之间的相互关系更为复杂。一笔信用证业务所涉及的当事人依信用证的种类而异，有的信用证所涉及的当事人较多，有的则较少。一般来说，一笔信用证业务包含四个基本的当事人，即开证申请人、开证行、通知行和受益人，但在有些类型的信用证业务中，还涉及议付行、承兑行、付款行、偿付行和保兑行等。总之，信用证一经开出，其所涉及的当事人就围绕该信用证形成了双边与多边的契约关系。每一当事人均须履行其相应的责任和义务，同时享有既定的权利，所有当事人必须按照国际惯例及信用证条款的规定严格行事。本节将对信用证项下主要当事人的义务和权利分别予以介绍。

一、开证申请人

开证申请人（applicant）是指向一家银行申请开立信用证的当事人，在国际贸易中通常为进口商或中间商。开证申请人的义务和权利分别是：

（一）开证申请人必须履行的义务

（1）根据国际贸易买卖合同规定，向银行开立信用证。

当合同规定采用信用证结算方式时，进口商应在合同规定的期限内，委托其往来银行及时开立信用证。进口商在申请开证时，应根据商品合同内容填写开证申请书，合理指示开证。应注意以下几点：①开证申请书的措辞必须十分明确，不能含糊不清、模棱两可。②避免过多烦琐的条款。③指示内容应当前后保持一致，避免相互矛盾。

（2）交纳开证费。

（3）根据开证行的要求，提供开证担保。开证申请人提供担保的形式可以是现金、动产或不动产，也可以是第三者提供的担保。

（4）在开证行履行付款责任后，应根据开证申请书的规定，及时向开证行付款赎单。

（二）开证申请人可以享有的权利

开证申请人在付款赎单时可以检验单据，并拒绝赎取不符合信用证条款的单据，但进口商在赎单提货之后，如发现货物规格、质量、数量等与单据不符，不能向开证行追究责任和索还货款，只能根据过失责任向出口商、承运人或保险商等有关方面提出索赔。

二、开证行

开证行（issuing bank）是指应开证申请人的要求，开立信用证的银行。开证行的义务和权利如下：

（一）开证行的义务

（1）根据开证申请书的条款，正确及时地开出信用证。开证行在开立信用证时必须做到完整和明确，使信用证的条款单据化，这样可以通过受益人提交的单据来检验其行为是否符合信用证的要求，而开证行在付款时也只需审核单证的一致性就可以了，不用再考虑商品合同。

（2）对开出的信用证承担第一性的付款责任。只要信用证规定的单据被提交至指定银行或开证行并构成相符交单，则开证行必须履行承付责任。此外，开证行在凭单付款后，不能因为进口商拒绝赎单或者无力付款而向议付行、代付行、偿付行或出口商追索票款。

（二）开证行的权利

（1）向开证申请人收取开证费用。

（2）若受益人提交的单据不符合信用证条款的规定，开证行有权拒付。对偿付行凭索汇证明书已做出的偿付，当接到的单据不符合信用证规定时，开证行有权向议付行退还单据，进行票款追索。

（3）开证行在履行付款责任后，若进口商无力付款赎单，开证行有权处理单据和货物。若出售货物不能抵偿其垫款，开证行仍有权向进口商追索不足部分。

三、通知行

通知行（advising bank）是将信用证及其修改通知给受益人的银行。通知行一般由开证行在出口商所在地的代理行担任。通知行的义务和权利如下：

（一）通知行的义务

（1）核实信用证表面的真实性。若通知行同意通知信用证及其修改，就应该合理谨慎地核实所通知信用证及其修改的表面真实性。通知行通知信用证或修改的行为就表明其认为信用证或修改的表面真实性得到满足，而且该通知准确地反映了所收到的信用证或修改的条款及条件。通知行可以利用另一家银行的服务（“第二通知行”）向受益人通知信用证及其修改。通过通知信用证或修改，第二通知行就表明其认为所收到的通知的表面真实性得到满足，并且该通知准确反映了所收到的信用证或修改的条款及条件。如果不能确定信用证表面的真实性或存在疑点，就必须毫不延误地告知发出该指示的银行，说明其不能确定该信用证的真实性，及时向开证行澄清疑点。如果通知行仍决定通知，则必须告知受益人本行不能核对信用证的真实性；若通知行不同意通知信用证，则必须毫不延误地告知开证行。

(2) 向受益人通知信用证。在信用证的真实性得到核实后，通知行应根据开证行的要求，缮制通知书，及时、正确地通知受益人。

(二) 通知行的权利

(1) 可以向开证行收取通知费。

(2) 非保兑行的通知行对开证行和受益人都不承担必定议付或代为付款的责任。

(3) 对文电传递中出现的一些差错有权免责。UCP 600 第 35 条规定："当报文、信件或单据按照信用证的要求传输或发送时，或当信用证未做指示，银行自行选择传送服务时，银行对报文传输或者信件或单据的递送过程中发生的延误、中途遗失、残缺或其他错误产生的后果，概不负责。银行对技术术语的翻译或解释上的错误，不负责任，并可不加翻译地传送信用证条款。"

四、受益人

受益人（beneficiary）是指信用证中明确指定的信用证的接受者，并根据信用证发货、交单和收款的人，通常为国际贸易中的出口方或卖方。受益人的义务和权利如下：

(一) 受益人的义务

(1) 在收到信用证时，应及时审核信用证条款与合同条款的相符性及其是否可以履行。

(2) 在接受信用证后，应及时履行信用证条款，在规定的装运期内装货，并在信用证有效期内提交规定的单据，交单收款。受益人不仅要对单据的正确性负责，而且要保证所交货物符合贸易合同的要求。

(二) 受益人的权利

(1) 在审核信用证时，若发现信用证条款与贸易合同条款不相符或者无法履行，有权要求进口商修改信用证，或者拒绝接受信用证。

(2) 可凭符合信用证规定的单据向议付行交单议付货款，也可向开证行、保兑行、偿付行、代付行或其他指定付款银行请求交单付款。

(3) 若在交单时遇到开证行倒闭，原开信用证作废，开证行所做的付款保证已无法兑现，受益人有权向进口商提出付款要求，进口商仍有付款责任。受益人可将符合原信用证要求的单据通过银行寄交进口商进行托收索款。若开证行并未倒闭而无理拒付，受益人或议付行应向开证行据理交涉，甚至诉讼，也有权向进口商提出付款要求。

五、议付行

议付行（negotiating bank）是指根据信用证中开证行的授权，买入受益人交来的符合信用证规定的汇票及/或单据的银行，是 UCP 600 的被指定银行之一。根据 UCP 600 的规定，议付是指被指定银行在相符交单下，在其应获得偿付的银行日当天或之前，向受益人预付或者同意向受益人预付款项，从而购买汇票（汇票付款人为该指定银行以外的银行）及/或单据的行为。限制议付信用证的议付行由信用证上指定的银行担当；而自由议付信用证的议付行可由受益人根据需要任意选择一家银行担当，通常是通知行或受益人的往来银行。议付行的义务和权利如下：

（一）议付行的义务

在受益人提交满足“单证相符、单单相符”的单据时，购买受益人提交的汇票及/或单据，对议付信用证先行给予垫款。

（二）议付行的权利

（1）在对受益人支付垫款之后，有权凭符合信用证条款的单据向开证行、保兑行、代付行或偿付行索回垫款。

（2）可以要求受益人将货权作质押，议付行有权处理单据，甚至变卖货物。

（3）在给受益人支付垫款后，保留向受益人追索垫款的权利。

六、承兑行

承兑行（accepting bank）是指远期信用证中指定的对受益人出具的远期汇票给予承兑的银行，是 UCP 600 的被指定银行之一。承兑行的义务和权利如下：

（一）承兑行的义务

在受益人提交满足信用证条款的单据时，对受益人出具的远期汇票进行承兑并到期付款。

（二）承兑行的权利

被指定银行作为承兑行付款后，有权要求开证行偿付。

七、付款行

付款行（paying bank）是指在信用证中被指定对信用证项下的汇票进行凭单付款或在付款信用证项下执行付款的银行，是 UCP 600 的被指定银行之一。付款行又称代付行，开证行通常委托通知行担任付款行。付款行的义务和权利如下：

（一）付款行的义务

付款行一经接受开证行的代付委托，在对受益人进行验单付款后，即不得再向受益人追索。付款行付款后无追索权，它只能向开证行索偿。

（二）付款行的权利

在开证行资信较差时，付款行有权拒绝接受开证行代为付款的委托。

八、偿付行

偿付行（reimbursing bank）是指开证行委托的对议付行或代付行进行偿付的代理银行。通常说来，当开证行与议付行或代付行之间无账户关系时（特别是在信用证采用第三国货币结算时），为了结算便利，开证行往往委托另一家与其有账户关系的银行代向议付行或代付行偿付。凡是开证行授权第三家银行作为偿付行的信用证，在偿付授权书中应加列“本信用证项下的偿付受《跟单信用证项下银行间偿付统一规则》（国际商会出版物第725号）的约束”。偿付行的义务和权利如下：

（一）偿付行的义务

依据偿付授权书在权限内对有权索偿银行（议付行或付款行）偿付货款。当信用证中规定有偿付行时，开证行在开出信用证后应立即向偿付行发出偿付授权书（reimbursement authorization)，通知授权付款的金额、有权索偿银行等事项。有权索偿银行在议付或代付款项后，一面将单据寄开证行，一面向偿付行发出索偿书（reimbursement claim)。偿付行在收到索偿书后，与开证行的偿付授权书进行核对，若与索偿银行相符，且索偿金额不超过授权金额，则立即向出口地银行付款。

（二）偿付行的权利

偿付行不接受单据，不审核单据，不与受益人发生联系，因此偿付行对议付行或代付行的偿付，不能视为开证行的付款，不是终局性付款。当开证行收到单据发现与信用证条款不符时，可以向议付行或代付行追回已付款项，但不能向偿付行追索。

九、保兑行

保兑行（confirming bank）是根据开证行的要求对不可撤销信用证加具保兑的银行。保兑行的义务和权利如下：

（一）保兑行的义务

保兑行在信用证上加具保兑之后，即对信用证承担必须付款或议付的独立责任。保兑行的付款责任如同开证行，是终局性付款，一旦对受益人或其他前手银行验单付款之后，便不能再向其行使追索权，而只能向开证行索偿。

（二）保兑行的权利

根据 UCP 600 第 8 条的规定，如果开证行授权或要求某银行对信用证加具保兑，而其不准备照办，则其必须毫不延误地通知开证行，并可通知此信用证而不加保兑。

第三节 信用证的流转程序

信用证的种类多样，不同类型的信用证在运作程序上存在差异，繁简不一。在国际贸易结算中，一笔信用证结算业务通常要经过申请开立信用证、通知信用证、受益人交单、指定银行垫款、开证行偿付、开证申请人付款赎单等业务流程，本节以跟单信用证为例介绍信用证业务的流转程序，其流程见图 5-2。图中各步骤的说明如下：

①进出口商签订国际贸易合同。进口商和出口商签订贸易合同，在合同中约定采用信用证方式结算有关款项。虽然信用证是一个自足性文件，一经开立便完全独立于买卖合同，但买卖合同是引发信用证业务的法律文件，是申请人申请开证，受益人审证，进而决定是否接受信用证的依据。

②开证申请人申请开立信用证。进口商作为开证申请人应在买卖合同规定的期限内，向其所在地银行申请开立以出口商为受益人的信用证。在申请开证时，开证申请人要按照合同内容填写开证申请书，并交付相应的开证押金（保证金）及开证手续费。开证申请书是约束开证申请人与开证行之间权利和义务关系的契约性文件，是开证行开立信用证的依据，在信用证业务流程中起关键作用，直接关系到整个信用证业务流程的顺利运作。信用证的开证指示、信用证本身、信用证的修改指示和修改书本身必须完整准确，其中"信用证的开证指示"就是指开证申请书。为了使开证申请书的格式标准化、国际化，以方便使

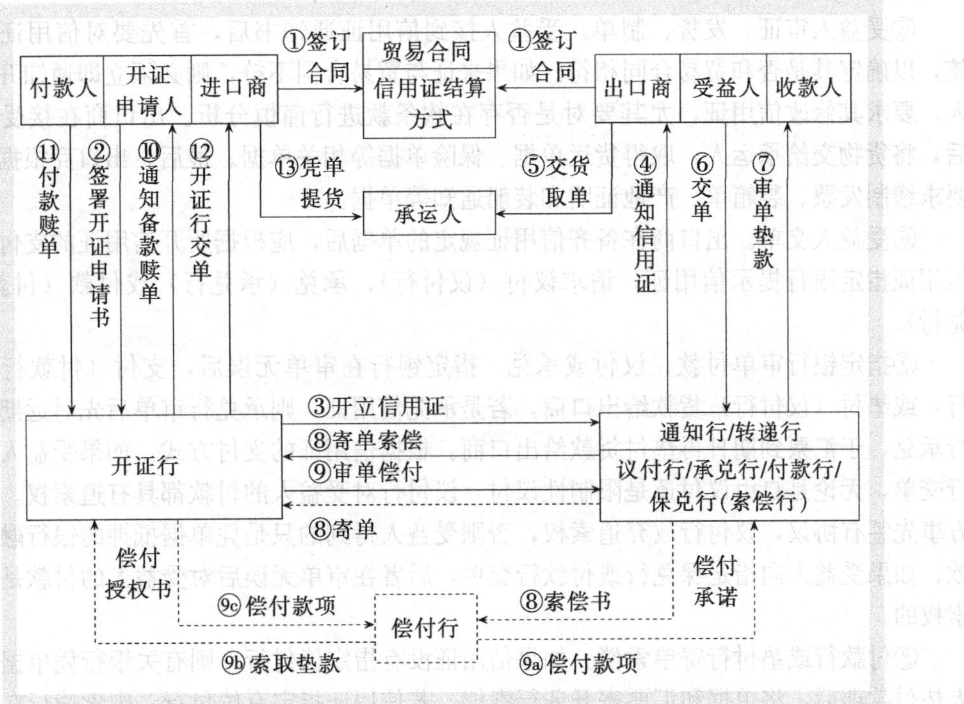

图 5-2 信用证业务流程

用，国际商会第 516 号出版物（即《最新跟单信用证标准格式》）相应制定了开证申请书的格式，从而统一了开证申请书的格式。开证申请书通常包括两部分：第一部分为根据合同条款确定的信用证内容，开证行据此开出信用证；第二部分为开证申请人对开证行的若干项声明和保证，用以明确双方的权利和义务。为确保信用证结算的顺利进行，进口商在填制开证申请书时，应注意以下几点：

· 开证申请书的内容应与买卖合同的条款保持一致。

· 不得将与信用证无关的内容和合同中的过细条款写入开证申请书中。

· 写入开证申请书的内容必须完整、准确、简洁，避免模糊、模棱两可或有争议的内容。

· 开证申请书所列条款内容与 UCP 600 规定不相符的，一定要在特殊指示中利用特别条款加以说明。

③开证行开立信用证。开证行在严格审核开证申请人的开证资格后，根据开证申请书开立以出口商为受益人的信用证，并将其发至通知行，请其通知受益人。

④通知行向受益人通知信用证。通知行在收到开证行开来的信开本信用证或电开本信用证后，若拒绝接受开证行通知信用证的委托，应毫不迟延地通知开证行。若决定接受开证行通知信用证的委托，就有义务合理谨慎地鉴别信用证表面的真实性，若不能确认信用证的真实性时，应及时向开证行查询，若在未核实前通知了信用证，应向受益人讲明情况；在确认信用证的真实性后，通知行一般要对信用证进行相关条款的审核，但这并不是开证行的义务，只是为了受益人的利益和竞争的需要；最后，通知行必须在信用证上加盖

“印鉴已符”或“密押已符”的印章，并缮制通知书及时通知受益人。

⑤受益人审证、发货、制单。受益人接到信用证通知书后，首先要对信用证进行审核，以确定其是否和贸易合同相符。如果来证与贸易合同不符，则必须立即通知开证申请人，要求其修改信用证，尤其要对是否存在软条款进行谨慎分析。出口商在接受信用证后，将货物交给承运人，取得货运单据、保险单据等相关单据。最后，出口商根据信用证要求缮制发票、装箱单、产地证明和装船通知等单据。

⑥受益人交单。出口商在备齐信用证规定的单据后，应根据所开信用证的支付方式向信用证指定银行提示信用证，请求议付（议付行）、承兑（承兑行）或付款（付款行/保兑行）。

⑦指定银行审单付款、议付或承兑。指定银行在审单无误后，支付（付款行或保兑行）或垫付（议付行）货款给出口商。若是承兑信用证，则承兑行审单后先对远期汇票进行承兑，于汇票到期日再垫付货款给出口商。根据信用证的支付方式，如果受益人向议付行交单，无论是自由议付还是限制性议付，议付行对受益人的付款都具有追索权。除非双方事先签有协议，议付行放弃追索权，否则受益人得到的只是凭单据抵押的银行融资或垫款；如果受益人向指定保兑行或付款行交单，后者在审单无误后对受益人的付款是没有追索权的。

⑧付款行或垫付行寄单索偿。如果信用证没有指定偿付行，则有关银行凭单据向受益人垫付款项后，将单据和汇票寄开证行索偿。若信用证指定有偿付行，则索偿行在向开证行寄单的同时，凭索偿书直接向偿付行索偿。

⑨开证行审单付款。开证行在收到索偿行寄来的单据后，应立即审核单据表面是否符合信用证条款要求，并从收到单据的翌日起五个工作日内给予付款或提出拒付。但是，如果开证行发现不符点，而且是实质性的，开证行可以拒收单据，也可以自行决定征求开证申请人的意见，但必须在五日内做出决定。若信用证指定有偿付行，则在偿付行索取垫款时，开证行对其进行偿付。如果开证行认为索偿行所寄的单据不符合信用证的要求，并做出拒付决定，则开证行不能向偿付行追索款项，但可以要求索偿行退款。

⑩开证行通知开证申请人备款赎单。开证行在向索偿行或偿付行付款后，应立即通知进口商备款赎单。

⑪开证申请人付款赎单。开证申请人在收到开证行的赎单通知后，必须立即到开证行付款赎单，但其在付款前有权审查单据。若发现单据有不符点，则可以提出拒付，但仅可以对单证的表面不符，而不是真实性不符提出拒付。在实务中，若不符点是非实质性的，开证申请人有时也愿意接受。开证申请人在审核无误并接受单据后，就必须在合理的时间内无条件地付清信用证下的应付款项。

⑫开证行交单。开证行在收款后，将信用证下的单据交给开证申请人，开证行与开证申请人之间的契约关系就此结束，不再受开证申请书的约束。

⑬开证申请人凭单提货。开证申请人在付款赎单后，就可以凭单据向承运人提货。如果开证申请人发现所收到的货物与合同不符，有权根据贸易合同向出口商追索，但无权根据信用证向开证行索偿。

第四节 信用证的种类

按照不同的分类标准，信用证可分为不同的类型，常见的分类方法主要有以下几种。

一、根据是否有另一家银行对信用证加具保兑，信用证可分为保兑信用证和无保兑信用证

(一) 保兑信用证

保兑信用证（confirmed L/C）是指开证行开出的信用证经另一银行加以保兑，保证兑付受益人所开具的汇票。对信用证加具保兑的银行就称为保兑行（confirming bank）。若开证行委托通知行予以加保，称为委托保兑。若保兑行不是经开证行指定的，而是由出口商指定的银行对信用证加以保兑，称为无委托保兑或沉默保兑。这种保兑代表了保兑行和受益人之间的协议，仅对受益人和保兑行有效。

UCP 600 第 8 条明确规定了保兑行对信用证所负的责任，具体表现如下：

(1) 只要规定的单据提交给保兑行，或提交给其他任何指定银行，并且构成相符交单，保兑行必须在发生下述情况之一时承付。如果信用证规定由保兑行议付，则保兑行必须无追索权地议付。

必须承付的情形：

1）信用证规定由保兑行即期付款、延期付款或承兑。

2）信用证规定由另一指定银行延期付款，但其未付款。

3）信用证规定由另一指定银行延期付款，但其未承诺延期付款，或虽已承诺延期付款但未在到期日付款。

4）信用证规定由另一指定银行承兑，但其未承兑以其为付款人的汇票，或虽已承兑汇票但未在到期日付款。

5）信用证规定由另一指定银行议付，但其未议付。

(2) 保兑行自对信用证加具保兑之时起就不可撤销地承担承付或议付的责任。

(3) 其他指定银行承付或议付相符交单并将单据转往保兑行之后，保兑行就承担偿付该指定银行的责任。对承兑或延期付款信用证下相符交单金额的偿付应在到期日办理，无论指定银行是否在到期日之前预付或购买了单据。保兑行偿付指定银行的责任独立于保兑行对受益人的责任。

(4) 如果开证行授权或要求某银行对信用证加具保兑，而其并不准备照办，则其必须毫不延误地通知开证行，并可通知此信用证而不加保兑。

由上述规定可以看出，保兑行对信用证所负的责任与开证行所负的责任相当，即当信用证规定的单据提交到保兑行或任何一家指定银行时，在单据符合信用证规定的情况下，则构成保兑行在开证行承诺之外的确定承诺。也就是说，凡同意对跟单信用证加以保兑者应承担对受益人签发的即期、远期汇票的议付、承兑或付款的责任。因此，保兑信用证具

有开证行和保兑行双重确定的付款承诺。若保兑行与指定银行是分离的两家银行，指定银行应向保兑行寄单索偿，让保兑行履行其承诺，然后再由保兑行向开证行清算；若绕过保兑行直接向开证行寄单索汇，则保兑行对于该证不负任何责任。

保兑信用证的使用有以下两种情况：一是当受益人对开证行的信用程度及金融地位不信任和了解或对进口国政治方面有顾虑时，要求开证申请人指示银行开立不可撤销加保兑的信用证；二是当开证行本身担心其开出的信用证不能被受益人接受或不容易被议付行议付时，主动要求一家银行对其开出的信用证加具保兑。为了表明信用证具有保兑功能，通常应载明如下条款：

We（Issuing Bank）authorized your（Advising Bank's）to add confirmation.（本银行授权贵银行对本信用证加以保兑。）

Please notify beneficiary and add your（Advising Bank's）confirmation. The Advising Bank is authorized to add its confirmation to this credit No. ______.（请通知受益人并授权贵银行对本信用证加以保兑。）

保兑行承担保兑的条款如下：

At the request of the correspondent（Issuing Bank），we（Advising Bank）have been requested to add our confirmation to this credit and we hereby undertake that all drafts drawn by you (Beneficiary) in accordance with the terms of the credit will be dully honored by us.（本银行受开证银行的委托，对本信用证加以保兑，并在此保证，凡提交受益人依信用证条款签发的汇票，届时由本银行兑付。）

This credit bears our confirmation and we hereby engage to negotiate or to accept on presentation to us，drafts drawn and presented in conformity with the terms of this credit.（对本信用证予以加保并在此保证，凡向本银行提示符合本信用证诸条款的汇票时予以议付或承兑。）

（二）无保兑信用证

无保兑信用证（unconfirmed L/C）是指未在信用证中注明“保兑信用证”（confirmed credit）字样的信用证。即便开证行要求另一家银行加保，如果该银行不愿意在信用证上加具保兑，则被通知的信用证仍然只是一份未加保兑的不可撤销信用证。通知行在给受益人的信用证通知中一般会写上：“This is merely an advice of credit issued by the above mentioned bank which conveys no engagement on the part of this bank.”（这是上述银行所开信用证的通知，我行只通知而不加保证。）

无保兑信用证的特点是只有开证行一重确定的付款责任。

二、按信用证下指定银行的付款方式，信用证可分为付款信用证、承兑信用证和议付信用证

（一）付款信用证

付款信用证（payment L/C）是指在卖方向信用证规定的被授权付款银行提交符合信用证规定的单据时，付款银行立即给予付款的信用证。根据被授权付款银行的付款时间，又可分为即期付款信用证和延期付款信用证。其中，延期付款信用证实质上就是不用汇票

的远期信用证。

（二）承兑信用证

承兑信用证（acceptance L/C）是指在信用证中规定开证行授权受益人开立以开证行为付款人或以其指定的其他银行为付款人的远期汇票，在银行审单无误后，承担承兑汇票并于到期日付款的信用证。

在承兑信用证中，开证行的承诺条款是："We hereby engage that drafts drawn in conformity with the terms of this credit will be dully accepted on presentation to drawee bank and dully honored on maturity."（兹保证凭向受票银行提示符合信用证规定的单据时，承兑汇票并于汇票到期日届满时付款。）

（三）议付信用证

议付信用证（negotiation L/C）是指开证行指定某银行议付或任何银行均可议付的信用证。议付信用证一般都要求汇票，汇票付款人必须是议付行以外的当事人，如开证行、保兑行等。"议付"是指授权议付的银行对汇票及/或单据支付对价。受益人将汇票及所需单据提交议付行之后，议付行经审核确认其表面合格后，即从票面金额中扣除议付利息及手续费，将其余净款垫付给受益人，并向开证行交单索汇。若开证行因单证不符而拒付，议付行可以向受益人行使追索权。从这个角度讲，受益人获得议付行的垫付并非意味着其已获得最终支付，只有在开证行向议付行支付了议付垫款后，受益人才最终获得了开证行的付款，才解除了议付行对受益人的追索权。

议付信用证可以分为限制议付信用证和自由议付信用证（freely negotiation L/C）两种。限制议付信用证由开证行指定议付行，受益人只能向该指定银行交单并要求议付；而自由议付信用证是指开证行没有指定特定银行为议付行，信用证通常可以由出口商所在地的任何一家银行自由议付。对开证行而言，由于限制议付信用证指定了议付银行，容易控制；而自由议付信用证项下的议付银行可以是任何银行，开证行难以控制，风险较大，甚至面临欺诈的危险。

常见的限制议付的信用证文句有：

We hereby authorize ______ Bank to negotiate the draft.（兹授权______银行议付汇票。）

Credit available by negotiation with the Nominated Bank.（该证由指定银行议付。）

三、根据受益人使用信用证的权利能否转让，信用证可分为可转让信用证和不可转让信用证

（一）可转让信用证

1. 可转让信用证（transferable L/C）的定义

根据 UCP 600 第 38 条的规定，可转让信用证是指特别注明"可转让"（transferable）字样的信用证。可转让信用证可应受益人（第一受益人）的要求转为全部或部分由另一受益人（第二受益人）兑用。可转让信用证的转让行是指办理信用证转让的指定银行，或当信用证规定可在任一银行兑用时，指开证行特别如此授权并实际办理转让的银行。开证行也可担任转让行。

凡可转让信用证必须载明以下文句，以表示其可以转让：

This Credit is transferable.（本信用证可以转让。）

Transferable to be allowed.（本信用证允许转让。）

在信用证中使用"可分割"、"可分开"、"可让渡"和"可转移"之类措辞，并不能使信用证成为可转让信用证。如果使用了此类措辞，可不予以置理。

2. 可转让信用证适用的贸易方式

（1）当进口商委托国外中间商采购商品时，可开具以中间商为受益人的可转让信用证。中间商可将一地或异地的各供应商作为第二受益人予以分割转让其信用证的全部或部分金额。对中间商而言，这种做法一方面可以保守商业秘密，不让国外进口商知道实际的货源和交易条件；另一方面又可以赚取中间利润。中间商作为信用证的第一受益人所签发的商业发票比第二受益人所出具的发票金额要大，两者之间的差额就是中间商获得的中间利润，即佣金。

（2）当大公司接受国外大量订货，而实际由分散各口岸的分公司分头装货时，可要求进口商开立可转让信用证。大公司可以以总公司作为信用证的第一受益人，再将信用证的金额分别转让给实际供货的各分公司，即信用证的第二受益人。

3. 可转让信用证的转让方式

（1）根据信用证的转让金额，可分为全金额转让与部分金额转让。全金额转让（total transfer）是指第一受益人将信用证的全部金额转让给第二受益人。这主要适用于货源来自一家厂商，而且不准分批装运货物的情况。

部分金额转让（partial transfer）是指只将信用证所列金额的一部分转让给第二受益人，这主要适用于原信用证允许分批装运的情况。此时，第一受益人可将信用证金额的一部分转让给第二受益人，并由受让人分别装运，分别依信用证规定办理议付、承兑或付款。

（2）依转让时是否替换商业发票，可分为不替换发票转让与替换发票转让。不替换发票转让（transfer without substitution of invoice）是指信用证的第一受益人将信用证转让给第二受益人，然后由第二受益人装运货物并备妥所需单据，通过第一受益人或以其名义直接向议付行办理议付或付款。这种方式较为便捷，在国际贸易实务中使用较多。

替换发票转让（transfer with substitution of invoice）是指第二受益人在装运货物后，以自己的名义向银行提示单证办理议付或付款，议付行用第一受益人提供的商业发票来替换第二受益人提交的发票，然后在议付后将第一受益人所提交的发票及其他单据一并寄往开证行索偿。在中间商作为第一受益人时，可以通过替换发票转让向第二受益人隐瞒买主的具体信息。与此同时，中间商也可利用两张发票金额的差额赚取中间利润。

第一受益人有权以自己的发票和汇票（如有）替换第二受益人的发票和汇票，其金额不得超过原信用证的金额。经过替换后，第一受益人可在原信用证项下支取自己发票与第二受益人发票间的差价（如有）。另外，如果第一受益人提交自己的发票和汇票（如有），但未能在第一次要求时照办，或第一受益人提交的发票导致了第二受益人的交单中本不存在的不符点，而其未能在第一次要求时修正，转让行有权将从第二受益人处收到的单据照交开证行，并不再对第一受益人承担责任。在要求转让时，第一受益人可以要求在信用证转让后的兑用地点，在原信用证的截止日之前（包括截止日），对第二受益人承付或议付。但是，此举不得损害第一受益人以自己的发票和汇票替换第二受益人的发票和汇票并索取两者间应得差额的权利。

（3）依转让时是否变更原信用证所列条件，可分为原条件转让信用证和变更条件转让信用证。原条件转让是指依照原信用证所列条件予以转让。这种做法简便易行，风险较小。

凡原条件转让信用证应载明以下文句：

This credit can be transferred only on the terms and conditions specified in the original credit.（本信用证系依原信用证所列的条件转让。）

变更条件转让是指信用证权利转让后，原信用证所列条件已做变更。根据 UCP 600 第 38 条的规定，在转让信用证时可以变更的项目是信用证金额、规定的任何单价、截止日、交单期限、最迟发运日或发运期间。除变更以上项目外，若有需要变更其他条件应视情况而定。

（4）按转让地点，可分为国内转让和国外转让。国内转让是指第一受益人将信用证的使用权利转让给第二受益人，其地点属于同一国境。在信用证中应载明如下文句：

This credit is transferred only to a second beneficiary in the same country.（本信用证仅限同一国境内转让给第二受益人。）

国外转让是指第一受益人将信用证的使用权利转让给另一国境的第二受益人。在信用证中应载明如下文句：

This credit is transferable to a second beneficiary in the country.（本信用证转让给某国的第二受益人。）

4. UCP 600 第 38 条关于可转让信用证的具体转让规定

（1）只要信用证允许部分支款或部分发运，信用证可以部分地转让给数名第二受益人。已转让信用证不得应第二受益人的要求转让给任何其后受益人。第一受益人不视为其后受益人。

（2）任何转让要求须说明是否允许及在何种条件下允许将修改通知第二受益人。已转让信用证须明确说明该项条件。

（3）如果信用证转让给数名第二受益人，其中一名或多名第二受益人对信用证修改的拒绝并不影响其他第二受益人接受修改。对接受者而言，该已转让信用证即被相应修改，而对拒绝修改的第二受益人而言，该信用证未被修改。

（4）已转让信用证须准确转载原证条款，包括保兑（如果有的话），但下列项目除外：信用证金额；规定的任何单价；截止日；交单期限；最迟发运日或发运期间。

以上任何一项或全部均可减少或缩短。

（5）必须投保的保险比例可以增加，以达到原信用证或本惯例规定的保险金额。

（6）可用第一受益人的名称替换原证中的开证申请人名称。如果原证特别要求开证申请人名称应在除发票以外的任何单据中出现，已转让信用证必须反映该项要求。

(7) 第一受益人有权以自己的发票和汇票（如有）替换第二受益人的发票和汇票，其金额不得超过原信用证的金额。经过替换后，第一受益人可在原信用证项下支取自己发票与第二受益人发票间的差价（如有）。

(8) 如果第一受益人应提交自己的发票和汇票（如有），但未能在第一次要求时照办，或第一受益人提交的发票导致了第二受益人的交单中本不存在的不符点，而其未能在第一次要求时修正，转让行有权将从第二受益人处收到的单据照交开证行，并不再对第一受益人承担责任。

(9) 第二受益人或代表第二受益人的交单必须交给转让行。

(10) 除非在转让时另有约定，否则有关转让的所有费用（诸如佣金、手续费、成本或开支）须由第一受益人支付。

（二）不可转让信用证

不可转让信用证（non-transferable L/C）是指信用证的受益人不能将信用证的权利转让给他人的信用证。

四、根据信用证能否循环使用，可分为循环信用证和非循环信用证

（一）循环信用证

1. 循环信用证的定义

循环信用证（revolving L/C）是指受益人在一定时间使用规定的信用证金额后，能够再度使用其金额，周而复始，直至使用到规定的次数和金额为止。

循环信用证适用的贸易方式是在交易条款中明确说明是定时、定量、定品种的合同货物，而且只限向同一个贸易伙伴提供同一种货物。同时，循环信用证也适用于当出口商向进口商较长时间分批、定量、定时提供大型设备的零配件、易损件等业务。使用循环信用证无须分批逐个地由不同的银行开证和议付，因而买卖双方都可以节约银行费用，简便易行。

2. 循环信用证的类别

(1) 按时间的循环可分为自动循环、通知循环和定期循环。

自动循环（automatic revolving）是指受益人按规定的时间或时间间隔装运货物并且议付信用证后，该信用证可自动恢复到原金额供再度使用。

常用如下条款表示其功能：

The total amount of this credit shall be restored automatically after date of negotiation.（本信用证项下总金额，于每次议付后自动循环。）

The amounts paid under this credit are again available to you automatically until the total of the payments reaches US\$ ______.（本信用证项下支付金额，系于每次议付后恢复循环，直至用完金额______美元为止。）

通知循环（notice revolving）是指受益人在每次装货并且议付信用证后，须等待并收到开证行致受益人的通知后，才能恢复到原金额再度使用，又称非自动循环（non-automatic revolving）。

常用如下条款表示其功能：

The amount shall be reinstated after each negotiation only upon receipt of Issuing

Bank's notice stating that the credit might be renewed.（本信用证于每次装货议付后，须待收到开证行通知，方可恢复到原金额使用。）

The amount of each shipment shall be reinstated after each negotiation only upon receipt of credit-writing importer Issuing Bank's notice stating that the credit might be renewed.（受益人于每次装货议付后，须待收到进口商开证行发出的通知，方可恢复到原金额使用。）

定期循环（periodic revolving）是指受益人在装货议付后，须经过一定时期才能恢复原金额再度使用。定期循环是依契约的规定，可按月或季循环使用，又称半自动循环（semi-automatic revolving）。

常用如下条款表示其功能：

Should the Negotiating Bank not be advised of stopping renewal within seven（7）days after each negotiation，the unused balance of this credit shall be increased to the original amount.（每次议付后于7天之内，议付行未接到停止循环的通知时，本信用证项下尚未用完的金额，可积累到原金额中使用。）

（2）按金额的循环可分为积累循环和非积累循环。

积累循环（cumulative revolving）是指上期未用完的信用证余额，可转入下期继续使用。

常用如下条款表示其功能：

Per three（3）calendar month cumulative commencing with 16th March 2016，revolving on the first business day of each successive month and ending with 16th November 2016.（每3个日历月积累循环一次，自2016年3月16日开始，从达成第一笔交易之日起至2016年11月16日循环终止。）

非积累循环信用证（non-cumulative revolving）是指本期未使用的信用证余额，即视为过期、放弃和作废的金额处理，不能转入下期使用。

常用如下条款表示其功能：

The unused balance of each shipment is not cumulative to the following shipment.（每批货物所支付的金额，尚未满额时不得积累使用。）

（二）非循环信用证

非循环信用证（non-revolving L/C）是指信用证所列金额不可循环使用的信用证。在实务中，一般的信用证都是非循环信用证。若未注明信用证为循环信用证，则为非循环信用证。

五、根据付款时间不同，信用证可分为预支信用证、即期付款信用证、延期付款信用证和远期信用证

（一）预支信用证

1. 预支信用证的定义

预支信用证（anticipatory L/C）是指开证行应进口商要求，在信用证上加列条款授权议付行或指定银行在受益人交单前向其预付全部或部分货款的信用证。这种先付款后交货的贸易方式，是进口商给予出口商的一种融资便利。进出口双方需要在谈判时确定支付

条件、预支金额和方法，并且要在信用证中列明。

2. 适用的贸易方式

预支信用证主要用于以下情形：①合同中的商品系市场上供不应求的紧缺商品，进口商欲采用优惠的有竞争性的支付条件，以求尽快获得商品。②出口商资金紧缺或周转不灵，进口商可借此机会，采用预支货款的支付方式，以求压低价格。

3. 预支信用证的分类

(1) 预支全部款项信用证 (clean payment L/C)。预支全部款项信用证是指出口商凭其开出的光票 (clean bill) 预支全部货款，并且随附一张保证书，承诺出口商负责交付信用证规定的单据，同时保证按时交货。但是，若出口商事后未补交单据或将预支款项挪作他用，或未采购合同货物而带来风险，议付行不承担责任，其风险由进口商或开证行按信用证规定的条款偿还已垫款的本息。

(2) 红色条款信用证 (red clause L/C)。红色条款信用证是指用来表示预支部分金额的条款用红色打印字体显示的信用证。近年来，在国际贸易实务中，对预支部分款项的条款未用红色字体，也可通用。红色条款内容应当表明允许出口商预支部分金额，然后在指定日期补交单据后，银行扣除预支款项的本息，付清余额。

若进口商同意采用红色条款信用证，一旦出现风险，其预支款项由自身负责，因此进口商应当谨慎行事。

(3) 绿色条款信用证 (green clause L/C)。绿色条款信用证与红色条款信用证的功能相似，但其所含的内容和做法比采用红色条款信用证更为严格。采用绿色条款信用证，出口商须将预支资金所采购的合同货物，依银行的名义存放仓库，并将仓库单据交付银行持有，以保证该预支款项按照信用证的规定使用并受到控制，以减少资金被挪用的风险。

在实务中，当进口商同意采用绿色条款信用证时，进口商须向开证行提供担保或抵押，而且采用绿色条款信用证项下的预支金额一般数量较大，因此为明确其功能，必须在信用证中注明"绿色条款信用证"字样。

(4) 打包信用证 (packing L/C)。打包信用证又称打包放款 (packing loan)，是指出口商在接到信用证后，凭信用证所列条款向银行预支一定数量的金额用于购买合同货物和打包装运，转运后预支款项的本息在议付时扣除。这种做法是出口商所在地银行给出口商提供的装船前融资 (pre-shipment finance)。融资银行须承担预支款项的风险。银行为了减少风险，有时要求出口商在预支款项时提供抵押品。

采用预支信用证，可以由进口商直接垫款，也可以由开证行代进口商垫款，或是由代付行代替开证行或进口商垫款。但是，不论采用哪一种垫款方式，通常是由垫款方收取垫款利息，而由进口商承担垫款后出现的损失。对于出口商来说，一般要求其不能使用预支款项偿付债务或抵偿贷款，更不能用于与信用证无关业务的任何开支。

常用如下文句表示预支信用证的功能：

The Negotiating Bank is hereby authorized to make advance to the Beneficiary up to an aggregate amount of U. S. ＄200,000 (20% of the amount of L/C). [兹授权议付行允许受益人预支款项，其金额为 20 万美元（为本信用证金额的 20%）。]

The advances, with the interest at ruling rate of exchange at the time of payment of such advance, are to be deducted from the proceeds of the drafts drawn under this credit.（本信用证项下的预支款，按付款当天公布汇率折算预付并加付利息，应从本信用证下汇票金额中扣除。）

（二）即期付款信用证

即期付款信用证（sight L/C）是指在信用证中规定受益人开立即期汇票或无须即期汇票仅凭单据即可向指定银行提示并请求付款的信用证。有些国家不要求提交汇票，认为提交即期汇票手续繁杂，而且增加费用（如印花税），只需提交单据或收据，并遵照信用证所列条款，即可付款。

即期付款信用证由谁付款应依信用证规定的条款为准。开证行可以为汇票的受票人，即开证行为付款行，也可以由开证申请人为付款人，同样也可以授权受益人将汇票开给其指定银行；在这种情况下，被指定的银行为付款行。即期付款信用证的付款行通常由通知行兼任。

即期付款信用证是出口商依信用证的条款规定签发即期汇票，并凭此直接取得货款。在即期付款信用证中，有时载明电报偿付条款（T/T reimbursement clause），议付行在议付单据后，当天即可用电报要求付款行或付款人偿付，亦称电汇偿付。若规定的付款人（即开证行或付款行）收到汇票及单据，经审核无误后即可以电汇方式汇付。汇票的最终付款人是进口商，当付款行向付款人索偿垫款而被正当合理的缘由拒绝时，付款行可向出票人索回垫款。若付款行是开证行，则开证行在付款后便不能行使追索权。

在信用证的正文条款中常用下列文字来表明其即期付款的功能：

(1) We hereby issue this irrevocable Documentary Credit in your favor which is available by negotiation of your draft at sight drawn on Issuing Bank.（本银行兹开具不可撤销跟单信用证，以贵公司为受益人并凭贵公司签发的以开证行为付款人的即期汇票议付。）

(2) Credit available by payment with the Nominated Bank.（该证由指定银行付款。）

即期付款信用证包括直接付款信用证（straight credit）。直接付款信用证须满足以下条件：①付款行必须是开证行；②传送单据或汇票的必须是开证行指定的银行；③银行或其他金融机构即使买进受益人的汇票或单据，也并未获得向开证行索偿的权利。

（三）延期付款信用证

延期付款信用证（deferred payment L/C）是指受益人在交单时无须提交汇票，而且在提示单据后的一个规定期限内由开证行履行其付款责任的信用证。因此，它是一种不用汇票的远期信用证，无承兑行为，也不具备贴现条件。延期付款信用证的功能与远期信用证的功能相同，只是在付款期限上不同。

在国际贸易中，有的国家和地区颁布的票据法规定，凡超过6个月期限的承兑汇票，或超过1年的远期汇票，不得在市场上贴现；同时还规定，远期汇票的期限不得超过180天。在这种情况下，为了解决远期至1年以上或数年之后的支付方式，延期付款信用证便应运而生。延期付款信用证适用于进口大型机电成套设备，为了加强竞争条件可采用延期付款、卖方中长期贷款或赊欠出口等措施。由于期限较长，因而出口商不必提示汇票，开证行也不承兑汇票，只是在到期日由银行付款。延期付款是在出口商依契约规定完成交货后，货物所有权即由出口商转移到进口商。进口商在取得所有权后若干时间或若干年内偿清贷款。这种付款方式对出口商的风险较大，故必须在进口商信誉卓著的条件下才能使用。

在延期付款信用证项下，开证行可以作为延期付款信用证的付款行，也可以指定其他银行为付款行。

在延期付款信用证中，开证行的承诺条款是："We hereby engage the payment will be dully made at maturity ×× days after presentation of documents against the documents presented in conformity with the terms of this credit."（兹保证凭提交符合信用证规定的单据，于提示单据后××天到期付款。）

（四）远期信用证

远期信用证（usance L/C）是指由信用证受益人签发远期汇票，在其交单后，由开证行授权的银行先对远期汇票进行承兑，并于汇票到期日进行付款的信用证，又称定期信用证（time L/C）。远期信用证是出口商为了促进出口、增强竞争能力，向进口商提供的先提货后付款的融资便利方式。根据远期汇票发生的利息由卖方支付还是由买方支付，远期信用证又可分为卖方远期信用证和买方远期信用证。

1. 卖方远期信用证

卖方远期信用证（seller's usance L/C）是指卖方依远期付款方式出口货物，远期汇票所发生的利息由卖方承担，或是将利息加在货物价格中（又称"即价加息"）的信用证。若在信用证中未载明远期汇票所发生的利息由谁支付，都视为"即价加息"的卖方远期信用证。

卖方远期信用证常用如下条款表示：

Available by your draft at 90 days sight drawn on Issuing Bank, discount charges and acceptance commission are for seller's account.（凭见票后 90 天以开证行为付款人的汇票付款，贴现利息和承兑费用均由卖方承担。）

This Credit is available by payment of your draft at 90 days after acceptance of draft (interest free) drawn on Applicant.（本信用证凭卖方签发的承兑后 90 天，以开证申请人为付款人的免息汇票付款。）

2. 买方远期信用证

买方远期信用证（buyer's usance L/C）是指卖方依远期付款方式出口货物，以即期价格成交，远期汇票所发生的利息由买方承担的信用证。通常在信用证中应注明"采用远期汇票所发生的利息，由买方承担"。

买方远期信用证常用如下条款表示：

Usance draft to be paid on Applicant at 90 days sight, interest is for Buyer's account.（远期汇票，见票后 90 天由开证申请人付款，利息由买方承担。）

We are authorized to pay the face account of your draft upon presentation, discount charges being for account of Buyer.（授权本银行依贵公司签发的汇票金额，于提示时付款，贴现利息由买方承担。）

若卖方开立远期汇票，但按即期付款且由买方承担未到期汇票贴现利息的信用证为假远期信用证（usance L/C paying at sight），此信用证项下的汇票经承兑后，在贴现市场贴现，出口方和议付行就可以取得即期票款，而进口方要等汇票到期才付款。这种信用证的实质是由开证行或付款行对进口商提供融通资金的便利，由进口商承担所需支付的利息。对出口商而言，可即期获得汇票的款项，但同时也承担了汇票到期被贴现银行追索的风险。

假远期信用证主要用于当进出口双方签订即期付款合同而进口商资金不足，或某些实行外汇管制的国家不允许进口商即期付款的情况。对受益人来说，使用假远期信用证与即期付款信用证无太大差异，都可以获得即期付款，但使用假远期信用证要承担汇票到期前被追索的风险。

假远期信用证常用如下条款表示：

Usance draft to be negotiated at sight basis and discount by us (Issuing Bank), discount charges and acceptance commission are for Importer's account. [远期汇票按即期议付，由本银行（开证行）贴现，贴现及承兑费由进口商承担。]

Usance draft drawn under this credit are to be negotiated at sight basis.（本信用证下开立的远期汇票可按即期议付。）

六、其他类型的信用证

（一）背靠背信用证

背靠背信用证（back to back L/C）是指在原信用证的基础上，由原证的通知行或其他银行另开的一张内容相近的、给另一受益人的新信用证。

背靠背信用证主要用于三角贸易或转口贸易，这种贸易方式又称“三方两份契约”方式，即出口商、中间商和进口商签订两份契约。中间商和进口商签订的契约为第一份契约，依该契约签订的信用证为原信用证（original L/C），又称主信用证（prime L/C）。中间商和出口商签订的契约为第二份契约，依该契约开立的信用证为背靠背信用证。这样，原信用证的受益人就是背靠背信用证的开证申请人，原信用证的通知行就是背靠背信用证的开证行。原信用证和背靠背信用证所列条款基本相同，但在价格和交货日期等方面有一定的差别。原信用证价格高，背靠背信用证价格低，两者之间的差额就是中间商所获得的商业利润或佣金。背靠背信用证所列的交货日期在前，原信用证所列的交货日期在后，以确保按时交货。

使用背靠背信用证对中间商存在一定的风险。当进口商因故倒闭或死亡，或者对合同货物不能按时付款，或者出口商因故不能交货，或者货物不符合规定标准，中间商都要承担责任。

（二）对开信用证

对开信用证（reciprocal L/C）是指两张相互依存的信用证。第一张信用证的开证申请人和受益人分别为第二张信用证的受益人和开证申请人；第一张信用证的通知行通常为第二张信用证的开证行；两张信用证的金额大致相同；两张信用证可同时互开，也可先后分别开立。若第一张信用证先行开立，可暂不生效，待对方开出第二张信用证（又称回头证）并经各证的受益人表示接受时，于指定日期两证同时正式生效。

对开信用证在我国主要用于来料加工、来件装配等补偿贸易。在使用对开信用证时，双方须签订两份贸易合同，一份是进口原料或零配件的合同，一份是产品出口的合同，以保证进出口平衡。当进口原料或配件时开立凭承兑交单的远期信用证进行支付，在远期信用证期限内，将原料加工成成品，出口成品时一般采用即期付款信用证结算，以保证收入和支出的外汇平衡。这种支付方式对外汇管制或外汇半管制的国家或地区较为重要。

在开立第一份信用证时，通常列有如下文句的条款：

This credit shall not be available unless and until the reciprocal credit is established by ×× Bank in favor of ×× for a sum of ×× covering shipment from ×× to ××. This reciprocal credit in effect shall be advised by telex from ×× Bank to Beneficiary.（本信用证待××银行开出对开信用证后生效，对开信用证以××为受益人，金额为××，货物由××运至××。本信用证的生效将由××银行用电传通知受益人。）

第五节　电子信用证

网络技术的高速发展使国际贸易迈向了高效、安全、低成本的网上运作，同时也引发了对传统柜台结算方式的强烈冲击。随着国际贸易电子化的深入发展，信用证的形式也由传统的纸质形式逐步迈向电子化。全球贸易的激烈竞争和人们对交易效率的不断追求，使电子信用证在国际贸易中的重要地位日益凸显。本节将对电子信用证的基本问题进行介绍。

一、电子信用证的定义

电子信用证可以理解为利用电子手段开展的信用证业务，我们通常所说的电子信用证，其实质只是网上信用证的替代说法。它仅指在互联网应用普及之后，通过互联网来完成信用证的开立和通知业务。这种意义上的电子信用证只是开证行单方面使用电子技术的结果，而真正意义上的电子信用证是集电子开证、电子通知、电子交单、电子审单、电子支付全过程的电子化运作，是信用证运作全过程的电子化。在实践中，这种完全意义上的电子信用证的成功运作，需要银行、国际贸易交易双方等各方系统的全方位电子化协同运作。

二、电子信用证的格式

《跟单信用证电子交单统一惯例》（the Uniform Customs and Practice for Documentary Credits for Electronic Presentation，eUCP 1.1）第 e3 条规定："'格式'意指表达电子记录的数据组织形式或电子记录提到的数据组织形式。"第 e4 条规定："eUCP 信用证必须注明所提交的电子记录的格式。如未注明，则可提交任何格式的电子记录。"所谓任何格式的电子记录，包括微软 Word 文件、Excel 表格、PDF 文件、EDI 标准信息、E-mail 信息以及 HTML、XML 等文件。

三、电子信用证的开立

目前，80%以上的信用证都是通过 SWIFT 系统开立，仅有很少的信用证使用电传系统开立，或是纸制的信用证。通过 SWIFT 系统开立的电开本信用证和通知信用证是电子信用证的最初形态。由于缺少具体的规则指引，现在 SWIFT 的七类标准都不提供开证行遵照 eUCP 的标准方式。也就是说，依照 SWIFT 开立的信用证不能自动适用eUCP。目前，SWIFT 已着手制定针对 eUCP 信用证的标准。但是，以 SWIFT 方式开立和通知信用证囿于电传、电报以及相对封闭的 EDI 系统运作，电子化程度相对较低。在互联网应用普及后，信用证的开证和通知可以通过开放式互联网进行。

四、电子信用证的通知

在信用证的通知方面，几乎所有银行间与信用证有关的指示均可用电子方式传送。电子信用证的发展趋势是，客户通过互联网将电子开证申请书递交到开证行，开证行根据客户核定的授信额度情况，通过内部作业系统与外部网络系统的接口，将信用证直接发送给通知行，通知行只需将电子信用证转发到受益人的电子信箱，即完成了信用证的通知。原来从信用证开立到通知一般需要 7 天左右的时间，在网上操作后可以缩短为 1 天甚至是 1 个小时。

五、电子信用证项下的电子交单

电子交单是指适用电子交单国际惯例 eUCP 的信用证项下的货物发送后，船公司以签发的电子提单代替传统的代表货权的纸质提单，并通过网络平台将电子提单提交受益人，受益人将电子提单和其他单据的电子信息通过该网络提交议付行，议付行再将电子数据提交开证行，开证行凭收到的电子单据审单，在开证申请人承付后，释放全套电子单据，开证申请人凭电子提单提货。

六、电子信用证使用过程中的核心问题

电子信用证业务涉及两个核心问题：一是理论层面的，即电子信用证的原则问题；二是操作层面的，即电子交单和电子审单问题。

电子信用证不是一种全新类型的信用证，它只是信用证的运作方式、手段采用电子化后的结果。因此，传统信用证的基本原则同样适用于电子信用证。在采用电子贸易方式和电子信用证结算方式下，信用证业务仍具有独立于基础合同的自足性原则和只关注单据的抽象性原则。此外，电子信用证由于自身的特性也具有不同于传统信用证的特有原则，即电子信用证的规范应与电子商务的基本要求相一致。电子信用证是国际贸易电子支付结算商务系统中的一个子系统。为确保电子信用证的应用，电子信用证必须将自身置于电子商务的大环境中，而不能自成封闭的体系。电子信用证的成功运作有赖于电子商务基本原则的指导以及与其他相关子系统（如货物运输、货物检验检疫、海关通关等系统）的协调。国际电子商务法关于电子合同的有效性、电子记录的证据力、电子签名与手工签字的等同效力等基础性原则规定，既是电子信用证运作的基础，也是制定电子信用证规则的指导原则。

在操作层面，电子信用证业务中当事人的主要权利与义务表现为，电子信用证业务中的受益人必须履行电子交单义务，银行必须履行电子审单义务。交单与审单是信用证业务的核心问题，也是 UCP 600 和 eUCP 1.1 的主要内容。其中，eUCP 1.1 是应用电子信用证的主要依据，该文件就运用过程中的特殊问题做了全面的规定。

（一）交 单

1. 交单的方式和地点

eUCP 1.1 的相关条款都对交单的方式和相关要求做出了规定。第 e1 条规定，电子记录可以单独提交或与单据混合提交。第 e2 条规定，如果 eUCP 信用证允许受益人在提交纸单据或电子记录两者之间进行选择，而其选择了只提交纸单据，则仅适用 UCP。第 e5 条规定：①电子记录可以分别提交，并且不需要在同一时间提交。②如果 eUCP 信用证允许提交一份或多份电子记录，受益人有责任向接受交单的银行提供表明交单结束的通知。该结束通知可以以电子记录或纸单据方式做出，必须注明其所关联的 eUCP 信用证。如果未收到受益人的通知，将被认为未曾交单。这是在纸单据下交单方没有的义务。③在eUCP信用证下提交的每份电子记录以及提交的纸单据，必须注明据以交单的 eUCP 信用证。未如此注明的交单可被视为未曾收到。④如果接收交单的银行在营业中，但在规定的截止日及/或发运日后的最迟交单日（视何种情形适用），其系统不能接受传来的电子记录，则视其为歇业，最迟交单日及/或截止日应延展至银行能够接收电子记录的下一个银行工作日。如果尚待提交的电子记录只剩下结束通知，则可以用电讯方式或纸单据提交，并被视为及时，只要其在该银行能够接收电子记录之前发出。⑤不能被证实的电子记录将被视为未曾提交。

eUCP 1.1 第 e5 条对交单的地点做出了规定：允许提交电子记录者，必须注明提交电子记录的地点；允许提交电子记录和纸单据者，还必须注明提交纸单据的地点。在第一种情况下，单据的提交全部以电子记录的方式提交，此时需要指定全部电子记录的交单地点。电子记录的交单地点意指电子地址。电子地址是指互联网上的 IP 地址，同时也应该包括 E-mail 地址。在第二种情况下，单据的提交方式为纸单据和电子记录的混合提交，此时应分别注明电子记录和纸单据的交单地点。

2. 单据的正本与副本

在电子记录方式下对正本与副本的要求，截然不同于纸单据下对正本与副本的要求。eUCP 1.1 第 e8 条规定，仅提交一条电子记录应视为已满足了电子信用证对一份或多份正本或副本电子记录的要求。

3. 出单日期

出单日期对受益人来说是一个重要的日期，是判定受益人是否按期交单的重要依据。eUCP 1.1 第 e9 条规定，除非电子记录中包含具体的出单日期，否则可视出单人发送电子记录的日期为电子记录的出单日期。如果没有明显的其他日期，收到日期将被视为发出日期。

（二）审 单

1. 审单的基本标准

与传统的跟单信用证业务惯例相比，eUCP 1.1 中“单证相符、单单相符”的审单原则没有变更，但被赋予了新的内涵。一份电子单据与信用证相符将被视为与同一交易其他合格电子单据相一致。eUCP 第 e6 条规定：①如果所提交的电子记录包含一个通向外部系统的超级链接或表明电子记录可以参照某一外部系统审核，那么审核电子记录的银行必须用所指定的方式进行审核。若该指定的外部系统无法读取所要求的电子记录，则构成一个不符点。②若被指定银行按照指示传送电子记录，则表明该银行已审核了电子记录的表面真实性。③开证行或保兑行（如有）无法审核 eUCP 信用证所要求格式的电子记录，或当未要求格式时无法审核提交的电子记录，这一情形不构成拒付的依据。在电子信用证下，由于审单是自动化处理，将严格遵照“单证相符、单单一致”的原则，这样可能会使在传统审单方式下不足以造成拒付的极其微小的不符点也可能在电子信用证下造成拒付，这无疑将影响国际贸易的顺利进行。为此，在使用电子信用证时应鼓励单据及信用证条件的高度简单化，防止因单证不符而拒付的情况经常发生。

2. 审单期限

eUCP 1.1 中没有对电子交单下的银行审单期限做新的规定，而是援用 UCP 600 中“最多为收单翌日起第 5 个工作日”。

3. 对于额外单据和信用证中非单据性条款的处理

eUCP 1.1 中没有做新的规定，可以直接适用 UCP 600 中银行对额外单据和非单据性条款可以置之不理的规定。

4. 发出拒付通知后单据的处理

eUCP 1.1 第 e7 条规定：如果开证行、保兑行（如果有的话）或作为其代理的被指定银行对包含电子记录的单据发出了拒付通知，在发生拒付通知后 30 天内未收到被通知方关于电子记录的处理指示，银行应退还交单人以前尚未退还的任何纸单据，但可以以其认为合适的任何方式处理电子记录而不承担任何责任。由此可见，这条规定是让受益人来承担拒绝通知等电子记录中途遗失的风险。

5. 单据真实性问题

eUCP 1.1 对银行在电子交单下做了补充性的额外免责规定。eUCP 1.1 第 e12 条规定，银行在审核电子记录表面一致性时，对于发送者的身份、信息来源不承担责任，并且除了使用商业上可接受的用于接收、核实和识别电子记录的数据过程外，银行对电子记录是否完整及未经修改也不承担责任。

6. 交单后电子记录损坏的处理

在电子记录的损害方面，eUCP 1.1 增加了一个特殊的条款，以处理银行在收到电子交单后，由于技术原因（比如病毒）而无法打开电子单据的情况。eUCP 1.1 第 e11 条规定：如果开证行或指定银行所收到的电子记录存在损坏的数据，该银行可通知交单者并要求重新交单；如果该电子记录未能在 30 天内重新提交，银行可视该电子记录没有提交并且任何期限不得延展。

七、电子信用证的作用

（一）有助于缩短贸易结算时间

相对于传统的信用证，电子信用证在审单等环节相对较短的处理时间，可以极大地缩短整个贸易结算流程的时间，同时也可基本避免以往可能出现的“货比单早到”的尴尬情况，使买方可以在目的地及时提货，从而可以降低风险、节省费用，这在一定程度上解决了提单危机。

（二）有助于简化单据处理、减少操作差错

电子信用证借助网络平台进行信用证结算各环节的运作，可以简化操作手续、减少操作差错，同时也降低了结算成本。

（三）有助于电子商务的快速发展

从整个电子商务的角度来说，电子信用证借助银行的支付功能和信誉保障解除了人们对网上交易真实性和安全性的担忧，保障了 B2B 电子商务的顺利实现，为在现有条件下开展电子商务排除了信用障碍。

（四）有助于商业银行业务创新、提升银行竞争力

从银行的角度来说，发展网上银行是商业银行参与未来竞争的必然选择。开展电子信用证业务是一项重大的业务创新。将来商业银行之间在国际结算业务上的竞争，仍将以风险小、利润高的结算业务为重点，电子信用证将成为未来银行不容忽视的一项主要业务。

八、电子信用证的实践

（一）电子信用证在国外的实践

目前，国际上已有的具有一定影响力的电子信用证处理系统包括：BOLERO（Bills of Lading Electronic Registry Organization，即“电子提单登记组织”）系统、ESS（Electronic Shipping Solutions，即电子航运解决方案）系统、TSU（Trade Services Utility，即贸易服务平台）系统、TRADECARD 系统、CCEWeb 系统、CARGODOCS 系统等。其中，BOLERO 系统、ESS 系统和 CARGODOCS 系统可以实现货物所有权在线转让，因而交易的安全性与快捷性均可以得到保障。BOLERO 系统、CCEWeb 系统和 TRADECARD 系统是由三个影响较大的电子商务公司推出的系统，以下进行简要介绍。

1. BOLERO 系统

1995 年，由欧共体 TT Club（Through Transport Club）和 SWIFT 共同开发，并于 1999 年 9 月 27 日向全球推出的 BOLERO（Bills of Lading Electronic Registry Organization）就是一个重要的电子交易平台。BOLERO 系统的设计目的是全力解决贸易文件电子化的挑战，其用户包括国际贸易中的进出口商、银行、保险公司、运输行、承运人、港务机构、海关、检验机构等。客户通过这个单一窗口，就可直接与全球的物流及金融服务社群连接，并可以通过互联网进行交换单据、核查数据、结算，完成整个贸易过程；同时，客户还可通过权利注册申请，在线转让货物所有权。银行作为 BOLERO 的主要成员之一，在为进出口商提供国际贸易结算与融资服务时，经授权进入 BOLERO 中心注册系统后，可进行在线开证、通知信用证和审单，并可通过 BOLERO 与银行自身电子结算系统的连接，完成付款清算、融资等一系列信用证操作。目前，该系统每月处理的贸易交易超过 40 万笔，但该系统并未给使用者提供寻商或撮合的机制。

2. CCEWeb 系统

1996 年，CCEWeb 电子商务软件公司在加拿大成立。该公司设计开发了一套适应性很强的全球贸易网络系统，利用该系统可进行全球贸易。该系统将信用证的功能和信用卡的功能相结合，集成了基于互联网的贸易支付、贸易流程和单证管理等多项功能，其核心是“单据清算中心”。该中心的功能类似于银行的融资部，它将贸易、运输、保险、融资等各类单据集中处理并进行传递，其运作方式和银行处理信用证交易一样。信用证项下的支付通过单据清算中心进行，中心将检查受益人所提交单据的表面一致性，并在支付受益人后结束整个交易过程。CCEWeb 系统不仅提供了一个安全的电子交易平台，同时它还能处理传统的纸制单据。但是，CCEWeb 系统没有提供一个权利登记中心，以实现买卖双方之间的物权转移。CCEWeb 为进口商提供了灵活开放的商务解决方案。

3. TRADECARD 系统

1998 年初，在美国纽约诞生了一个可与 BOLERO 相抗衡的系统网络公司 TRADECARD，它由美国美洲银行、富国银行、荷兰银行以及美国通用电气公司合资组建。TRADECARD 致力于为出口贸易商提供银行保证、保险保单及商检证书等单据的电子化、自动化服务，其运作流程包括交易撮合、货物运输、货款支付几个阶段。TRADECARD 除提供电子市场撮合契约外，其付款、审核、单据机制整合了 Coface 付款保证机制与 Thomas Cook 汇兑转账机制，建立了创新的财务供应链管理（financial supply chain management），整合了寻商、订约、付款及运送的信息管理作业，大幅降低了贸易文件使用成本。同时，TRADECARD 系统将贸易中使用的电子文件作为买卖双方履约、运送及付款的查核参考，避免了实体交易中贸易文件的使用及其电子化所面临的可能困扰。

（二）电子信用证在中国的实践

在我国由电子商务公司主导的电子信用证实践中，典型的是贸易担保网。其网上信用证的交易程序如下：买卖双方签订贸易合同；买方依据合同在网上填写“信用保证书”，卖方在网上确认，然后依据信用保证书，买方将 10%、卖方将 5%的履约保证金交给担保公司；担保公司在收到保证金后，通知卖方备货；卖方在备货后，在网上输入“卖方货已备妥通知”或发传真通知担保公司，通知买方补足货款；担保公司在收款后，通知卖方在发货；卖方在发货后，在网上输入“卖方发货通知”，并将议付单据交给担保公司；担保公司在审核单据后，将单据交给买方，买方凭单据向承运人领取货物，收货后在网上输入“买方收货通知”。买方在收货后 2 天内如有数量异议，在网上输入“数量异议通知”，15 天内如有质量异议，在网上输入“质量异议通知”，担保公司根据买方异议通知，暂不向卖方支付货款并通知卖方处理有关异议，然后凭双方协商结果或法律判决执行付款。若买方在 15 天质保期内不提出异议，担保公司将在第 16 日将货款交卖方。通过上述流程可以看出，贸易担保网开出的信用证已没有银行担保的因素，这就使网上信用证成为名不符实的信用证了。除此之外，国家金关工程主干网——中国国际电子商务网（以下简称“EC 网”）已于 2005 年推出了 BOLERO 电子信用证通知系统，为中国出口商从金融机构接收信用证通知提供了更快速、有效的方式。

参与中国电子信用证实践的另一类重要主体就是商业银行。招商银行于 2002 年 9 月在青岛开出了国内第一张人民币网上信用证，开启了国内银行业电子交单的大门。但是，目前该项业务仍局限于开证和通知阶段，单证的提交和审核仍在银行柜面执行。目前，在国内只有中国银行、中信银行和中国农业银行率先进行了 eUCP 电子交单的成功尝试。

2012年年底，中信银行联合必和必拓公司、澳大利亚和新西兰银行（中国）有限公司、四川峨眉铁合金进出口有限公司、BOLERO国际公司成功办理了国内首笔“端对端信用证项下电子交单业务”。该业务填补了国内金融界长期未能突破的信用证项下单据电子化，特别是提单电子化的空白。2013年7月，农业银行的首笔BOLERO电子交单信用证由苏州分行开出，金额达1 823.5万美元，进口商为总行级核心客户江苏沙钢集团有限公司的子公司——江苏沙钢国际贸易有限公司，出口商为世界知名的矿业巨头。2013年8月27日，中国银行与苏格兰皇家银行通过BOLERO平台成功完成了首次电子交单，率先在国内“四大银行”中开展了完全电子交单业务，实现了单证业务操作模式从开证、到单至付款融资的全流程电子化。然而，目前三家银行所做的eUCP项下电子交单，其出口方（受益人）均为澳大利亚必和必拓公司和巴西淡水河谷几家公司。国内的进口方（申请人）和开证行都是在国外出口商的要求下被动办理eUCP项下电子交单业务的，且各家银行该项业务仍处于尝试阶段，还未进入普及推广。

纵观信用证电子化的实践，可以看出电子信用证的发展经历了通过银行间专有网络开立和通知的SWIFT信用证，通过互联网进行信用证的开立申请、开立和通知的网络信用证以及以电子交单为核心的电子信用证三个阶段。电子商务公司和各类商业银行是信用证电子化的两类主要主体。目前，以电子交单为核心的电子信用证业务发展迅速，各银行纷纷加入，前景看好。但是，其未来的发展仍存在一定的风险与制约因素。

针对电子交单可能给银行带来的系统安全风险和电子单据操作风险，首先，商业银行应建立严格的内控管理制度和系统灾备机制，用以保证银行内部系统与BOLERO银行客户端系统使用的安全性和稳定性；其次，通过事先约定、严格准入标准，以确保整个业务所涉及的进出口商、船公司、议付行等各方当事人均具有良好的资质，进而保证电子单据的真实和有效；与此同时，针对因eUCP规则下银行审单时间缩短可能引致的进口商付款延迟，银行应严控授信，在必要时，银行可增加担保措施或采用远期信用证以防范此类风险。针对电子交单业务未来面临的法律、平台建设等方面的制约因素，各国政府部门应加快与电子交单业务相关的法律、税收和国际政策的研究，尽快为电子提单的法律效力以及外汇管理、税收和跨国结算等配套措施提供法律及政策支持。与此同时，BOLERO电子商务平台应进一步完善，尽快解决因较高的准入门槛对其扩张能力的影响，构建一个更具弹性和延展性的针对进出口商、银行、船务等多种机构的贸易服务平台。此外，BPO（bank payment obligation，银行付款责任）作为一种创新型的贸易和结算支付方式，可以使进出口商与银行更好地参与国际贸易，在降低风险的同时获得更好的金融服务。未来，应积极探索BOLERO和BPO两种交单方式的进一步融合，充分发挥两者的优势，使物流、信息流和资金流的流转同时实现，确保从融资到提货都能以最快的速度完成，从而在整体上进一步提高流程的效率，降低成本。[①]

① 李峰，焦芳．电子交单业务的未来．中国外汇，2014（12）．

▲ 专栏 5-1

信用证迈向电子化

信用证电子化就是在网络平台上操作传统纸质信用证。由于国际贸易网上银行在有关国际机构的推动下已露端倪，因而规范电子商务方面的法律纷纷出台，早在 1989 年通过的 INCOTERMS 1990 就认可了电子信息传输的使用，INCOTERMS 2000 同样认可了电子单证的效力。国际商会银行委员会于 1999 年起草了《电子贸易和支付统一规则》；2000 年，国际商会又对 UCP 500，即《跟单信用证统一惯例》进行了重新定义和解释，主要是针对电子通信技术的发展，特别是电子数据交换（EDI）和传真技术的广泛应用所引发的国际货物交付、运输、邮递等业务的相应变化，做出了明确修订。2002 年 4 月 1 日，国际商会历经 18 个月制定的 UCP Supplement for Electronic Presentation（eUCP 1.0，UCP 电子交单增补）正式生效，用来专门解决电子交单和电子审单问题。而根据 ICC 国家委员会的建议，作为 2007 年 7 月 1 日生效的 UCP 600 的补充，《跟单信用证电子交单统一惯例》（the Uniform Customs and Practice for Documentary Credits for Electronic Presentation，即 eUCP 1.1 版）是专门对 UCP 600 所做的升级版本。如果因今后技术发展而需要修订，可以早于 UCP 600 单独进行修改。之所以使用 1.1 版本的名称，目的是方便以后的版本升级。需要注意的是，UCP 的很多条款并不对电子交单产生影响，所以要与 eUCP 一起使用。在用电子交单或电子和纸制单据混合方式提交单据时，要同时使用 eUCP 和 UCP 两个规则。此外，各发达国家针对电子单证制定了专门的立法修改，使得信用证的电子化成为可能，并使信用证的电子化进程迅速展开。

在 2000 年 5 月 24 日的巴黎会议上，国际商会银行技术与惯例委员会（银行委员会）的未来特别委员会（Task Force on the Future）对电子商务表示出极大的关注，并将发展电子商务确定为银行委员会的目标之一。经过进一步的深入讨论，银行委员会认为有必要在现行的 UCP 和纸制信用证的电子等价物之间建立一种过渡。国际贸易界已强烈地表示他们需要国际商会对纸制信用证的电子等价物制定出更多的诸如 UCP 一样具体明确的指导和规则，并且建议最好采取 UCP 附录或 UCP 增补的形式。为满足国际经贸行业的要求，银行技术与惯例委员会成立了包括 UCP、电子商务、法律和相关行业专家的工作组，以拟订一个 UCP 的用于处理电子交单的增补问题，其正式名称为“UCP 电子交单增补”，缩略为“eUCP”。为了实现这一目标，eUCP 给出许多定义，使得目前通用的 UCP 术语适用于纸制单据的等价物的电子化交单，并且制定了必要的规则，使 UCP 和 eUCP 得以同时适用。已拟订的 eUCP 允许完全电子交单或纸制单据与电子单据混合交单。这一领域的实践正在快速发展，工作组认为：规定完全电子交单既不现实，也将阻碍其向全面电子化过渡的发展。

工作组认为：没有必要涉及有关电子开立或通知信用证的问题，因为现行的惯例及 UCP 早就允许以电子形式开立和通知信用证。

在应用 eUCP 时，关键要明白 UCP 的许多条款是不会受到电子交单的影响，也不必做任何更改以适应电子交单。UCP 和 eUCP 结合起来允许电子交单并为该领域实践的发展留有足够广阔的空间。eUCP 是 UCP 500 所特有的，在必要时会随着技术发展而修改。

工作组在拟订 eUCP 时，明确独立于特定的技术和处于发展中的电子商务系统，即 eUCP 并不涉及便利电子交单的特殊技术或系统。这些技术正在发展中，它留待信用证的具体各方当事人就采用何种技术或在系统问题上达成一致，以符合 eUCP 要求的电子交单。eUCP 是为满足市场电子交单的要求而拟订的，当提交纸制单据的电子等价物时，就对这个正在发展的市场在提高单据处理效率方面制定了一个更高的标准。

作为已广泛应用于信用证的 UCP 600 的补充，eUCP 共有 12 条。如果在信用证当中约定适用 eUCP，eUCP 将与 UCP 共同使用，约束全部或部分电子交单的情形。eUCP 作为补充而非替代 UCP，在全部或部分电子交单时与 UCP 共同应用。如果一份信用证适用 eUCP，即使在没有明确约定的情况下也适用 UCP；而信用证当事人意欲适用 eUCP，则必须在信用证当中明确约定。

eUCP 对信用证的使用者提出了一些挑战性的概念，其中一个最困难的问题是：在电子世界里，何种单据构成“正本单据”？一份电子“单据”可以无数次地复制，每一份复制件都是“正本”，因此 eUCP 称为“电子记录”，由此也将使在电子单证交易中要求“正本”单据的概念存入历史。此外，eUCP 包含了一些与 UCP 有不同含义的概念，比如“表面内容”、“交单地点”和“签署”等出现在 UCP 当中的普通概念，eUCP 为了适应电子交单而对其做了重新定义，其中争议比较大的就是最近增加的第 e11 条（为避免 UCP 和 eUCP 之间的条款混淆，eUCP 的各条款标号前都标注了一个“e”）关于电子记录的损坏问题。银行委员会认为有必要增加一个特殊条款，以处理银行在收到电子交单后，由于技术原因（比如病毒）而无法打开电子单据的情形。因此，第 e11 条规定：如果银行收到损坏的电子单据，银行可要求交单者在 30 天之内重新交单；如果交单者未能在规定的时间内重新提交，将被视同没有交单。

观察家相信，eUCP 的出台填补了一个重要的市场空白。国际商会银行委员会的罗恩·卡茨（Ron Katz）先生评论道：“自 19 世纪 30 年代以来，UCP 一直是国际商会的旗帜。eUCP 的出现使得国际商会在信用证领域仍可保持其主导地位。”

资料来源：王善论．信用证迈向电子化．国际经贸探索，2001（4）．

△ 专栏 5-2

UCP 600 信用证领域的新规则

在 2006 年 10 月召开的国际商会巴黎年会上，UCP 600（2007 年修订版）顺利通过，新版本从 2007 年 7 月 1 日起实施。作为信用证领域最权威、影响最广泛的国际商业惯例，新修订的 UCP 600 至少会在接下来的 10 年当中主宰全球范围内的信用证业务。下面将把 UCP 600 与 UCP 500 进行对比，介绍其所做的具体修订，并分析其修订原因。

修订 UCP 500 的原因

首先，据有关统计表明，由于包括银行和进出口商在内的当事人存在对 UCP 的错误理解及应用，大约有 70% 的信用证项下的单据在首次交单时由于不符而遭拒付，这就严重影响了信用证作为一种主要付款工具的地位，而事实上成为一种拒付的工具。有鉴于此，在UCP 500实施的十多年中，国际商会先后制定并公布了很多新的与信用证业务有关的规则或文件，主要包括：

(1) 4份Position Paper，以澄清业界对UCP 500中关于信用证的修改、议付、非单据性条件以及运输单据条款的误解。

(2) URR 525，以解决银行间的偿付十分频繁且数额巨大，而UCP 500第19条的规定又过于简单所带来的问题。

(3) ISP 98，尽管UCP 500第1条规定该惯例可以适用于备用信用证，但由于备用信用证本身交易的复杂性，且随着备用信用证业务量的增加，造成实务界迫切需要一套更具体的标准实务规则。因此，ISP 98的制定目的就是为了满足这一需求。

(4) 关于如何确定UCP 500第20条b款所指的正本单据的文件，以澄清对该条款的误解。

(5) eUCP，该出版物是在电子商务飞速发展的形势下，为了适应电子通信技术的发展及其在国际经贸领域的广泛应用，以填补有关电子交单规定的空白。

(6) Discrepant Documents，Waiver and Notice，以回应围绕UCP 500第13条、第14条所提出的问题，对规范拒付程序及格式做了进一步的阐述与澄清。

(7) Transferable Credits and the UCP 500，以解决围绕UCP 500第48条所产生的问题。

(8) 关于非银行（non-bank）开立信用证问题的文件，以明确ICC对银行以外的机构开立信用证问题的立场。

(9) ISBP，该出版物以长达200个段落的篇幅，在UCP 500使用了近10年后首次清晰地向世人诠释其中第13条a款（“本惯例所体现的国际标准银行实务是确定信用证所规定的单据表面与信用证条款相符的依据”）中的“国际标准银行实务”为何物。

此外，各国委员会及银行仍有大量围绕UCP 500的业务咨询提交到国际商会银行委员会，要求做出是非判定或“司法解释”。迄今为止，国际商会通过一系列出版物（第565号、第596号、第613号、第632号、第660号）公布了500多个正式意见，这些意见在一定程度上解释了起草UCP条文背后的考虑和国际银行实务。在信用证法律方面，这些年也出现了多宗与UCP 500条款的解释与应用有失偏颇或对UCP 500中的条款发出质疑的判例。

另外，随着国际贸易和信息电子技术的发展，与信用证业务相关的运输、保险、质检、物流等方面的做法也出现了显著的变化，UCP 500在条款设置及措辞方面也存在一定不足。考虑到上述诸多变化，许多银行界人士和信用证专家纷纷向国际商会提出应该对UCP 500进行一次全面修订，以适应新形势的发展。

修订工作的基本思路

(1) 全面评审国际商会的意见、决定、DOCDEX裁定以及各国司法判例中针对UCP的救济措施。在启动修订工作时就有500多个国际商会意见、4个意见书、2个决定（关于欧元的使用以及正本单据的确定)、60多个DOCDEX裁定。国际商会需要对其加以全面评审和分析，以决定对UCP条款的增删。

(2) 重点针对UCP 500的7大焦点条款(第9条、第13条、第14条、第21条、第23条、第37条、第48条),在所有国际商会做出的意见中,有关这7个条款的争议占据了58%的比例。同时,有17个条款从未引起争议或最多一两个争议,则除了在格式或措辞方面稍加调整外,无须修改。

(3) 解决在UCP 500实施后发展起来的规则(URR 525、ISP 98、eUCP、ISBP等)与UCP 600的关系问题。

经过国际商会的充分讨论,现在的结果是,这4个规则仍然独立存在,没有并入UCP 600。由于ISP 98的规则8.04中对URR做了明确援引,因此有必要保留一个独立的URR。在UCP 600中新增如下条款,如果涉及指定银行需要向偿付行索偿,必须在信用证中明确规定该偿付是否受开证时有效的URR版本(第13条a款)约束。

作为专门规范备用信用证的ISP 98,除了让其独立存在之外,在修订时要考虑的反而是UCP 600是否仍有必要涉及备用信用证。最终,多数意见是备用信用证仍可以继续适用UCP 600。

由于当时认为银行业、企业界以及运输与保险业会很快跨入单据及数据传输的电子时代,国际商会于2002年出台了规范电子交单的eUCP。但是,该预期直到目前仍未变为现实,因此将其并入UCP 600的时机尚未成熟。eUCP仍将作为UCP的补充,并将其相应升级到1.1版,以明确其与UCP 600的关系。

当然,ISBP并非一个"新"规则,它只是对UCP条文的细化及澄清。在修订过程中,对于如何处理UCP 600与ISBP之间的关系存在许多不同意见,最终采纳了经各国委员会投票后的多数意见,也就是作为UCP的必要补充以及银行审核单据的重要依据。ISBP仍然单独存在,在实施UCP 600时需要对ISBP予以相应的调整,以便与UCP 600的内容及风格相一致,但不会在UCP 600的条文中直接援引ISBP的版本号(645),只是在前言中提及。

UCP 600 vs. UCP 500

UCP 600将UCP 500的49个条款调整为更简洁的39个条款,新旧版本的条款对照如下。

1. UCP 500中被删减的条款

在UCP 500中,由于以下条款规定的内容过时或超出UCP的范围等原因被删除:

- 第5条开立/修改信用证的指示
- 第6条可撤销与不可撤销信用证
- 第8条信用证的撤销
- 第12条不完整或不清楚的指示
- 第14条f款关于凭保议付的规定
- 第30条运输行签发的单据
- 第33条a款、b款、c款运费到付/预付运输单据
- 第38条关于其他单据及第42条c款关于信用证有效期的模糊规定
- 第46条a款有关装运的解释

(1) 由于可撤销信用证对受益人缺乏保障,近年来几乎没被使用过,因此在UCP 600

的第2条中对“信用证”的定义以及第3条中的解释规则（A credit is irrevocable even if there is no indication to that effect）均明确规定信用证是不可撤销的。从“如果信用证没有注明其是否可撤销则被视为可撤销”（UCP 400）到“如果信用证没有注明其是否可撤销则被视为不可撤销”（UCP 500），再到如今UCP 600关于不可撤销的规定，表明了国际商会的明确立场：强化信用证不可撤销的属性，以加强对受益人的保护，从而维护信用证作为支付工具的功能。当然，由于UCP的惯例地位，如果当事人愿意使用可撤销信用证，则应该在信用证中对此做出明确规定。

(2) 删除第5条和第12条是因为其内容（信用证的内容应完整明确；如果信用证含有不完整或不清楚的指示，通知行应向开证行寻求其明确含义）本来就应该是银行正常的实务做法，UCP 600无须对此建立规则，而且ISBP的“信用证的申请与开立”中已有了相关规定。

(3) 删除第14条f款关于凭保议付的规定是因为其纯属指定银行与受益人之间的私下安排。开证行或保兑行必须独立地审核单据以确定其是否相符，如果开证行或保兑行决定拒付不符单据，此时指定银行能否向受益人追索以及如何追索的问题超出了UCP的范围。

(4) 第30条关于运输行签发的单据的规定已经包含在其他的运输单据条款当中，因而也被删除。

(5) 第33条a款、b款、c款关于运费到付/预付运输单据以及第38条关于其他单据的规定均被认为是多余且过时的，因而不再保留。

(6) 由于鲜有信用证规定“有效期3个月”或类似方式，而且SWIFT的MT 700/701要求规定信用证确切的有效期限，第42条c款中关于信用证有效期的模糊规定也无须保留。

(7) 删除第46条a款有关装运的解释内容是因为在UCP 600的运输单据条款中均已包含如何认定装运时间的规定。

2. UCP 600中的新增条款

UCP 600新增下列条款：

- 第2条定义
- 第3条解释
- 第4条b款关于不得将合同、形式发票等列为信用证组成部分的规定
- 第6条d(ii)款关于交单地点的规定
- 第9条c款关于第二通知行的规定
- 第10条d款、f款关于接受或拒绝修改的通知以及默认修改的条款
- 第12条b款关于融资授权的规定
- 第13条a款关于URR的适用
- 第14条d款关于单据内容的一致性
- 第14条j款关于地址及联系细节
- 第14条l款关于运输单据的签发人

(1) 新增第2条和第3条。UCP 600在结构上有一个重要变化，即在第2条和第3条

中归结了概念及某些词语在本惯例下的特定解释，把原本散落在各个条款中的解释定义归集在一起，使全文变得清晰。对各当事方（包括开证申请人、开证行、保兑行、指定银行、通知行、受益人、交单人）进行定义是一项很困难的工作，它涉及全行业的理解标准问题，但从惯例的整体结构来看会显得更加完整。从各关系方的定义来看，其责任和义务没有实质变化，但相比 UCP 500，UCP 600 在个别用词上更加清晰和简洁，并补充了一些 UCP 500 中未加以明确的定义（比如银行日、保兑、兑付、交单等）。

（2）UCP 600 Art. 4（b）："An issuing bank should discourage any attempt by the applicant to include, as an integral part of the credit, copies of the underlying contract, proforma in voice and the like."

由于近些年来自南亚、中东等地区的信用证常常规定将副本合同、形式发票等作为信用证的组成部分，该做法会给受益人制单以及银行审单带来很大的麻烦，因此 UCP 600 加入了相关条款，劝阻开证申请人的此类做法。

（3）UCP 600 Art. 6（d）（ii）："The place of the bank with which the credit is available is the place for presentation. The place for presentation under a credit available with any bank is that of any bank. A place for presentation other than that of the issuing bank is in addition to the place of the issuing bank."

此前，不少信用证就交单地点的问题存在相互矛盾的做法，比如一份自由议付的信用证却规定交单地点/到期地点为开证行所在地。新增条款首次在 UCP 中明确了交单地点应在指定银行及开证行所在地，而且即使存在指定银行，开证行也不得拒绝受益人直接向其提交的单据，也就是受益人（包括交单行）可以自由选择向指定银行还是开证行交单。

（4）UCP 600 Art. 9（c）："An advising bank may utilize the services of another bank (second advising bank) to advise the credit and any amendment to the beneficiary. By advising the credit or amendment, the second advising bank signifies that it has satisfied itself as to the apparent authenticity of the advice it has received and that the advice accurately reflects the terms and conditions of the credit or amendment received. The advice accurately reflects the terms and conditions of the credit or amendment received."

为了反映信用证业务的实践需要，新增第 9 条 c 款，规定通知行可以通过第二通知行向受益人通知信用证及其修改，而且第二通知行承担与第一通知行同样的责任（审核信用证或其修改的表面真实性；准确通知所有收到的信用证或其修改的条款）。

（5）UCP 600 Art. 10（d）："A bank that advises an amendment should inform the bank from which it received the amendment of any notification of acceptance or rejection."

UCP 600 Art. 10（f）："A provision in an amendment to the effect that the amendment shall enter into force unless rejected by the beneficiary within a certain time shall be disregarded."

在第 10 条中新增通知行有责任将受益人接受或拒绝信用证修改的通知告知开证行；此外，还明确否定了信用证修改中加入的"除非受益人在指定的时间内拒绝，否则将视其接受修改"或此类默认接受条款的效力，因为这类条款严重损害了信用证不可撤销的性质（非经各方同意，信用证不得单方面修改或撤销），而且这也违背了基本的合同法原则。为了兼顾申请人与受益人的利益，UCP 并没有强制受益人必须发出接受或拒绝修改的通知，并给予其以最后交单表示接受或拒绝的权利［Art. 10（c）］。

（6）UCP 600 Art. 12（b）："By nominating a bank to accept a draft or incur a deferred payment undertaking，an issuing bank authorizes that nominated bank to prepay or purchase a draft accepted or a deferred payment undertaking incurred by that nominated bank."

该条款明确了开证行对于指定银行进行承兑、做出延期付款承诺的授权，同时包含允许指定银行进行提前买入的授权。这项规定旨在保护指定银行在信用证下对受益人进行融资的行为，将其纳入 UCP 的规则范围。从各国法院对信用证案件的审理结果来看，在如何认定指定银行的行为效力方面有很大的差异，比如在英国（争议颇多的 Santander 案）和美国的法律中，对于善意持票人的判定标准就有很大不同。这种状况直接决定了相关银行在信用证业务中的地位，进而影响当事银行叙做业务的意愿，也在一定程度上阻碍了信用证业务的顺利开展，更带来了一些理解上的混淆。国际商会在这项规定上的尝试，存在与各国的商法、票据法有所抵触的可能，但对于统一银行的操作方面有望取得进展。鉴于各国法院在处理信用证相关案件时会很大程度上倾向遵循国际惯例，这样的规定是富有积极意义的。

（7）UCP 600 Art. 14（d）："Data in a document，when read in context with the credit，the document itself and international standard banking practice，need not be identical to，but must not conflict with，data in that document，any other stipulated document or the credit."

该条款确立了单据一致性的新标准，即单内一致、单单一致、单证一致，还明确了审核单据的依据是信用证、单据本身以及国际标准银行实务（并不局限于第 645 号出版物的 ISBP）。由于不少银行提出的不符点是单证之间的内容不完全一样，甚至格式的不同也被提出不符，因此 ICC 再次通过本条款明确并不要求单据内容与信用证的规定或其他单据完全同一，只要不相矛盾即可。其具体措辞从最初的"consistency"到"not contradiction"，再到如今的"not conflict"的变化，大大减少了对不必要的误解。

（8）UCP 600 Art. 14（j）："When the addresses of the beneficiary and the applicant appear in any stipulated document，they need not be the same as those stated in the credit or in any other stipulated document，but must be within the same country as the respective addresses mentioned in the credit. Contact details（telefax，telephone，E-mail and the like）stated as part of the beneficiary's and the applicant's address will be disregarded. However，when the address and contact details of the applicant appear as part of the consignee or notify party details on a transport document subject to articles 19，20，21，22，23，24 or 25，they must be as stated in the credit."

该新增条款在 ISBP 第 60 段和第 61 段的基础上又往前迈了一大步，ISBP 只是规定了发票中受益人及开证申请人地址及联系细节问题，而上述条款将其扩展到任何单据的受益人及开证申请人地址均无须与信用证及其他单据同一，只要是在同一国家范围内即可。而对于地址信息中的联系细节（电话、传真号码、E-mail 等），干脆就不予置理，否则很容易因为笔误而遭拒付。例外情形就是运输单据上的收货人及通知人的地址和联系细节应与信用证的规定相符，因为承运人需要该信息，以便及时通知收货人或通知人有关到货及提货事宜。

(9) UCP 600 Art.14 (l)：“A transport document may be issued by any party other than a carrier，owner，master or charterer provided that the transport document meet the requirements of articles 19，20，21，22，23 or 24 of these rules.”

由于不再保留原 UCP 500 中的第 30 条（运输行签发的单据），国际货运代理协会联合会（FIATA）对此一直持有保留意见。国际商会通过新增上述条款表明信用证项下的运输单据可由承运人、船东、船长或租船人以外的任何人（当然也就包括运输行）签发，只要其签署满足第 19～24 条运输单据条款的要求。

其他主要变化

UCP 600 的变化是全方位的，除上述明显的条款增删外，还在结构、措辞以及内容方面做了许多重要修改。

一、结构方面的变化

UCP 600 对 UCP 500 的 49 个条款进行了大幅度的调整及增删，变成现在的 39 个条款。UCP 600 的条文编排参照了 ISP 98 的模式，按照业务环节对条款进行了归结。也就是说，把通知、修改、审单、偿付、拒付等环节涉及的条款在原来 UCP 500 的基础上分别集中，使得对某一问题的规定更加明确和系统化，改变了原 UCP 500 在次序排列上的不足，从而极大地方便了使用者。

其中，第 1～5 条为总则部分，包括 UCP 的适用范围、定义条款、解释规则、信用证的独立性等；第 6～13 条明确了有关信用证的开立、修改、各当事人的关系与责任等问题；第 14～16 条是关于单据的审核标准、单证相符或不符的处理规定；第 17～28 条属单据条款，包括商业发票、运输单据、保险单据等；第 29～32 条是杂项规定；第 33～37 条是银行的免责条款；第 38 条是关于可转让信用证的规定；第 39 条是关于款项让渡的规定。

随着物流运输行业的迅猛发展，仅适用于传统港至港运输的海运提单（UCP 500 第 23 条）的使用已呈下降趋势，且由于出口企业的不恰当使用，针对海运提单的拒付率一直居高不下。新规则将包括至少两种不同运输方式的运输单据条款（UCP 600 第 19 条）放在所有运输单据条款之前，表明国际商会承认且建议更多地使用多式联运单据。

此外，尽管第 7 条和第 8 条已经清楚地约定了开证行和保兑行的责任，但新规则还是将原来隐含在其他条款中关于单证相符时开证行、保兑行以及指定银行的兑付、议付及寄单的责任单列一个条款（UCP 600 第 15 条），且置于第 16 条（不符单据、放弃及通知）前，凸显信用证的付款功能。

二、措辞方面的变化

由于 UCP 500 的某些条文晦涩难懂，使得母语为非英语的信用证从业人员很难将其准确翻译并理解，从而导致对操作的众多争议。因此，UCP 500 在修订之初就定下尽量使用通俗、准确语言的基调，比如：

(1) 对运输单据条款进行了重新编写，相对 UCP 500 的运输单据条款大量地使用长句以及 and/or 等表达方式，新规则全部换用短句，以使结构清晰、意思明朗，尤其是解决了此前对如何表明承运人和代理人身份的误解。

(2) UCP 500 的条文中先后近 30 次使用了“unless otherwise stipulated in the credit”，UCP 600 仅在第 1 条做出了类似的总括性规定“unless expressly modified or excluded by the credit”，从而既简化了语句，也避免诱导信用证出现与 UCP 本质精神相反的条款。

(3) 删除了多处“on it's/their face”的表述，以避免将其理解为单据的正面。实际上，其原意应包含单据的正反面，强调银行仅负责审核单据本身的表面内容，而不过问单据以外的事实。

(4) 用“not conflict”替代“inconsistency”来表达单据内容的一致性要求。

(5) 涉及天数时，均明确是“calendar day”还是“banking day”。

(6) and/or 改为 or，单复数同义，大大简化了惯例的行文。

三、内容方面的变化

1. 引入了“Honour”（兑付）的概念（第 2 条）

“Honour”涵盖了开证行和保兑行在信用证项下除议付以外的一切与支付相关的行为，包括即期付款、承担迟期付款责任并到期付款、承兑汇票并到期付款。仅从 UCP 600 的条款设计来看，这个定义的引入可以使其他条款的规定统一而简洁。从更深的层次来讲，可以认为国际商会在试图向这样一个方向努力：无论哪一种信用证，银行在信用证下的义务是同一性质的。

2. 改进了“Negotiation”（议付）的定义（第 2 条）

UCP 500 第 10 条 b 款规定：“议付意指授权议付的银行对汇票及/或单据付出对价。仅审核单据而未付对价者，不构成议付。”UCP 600 第 2 条对议付的定义取消了“支付对价”（the giving of value）的表述，明确议付是对票据及单据的一种买入（purchase）行为，并且明确是对受益人的融资——预付或承诺预付（advancing or agreeing to advance）。针对预付或承诺预付的时间问题争议，在修订过程的最后阶段加入了该融资行为不得晚于偿付该指定银行的到期之日。定义上的改变承认了有一定争议的远期议付信用证的存在，同时也将议付行对受益人的融资纳入了受惯例保护的范围。

3. 确立了银行审单的 5 天规则（第 14 条 b 款）

关于开证行、保兑行和指定银行在收到单据后的处理时间，在 UCP 500 中规定为收单翌日起最长不超过 7 个工作日的合理时间，而在 UCP 600 中改成最多为收单翌日起 5 个工作日内。首先，“合理时间”（reasonable time）这一概念不复存在。在当前业务中，经常出现处理时间是否合理的争议，这一概念受到当地行业惯例的影响，而一旦诉诸法律，还受到法官主观判断的影响，因此围绕这一概念的纠纷不断发生。此前，曾有法院判定开证行在收单翌日起第 4 个工作日提出拒付超出合理时间，因而拒付无效。针对这种现状，UCP 600 把单据处理时间的双重判断标准简化为单纯的天数标准，使得判断依据简单化，从根本上消除了 UCP 500 规定的不确定性及过于理想化给银行带来的困扰，同时也消除了法院以“不合理”为由轻易地干涉银行业务的隐患。其次，关于审单时限的缩短，总体来说对受益人更为有利，因为它加速了贸易进程。

4. 增加了银行对不符单据的处理方式（第16条c款）

UCP 500第14条规定开证行对于不符单据可以有两种处理方式：一是持单听候处理；二是退还交单人。但是，在银行实务中开证行提出不符点并拒付后，并不必然退单，因为开证申请人并不一定拒付。以往开证行在拒付通知中加列"如果开证申请人放弃不符点，开证行将向其交单"的声明，但这种做法并没有得到国际商会的赞同，因为他们认为单据在未付款前的所有权归交单者所有，这样的条款只有加在信用证上（而不是拒付通知中）才是有效的。而UCP 600显然已经接受了银行的实务做法，在第16条c（iii）款中增加了"开证行持单直到开证申请人接受不符单据"的处理方式。加入这一条款主要是考虑到受益人提交单据最基本的目的是获得款项，因此可以推定，如果开证申请人同意放弃不符点并支付，对受益人利益不会造成损害。特别是当受益人明知单据存在不符点，依然要求指定行向开证行寄送单据的情况下，隐含了其希望申请人接受不符点并支付款项的意愿。UCP 600把这种条款纳入合理的范围内，符合了现实业务的发展，减少了因此产生纠纷的可能，并且有望缩短不符单据处理的周期。

如果出口商出于各种考虑（比如寻找其他买家）不愿意给予对方这种权利，可以在交单时明确表示此笔交单按照第4种方式来处理不符单据，即拒付后"单据按照交单人事先的指示处理"，或者干脆要求进口商委托开立信用证时直接排除这一选项。对于进口商而言，如果因单据不符准备拒付，同样要注意向开证行查询对方在交单面函中有无额外指示，以免造成后续处理的不便，甚至因处理不当引发纠纷。

5. 明确了保险单据可以包含任何除外条款（第28条）

关于除外条款，UCP 500只是在第36条提到当信用证规定投保"all risks"（一切险）时，如果保险单据含有任何"all risks"的批注或条款，即使注明了某些除外条款，银行也将予以接受。ISBP第186段对此有了进一步的规定：如果信用证明确列明应投保的风险，则保险单据对该风险不得做任何排除。

在"9·11"事件以后，越来越多的保险公司在签发保险单据时会加列一些除外条款，比如"Institute Classification Clause，Cargo ISM Endorsement Clause，Institute Radio Active Contamination，Chemical，Biological，Biochemical and Electromagnetic Weapons Exclusion Clause，Institute Cyber Attack Exclusion Clause and Termination of Transit Clause（Terrorism）"。鉴于这种情况，国际商会在其多个意见（R360、TA555、TA576、TA577等）中反复强调，如果信用证明确规定了某种特定的险别，则保险单据不得对该险别做任何排除，比如信用证要求投保ICC（A）险，则注明"Institute Cargo Clauses（A）excluding rust，oxidization & discoloration unless directly caused by stranding，sinking，burning，collision and/or heavy weather only"的保险单据是不可接受的；然而，如果除外条款出现在保险单据的其他地方，并不直接与信用证指定的保险条款相关，则该除外条款是可接受的。国际商会还在其意见中进一步认可上述除外条款已经成为保险行业的标准做法了，因而保险单据上出现上述除外条款也是可接受的，不被判定为不符点。

为了解决上述纷争，UCP 600 第 28 条 i 款明确规定："An insurance document may contain reference to any exclusion clause"，不再区分信用证对投保险别是否有明确规定，以及该除外条款是否与信用证指定的保险险别直接相关。

6. 明确了遗失单据的风险分担（第 35 条）

UCP 500 第 16 条规定："银行对由于任何文电、信函或单据在传递中发生延误及/或遗失所造成的后果，或对于任何电讯在传递过程中发生的延误、残缺或其他差错，概不负责。"在实务中，对于单据丢失，开证行往往援引该条款逃避付款责任。但问题是，根据 UCP 500 第 9 条 a 款"对不可撤销的信用证而言，在信用证规定的单据全部提交指定银行或开证行，并且这些单据又符合信用证条款的规定时，便构成开证行的确定承诺"。那么，如果单据在指定银行寄往开证行途中遗失，开证行还能理直气壮地采用第 16 条而免责吗？为避免纠纷，UCP 600 第 35 条明确规定：只要指定银行审单后认为单证相符，无论指定银行是否已经兑付或议付（有时，受益人并不要求指定银行兑付或议付），开证行或保兑行必须偿付指定银行，即使单据在从指定银行寄往开证行或保兑行途中或保兑行寄往开证行途中丢失。该条款进一步强化了开证行的责任。

7. 改进了有关转让信用证的规定（第 38 条）

(1) 明确开证行可以作为转让行转让信用证。转让信用证实际上是为了给中间商的交易提供便利，避免其重开信用证的麻烦以及对其资信的要求。但是，被指定的转让行并不必然有转让的义务，若其拒绝办理转让，可能导致第一受益人（即中间商）的交易无法进行。国际商会显然考虑了这个问题，UCP 600 允许开证行作为转让行解决了被指定银行拒绝转让的问题。

(2) 规定转让行有权在第一受益人无法或疏于换单（发票及汇票）的情况下直接将收到的第二受益人的单据提交给开证行，旨在保护没有过错的第二受益人。

(3) 明确第二受益人必须向转让行交单，也就是第二受益人不得绕过转让行而直接向开证行交单。实际上，这是为了保护第一受益人的利益不受侵害。

通过上述规定以及对各方受益人利益的权衡，UCP 600 明确了第一受益人、第二受益人和转让行之间的关系及流程。

UCP 600 实施后对进出口商的影响

通过上述分析可以看出，UCP 600 对涉及信用证流程的各当事人的权利与义务做了非常明确的定义及梳理。有关开证行、保兑行、指定银行、通知行等当事人的责任在各自的条款中均有集中体现（第 8 条、第 9 条、第 10 条、第 12 条等），下面主要针对新规则实施后对进出口双方的影响加以归纳。

一、出口商（受益人）应注意的新规定

(1) 根据实际的交易情况，可要求客户在开证时排除某些条款的适用（第 1 条），比如第 16 条 c 款关于开证行拒付后对单据的处理方式。

(2) 由于此前对何谓议付以及议付行的地位不甚明确，国内银行真正给受益人做议付的可谓凤毛麟角，而是一种完全不同于议付的融资方式——押汇（受益人与"议付行"会订立一份信用证以外的押汇协议）。针对议付的新定义有望扭转这一局面，受益人可直接要求议付行叙做议付，不必为了融资而给银行提供多重担保/抵押，以减少贸易成本以及加速贸易进程（第 2 条）。

（3）由于信用证不可撤销的性质，受益人对是否接受信用证的修改有最终的决定权，而且并不一定要发出接受或拒绝的明确通知（当然最好如此），可通过事后提交的单据与修改是否相符来判断受益人的意图（第 10 条）。开证行不得在修改件中加入“受益人未能在规定期限内拒绝则视为接受”的条款，也不得规定通知行收到通知费后才将信用证通知给受益人（第 37 条）。

（4）在信用证没有要求提交第 19～25 条运输单据条款项下的正本运输单据时，受益人只需在信用证的有效期内交单即可。即使信用证中含有开证行授权的指定银行，受益人也可选择直接交单给开证行（第 6 条）。但是，受益人必须明白此种选择潜藏的风险，比如受益人要承担交单时间的延误以及单据遗失的风险（第 14 条）。

（5）关于合格单据。UCP 500 第 21 条规定：当要求提交运输单据、保险单据和商业发票以外的单据时，信用证应明确规定该单据的出单人及内容。否则，只要提交的单据与其他规定的单据不矛盾，银行将予接受。这一规定可能导致受益人提交的单据不能满足进口商的需要，比如检验证书无检验结果、产地证书无原产地。虽然这样的单据符合信用证和 UCP 的规定，但不符合合格单据的标准。为弥补该不足，新规则对此有了较大改进，建立了新的审单标准，值得受益人密切关注。

首先，在定义条款中定义了相符交单（complying presentation），相符交单是指与信用证条款、其所适用的规则以及国际标准银行实务相符（第 2 条）；其次，在原第 21 条的基础上规定受益人所提交的单据应满足其功能（appears to fulfil the function of the required document）（第 14 条）。例如，UCP 与信用证都没有汇票必须由出票人签字的规定，但一张没有出票人签字的汇票肯定是不合格的。根据票据法，如果没有这项内容，那么汇票无效。所以，合格的单据必须符合法规及常规。但是，接下来可能会对如何判定一份单据是否满足其功能引发更多的争议。

（6）对受益人及开证申请人的地址以及联系细节问题，前文已有描述，在此不再赘述。原 UCP 500 规定运输单据上的发货人可以不同于受益人，新规则规定任何单据上的发货人均可以不同于受益人，这主要是为了解决产地证书、检验证书等单据上的发货人栏目所引发的争议（第 14 条）。

（7）此外，还应注意单据条款（第 17～28 条）、可转让信用证（第 38 条）的详细规定。

二、进口商（开证申请人）应注意的新规定

有关 ISBP 645 存在的问题，已经清楚地提醒开证申请人：信用证独立于基础交易，即使信用证对该基础交易做了明确的援引。但是，为避免在审单时发生不必要的费用、延误和争议，开证申请人和受益人应当考虑清楚要求何种单据、单据由谁出具和提交单据的期限。开证申请人应当知道，UCP 的许多条文对信用证条款的含义做了特别规定，可能导致出乎当事人预想的结果，除非开证申请人对这些条款完全通晓。

在新规则中，开证申请人还应注意：根据实际的交易情况，可在申请开证时排除某些条款的适用（第 1 条）；不得要求将合同或形式发票等文件副本作为信用证的一部分（第

4条)；受益人及开证申请人的地址以及联系细节问题（第14条)；银行审单的5天规则（第16条）等。

总体评价

历经3载有余（2003年5月—2006年10月)，国际商会银行技术与惯例委员会完成了对UCP 500的修订工作，最终成文的UCP 600是一个多方利益妥协的结果，尽管还存在某些未决问题甚至漏洞，但我们不能期望作为私法规则的UCP解决所有有关信用证的问题。UCP 600已经在UCP 500的基础上有了很大的改进，明确了信用证的独立性及不可撤销性，明晰了各当事人的权利及义务以及他们之间的关系，强化了开证行的责任，放松了对单据的要求，维护了受益人的权益，从而维护了信用证作为付款及融资工具的主导地位，并促进了整个国际经济的发展。

资料来源：转引自在线国际商报。

△ 专栏5-3

UCP 600与UCP 500的比较

UCP 600共有39个条款，比UCP 500减少了10个条款，但比UCP 500更清晰准确、更易读易懂、更便于操作。它将一个环节涉及的问题归集在一个条款中，将L/C业务涉及的关系方及其重要行为进行了定义，并且纠正了UCP 500造成的许多误解。

一、形式方面的变化

UCP 600修订版的条款编排参照了ISP 98的格式，对UCP 500的49个条款进行了大幅度的调整及增删，变成了现在的39个条款：

(1) 第1～5条为总则部分，包括UCP的适用范围、定义条款、解释规则、信用证的独立性等。

(2) 第6～13条明确了有关信用证的开立、修改、各当事人的关系与责任等问题。

(3) 第14～16条是关于单据的审核标准、单证相符或不符的处理规定。

(4) 第17～28条是单据条款，包括商业发票、运输单据、保险单据等。

(5) 第29～32条规定了有关款项支取的问题。

(6) 第33～37条是银行的免责条款。

(7) 第38条是关于可转让信用证的规定。

(8) 第39条是关于款项让渡的规定。

其中，第2条（定义条款）和第15条（相符交单）为新增条款；删除了原UCP 500中7个不必要或过时的条款——第5条（开立信用证的指示)、第6条（可撤销信用证与不可撤销信用证)、第8条（信用证的撤销)、第12条（不完整与不清楚的指示)、第30条（运输行出具的运输单据)、第33条（运费到付/预付运输单据)、第38条（其他单据)。

二、内容方面的变化

（1）UCP 600用简洁明了的语言替换了UCP 500中一些晦涩难懂的词语，取消了易造成误解的条款，如“合理关注”、“合理时间”及“在其表面”等短语。这一改变可能会减少法律界人士为论证或反驳“合理”“表面上”等所收取的昂贵庭审费用。

（2）UCP 600取消了无实际意义的许多条款，如“可撤销信用证”、“风帆动力批注”、“货运代理提单”、UCP 500第5条“信用证完整明确要求”以及第12条有关“不完整与不清楚指示”的内容都从UCP 600中取消了。

（3）UCP 600的新概念描述更为清楚准确。比如兑付定义了开证行、保兑行、指定银行在信用证项下除议付以外的一切与支付相关的行为，使其责任更加清晰、确定；议付强调的是对单据（汇票）的买入行为，明确可以垫付或同意垫付给受益人。按照这个定义，远期议付信用证就是合理的。另外，还有“相符交单”“申请人”“银行日”等。

（4）UCP 600更换了一些定义。比如UCP 600把审核单据是否单证相符的天数，由“合理时间”变为“最多为收单翌日起第5个工作日”；仅强调“信用证”在本质上是“开证行一项不可撤销的明确承诺，即兑付相符的交单”；强调了开证行和保兑行对于指定银行的偿付责任独立于其对受益人的承诺；将单据与信用证相符的要求细化为“单内相符、单单相符、单证相符”。

（5）UCP 600对贸易和结算的操作更方便。UCP 600有些特别重要的改动，如拒付后的单据处理，增加了“拒付后，如果开证行收到申请人放弃不符点的通知，则可以释放单据”；将银行处理不符单据的选择增加到四种，即持单候示、持单直到开证申请人接受不符单据、径直退单和按预先指示行事。这就便利了受益人和开证申请人及相关银行的操作。对于转让信用证，UCP 600强调第二受益人的交单必须经过转让行。但是，当第二受益人提交的单据与转让后的信用证一致，而第一受益人换单导致单据与原证出现不符，且在第一次要求时不能做出修改的，转让行有权直接将第二受益人提交的单据寄开证行。这项规定保护了正当发货制单的第二受益人的利益。对于单据在途中遗失，UCP 600强调：只要单证相符，即只要指定银行确定单证相符，并已向开证行或保兑行寄单，不管指定银行是兑付还是议付，开证行及保兑行均对丢失的单据负责。这些条款的规定极大地便利了国际贸易及结算的顺利运行。

<table>
<tr><th colspan="2">UCP 600</th><th>UCP 500</th><th>备注</th></tr>
<tr><td colspan="2">1. UCP的适用范围</td><td>UCP的适用范围</td><td></td></tr>
<tr><td colspan="2">2. 定义</td><td>2，9（b），10（b）</td><td>新增</td></tr>
<tr><td colspan="2">3. 解释</td><td>2，20，46，47</td><td>新增</td></tr>
<tr><td rowspan="2">4. 信用证与合同</td><td>a</td><td>3. 信用证与合同</td><td></td></tr>
<tr><td colspan="2">b（合同、形式发票等作为信用证的一部分）</td><td>新增</td></tr>
<tr><td colspan="2">5. 单据与货物、服务或行为</td><td>4. 单据与货物/服务/行为</td><td></td></tr>
</table>

续表

UCP 600		UCP 500	备注
6. 适用、有效期及交单地点	a	10 (b) (i)	
	b	10 (a)	
	c	9 (a/b) (iv)	
	d (i)	42 (a)	
	d (ii) (交单地点)		新增
	e	42 (b)	
7. 开证行的责任		9 (a)	
8. 保兑行的责任		9 (b), 9 (c)	
9. 信用证及修改的通知	a	7 (a)	
	b	7 (a)	
	c (第二通知行)		新增
	d	11 (b)	
	e	7 (a)	
	f	7 (b)	
10. 修改	a, b, c, e	9 (d)	
	d (接受或拒绝修改的通知)		新增
	f (默认修改的条款)		新增
11. 电讯传递及预先通知的信用证和修改		11 (a), 11 (c)	
12. 指定	a, c	10 (c)	
	b (融资授权)		新增
13. 银行间的偿付安排	a (URR 的适用)		新增
	b, c	19	
14. 审核单据的标准	a	13 (a)	
	b	13 (b)	
	c	43 (a)	
	d (单据内容的一致性)		新增
	e	37 (c)	
	f	21	
	g	13 (a)	
	h	13 (c)	
	i	22	
	j (地址及联系细节)		新增
	k	31 (iii)	
	l (运输单据的签发人)		新增
15. 相符交单		14 (a)	新增
16. 不符单据、放弃和通知		14 (b), 14 (c), 14 (d), 14 (e)	
17. 正本和副本单据		20 (b), 20 (c)	
18. 商业发票		37	

续表

UCP 600	UCP 500	备注
19. 涵盖至少两种不同运输方式的运输单据	26. 多式联运单据	
20. 提单	23	
21. 不可转让的海运单	24	
22. 租船提单	25	
23. 空运单据	27	
24. 公路、铁路和内陆水运运输单据	28	
25. 专递、邮递收据和邮寄证明	29. 专递和邮递收据	
26. "货装舱面"、"托运人装载和计数"、"内容据发货人报称"和运费以外的附加费用	31 (i) (ii), 33 (d)	
27. 清洁运输单据	32	
28. 保险单据和投保险别	34, 35, 36	
29. 到期日或最迟交单日的顺延	44	
30. 信用证金额、数量与单价的伸缩幅度	39	
31. 分批支款或装运	40	
32. 分期支款或装运	41	
33. 提交单据时间	45	
34. 单据有效性的免责	15	
35. 信息传递和翻译的免责	16	
36. 不可抗力	17	
37. 被指示方行为的免责	18	
38. 可转让信用证	48	
39. 款项让渡	49	

△ 专栏 5-4

可转让信用证与背靠背信用证的比较

可转让信用证与背靠背信用证都适用于中间贸易，但两者在适用中存在一定的差异，具体表现在：①可转让信用证的权利转让要以原证申请人及开证行准许为前提，而背靠背信用证的开立与原证申请人和开证行均无关。②可转让信用证在 UCP 600 中有明确规定，而背靠背信用证无统一约束，第二受益人往往并不知道信用证是不是背靠背信用证，在信用证上没有、也不必注明背靠背信用证。③可转让信用证的原证与新证是同一个信用证，由同一个开证行保证付款，而背靠背信用证是两个独立的信用证，两者并存，由两个不同的银行保证付款。④可转让信用证只有一次交单议付，而背靠背信用证有两次独立的交单议付。

可转让信用证的操作流程，见图 5-3。

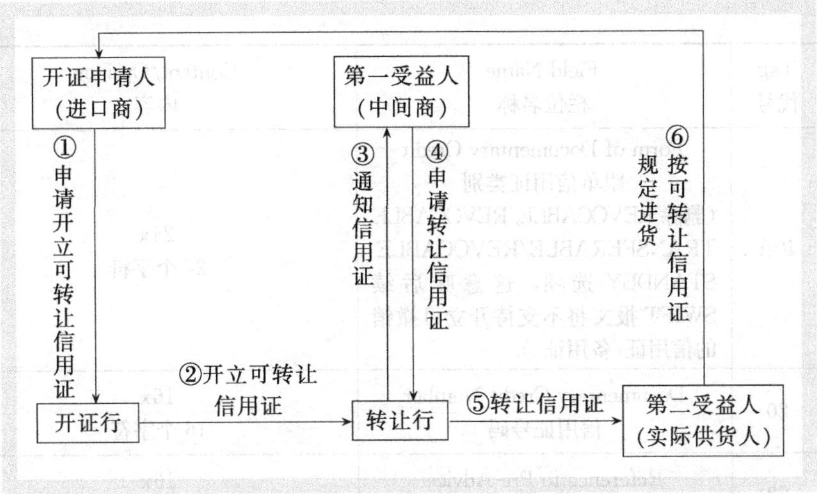

图 5-3 可转让信用证的操作流程

背靠背信用证的操作流程，见图 5-4。

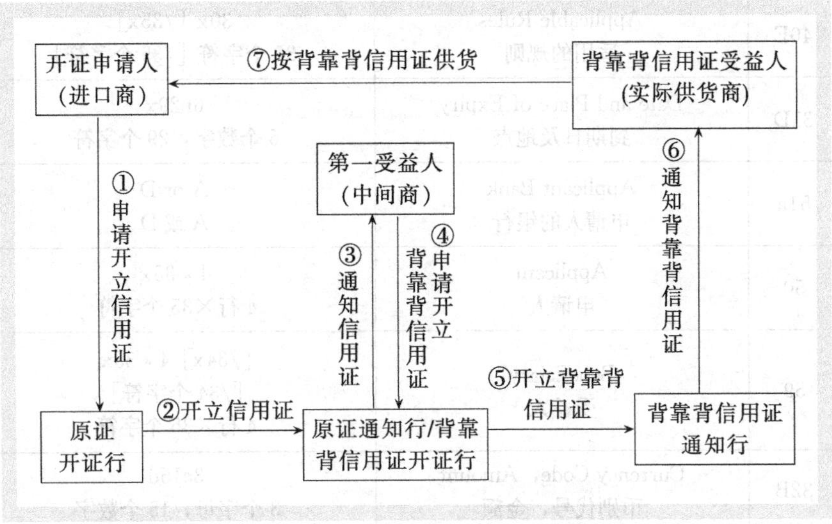

图 5-4 背靠背信用证的操作流程

▲ 专栏 5-5

SWIFT 跟单信用证 MT 700 的代码及解读

M/O①	Tag 代号	Field Name 栏位名称	Content/Options 内容	No. 序号③
M	27	Sequence of Total 页次②	1n/1n 1 个数字/1 个数字	1

续表

M/O	Tag 代号	Field Name 栏位名称	Content/Options 内容	No. 序号
M	40A	Form of Documentary Credit 跟单信用证类别 (删除 REVOCABLE/REVOCABLE TRANSFERABLE/REVOCABLE STANDBY 选项，这意味后续 SWIFT 报文将不支持开立可撤销的信用证/备用证。)	24x 24 个字符	2
M	20	Documentary Credit Number 信用证号码	16x 16 个字符	3
O	23	Reference to Pre-Advice 预通知的编号	16x 16 个字符	4
O (M)	31C	Date of Issue 开证日期	6n 6 个数字	5
M	40E	Applicable Rules 适用的规则	30x [/35x] 30 个字符 [/35 个字符]	6
M	31D	Date and Place of Expiry 到期日及地点	6n29x 6 个数字，29 个字符	7
O	51a	Applicant Bank 申请人的银行	A or D A 或 D	8
M	50	Applicant 申请人	4 * 35x 4 行×35 个字符	9
M	59	Beneficiary 受益人	[/34x] 4 * 35x [/34 个字符] 4 行×35 个字符	10
M	32B	Currency Code, Amount 币别代号，金额	3a15d 3 个字母，15 个数字	11
O	39A	Percentage Credit Amount Tolerance 信用证金额加减百分率	2n/2n 2 个数字/2 个数字	12
O	39B	Maximum Credit Amount 最高信用证金额	13x 13 个字符	13
O	39C	Additional Amounts Covered 可附加金额	4 * 35x 4 行×35 个字符	14
M	41a	Available With…By… 向……银行押汇，押汇方式……	A or D A 或 D	15
O	42C	Drafts at… 汇票期限	3 * 35x 3 行×35 个字符	16

续表

M/O	Tag 代号	Field Name 栏位名称	Content/Options 内容	No. 序号
O	42a	Drawee 付款人	A or D A或D	17
O	42M	Mixed Payment Details 混合付款指示	4 * 35x 4行×35个字符	18
O	42P	Deferred Payment Details 延迟付款指示 (Negotiation/Deferred Payment Details 议付/延期付款详情，在此条款变更后开立不要汇票的议付信用证时，付款期限将以信用证42P标准条款的形式展现出来，更加直观，解决了条款遗漏的问题，满足了当前实务的需求。)	4 * 35x 4行×35个字符	19
O	43P	Partial Shipments 分批装运	1 * 35x 1行×35个字符 (1 * 11x，固定显示ALLOWED/NOT ALLOWED/CONDITIONAL 3个可选项，在变更后，此条款只能选择3个可选项中的1项，同时将详细的分装条款描述在其他条款中。)	20
O	43T	Transshipment 转运	1 * 35x 1行×35个字符 (1 * 11x，固定显示ALLOWED/NOT ALLOWED/CONDITIONAL 3个可选项。)	21
O	44A	Place of Taking in Charge/Dispatch from.../Place of Receipt 货物监管地/发货地/收货地点	1 * 65x 1行×65个字符	22
O	44E	Port of Loading/Airport of Departure 装货港或装货机场	1 * 65x 1行×65个字符	23
O	44F	Port of Discharge/Airport of Destination 目的港或到达机场	1 * 65x 1行×65个字符	24
O	44B	Place of Final Destination/For Transportation to.../Place of Delivery 最后目的地/货物运至地/交货地	1 * 65x 1行×65个字符	25
O	44C	Latest Date of Shipment 最后装运日	6n 6个数字	26

续表

M/O	Tag 代号	Field Name 栏位名称	Content/Options 内容	No. 序号
O	44D	Shipment Period 装运期间	6 * 65x 6 行×65 个字符	27
O	45A	Description of Goods and / or Services 货物描述及/或交易条件	100 * 65x 100 行×65 个字符 (100 * 65Z，即在原来 x 字符的基础上增加了=！’%& * <>；{@ # _ 13 种字符的输入，基本上可以满足目前实务的需求。)	28
O	46A	Documents Required 应提交的单据	100 * 65x 100 行×65 个字符 (100 * 65Z，即在原来 x 字符的基础上增加了=！’%& * <>；{@ # _ 13 种字符的输入，基本上可以满足目前实务的需求。)	29
O	47A	Additional Conditions 附加条件	100 * 65x 100 行×65 个字符 (100 * 65Z，即在原来 x 字符的基础上增加了=！’%& * <>；{@ # _ 13 种字符的输入，基本上可以满足目前实务的需求。)	30
O	71B (71D)	Charges 费用	6 * 35x 6 行×35 个字符 (6 * 35Z)	31
O	48	Period for Presentation 提示期间 (Period for Presentation in Days)	4 * 35x 4 行×35 个字符 (3n [/35x], (此为固定格式，3n 表示天数，/后的 35x 用于描述运输单据日期以外的其他日期类型，如为运输单据日期，则报文中可直接展示为 21 或者不展示此项内容，比如起始日期为发票出具日期，则展示为 21/INVOICE ISSUING DATE。)	32
M	49	Confirmation Instructions 保兑指示	7x 7 个字符	33
O	53a	Reimbursing Bank 清算银行	A or D A 或 D	34
O	78	Instructions to the Paying/ Accepting/Negotiating Bank 对付款/承兑/议付银行的指示	12 * 65x 12 行×65 个字符	35

续表

M/O	Tag 代号	Field Name 栏位名称	Content/Options 内容	No. 序号
O	57a	"Advise Through" Bank 收讯银行以外的通知银行	A, B or D A, B或D	36
O	72 (72Z)	Sender to Receiver Information 银行间的通知	6 * 35x 6行×35个字符 (6 * 35Z)	37
说明：根据SWIFT组织的2018—2019年对SWIFT报文格式的升级安排，2018年11月18日将实现信用证相关报文内容的升级。表中斜体字部分为本次升级中对MT 700所做的修改。同时，本次升级后的报文增加了三个栏位，分别是：①49G Special Payment Conditions for Bene ficiary（对受益人的付款安排指示）；②49H Special Payment Conditions for Receiving Bank（对收报行的付款安排指示）；③58a Requested Confirmation Party（当信用证允许加具保兑时，显示保兑行）。				

注：①M/O为Mandatory与Optional的缩写，前者为必要项目，后者为任意项目。

②页次是指该证的发报次数，用分数来表示，分母、分子各为一位数字，分母表示发报的总次数，分子表示这是其中的第几次。比如"1/2"，其中"2"是指该证总共发报2次，"1"是指本次为第1次发报。

③这个序号表示：如果这些代号（Tag）在一份信用证中出现的话，其出现的顺序就是按此序号的顺序出现的。

▲ 专栏5-6

BPO，国际结算电子化的新方向

（一）BPO的概念

银行付款责任（bank payment obligation，BPO）是指承担付款责任的买方银行（obligor bank），向接受货款的卖方银行（recipient bank）做出的一项有条件的、独立的、不可撤销的付款承诺。该承诺要求付款行在数据匹配或根据《银行付款责任统一规则》（URBPO）第10条第c款在数据错配但已被接受的情况下，向卖方银行支付或先做出延期付款承诺并到期支付特定金额。

（二）BPO产生的背景

随着国际贸易和国际结算领域电子化水平的不断深化与提高，越来越多的银行和贸易商开始借助电子化手段来处理国际结算业务。与此同时，赊销结算方式所占比例的快速增加以及国际银行监管的加强等因素，在对传统跟单信用证业务产生影响的同时，也对传统的国际结算和贸易融资业务提出了新的要求。此外，随着全球化和物流运输行业的快速发展，货物供应链的效率已远超仍依靠实物文件处理的金融供应链。在此背景下，BPO作为一种高效、便捷、低风险、低成本的新型国际结算业务电子化渠道，逐渐被银行和企业认同。

（三）BPO的业务流程

BPO的主要业务流程包括：①买卖双方签订贸易合同，在合同中约定采用BPO结算方式。②买卖双方分别向加入贸易服务设施（trade services utility，TSU）[①] 平台的银行提交货物订单中的基础交易信息，买方银行和卖方银行分别将各自客户提供的数据输入TSU平台。③买方银行和卖方银行分别就来自客户基础合同的关键数据通过TMA（trade matching application）进行订单信息匹配，建立基线（baseline）。④卖方在装船发货后，向卖方银行提交发票和运输等重要单据的关键数据，卖方银行将信息录入TMA。⑤TSU系统中的SWIFT云应用TMA将这些单据数据集（dataset）与此前根据订单数据建立的基线信息进行匹配，一旦数据匹配成功，开立BPO的买方银行就承担付款责任，并按先前约定对外付款。⑥卖方向买方传递贸易单据，买方凭以提货。⑦卖方银行在收到买方银行的付款后向卖方贷记款项，国际贸易结算完成。

从上述流程可以看出，根据交易环节和处理内容的不同，BPO的操作流程可以分为三个阶段：在买卖合同签订后至卖方发货前的基础合同数据匹配阶段；在卖方发货后的重要单据数据与前期基础合同数据匹配阶段；在数据匹配成功且买方银行付款责任成立后的货款支付阶段。

（四）BPO业务的实践

自2013年SWIFT正式推广BPO业务以来，国内外不少知名银行都在进行BPO业务的尝试。迄今为止，全球已有20多家银行开展了BPO业务。我国已有中国银行、中信银行、交通银行和民生银行四家银行开展了BPO业务，但业务笔数和规模均不多。[②] 其中，2010年中国银行为上海某知名轮胎制造商与其橡胶原料供应商赊销项下的国内贸易成功办理了全球首笔TSU银行付款责任（BPO）业务交易，为TSU在我国贸易结算和融资领域的应用进行了有益探索，积累了实践经验。2014年，中信银行与马来西亚联昌银行合作，成功完成其首笔BPO业务，继中国银行后成为国内第二家开展该业务的银行。

BPO结算方式在国内外的具体应用案例：

(1) 东京三菱银行和中国银行合力为日本SEVEN-ELEVEN公司和国内贸易公司提供BPO服务的具体做法。创立于1973年的SEVEN-ELEVEN公司，旗下业务种类多样。由于SEVEN-ELEVEN公司每天进口的商品种类繁多、规格各不相同，因而传统的信用证结算方式不能满足其业务营销对国际贸易结算快捷性的需求。三菱银行向其提供了BPO结算方式，将其庞杂的商品信息进行文件夹式管理并导入TSU平台，在进行数据化处理后与卖方银行提供的信息在TSU平台进行匹配。只要信息匹配成功，三菱银行便承担BPO银行付款责任。上海的贸易公司凭借在BPO结算方式下买方银行的付款承诺获得了中国银行的免担保融资，从而提前落实了订单，缓解自身的资金压力，最终该贸易结算在BPO结算方式下顺利完成。在该案例中，整个贸易流程实际上是围绕处于行业龙头地位和供应链核心企业的SEVEN-ELEVEN公司展开的，上海的贸易公司则是众多上游供应商中的一员。三菱银行作为BPO业务中的付款银行，承担SEVEN-ELEVEN公司的信

① TSU是SWIFT和TSAG（Trade Service Advice Group）针对赊销逐渐发展成国际贸易的主流支付方式而联合设计开发的新型贸易服务设施系统，2007年4月该系统在全球投入运行。TSU的成员银行可通过该系统平台实现贸易订单和其他贸易单据的电子化传输和自动匹配，并在此基础上为企业提供一系列贸易金融产品与服务。2009年，TSU2.0版投入运行，并首次在电子化信息平台中引入BPO和中文信息自动匹配的功能。

② 王桂杰，马琳娜．银行付款责任（BPO）的应用与未来．金融与贸易，2018（2）．

用风险，并提供服务将其采购订单数据拆解转换为TSU标准订单数据流，供各个境外银行在TSU平台上进行数据匹配。与信用证等传统的结算方式相比，BPO结算方式为SEVEN-ELEVEN公司节约了结算成本，三菱银行获得了国际结算中间业务收入，上海的贸易公司获得了免担保融资，中国银行获得了相应的贷款收益。①

(2) 中国某银行的BPO实践。2010年，我国D省A出口公司与J国B进口公司签订了交易合同，货物标的为春季服装。考虑到季节因素，A出口公司和B进口公司均希望尽快完成贸易流程。因此，两家公司分别找到本国的TSU成员银行C银行和S银行，B进口公司向S银行提交了合同中的货物订单数据，A出口公司向C银行也提交了数据，C银行和S银行将数据输入TSU平台进行匹配后将匹配结果反馈给A出口公司和B进口公司。经过一次数据修改，最终匹配成功，S银行承担有条件（条件为数据匹配相符）的付款责任。随后，A出口公司将货物托运，C银行将船期、索偿金额等核心信息输入TSU平台进行匹配，数分钟后S银行就收到成功匹配报告，而A出口公司收到S银行付汇。该业务从发货到结清款项，耗时为3天。②

(五) BPO业务的未来发展

虽然BPO业务目前的市场占比还非常小，但在供应链融资、互联网金融以及大数据分析日益成为贸易金融领域未来趋势的前提下，BPO的未来也可能向更深和更广发展。这里有三种发展可能：①未来BPO系统可以通过SWIFT平台或银行开发的应用系统直接与客户ERP或财务系统相连，真正实现数据的直通和电子化处理，省去银行烦琐的信息录入工作，而银行作为系统和金融产品的提供商为客户提供更快更好的服务，BPO和贸易电子化就能真正得到大发展。②BPO也可以与BOLERO等国际贸易信息交换平台相连，将电子数据与电子提单（未来还可能包括保险、商检等单据）有机结合，电子提单数据与BPO的基线信息相符后可以自动进行物权流转，这样银行同时拥有物权以及信息数据，可以降低融资风险和融资价格，SWIFT组织已将此课题提上日程。③如果BPO得到更快的发展，银行收集到足够多的客户和商品等贸易信息，就可以依据大数据做出更精准的分析，向客户推销更合适的产品；或者基于商品供求和价格变动信息，更有效地控制风险；并可以为客户提供贸易信息服务，成为拥有撮合成交、结算、融资、信息服务等功能的综合性贸易服务平台的提供者。③

▲ 专栏5-7

BPO，国际跟单信用证结算的终结者？

BPO作为一种创新性的贸易和结算支付方式，将使进出口商和银行一道更好地参与国际贸易、降低风险，同时获得更好的金融服务。那么，与跟单信用证相比，BPO有何优势？BPO能否引起国际贸易项下信用证结算领域的变革？

---

① 改编自郑耿．基于互联网金融的TSU BPO贸易融资浅析．现代经济信息，2014（15）．

② 改编自王桂杰，汤志贤．把握BPO商机．中国外汇，2013（12）．

③ 夏霖．BPO产品分析及在贸易金融市场的发展前景展望．中国贸易金融网，2015-01-14．

在国际贸易中，释放货物与解付货款的时点一直困扰着银行和贸易商：采用预期付款方式，对进口方不利；采用货到付款方式，出口方难以接受；采用托收方式，虽然出口方能控制货物，但如果进口方拒收货物，就存在成本风险。跟单信用证有效地解决了这个问题，银行信用介入让进出口双方处于对等位置，出口方只有装货后才能获取信用证要求单据，只要提交相符单据即可获得款项，而后进口商赎单提货。在商业信用中引入银行信用，大大降低了贸易风险，这也是在赊销（open account）和电汇（telegraphic transfer）得到普遍采用的今天，跟单信用证结算仍能在全球贸易结算总量中稳定占比20%左右的重要原因之一。

由于信用证有银行信用作为保障，经过100多年的发展，信用证不仅成为重要的贸易结算工具，还是重要的融资工具，大大推动了跨国贸易的发展。总之，国际贸易参与者之所以使用信用证，主要是其信用特征带来的两个核心作用：一是降低风险；二是便利融资。

然而，跟单信用证结算并非没有缺陷。在实务中，有两个问题一直难以有效解决：一是单据处理困境，也就是银行在审核信用证项下单据时，由于审单标准的不同，导致出现了大量没有必要的拒付，从而降低了交易效率。据ICC统计，全球每年有约30%的跟单信用证遭到拒付，在个别地区甚至超过50%。二是时效问题，即整个贸易流程和融资过程耗费时间的问题。跟单信用证的开立与运行遵循特定的流程，即签订合同-申请开立信用证-运输货物-提交单据-单证相符-收付汇。据ICC统计，即使在环球物流体系日新月异的今天，使用信用证结算，平均每单交易耗时将近11天。从这点看，信用证结算已跟不上信息经济全球化的步伐，并会阻碍国际贸易的发展。

为了解决这些问题，20世纪初ICC就开始寻求更好的解决措施，并提出和引入了BPO的概念。与跟单信用证相比，BPO具有以下优势：①货物交付速度更快。BPO没有信用证开立、邮递单据、审核单据的过程，它通过特殊网络进行核心数据匹配，减少了贸易处理环节，实现了无纸化。②收汇保障更强。在跟单信用证项下，进口方向银行需要对所有单据进行审核，对于任何单据，不管重要与否，只要它与信用证不符，就应对外拒付。但在实务中，买方以存在不符（尽管该不符点无足轻重）为由要求卖方降低货物价格的现象屡见不鲜，这就极易损害卖方的合理利益，而BPO极大地减少了这种可能。另外，在BPO结算方式下，债务行的付款责任更容易明确，这就降低了卖方收汇风险。③降低了交易成本。从银行来说，无须再耗费大量人力审核单据，从而减少了操作成本，至于由此减少的审单费收入可以转移到其他环节；从贸易双方来说，降低了制单成本和行政成本，以及由于双方分歧产生的纠纷诉讼成本。④拓展了融资创新空间。不管是福费廷还是押汇，跟单信用证所具备的融资功能源于开证行的付款承诺，即收汇预期。BPO同样具有这一特征，只要单据信息匹配成功，买方银行就承担付款责任。银行实践也证明了这一点，中国的TSU会员银行已开发了TSU项下的订单融资及国内商业发票贴现等融资业务。⑤BPO是依托电子化网络进行处理，变革了整个货物供应链，对企业金融负债、企业产品生产周期、企业存货和物流管理都会产生深远的影响，这样自然就为银行提供更多更好的金融服务和产品打开了广阔空间。

综上所述，从全球经济一体化的要求和信息技术发展趋势的角度看，BPO完全有可能代替跟单信用证，但这个过程不可能一蹴而就。要逐步取代信用证，BPO 还必须满足两个条件：①必须有足够的会员银行引入。在 BPO 的整个流程中，债务行付款责任的确立是会员银行输入的信息在 SWIFT 云应用中匹配成功，这就需要贸易双方银行都是引入 BPO 的 TSU 会员银行。②必须确立统一的惯例。建立普遍认可的国际惯例是大力推广 BPO 不可或缺的条件，这对规范操作、减少贸易纠纷有巨大作用，这一点可以从 UCP 和 ISBP 对跟单信用证发展的深刻影响中看出。虽然 ICC 与 SWIFT 2013 年合作制定的银行付款责任统一规则（Uniform Rules for Bank Payment Obligations，URBPO）已在全球范围内实施，成为规范 BPO 业务的纲领性文件。然而，从跟单信用证的发展可知，虽然跟单信用证经历了上百年的发展历史，其审单规则几经修改，已发展到 UCP 600，但仍不完美。毫无疑问，随着全球经济一体化、信息全球化的发展，环球银行业需要更多的创新来满足国际贸易从业者和产业经济发展的诉求。BPO 无疑是一个很好的例子，它拥有巨大的应用价值，而且它的发展将给国际贸易和银行的国际业务带来深刻变革。BPO 的确存在取代国际贸易项下跟单信用证的可能性，但这种可能性不仅在于 ICC 和 SWIFT 等国际机构的推动，也取决于各国银行和国际贸易从业者的态度，更取决于实务中的 BPO 能否在带来众多预期收益的同时，更好地降低不确定性风险。

资料来源：改编自王桂杰，汤志贤 . BPO，国际跟单信用证结算的终结者？. 中国经贸，2013 (6) .

▲ 专栏 5-8

《BPO 统一规则》：银行 BPO 业务的制度保障与挑战

为了规范和促进 BPO 业务的发展，2013 年 4 月国际商会与环球同业银行金融电讯协会合作制定了银行付款责任统一规则（URBPO）。URBPO 作为规范 BPO 业务的纲领性文件，自 2013 年 7 月 1 日起正式在全球范围内实施。

URBPO 对 BPO 业务涉及的基本概念、主要参与方及其责任、适用法律、数据要求等事项进行了描述与规范。根据 URBPO 的制度框架，BPO 业务具有以下几个主要特点：①规则严格限于金融机构之间。URBPO 将 BPO 业务严格定义为银行间的权利与义务关系：BPO 业务的受益人是卖方银行，而非卖方，BPO 是买方银行对卖方银行的付款责任。因此，与 UCP 600 等国际惯例不同，URBPO 并未对买方、卖方、船运公司等贸易实际参与方的相关权利、义务关系进行表述，而是只规范了银行等金融机构之间的权、责、利关系。银行与买方、卖方之间的关系需要另行通过法律文本约定，不在 URBPO 的管理范围之内。②银行不对数据及单据负责。URBPO 下的买方银行及卖方银行的一项职能是接受并代替买方及卖方向系统平台提交数据，其职责定位于数据的传输方。在数据传输的过程中，银行仅根据买方或卖方提供的数据进行录入，不对买方或卖方提供数据的来源、真实性、准确性负责，也不需要审查或传递相关贸易单据。③对卖方银行无责任要求。URBPO 详细规定了买方银行到期付款责任的成立条件、独立性、金额上限等条款，而对卖方银行责任未做单独说明，仅在对所有参与银行角色的统一描述中一并带过。针对因卖方银行操作失误而导致买方银行损失等相关责任，URBPO 没有进行界定。④无仲裁条款。由于 URBPO 仅适用于银行间金融机构，不涉及实际贸易参与主体，因此在 URBPO

中并没有约定争议的仲裁条款。根据URBPO的规定，买方银行与卖方银行通过事先约定适用法律（applicable laws），对未来可能发生的风险事项进行处理。

虽然URBPO的出台为商业银行开展BPO业务实践提供了有力的制度支持，但也给银行业务实践带来一定的挑战。第一，对于卖方银行。卖方银行作为BPO业务的受益人，在这一制度安排下主要面临两个核心问题：一是卖方的接受程度问题。在实际贸易中，卖方作为贸易合同的供货方无疑具有向买方或其银行收款的权利。在信用证等传统结算方式下，卖方也是唯一的受益人，而URBPO将这一权利赋予了卖方银行。虽然卖方银行与卖方之间的关系可以通过URBPO框架之外的合同另行约定，但这在一定程度上仍会影响卖方对叙做BPO业务的意愿。二是法律的适用性问题。URBPO无仲裁条款，银行间通过约定适用法律作为出现争议后的法律依据。在某些法律体系（如大陆法系诸法律）下，卖方银行必须向卖方支付相应对价（consideration），比如为卖方提供买断类融资等，以获得BPO业务项下的“合法”受益人地位。这一方面会增加卖方银行与卖方签订合同的法律风险，另一方面无形中“绑架”了银行融资，使得卖方银行难以仅作为中介来协助卖方完成贸易款项回收操作。第二，对于买方银行。URBPO制度安排的核心之一，是要规范买方银行的责任，即明确约定在满足条件时，买方银行就承担独立的、不可撤销的第一性付款责任，不论买方银行是否能够从买方得到偿付，因此买方银行的责任重大。相比之下，URBPO对卖方银行的相关责任既没有明确的要求，也不要求其对数据的真实性、准确性负责。在这种重点“保护”卖方银行的制度安排下，买方银行很可能在完全见不到单据的情况下就已承担了对外付款责任，即买方银行对贸易背景的控制相对于信用证等传统结算方式要弱得多。因此，买方银行的业务风险除了来自客户的信用风险外，还会面临一定的卖方及卖方银行的风险。这类风险主要表现在卖方为确保BPO成立，向卖方银行提交虚假或与实际发货情况不符的数据，以及卖方银行因操作失误导致数据录入错误或卖方银行恶意录入虚假数据。

为此，在URBPO框架下，针对BPO这种“权大责小”，同时又能降低成本、增加中间业务收入的业务，卖方银行应在处理好自身与卖方关系、确保国际规则与适用法律统一的基础上积极开展BPO业务尝试。对于买方银行来说，它们在叙做BPO业务时，一方面要重点关注买卖双方和卖方银行各参与主体的风险控制，另一方面要重点关注其与买方的法律风险，保障自身的对外付款责任能够得到买方的有效偿付。

资料来源：李烁．浅议URBPO框架下银行实践．中国外汇，2013（20）．

▲专栏5-9

从单证相符到制裁合规

信用证的独立抽象性原则是信用证制度的灵魂，按照这一原则，虽然信用证来源于基础交易合同，但独立于基础交易合同；开证行的付款责任基于单据相符，而不是货物合格，因此银行的职责就是审核单据一致性，而无须关注基础交易。

近年来，随着国际反洗钱、反恐怖融资形势的愈加紧迫，银行面临的制裁合规风险越来越大。多家国际大银行因为违反美国制裁法律，遭到巨额罚款（罚款金额超过50亿美元），并严重影响了银行的形象和声誉。因此，银行的国际结算业务要更多地关注业务合规性，应跳出单纯的单证相符观念，站在法律的高度审视业务是否合法合规。综合来看，信用证业务在现实中存在以下几对矛盾：

（1）单据交易与基础交易之间的矛盾。按照信用证的国际惯例，银行处理的是单据，而不是基础交易所涉及的货物、服务或者履约行为。银行的责任是合理审慎地审核客户提交的单据，确定单据表面是否符合信用证的要求，而对于交易对手的背景、货物的质量、单据的真伪、单据的有效性概不负责。而现实的问题是从制裁合规的角度来说，银行只审核单证、单单、单内的一致性还远远不够，银行必须严格遵循“了解你的客户”“了解你客户的业务”“了解你的责任”的原则，切实履行贸易背景真实性、合规性的审查职责，比如交易对手是否属于国际制裁对象、交易商品是否属于禁运物资。

（2）国际惯例与制裁法律的矛盾。在信用证业务中，银行需要遵循的规则除了国际惯例外，还有国际条约、国内法律、政府法规和内部制度。目前，国际业务从业人员在实务操作中比较注意学习、研究和遵守外管法规和国际惯例，但对于国内外法律关注得比较少。需要强调的是，虽然国际商会拟定的UCP、URDG、ISBP等国际惯例是全球银行都遵守的规则，但这些国际惯例并不具有法律强制力，尤其是在国际惯例与制裁法律出现冲突时，法律的效力总是高于国际惯例。

（3）传统风险与合规风险的矛盾。按照《巴塞尔协议》，合规风险是指银行因未能遵循法律法规、监管要求、自律性组织制定的规则，以及适用于银行自身业务活动的行为准则，而可能遭受法律制裁或监管处罚，并造成财务损失或声誉损失的风险。简单地说，合规风险就是银行做了不该做的违法、违规、违德的事情而招致的风险或损失。与传统的银行三大风险——信用风险、市场风险和操作风险相比，合规风险大多发生在银行的制度决策层面和管理人员上，往往带有制度缺陷和顶层设计的色彩，因此合规风险造成的危害和损失比一般的信用风险、市场风险和操作风险更大。目前，银行对合规风险的重视程度仍然不够，尤其是对反洗钱的最新动向以及反恐怖融资的管理还不到位。

（4）信用风险与合规风险的矛盾。信用风险和合规风险是银行面临的两个主要风险。信用风险是指交易对手未能履行约定契约中的义务而给银行造成经济损失的风险。合规风险，尤其是制裁合规是指因银行办理了涉及国际制裁的业务而导致银行违反国际法、外国法或者国内法律的风险。因此，信用风险和合规风险是两个方面的问题，不能因为某些业务的信用风险较低，就放松合规风险审查。例如，出口押汇、出口贴现、中介型福费庭等业务可以占用银行授信额度，而且信用风险很低，但银行仍需进行合规风险的审查。

（5）合规风险与资源投入的矛盾。制裁合规需要大量人力、物力的投入，但不会带来直接的经济效益，甚至会限制银行的业务发展，所以银行管理层更倾向于把资源投入能给银行带来直接收益的部门，这就使合规管理部门的从业人员较少、业务培训不足、系统支持不力、管理力量薄弱、管理力度不够，进而合规管理人员无法正常履行管理职能，给银行的长远发展带来极大隐患。一些小银行在合规方面的科技投入较少，甚至没有黑名单筛查系统，无法应对日益严峻的反洗钱形势。

资料来源：王腾．制裁合规的矛盾．中国外汇，2014（2）．

▲ 案例 5-1

信用证运作的短路问题及短路原则

案情简介

湖南一家企业向西班牙出口纸盒，经香港转口，合同规定其中一种规格是 2 330mm。香港开证行开立的信用证显示规格为 2 300mm。出口方该如何出货和出单呢？是按基础合同规定的 2 330mm 出货，还是按信用证规定的 2 300mm 出货呢？如果按基础合同规定的 2 330mm 出货，那么出单是按实际 2 330mm，还是按信用证规定的 2 300mm 呢？如果按实际的 2 330mm 出单，若开证行拒付，出口方是否可以直接找香港进口方要求依据基础合同付款呢？

案例分析

该案例涉及信用证付款的短路问题。信用证的短路问题是指开证行未付款，出口商可以找进口商直接要求付款吗？信用证的短路问题究其实际，源于信用证运作独立性的单向性。信用证运作独立性的单向性表明，信用证交易不受基础合同影响；反之，基础合同可能会受信用证交易的影响。UCP 600 第 4 条规定："…… 就其性质而言，信用证交易独立于可能作为其开立基础的销售合同或其他合同，即使信用证中含有对此类合同的任何援引，银行也与该合同无关，且不受其约束……"

信用证下的单据交易代表着货物交易。交单相符，意味着开证行在信用证下有付款的责任。但在实务中，有时交货与交单并不一一对应。例如，交货符合基础合同的规定，但信用证下交单有不符点。交货相符，意味着申请人作为买方在基础合同下有不可推卸的付款责任。交单有不符点，意味着开证行可以对外拒付，解除信用证下的付款责任。此时，开证行作为申请人的代理，绝大多数情况下会尊重并接受申请人的意愿，在信用证下予以付款。但事有意外，在申请人有心付款而无力偿付开证行付款的情况下，开证行往往会选择对外拒付。这意味着开证行在信用证交易下有拒付权利，并且不受基础合同下申请人的付款责任的影响，也再一次体现了信用证运作的独立性。本案例的问题是，对于受益人来说，由于其交单不符合信用证的规定，开证行拒绝付款，这是否意味着受益人收款就完全没有希望了？换言之，受益人作为基础合同的卖方，是否可以绕过信用证，直接找基础合同的买方——申请人要求付款呢？这就是信用证的短路问题。

我们认为，这是可以的，只要基础合同未规定必须绝对地、唯一地、排他性地以信用证的方式结算货款。事实上，几乎所有的基础合同都不会有此排他性的规定。

案例启示：①受益人首先请申请人确认，或改证，或修改基础合同，以保持两者一致。通常说来，还是以修改信用证为上。如果在信用证来不及修改的情况下，则秉承"诚信"的原则，仍按基础合同规定的 2 330mm 出货，并按实际 2 330mm 出单。如果开证行拒付，只要能确认基础合同并无排他性的规定，即必须以信用证方式结算货款，那么出口方就完全有权依据基础合同直接找香港进口方要求付款，而香港进口方在基础合同上对交货相符有不可推卸的付款责任。②如果受益人毅然选择按信用证出货并出单，也未尝不可，但须慎重行事。这意味着受益人以出单的方式接受了申请人以与基础合同不同的信用证规定表现的新要约，而由于相符交单，开证行承担着不可推卸的付款责任。开证行一旦付款，申请人应义不容辞地偿付开证行。此时，我们将会发觉，基础合同由于信用证的不同规定，已经被修改了，这从另一个角度体现了基础合同并不独立于信用证交易。③在实务中，按信用证的规定出货并出单，有时可能未必是申请人的本意。信用证与基础合同不同的规定，可能是申请人申请失误或开证行开证失误等导致。此时，如果受益人执意按信用证的规定出货并出单，事态就复杂化了，这可能会被认为已经违背了商业交易的基本“诚信”，严重者便会构成信用证欺诈。所以，对于受益人来说，为慎重起见，请申请人改证或修改基础合同，以保持信用证与基础合同一致，才是上策。

资料来源：改编自林建煌．品读信用证融资原理．北京：中国民主法制出版社，2011.

▲ 案例 5－2

虚假信用证的欺诈与防范

案情简介

乌克兰 MARINE TRANSPORT BANK，ODESA（SWIFT：MTBAUA2D）用 SWIFT MT999 加欧洲一大银行密押格式向广东×××银行转发一份信用证，显示的开证行为 NOVO BANK LIMITED，UK.。作为通知行的广东×××银行核实密押后通知了信用证。不久，受益人向广东×××银行交单，广东×××银行转寄单据给开证行 NOVO BANK LIMITED，UK. 后没有任何回音。

事后查明，此证为假证，货物已经被所谓的“申请人”提走。英国根本没有 NOVO BANK LIMITED，UK.。NOVO BANK LIMITED 的总部在俄罗斯，但在俄罗斯境外并没有任何分支机构。

问题：受益人的货物已经被提走，正常收款无望，有没有可能讨一个说法呢？

案例分析：

本案例是广义的信用证欺诈，受益人是受害者。要找到案件的关键，必须确认以下两点：一是假证的源头；二是假证的传递链条。

那么，到底是谁制造了假证？我们认为，谁是假证的受益者，谁就是假证的源头。源头应是信用证的“申请人”，是“申请人”利用假证下交单提走了货物但没有付款。那么，假证被制造出来后又是如何进入银行系统，最终到达受益人手上的？接着往前追溯，假证是由广东×××银行通知给受益人的，作为通知行的广东×××银行首先需要对信用证的表面真实性和表面完整性负责。此前，虽然信用证是由乌克兰 MARINE TRANSPORT BANK，ODESA（SWIFT：MTBAUA2D）用 SWIFT MT999 通知到广东×××银行的，但其加了欧洲一大银行密押。如果欧洲这一大银行密押无误，显然责任只能继续往前追溯到 MT999 的通知行——乌克兰 MARINE TRANSPORT BANK，ODESA（SWIFT：MTBAUA2D），而且也只有这个环节可能出问题，其作为通知行有着不可推卸的确保信用证表面真实性和完整性的责任。因为再往前追溯，MT999 上显示的开证行——NOVO BANK LIMITED，UK. 在英国根本就不存在，因而乌克兰的通知行无疑已失职在前。

我们认为，如果以上情况属实，那么受益人完全可以找乌克兰 MARINE TRANS-

PORT BANK，ODESA (SWIFT：MTBAUA2D) 讨回公道。

该案例的启示：信用证成功的关键就在于以信用证承诺的方式引入银行信用，担保买方商业信用，实现信用增级。对于受益人来说，即便是通过正规通知渠道获得信用证，也需要时刻关注开证行的资信，何况案中的开证行根本就不存在。案中，一个信用证通过跨国渠道由银行业发达的英国银行开证，而由相对落后得多的乌克兰银行转通知到中国内地，这一流程本来就让人费解。何况乌克兰银行与广东×××银行没有密押，还需要通过欧洲另一大银行再加押证实呢？从常识来看，开证行的资信很值得怀疑。

“信用证欺诈，应全面界定为利用信用证制度的独立抽象性原则和单证严格相符原则，提供表面记载与信用证要求相符但实际上不能代表真实货物的单据来骗取货款；开立虚假信用证或‘软条款’信用证，企图压价或骗取货物、质保金、履约金、佣金的商业欺诈行为。”前者是指狭义的信用证欺诈，后者是指广义的信用证欺诈。对于软条款信用证，只要受益人愿意接受，谈不上什么欺诈。在这个意义上，我们认为：广义的信用证欺诈主要是指虚假信用证。假证作为一种主要的广义信用证欺诈形式，对其进行防范主要应该着眼于控制假证的源头和斩断传递链条，特别是信用证通知环节。换言之，在信用证通知和出口寄单中确认来证的真实性，是确保收汇安全的第一道闸门。

资料来源：改编自林建煌．品读信用证融资原理．北京：中国民主法制出版社，2011.

▲ 案例 5-3

由富通银行款项让渡案看信用证下的汇票

案情简介

某年，中国工商银行满洲里分行向香港某公司开立自由议付信用证，有汇票，要求铁路运单。受益人向指定议付行富通银行交单，富通银行给开证行的寄单面函上表明：该款项已经让渡给富通银行，款项必须仅汇入该行账户。进口商在提货时发现铁路公司未签发该运单，涉嫌欺诈，法院颁发了止付令。富通银行声称自己是善意议付行，要求撤销止付令。经过审理，法院判决：根据证据法则，富通银行在寄单面函上自称是款项让渡受让人，不是信用证议付行，不适用信用证下欺诈例外的“例外”原则。

案例分析

在本案中的款项让渡只是单据的应收账款让渡，不涉及单据，在未经应收账款债务人确认之前，受让人的权利并不优于款项让渡人。归根结底，出口议付是指定议付行买入了以单据支持的应收账款，从而正当持有单据，其权利受欺诈例外的“例外”原则的保护。从表面上看，虽然富通银行自己在寄单面函上声称是款项让渡受让人，其款项让渡行为又未经应收账款债务人的确认，怎么能享受欺诈例外的“例外”原则呢？但是，此案中还有一张汇票。既然有汇票，那就意味着富通银行已不是单纯的信用证下款项让渡的受益人了，它还是信用证下汇票的持票人。这意味着，只要富通银行善意买入汇票，自然便可享有善意第三人的地位，受欺诈例外的“例外”原则的保护。

当然，案中的汇票是即期汇票，在交单过程中未经作为汇票付款人的开证行的确认付款，因而也就谈不上开证行在汇票上的付款责任。可以想象，假设该汇票是远期汇票，且已经开证行承兑，若到期付款时发现欺诈，富通银行显然可以另辟蹊径，主张汇票下善意第三人的地位，尽管它不是信用证下的善意第三人。

资料来源：改编自林建煌．品读信用证融资原理．北京：中国民主法制出版社，2011.

▲ 案例 5-4

受益人主动放弃信用证独立抽象原则的保护

案情简介

新加坡进口商向山东出口商采购苹果，金额为 3.5 万美元。开证行开立提单日后 90 天付款的远期议付信用证。出口商通过韩进的船舶装运，由 H 行议付交单。开证行 8 月 29 日承兑并向进口商放单。出口商 8 月 31 日得知韩进申请破产保护，因此紧急联系进口商磋商解决方案。此时船舶即将入港，为了防止船舶或货物被扣，加之凭提单提货的程序繁杂，进口商遂要求出口商申请电放，即授权承运人不凭提单向进口方放货。由于进口商强势，出口商考虑到已收到开证行承兑以及受益人向货运代理缴纳了全额保证金，遂由货运代理向承运人申请电放。然而，最终由于该船拒绝入港，一直在公海徘徊，受益人遂欲撤销电放申请，以便退回保证金，但货运代理已将包括保证金在内的押金及运费交给韩进。更糟的是，经过一个月的漂泊与滞留，船上的苹果已经腐烂，进口商虽持正本提单但无货可提。虽然如此，由于单证相符且已承兑，开证行有到期必须付款的责任。此外，由于这笔业务已经议付，受益人更有理由利用自己的权利来寻求独立抽象原则的保护，坚持按照 UCP 的规定要求开证行付款，否则将会遭受电放保证金加货款的双重损失。然而，受益人为了维持与申请人的合作关系，担心因此失去长期客户，面对来自进口方的压力，不得不同意通过其他航运公司重新装运货物，并指示议付行发电解除开证行的付款责任。信用证独立抽象性原则随之化为乌有。

案例分析

独立抽象原则被称为信用证赖以存在和发展的基石。UCP 为信用证确立的独立抽象性原则为：通过信用证，将商业信用转变为银行信用，将买方合同项下的债务转化为开证行对相符单据付款的确定承诺，使信用证与基础交易相分离。按照国际惯例，一旦信用证项下的货物已经装船并取得提单，只要单证相符，则开证行必须付款，而不能以上述事件的任何影响为借口拒付。然而，开证行之所以愿意通过信用证的形式将进口商的责任转化为自己的付款保证，往往基于进口货物的抵押；出口方银行之所以愿意在信用证下叙做打包放款或议付押汇，同样也是基于信用证项下的出口货物或出口收汇作为担保：货物与金融供应链紧密相连，环环相扣。因此，货物运输环节一旦出现类似韩进事件所导致的货物不能交付，则抵押给银行的货权单据就会变成一纸空文，风险就会立即传导至信用证环节，使开证行与议付行对相符单据的付款成为无源之水。信用证的独立抽象性原则就会受到极大的冲击。

资料来源：改编自臧玉晶，阎之大．韩进事件对信用证独立抽象原则的冲击．中国外汇，2016 (20)．

本章小结

信用证是银行根据进口商的申请和指示，向出口商开立的，承诺在一定期限内凭规定的单据支付一定金额的书面文件。信用证的特点是：信用证是一项独立的自足文件、开证行承担第一性付款责任、信用证业务是一种纯粹的单据业务。在信用证业务中，开证申请人、受益人和开证行三者之间分别基于贸易合同、信用证和开证申请书存在三种契约关系。根据信用证的开立方式及记载内容的不同，一般将信用证分为信开本信用证和电开本信用证。电开本信用证又可分为简电本信用证、全电本信用证和 SWIFT 信用证。信用证的内容基本上包括以下几项：关于信用证本身的项目、关于汇票的项目、关于单据的项目、关于货物的描述、关于运输的项目和其他项目。信用证是一种银行信用，可以对进出口双方提供银行保证和资金融通的作用。

根据是否有另一家银行对信用证加具保兑，信用证可分为保兑信用证和无保兑信用证；按信用证下指定银行的付款方式进行分类，可分为付款信用证、承兑信用证和议付信用证；根据受益人使用信用证的权利能否转让，可分为可转让信用证和不可转让信用证；根据信用证能否循环使用，可分为循环信用证和非循环信用证。循环信用证按时间循环可分为自动循环信用证、通知循环信用证和定期循环信用证，按金额的循环可分为积累循环信用证和非积累循环信用证。根据付款时间的不同，信用证可分为预支信用证、即期付款信用证、延期付款信用证和远期信用证。除此之外，还有背靠背信用证和对开信用证。

跟单信用证业务的基本流程大致包括以下环节：进出口商签订国际贸易合同；开证申请人申请开立信用证；开证行开出信用证；通知行向受益人通知信用证；受益人审证、发货、制单；受益人交单；出口地银行审单付款；付款行或垫付行寄单索偿；开证行审单付款；开证行通知开证申请人备款赎单；开证申请人付款赎单；开证行交单；开证申请人凭单提货。

一般来说，一笔信用证业务包含四个基本的当事人，即开证申请人、开证行、通知行和受益人。在有些类型的信用证业务中，还涉及议付行、偿付行、付款行、承兑行和保兑行等。总之，信用证一经开出，其所涉及的当事人就围绕该信用证形成了双边与多边的契约关系，每一当事人均须履行相应的责任与义务，同时享有既定的权利。

电子信用证是利用电子手段开展的信用证业务，是集电子开证、电子通知、电子交单、电子审单、电子支付全过程的电子化运作，是信用证运作全过程的电子化。在实践中，这种完全意义上的电子信用证的成功运作，需要银行、国际贸易交易双方等各方系统的全方位电子化协同运作。电子信用证有助于缩短贸易结算时间；有助于简化单据处理，减少操作差错；有助于电子商务的快速发展；有助于商业银行的业务创新，提升银行竞争力。在西方国家有较大影响的三大电子信用证服务系统分别是 BOLERO 系统、CCEWeb 系统和 TRADECARD 系统。在中国的电子信用证实践中较为典型的是贸易担保网。另一类参与中国电子信用证实践的重要主体就是商业银行，其中处于领先地位的是招商银行。

练习题

一、术语解释

信用证　卖方远期信用证　假远期信用证
可转让信用证　背靠背信用证　电子信用证

二、填空题

1. 信用证是______开立的一种______的承诺付款的书面文件。

2. 在信用证业务中承担第一性付款责任的银行有______、______、______。

3. 按开证行所负的责任为标准，信用证可以分为______和______两种。

4. 按信用证下指定银行的付款方式进行分类，信用证可分为______、______和______。

5. 议付信用证可分为______和______。

6. 按时间依次循环，循环信用证可分为______、______、______。

7. 当作为中间商的出口商不能从进口商处获得可转让信用证时，他在收到不可转让信用证后，可以用开立______的方式来达到同样目的。

8. 议付信用证的有效期为 9 月 10 日，交单期规定为 15 天，出口商于 8 月 20 日将货物装船，则应在______前向议付行交单。

9. 分析信用证业务下的契约关系可以看出，受益人与开证申请人之间存在一份______，开证申请人与开证行之间有一份______，而开证行与受益人之间则是由______来联结的。

10. 信用证按其开立方式，可分为______和______两种。

三、判断题

1. 在信用证结算方式下，开证行负第一性的付款责任。（　）

2. 信用证与贸易合同是两份彼此相关的契约。（　）

3. 买卖双方虽是以货物为交易对象，但在国际结算中，当事人只关心单据是否符合信用证条款，而不关心货物是否和信用证条款一致，只要单据没问题，开证行不能以任何借口推卸付款的责任。（　）

4. 议付行在处理信用证业务时有权议付或不议付。（　）

5. 保兑行对受益人承担第二性的付款责任。（　）

6. 一个第二受益人对修改的拒绝会影响其他第二受益人对修改的接受。（　）

四、不定项选择

1. 在跟单信用证中，议付行寄单索汇的路线有（　）。

A. 向通知行索汇　B. 向开证行索汇
C. 向偿付行索汇　D. 向托收行索汇

2. 在国际贸易中，用以统一解释、协调信用证各有关当事人矛盾的国际惯例是（　）。

A.《托收统一规则》　B.《国际商会第 600 号出版物》
C.《合约保证书统一规则》　D. 以上答案均不对

3. 假远期信用证的远期汇票利息及贴现费用由（　　）负担。

A. 受益人　　B. 议付行

C. 付款行　　D. 申请人

4. 在来料加工和补偿贸易中经常使用的信用证是（　　）。

A. 循环信用证　　B. 对开信用证

C. 背靠背信用证　　D. 预支信用证

5. 在信用证业务中，不负责审单的银行是（　　）。

A. 开证行　　B. 议付行

C. 偿付行　　D. 付款行

6. 在分批交货的大宗交易中，为节省开证费用宜使用（　　）。

A. 对开信用证　　B. 循环信用证

C. 背靠背信用证　　D. 可转让信用证

7. 信用证结算方式的特点主要包括（　　）。

A. 信用证是银行信用　　B. 信用证是自足文件

C. 信用证是单据业务　　D. 开证行处于第一付款人地位

8. 在信用证支付方式下，若使开证行履行付款义务，受益人需（　　）。

A. 履行了合同的规定　　B. 履行了信用证的规定

C. 按合同规定履行信用证的内容　　D. 按信用证的规定履行其合同义务

9. 开证行在拒付时，应承担的责任是（　　）。

A. 说明拒付原因，指出单据不符点　　B. 保管好单据

C. 保管好货物　　D. 用快捷方式通知议付行

10. 开证申请人的责任主要有（　　）。

A. 在合理的时间内，指示明确地申请开证

B. 申请开立内容符合合同规定的信用证

C. 提供开证担保并承担相关费用和及时赎单付款

D. 承担第二性的付款责任

五、问答题

1. 简述信用证的含义和特点。
2. 简述信用证业务的流转程序。
3. 简述信用证业务的基本当事人及其权利和义务。
4. 简述可转让信用证与背靠背信用证的异同。

六、综合题

中国A公司与美国B公司签订了一份国际货物买卖合同，由A公司向B公司销售一批工艺品，双方在合同中约定采用信用证方式付款。B公司依约开来信用证。该信用证规定，货物最迟装运期至9月30日，提单是受益人A公司应向银行提交的单据之一，信用证到期日为10月15日。A公司于9月13日将货物装船并取得提单，提单的日期为9月13日。10月4日，A公司向银行交单议付，银行以过了交单期为由拒绝付款。试问银行拒付是否正确？假如10月3日是银行例行假日，又当如何？

第六章

银行保函与备用信用证

学习目标

- 理解银行保函的定义与性质
- 掌握银行保函业务的当事人及其责任与义务、银行保函的基本内容和业务流程
- 理解并掌握银行保函的种类以及银行保函与商业信用证的区别
- 熟悉备用信用证的定义、种类和用途
- 能够区分备用信用证与跟单信用证和银行保函之间的异同
- 了解银行保函与备用信用证适用的惯例及法律

第一节 银行保函概述

一、银行保函的含义、功能和性质

(一) 银行保函的含义

银行保函(letter of guarantee, L/G; bank guarantee)又称银行保证书，是指银行作为担保人，应申请人(被担保人)的请求，向受益人开出的担保申请人正常履行合同义务的书面保证文件。当申请人未能按照协议履行其责任或义务时，将由担保行在一定期限和范围内向受益人承担某种支付责任或经济赔偿责任。

《见索即付保函统一规则》(国际商会第758号出版物，即URDG 758)中对见索即付保函或保函的定义是："不论其如何命名或描述，指根据提交的相符索赔进行付款的任何经签署的承诺。"(Demand guarantee or guarantee means any signed undertaking, however named or described, providing for payment on presentation of a complying demand.)

银行保函是为了适应国际经济贸易联系的增强以及各国货物、资金、技术和劳务的交流日益频繁而出现的一种新型金融结算工具。由于在国际经济合作中某些交易的持续时间较长，所涉及资金的风险也比较大，如国际信贷、项目融资、基础设施建设招标、机械设备安装、工程承包以及补偿贸易等。虽然在一般的经济合同中均规定了当事人各方的权利和义务，但合同约束只限于商业信用，履约往往取决于交易双方的信誉，因此保障不够得力。银行保函以银行信用替代或补充商业信用，由银行作为第三者提供担保，可使受益人获得一种可靠的保证，消除其对申请人是否/能否履约的疑虑，从而促使商业交易顺利进行。自银行保函出现以来，已被广泛应用于国际贸易结算的诸多领域，成为一种新的国际结算方式。

（二）银行保函的功能

银行保函的功能主要体现在两个方面：

（1）保证合同项下价款的支付，这是银行保函之所以能成为国际结算方式之一的基本原因。例如，买卖合同及劳务承包合同项下的付款保函、延期付款保函，补偿贸易合同项下的补偿贸易保函，租赁合同项下的租金保付保函，借贷合同项下的贷款归还保函，票据保付保函以及费用、佣金、关税等的保付保函，都是用来保证合同项下的付款责任方按期向另一方支付一定的合同价款，保证合同价款与所交易的货物、劳务、技术的交换。

（2）保证在违约情况发生时，受害方可以得到合理的补偿。例如，履约保函、投标保函、预付款保函、质量保函、维修保函等都是保证合同项下除付款义务以外的其他义务的正常履行。

由此可见，银行保函的适用范围和担保职能十分广泛，不仅可用来充当各种商务支付的保证手段，以解决各种交易中的合同价款以及费用的支付问题，还可以作为对履约责任人履行其合同义务的制约手段和对违约受害方的补偿保证工具。可以说，在任何交易过程或商务活动中，倘若一方对另一方的资信、履约能力和决心产生怀疑而寻求银行作为第三者介入并担保时，都可以使用银行保函。

（三）银行保函的性质

银行保函具有如下性质：

（1）银行保函的种类繁多、功能各异，其性质也有所不同。就具体的银行保函而言，要根据其与基础合同的关系，判断它是何种性质的银行保函。根据银行保函与基础合同的不同关系，银行保函有从属性保函和独立性保函之分，相应的银行付款责任也有所不同。

从属性保函（accessary guarantee）是指其效力依附于基础合同的银行保函，是基础合同的附属性契约。从属性保函的法律效力随基础合同的存在而存在，随基础合同的变化、灭失而变化、灭失。如果申请人依法或依合同对受益人享有抗辩权，则担保行可以同样用来对抗受益人的索赔。如果申请人已经履行了合同项下的责任与义务，或申请人根据基础合同条款，经权力机构裁决，业已被解除合同项下的责任与义务，则担保行随之免除对受益人的担保责任。例如，1978 年国际商会制定和公布的《合同保函统一规则》（国际商会出版物第 325 号）第 9 条规定：证明索赔要求的文件需要受益人提供法院判决书，或仲裁裁决书，或委托人同意受益人的索赔及其金额的书面声明。传统的银行保函大多属于这种性质。

由此可见，在从属性保函下，担保行承担的付款责任是第二性的，第一性付款责任仍属于申请人。只有在申请人违约的事实得以认定且不履行付款责任时，担保行才负责赔偿。

独立性保函（independent guarantee）是指根据基础合同开具，但不依附于基础合同而独立存在，其付款责任仅以保函自身的条款为准的一种银行保函，是具有独立法律效力的文件。独立性保函又称见索即付保函，只要银行保函规定的偿付条件已经具备，担保行便应偿付受益人的索偿，而不管申请人是否确有违约，或其是否已被合法地解除了合同项下的责任或义务。URDG 758 的条款 5、条款 6、条款 7 均强调了独立性保函的独立性和单据化特性，强调了担保行处理的只是单据，而非与单据相关的货物、服务和履约。

也就是说，在独立性保函下，担保行的付款责任是第一性付款责任，即便申请人履行了合同，只要受益人提出了符合独立性保函规定的合理索赔，担保行就应付款；反之，即便申请人没有履行合同，如果受益人提出的索赔要求不符合独立性保函规定的条件，担保行也不会付款。因此可以说，独立性保函的付款责任只与独立性保函的自身条款以及受益人的索赔要求密切相关，而与基础合同的履行情况并不必然相关。不过，独立性保函的“独立性”也有局限性；也就是说，如果有确凿的证据证明受益人有欺诈行为（如明知申请人已完全履行了合同项下所有的责任仍提出索赔），则受益人无权得到赔付。

目前，国际上通行的银行保函多为担保行承担第一性付款责任的独立性保函，而很少使用第二性付款责任的从属性保函。

▲ 专栏 6-1

URDG 758 与 URDG 458 的比较

国际商会最新发布的《见索即付保函统一规则》（URDG 758）自 2010 年 7 月 1 日起生效，这是 URDG 自 1992 年第 458 号出版物实施以来的首次修订。

与 URDG 458 相比，URDG 758 更突出了见索即付保函的独立性和单据化特性。例如，在 URDG 458 中，仅条款 2（b）、条款 2（c）对见索即付保函及反担保保函的独立性进行了阐述；而在 URDG 758 中，分别通过条款 5、条款 6、条款 7 强化了见索即付保函的独立性和单据化特性。

此外，与 URDG 458 相比，URDG 758 还具备如下改进：更加准确，对 URDG 458 中诸如“合理时间”、“合理审慎”、审查索赔的时限、不可抗力情况下银行保函的展期，或者展期或付款的处理时间等给予了明确规定；更加完备，增加了保函通知、修改、转让、审单标准、索赔、付款货币、生效机制及在未规定失效日或失效时有效期的确定等方面内容，同时配备了银行保函和反担保保函的标准参考模板，并提供了不同种类银行保函的备选条款；更加平衡，URDG 758 在 URDG 458 的基础上对于各方利益平衡进行了进一步完善。例如，在受益人提交相符索赔的情况下，担保人应予付款而无须征得申请人的同意；在发生不可抗力、担保人营业中断，而在此期间银行保函失效，URDG 758 纠正了原来没有涉及的受益人向担保人追索的权利；与此同时，担保人的独立性更加明确，并且仅基于单据进行判断，担保人需要勤勉尽责地独立决定展期、付款或拒付。此外，URDG 758 还明确了申请人（指示人）有权知悉相关银行保函的重大事项，如交单、索赔、展期等，但在相符索赔的情况下，通知申请人并不是担保人付款的前提条件。

资料来源：1. 韩英彤 . URDG 758：中国企业的福音（专访中国进出口银行国际业务部总经理周红军）. 中国外汇，2010（14）.

2. 林树红 . URDG 758：升级版的保函规则 . 中国外汇，2010（14）.

△ 案例 6-1

国际贸易中独立性保函的“欺诈例外”

案情简介

2011 年 3 月 7 日，国内 A 公司与国外 B 公司签订钢瓶销售合同。

2011 年 4 月 8 日，国内 I 银行根据 A 公司的申请，向 B 公司开具了受益人为 B 公司的预付款保函。I 银行向 B 公司保证：一旦收到 B 公司发出的第一次书面索赔通知的纸质原件及声明 A 公司拒绝或未能履行其在合同项下义务的书面说明，立即毫不迟延地向 B 公司支付最高不超过 1 603 125 美元的款项，并承诺在收到 B 公司发出的书面索赔通知后 7 个工作日内支付相应款项。该独立性保函适用 URDG 458。

2011 年 4 月 14 日，B 公司向 A 公司支付预付款，A 公司陆续发货。

2011 年 10 月 27 日，B 公司向 I 银行发函索偿，主张 A 公司违约，称货物送达港口非合同约定地，因此未履行货物的交付义务。

2011 年 11 月 14 日，A 公司向绍兴中级人民法院申请了该笔预付款保函项下款项的止付令，同时以合同违约起诉了 B 公司，要求其履行支付货款的义务，并要求 I 银行终止支付保函项下的款项。

在本案中，法院将基础合同违约之诉与判决独立性保函项下终局止付判决合并审理，一审法院根据基础合同的实际履行情况，认定 A 公司已经实际履行了合同义务，而 B 公司违约，应支付剩余货款。涉案保函为见索即付独立保函，B 公司明知基础交易中的 A 公司并不存在违约事实，仍然恶意滥用索赔权进行欺诈性索赔，已构成保函欺诈，故判决 I 银行终止支付预付款保函项下的赔付款。B 公司向一审法院提出抗辩，二审法院维持原判。

案例分析

虽然见索即付保函具备独立性，但国际惯例又确立了“欺诈例外”，即保函受益人明知保函申请人没有违约而隐瞒真实情况，故意告诉第三人虚假情况，试图诱使第三人向其做出保函项下的付款，即构成保函欺诈。

本案件争议的焦点是 B 公司向 I 银行索取保函项下的款项是否存在欺诈。本案所涉的见索即付保函是独立性保函。在独立性保函关系下，通常存在申请人与受益人之间的基础交易关系和担保行与受益人之间的独立性保函交易两个相互独立的法律关系。

在本案中，关于 B 公司是否构成保函欺诈的问题，必须查明基础合同履行的实际情况，以确认 A 公司是否存在 B 公司在保函项下索赔函中主张的违约行为，并由此判定 B

公司在索赔函中的陈述是否存在欺诈性的虚假陈述，是否构成保函欺诈。B公司主张A公司违约的事实是认为A公司未履行货物的交付义务，单据与货物并不对应，如相关单据中的货物目的港是伊朗阿巴斯，而非合同约定的迪拜。法院在事实查明中认定A公司已经按照合同约定向B公司通过电子邮件寄送了相关货运文件，双方在订立、履行合同义务过程中对于实际履约地为伊朗阿巴斯是明知的。B公司在合同约定的付款条件已具备的情况下，不仅未按约定支付货款，反而故意在向I银行提交的索赔函中陈述A公司存在违约，试图诱使I银行向其支付保函项下的款项，所以其行为构成保函欺诈。因此，法院判决I银行终止向受益人B公司支付保函项下的款项，即适用独立性保函的“欺诈例外”。

资料来源：独立保函欺诈侵权纠纷止付案（谢陶然整理）. 贸易金融信息，2017（2）.

（2）银行保函本质上是以促使申请人履行合同为目的的银行信用。虽然有从属性保函与独立性保函之分，担保行的付款责任也有第二性付款责任与第一性付款责任之分，但银行保函的根本目的是担保而不是付款，其只在申请人违约或具备索偿的情况下才发生支付。从本质上看，银行保函仅在交易没有正常进行的情况下才发挥其促使交易正常进行的保证作用。这一点与信用证有明显区别。

二、银行保函的基本当事人及其相互关系

（一）银行保函的当事人

（1）委托人（principal）或申请人（applicant）。根据URDG 758中的定义，委托人或申请人是指“保函中表明的、保证其承担基础关系项下义务的一方”。简而言之，申请人是向担保行申请开立保函的一方，一般为债务人，可以是进口商、投标人或承租人等。申请人的责任如下：

1）在担保行按照银行保函的规定向受益人付款后，立即偿还担保行垫付的款项。

2）负担银行保函项下的各项费用及利息，如有关担保费、通信费、佣金等。

3）如果担保行认为需要，申请人应提供抵押或第三方反担保。

（2）受益人（beneficiary），即接受银行保函并有权按银行保函的规定向担保行提出索赔的一方，一般为债权人，如出口商、招标人、贷款行等。受益人只要按照银行保函的规定，提交相符的索款声明或随附有关单据，便可向担保行索赔并取得付款。受益人的责任是履行其在合同项下的有关义务。

（3）担保行（guarantor），即接受申请人的申请，向受益人开立银行保函的银行，通常为申请人所在地的银行。担保行的责任与权利如下：

1）一经接受开立保函申请书，就有责任按照保函申请书开出银行保函。

2）一经开出银行保函，就有责任按照银行保函的承诺条件向受益人付款。

3）担保行在向受益人付款后，有权向申请人或反担保人索偿。如果申请人或反担保人不能立即偿还担保行已付款项，则担保行有权处置押金、抵押品、担保品。如果处置后仍不足抵偿，则担保行有权向其追索不足部分。

上述三者为银行保函的基本当事人，在不同的开立方式中，还可能存在下列当事人：

（1）通知行（advising bank）是指接受担保行的委托，将银行保函通知给受益人的银行。一般来说，通知行是在受益人所在地并与担保行有业务往来的银行，如担保行的联行或代理行。通知行的责任是负责核实印鉴或密押以确定银行保函的表面真实性，而后通知受益人，但它对银行保函内容的正确、合理与否不负责任。若因种种原因不能通知受益人，通知行应及时告知担保行，以便担保行及时采取其他措施。通知行在将银行保函通知给受益人后，可按规定向受益人、申请人或担保行收取通知费用。

（2）反担保行（counter guarantor bank）是指接受申请人的委托，向担保行出具不可撤销反担保，承诺在申请人违约且无法付款时，负责赔偿担保行所做出的全部支付者，是与申请人有经济业务往来的其他银行。反担保行的责任是，向担保行做出承诺，当担保行在银行保函项下付款后，可从反担保行得到及时、足额的补偿。有了反担保行，担保行就有了向除申请人以外的另一方追索其所付款项的选择，而反担保行也有权向申请人索偿。

（3）转开行（reissuing bank）是指接受原担保行的委托，向受益人开立以原担保行为申请人及反担保行、以自身为担保行的银行保函的银行。转开行一般是受益人所在地银行。转开行有权拒绝担保行要其转开银行保函的要求，但应及时通知担保行，以便担保行选择其他的转开行。转开行一旦接受转开请求，就应按照担保行的要求及时向受益人开出银行保函。银行保函一经开出，转开行就成为担保行，承担起担保行的责任和义务，而原担保行就变为反担保行或指示行。转开行经受益人索赔而付款后，有权凭反担保函向反担保行（即原担保行）索偿。

（4）保兑行（confirming bank）是指根据担保行的要求，在银行保函上加具保兑，承诺当担保行无力赔偿时，代其履行付款责任的银行，又称第二担保行。保兑行通常是受益人所在地信誉良好的国际知名大银行，当担保行的资信较差或属于外汇短缺国家的银行时，受益人往往会要求由这样一家银行作为保兑行对银行保函进行保兑，一旦担保行未能按银行保函的规定付款，保兑行就必须代其履行付款义务。保兑行在付款后，有权凭担保函及担保行要求其加具保兑的书面指示向担保行索赔。

（二）各当事人之间的关系

银行保函各当事人之间的关系见图 6-1。

图 6-1 显示的各当事人关系及银行保函业务流程是当事人比较全的情况。在实际业务中，根据银行保函的用途和实际交易的需要，银行保函的开立方式也有多种，在一些比较简单的开立方式中，由于不涉及某些当事人，因此图 6-1 中的某些步骤就可以省略。下面举例说明在实际业务中保函的具体开立方式：

（1）直开法，即担保行应申请人的要求直接将银行保函开给受益人，或仅通过通知行将银行保函通知给受益人。这是银行保函开立中最简单、最直接的方式。

在直开法中，不涉及保兑行、转开行的角色，因此执行完图 6-1 中的前三步后，担保行就向受益人直接开出银行保函，此后，若受益人发现申请人违约，就向担保行索偿；担保行在赔付后，向申请人或反担保行索偿，申请人或反担保行赔偿担保行的损失；如果是由反担保行赔付，那么反担保行还要向申请人索偿，申请人要进行赔付。直开法的简要流程见图 6-2。

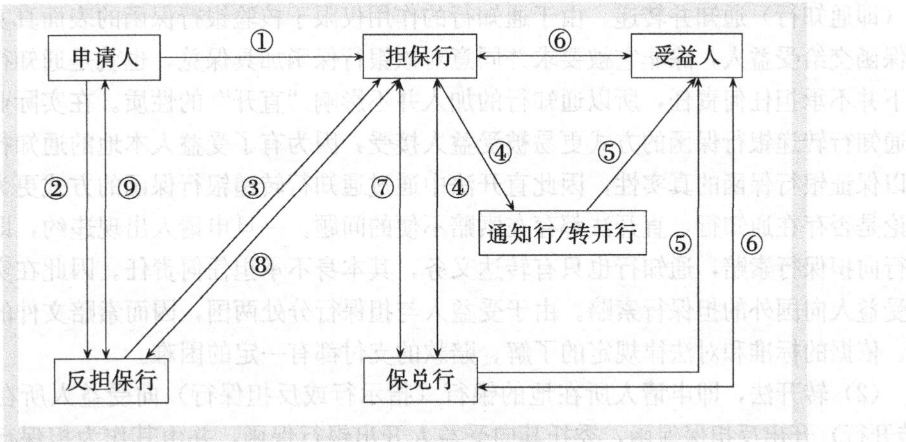

图 6-1　保函各当事人之间的关系

说明：①申请人向担保行提出开立保函的申请。

②申请人选择反担保行。

③反担保行向担保行出具不可撤销的反担保。

④有时，担保行根据受益人的要求，必须找一家国际公认的大银行为其出具的保函加以保兑；有时，担保行将其保函发送给通知行，请其通知受益人；有时，担保行将其保函发送给转开行，请其以自身为担保行向受益人重新开立保函。

⑤通知行/转开行/保兑行将保函通知/转发受益人。

⑥受益人在保函申请人违约或担保付款条件成立时，向担保行/保兑行或转开行（担保行）索偿，担保行赔付。

⑦保兑行在赔付后，向担保行索偿，担保行再赔付给保兑行。

⑧担保行在赔付后，向反担保行索偿，反担保行赔付。

⑨反担保行在赔付后，向申请人索偿，申请人赔付。

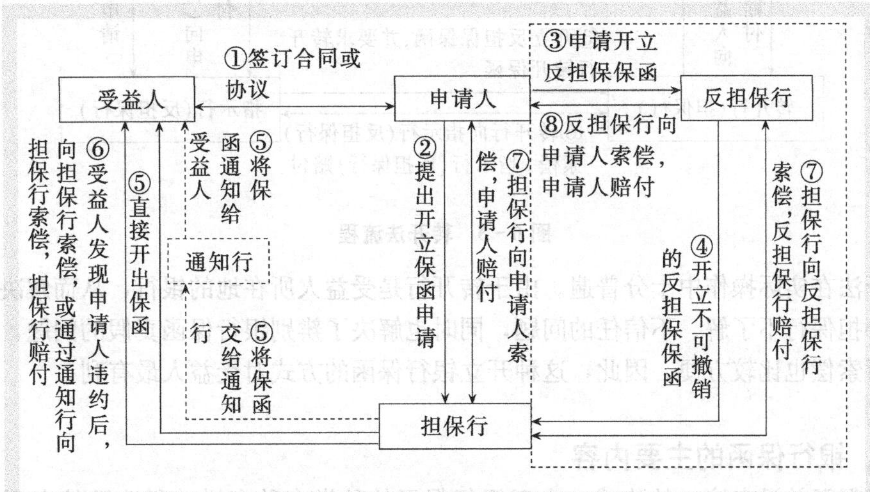

图 6-2　直开法流程

说明：如果不涉及反担保行和通知行，则虚线框中的步骤省略。

直开法的手续简便，担保行可以直接将保函开给受益人，也可以通过受益人当地的银行（即通知行）通知并转递。由于通知行的作用仅限于核验银行保函的表面真实性并将银行保函交给受益人，除非它被要求并同意对该银行保函加具保兑，也就是通知行在该保函项下并不承担任何责任，所以通知行的加入并不影响“直开”的性质。在实际业务中，利用通知行转递银行保函的方式更易被受益人接受，因为有了受益人本地的通知行，受益人可以保证银行保函的真实性，因此直开法中通过通知行转递银行保函的方式更为普遍。但无论是否存在通知行，直开法都存在索赔不便的问题。一旦申请人出现违约，即使通过通知行向担保行索赔，通知行也只有转达义务，其本身不承担任何责任。因此在实际上，还是受益人向国外的担保行索赔。由于受益人与担保行分处两国，因而索赔文件的起草和翻译、依据的标准和对法律规定的了解、赔款的支付都有一定的困难。

（2）转开法，即申请人所在地的银行（指示行或反担保行）向受益人所在地的银行（转开行）开出反担保保函，委托其向受益人开出银行保函，并由其作为担保行承担付款责任的方式。此时，银行保函有四个当事人：申请人、指示行（反担保行）、转开行（担保行）、受益人。其中，指示行只对担保行负责，而受益人要求付款的对象只是担保行，而与指示行无关。与直开法不同的是，这种保函的担保行（即银行保函开立行）是受益人所在地的银行。转开法的流程见图6-3。

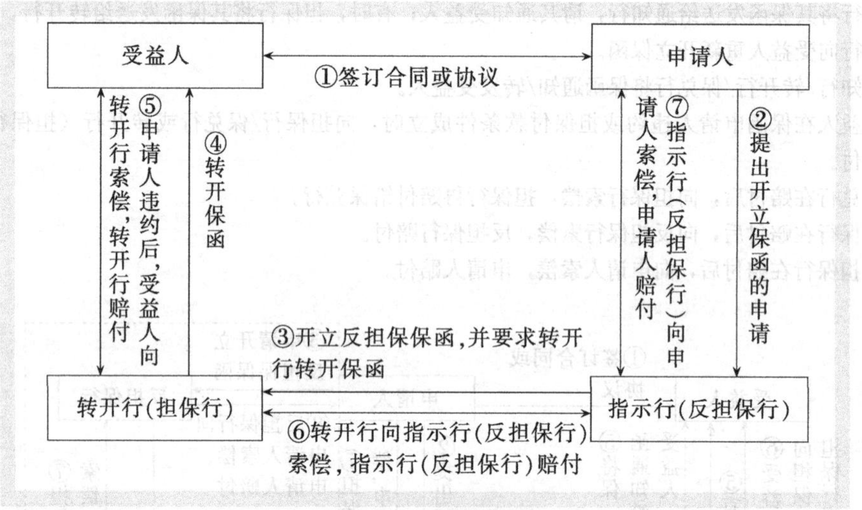

图6-3 转开法流程

转开法在实际操作中十分普遍。由于转开行是受益人所在地的银行，从而解决了受益人对国外担保行不了解、不信任的问题，同时也解决了辨别银行保函真假的问题，而且受益人进行索偿也比较方便。因此，这种开立银行保函的方式对受益人最有利。

三、银行保函的主要内容

银行保函并没有统一的格式，由于银行保函的种类多种多样，所涉及的事项各不相同，因此银行保函的内容也不太一致。不过，根据国际商会第325号出版物《合约保函统一规则》的规定及国际商会第406号出版物（开立合约保函示范格式）提供的银行保函示样，一般银行保函应具备以下内容：

(1) 银行保函的名称，如投标保函、履约保函等。

(2) 各当事人的名称和地址。银行保函应写明申请人、受益人，尤其是担保行的完整名称和详细地址，因为各当事人尤其是担保行的地址涉及银行保函的法律适用性问题。因此，明确当事人各方尤其是担保行的全称和地址，不仅可以保证银行保函的完整、真实，而且对于明确银行保函的有关法律问题、各方当事人的权利与义务以及纠纷处理都十分重要。

(3) 开立银行保函的依据，即有关的交易合同、协议，标书的编号、日期，供应货物的名称、数量，工程项目名称等基础合同的主要内容。在银行保函中提及开立保函依据的基础合同，主要是为了说明提供担保的目的及要防范的风险，并不会把一个独立性保函变成一个从属性保函。

(4) 银行保函的币种、金额。银行保函必须载有明确的币种和金额。银行保函的金额可以规定为一个具体的金额，也可以用交易合同金额的一定百分比来表示，它是指担保行对受益人承担赔偿责任的最高限额，也是计收担保费的主要依据。

(5) 有效期条款。有效期条款涉及生效日期和到期日两方面的内容。

有关生效时间的规定有两种情况：一是规定生效日期。除非银行保函另有规定，否则自银行保函开立之日起生效；可以规定一个延后的生效日，这个延后的生效日可以明确规定；可以通过说明某特定日期来规定，比如规定银行保函自开立之日起××天后生效。二是规定生效事件。也就是说，当满足某条件后生效，比如在预付款保函项下，以收到预付款为生效条件，以免在申请人收到预付款前被无理索赔的风险。

从原则上说，银行保函应规定一个明确的有效期限或到期日，它是受益人的索偿要求送交担保行的最后期限，也是计收担保费的依据之一，但实际付款日期与此并无必然联系。受益人只有在到期日之前向担保行提出的索偿才能得到支付，否则担保行可以拒绝付款。银行保函的有效期一过，担保行的责任就应解除，担保行应立刻要求受益人将银行保函退还注销。银行保函的有效期规定可采取两种方式：一是确定到期日，即规定一个具体日期作为到期日；二是规定失效事件，即规定与基础交易相关联的某事件的发生之日为到期日，如施工完毕、交货结束等，但该事件必须以相应的单据证明。银行保函可以选择其中一种或结合采用以上两种方式。当同时规定两种方式时，银行保函的到期日应以两者中的较早发生者为准。如果银行保函没有对有效期做出规定，根据《合约保函统一规则》的规定，应按以下三种情况分别确定其最后有效期：

1) 在投标保证书的情况下，应为自银行保函开立之日起6个月。

2) 在履约保证书的情况下，应为有关合同中规定的交付完成期限或其延展期限后6个月。如果合同中规定有保养期间，而履约保证书中又明确包括这种保养期间者，应为保养期间期满后1个月。

3) 在还款保证书的情况下，应为合约中规定的最后交付日期或完成日期后6个月，或经延展的此日期后6个月。

▲ 案例 6-2

主保函有效期设置不严谨引发纠纷的案例

案情简介

2016年12月7日，中国A公司申请I银行为其参与的埃塞俄比亚E政府部门的招标开立保函，为其参加E政府部门的制服采购项目提供担保。转开行为C银行。主保函的效期条款中约定“if the bidder is not the successful bidder，this guarantee will expire up to and including 28 days after the period of bid validity”和“if the bidder is the successful bidder，this guarantee will expire upon our receipt of copies of the contract agreement signed by the bidder and the performance security issued to you upon the instruction of the bidder”，而反担保保函明确约定2017年2月28日为失效日，主保函、反担保保函适用的惯例皆为URDG 758。

2017年2月初，A公司中标，但迟迟未签订协议，并且于3月7日向I银行成功申请保函闭卷。鉴于A公司拒签合同，E政府部门于2017年4月20日向C银行发起索赔，C银行于2017年4月20日向I银行发起非展即付索赔电文，明确其已经收到相符索赔。

2017年4月25日，I银行在与A公司联系后确认其不展期，以保函失效为由拒付。后来C银行多次发报要求I银行承担赔付责任，I银行称该保函已闭卷，所以不承担责任。

案例分析

本案例的关键在于转开行未注意到该笔投标保函主保函的责任在投标人中标的情况下无法被反担保保函覆盖的情况。根据保函文本的约定，在投标人中标的情况下，转开行的责任只在受益人提供已签订合同的副本和履约保函副本的情况下得以解除。

投标保函的失效条款往往具有特殊性，在中标和不中标的情况下会有不同的失效约定。通常说来，在不中标的情况下，投标保函会约定在投标人收到未中标的通知时或在投标有效期后一定时间内自动失效，这样既能保证受益人有足够的时间索赔，又能及时释放担保行的责任。在中标的情况下，投标保函会约定在投标人签订合同并提供履约保证后失效。与此同时，投标保函还会在中标和不中标的失效条件之外单独约定一个无论中标与否保函均会失效的具体时间，以控制风险。在转开投标保函的情况下，反担保保函通常不会考虑中标和不中标的情况，只会约定一个失效日，如果主保函存在敞口，反担保保函是无法覆盖主保函的效期的，从而形成一个效期错配的情况。

资料来源：吴志琛．一则关于反担保与主保函效期错配的案例．中国工商银行国际结算单证中心，2017.

(6) 付款条件。付款条件又称索偿条件，是规定担保行在什么条件下，凭受益人提供的何种证明、单据向受益人履行付款责任的条款。付款条件是银行保函中极为重要的一个条件，也是银行保函的主体内容。索偿条件有几种不同情况：一是以担保人的调查意见作为是否付款的依据，即担保人要对事实进行调查，并以调查意见作为判断是否违约、是否付款的条件，这种做法有利于担保人；二是根据申请人的违约证明付款，即仅凭申请人签发承认违约的证明作为索赔条件，这种做法对受益人非常不利；三是凭受益人在有效期内提交银行保函规定的单据或书面文件付款，银行无须验证是否存在申请人违约的客观事实，这种做法有利于受益人，也是目前多数银行保函采用的索偿条件。

（7）司法管辖权与法律适用。对于独立性保函，若发生诉讼的当事人属于不同的国家，其司法管辖权与适用法律取决于保函条款中的协议管辖法院。当事人可以自由选择适用于银行保函的准据法，包括国内法、国际公约、国际惯例，如国际商会的《合约保函统一规则》《见索即付保函统一规则》等。当事人还可以增加仲裁条款，明确在索赔时需要先仲裁，并在银行保函中列明仲裁地，通常选择除担保行、受益人所在国之外的第三国仲裁机构或国际商会仲裁机构进行仲裁。

（8）其他，包括银行保函涉及的转让、保兑、修改、撤销、金额递减等条款。

四、银行保函业务的办理流程

（一）申请人向银行申请开立银行保函

1. 申请办理的条件

向银行申请开立银行保函的客户应是依法成立的企事业法人及其他经济组织，并符合以下基本条件：资信状况良好，具有履行合同、偿还债务的能力；具有真实、合法的交易背景，基础合同的条款完备、责任明确；按规定需要提供保证金及/或反担保的，能够提供符合要求的保证金及/或反担保；能够按约定交付保函业务项下的有关费用等。

2. 开立银行保函所需的资料

客户在根据业务需要请求银行为其出具银行保函时，应提交书面的开立保函申请书，同时提供以下资料：银行保函涉及的有关合同、协议、标书及其他能够证明真实、合法交易背景的有关资料；反担保文件或财产资料（如需）；银行保函涉及的项目若需要事先获得有关部门批准或核准的，须提供相关批准或核准文件等。

开立保函申请书是构成申请人与担保行之间权责关系的书面契约，也是银行对外出具银行保函的法律依据，因此申请人应逐项认真填写。开立保函申请书的内容除表示请求银行按合同规定开立银行保函外，还应明确以下两项内容：一是明确申请人的责任与义务。这是指当受益人按银行保函规定的条件向担保行提出索赔时，申请人保证偿付担保行因履行其责任而做出的任何支付，并注明偿付的具体方式。二是必须声明担保行的免责事项。

银行在收到申请人提交的开立保函申请书及有关资料后应严格审核，以决定是否受理该申请，对外开立银行保函。

（二）担保行审查

银行在开立保函前，会对申请人的资信状况、财务状况、反担保措施的落实情况以及与担保相关的合同内容、是否涉及制裁等做详尽的审查。银行的审查要点为：对抵押和反担保措施的审查；对项目可行性的评估及效益的审查；对银行保函的交易主体涉及制裁、反洗钱的审查；对开立保函申请书及开立保函协议的审查；对银行保函开立方式的审查及对国外委托行的选定；对银行保函的格式、条款、内容的审查等。

（三）开立银行保函

银行对申请人提供的有关资料及相关情况审查认可后，便可正式对外开立银行保函，并按规定的收费标准收取担保费用。开立的银行保函文本要素应当完备，金额、币种、有效期限、索赔条件等应清晰合理，并明确适用法律及/或仲裁条款。

银行保函的开立方式分为电开和信开两种，这与信用证的开立方式相同。在电开方式下，担保行一般将加押的银行保函正本及通知指示发至受益人所在地的一家银行，该行在收到银行保函并经核押相符后将银行保函通知给受益人；或者担保行以电传方式将银行保函直接开给受益人。在信开方式下，担保行一般以信函方式直接向受益人开出。在实务中，电开保函应用得更多。

（四）银行保函的通知和转开

银行保函的通知行应按照委托行（担保行）的指示履行责任与义务，在确定银行保函的表面真实性后将银行保函通知给受益人。

在转开保函的情况下，银行保函的转开行实际上是担保行，而发出委托指示的银行为反担保行。因此，如果收到银行保函的银行被要求转开银行保函并接受委托，应比照正常开立银行保函进行办理。

（五）银行保函的修改

银行保函可以在有效期内进行修改。银行保函的修改必须经过当事人各方一致同意后方可进行，任何一方单独对银行保函的条款进行修改都视作无效。当申请人与受益人就修改银行保函取得一致后，申请人向担保行提出书面修改申请，注明原银行保函的编号、开立日期、金额等要素，以及要求修改的详细条款和由此产生的责任条款。担保行在审查并同意修改后，向受益人发出修改函电。

（六）在银行保函项下的索赔和赔付

在银行保函的有效期内，若担保行收到受益人提交的索赔单据及有关证明文件，应以银行保函的索赔条件为依据对该项索赔进行严格审查，并在确认索赔单据及有关证明文件与银行保函索赔条款的规定完全相符后，及时做出赔付，履行其在保函项下所承担的责任。担保行在赔付后，可立即行使自己的权利，向银行保函的申请人或反担保人进行索赔，要求其偿还自己所支付的款项。如果担保行发现受益人提交的索赔单据及有关证明文件与银行保函的规定不符，可据理做出拒付，或要求受益人在银行保函的有效期内对索赔单据和文件做出修正后重新提交。

（七）银行保函的注销

银行保函在到期后或在担保行赔付保函项下全部款项后失效。在银行保函失效后，担保行应及时办理银行保函的注销。若在银行保函的有效期内，由于主合同变化或其他合理原因需要解除担保时，经各当事人协商同意，可根据相应的程序办理银行保函的撤销和注销。

第二节　银行保函的种类

由于银行保函的应用范围极为广泛，因而种类繁多。按照不同的标准，银行保函有不同的分类。

一、按照银行保函的开立方式，可分为直开保函与转开保函

直开保函又称直接保函或三方保函，是由担保行根据申请人的要求向受益人直接开出，或仅经通知行通知的银行保函。

转开保函又称间接保函或四方保函，即反担保行（申请人所在地的银行）以反担保保函的形式委托转开行（受益人所在地的银行）向受益人开出的保函。在这种方式下，转开行作为担保行向受益人承担付款责任。

二、按照银行保函的属性，可分为独立性保函与从属性保函

银行保函的属性是指银行保函与基础合同的关系。根据银行保函不同的属性，银行保函有从属性保函和独立性保函之分，相应的银行付款责任也有所不同。在独立性保函中，担保行承担第一性付款责任；在从属性保函中，担保行承担第二性付款责任。

三、按照基础合同的性质，银行保函可分为融资性保函与非融资性保函

融资性保函是指为申请人在融资性交易项下的责任或义务提供的担保，主要包括借款保函、发行有价证券保函、透支保函、融资租赁保函和以现汇偿还的补偿贸易保函等。该保函项下涉及的基础合同具有融资性质。

非融资性保函是指为申请人在非融资性交易项下的责任或义务提供的担保，主要包括贸易或工程项下的保函和以实物偿还的补偿贸易保函等，如投标保函、履约保函、质量保函、预付款保函等。

四、按照银行保函的用途，可分为出口类保函、进口类保函、对销贸易类保函和其他类保函

（一）出口类保函

出口类保函是指银行应出口方申请，向进口方开出的银行保函，是为了满足出口货物和出口劳务需要而开立的银行保函。

1. 承包保函

第三世界国家进行工程建设多采用招标、承包方式，供应劳务、物料或设备的投标人和中标后的承包人，须向招标人或向工程业主提供以下几种银行保函，统称承包保函（contract guarantee）。

（1）投标保函（tender guarantee，tender bond，bid guarantee，bid bond，bid security）。在国际招标中，招标人一般都要求投标人（即申请人）在投标时提供一定金额的银行担保，并将其作为参加投标的条件之一，目的是向招标人（即受益人）保证，若投标人有下列违约事项之一，担保行将按保函金额赔付招标人，以弥补其损失，这种银行担保就是投标保函：

1）在投标的有效期内，撤回该项投标或修改原报价。

2）在中标后，未与招标人签订合同。

3）在招标人规定的日期内未提交履约保函。

投标保函的金额一般为投标金额的 1%～5%。投标保函的有效期至开标日为止，有时再加 3～15 天的索偿期。如果投标人中标，则投标保函的有效期自动延长至投标人与招标人签订合同并交来履约保函时为止。

投标保函见示样 6－1。

示样 6－1

BID BOND/TENDER GUARANTEE

To: ________ (Name and Address of Beneficiary)
Date: ________ (Issuing Date)
No: ________ (Guarantee Number)

This guarantee is hereby issued to serve as a Bid Security of ________ (name of bidder) (hereinafter called the "bidder") for invitation for bid (bid No. ________) for supply of ________ (description of goods) to ________ (name of the buyer).

________ (name of issuing bank) hereby unconditionally and irrevocably guarantees and binds itself, its successors and assigns to pay you immediately without recourse, the sum of ________ upon receipt of your written notification stating any of the following:

(a) The bidder has withdrawn his bid after the time and date of the bid opening and before the expiration of its validity period; or

(b) The bidder has failed to enter into contract with you within thirty (30) calendar days after the notification of contract award; or

(c) The bidder has failed to establish acceptable performance security within thirty (30) calendar days after receipt the notification of award.

It is fully understood that this guarantee takes effect from the date of the bid opening and shall remain valid for a period of ________ calendar days thereafter, and during the period of any extension thereof that may be agreed upon between you and the bidder with notice to us, unless sooner terminated and or released by you.

Upon expiry, this guarantee shall automatically become null and void whether or not it is returned to us for cancellation.

This guarantee is subject to the Uniform Rules for Demand Guarantees (URDG) 2010 revision, ICC Publication No. 758.

（2）履约保函（performance guarantee，performance bond，performance security）。履约保函是担保行应申请人（即中标人）的要求向受益人（即招标人）开出的保证申请人按合同条款履行各项责任与义务，否则由担保行赔偿受益人一定金额损失的书面保证文件。履约保函的应用范围比较广泛，在进出口贸易、来料加工、工程承包、补偿贸易、融资租赁以及质量维修等方面均可使用。

履约保函的金额一般为合同金额的 5%～10%。在工程承包合同项下，履约保函的金额一般为合同金额的 10%～25%。履约保函的有效期一般自相关合同生效之日起，至合同执行完毕之日或双方协商确定的具体期限为止。

在工程承包合同项下，如果合同规定在工程完工后有质量保证期或工程维修期，则履约保函的有效期可延长到质量保证期或工程维修期期满为止，再加上 3～15 天的索偿期。

但是，有时担保行尽量将履约保函下的一些担保行为分离出来，使之成为一种独立的保函。例如，在承包工程项下，有时承包人的履约保函只开到工程完工时为止，即以建筑师的完工验收证明的提交日为到期日，而对工程质量和维修方面的责任则通过另开一份质量维修保函（担保金额占工程总价的5%左右）来承担，而不在履约保函内包含质量维修责任期。

履约保函见示样6-2。

示样6-2

PERFORMANCE BOND/GUARANTEE

To: ________ (Name and Address of Beneficiary)
Date: ________ (Issuing Date)
No: ____________ (Guarantee Number)

This Bond is hereby issued as the performance bond of ______ (Applicant) (hereinafter called the "supplier") for supply of ______ (the name of the goods) under the contract No. ______ to ______ (the name of the beneficiary).

The ________ (the name of the guarantor) hereby irrevocably guarantees itself, its successors and assignees to pay you up to the amount of ________ (the amount of the guaranteed value) representing ______ percent of the contract price and accordingly covenants and agrees as follows:

a. On the suppliers failure of faithful performance of the contract (hereinafter called "the failure of performance"), we shall immediately, on your demand in a written notification stating the effect of the failure of performance by the supplier, pay you such amount or amounts as required by you not exceeding ________ (the guaranteed amount) in the manner specified in the said statement.

b. The covenants herein contained constitute irrevocable and direct obligations of the guarantor, no alternation in the terms of the contract to be performed thereunder and no allowance of time by you or any other act or omission by you, which but for this provision might exonerate or discharge the bank shall in any way release the guarantor from any liability hereunder.

c. This performance bond shall become effective from issuing date and shall remain valid until ______ (the date of expiry). Upon expiry, please return this bond to us for cancellation.

This Bond is subject to the Uniform Rules for Demand Guarantees (URDG) 2010 revision, ICC Publication No. 758.

（3）预付款保函（advance payment guarantee）。预付款保函又称退还预付款保函（refundment guarantee for the advance payment）或还款保函（repayment guarantee），是指担保行受申请人（出口方或承包商）的委托向受益人（进口方或承包工程的业主）开具的保函，保证申请人在未能履约或未按合同规定使用预付款时，由担保行退还受益人所支付的预付款。

在进出口贸易中，出口方可在交货前要求进口方支付合同金额的一定比例作为定金或备货款。而进口方为了确保在支付预付款后能够收到符合合同规定的货物，会要求出口方提供一份银行保函，保证一旦出口方不履行合同或未按合同规定发货，担保行将退还进口方的预付款及相应利息。

在国际承包工程项目中，承包工程的业主通常需要预付给承包人工程价款的5%～20%用作承包人预购材料款、开工费、筹备费等，工程业主顾虑承包人若不履约将损失这笔预付款，故要求承包人提供银行担保，保证承包人在收到预付款后一定履约，否则担保行将退还预付款给工程业主。

预付款保函的金额就是预付款的金额，若申请人只是部分违约，担保行应该支付未履约部分相应比例的预付款项；如果是全部违约，则担保行应退还全部预付款（有时还包含利息）给受益人。预付款保函的有效期至合同执行完毕日期为止，再加上 3～15 天的索偿期，或者定为预付款全部扣完时失效。通常是受益人在收到申请人从银行开来的预付款保函后，才将预付款汇交申请人。因此，预付款保函的生效日期一般为申请人收到预付款之日，以免在此前遭到无理索赔，预付款保函见示样 6－3。

示样 6－3

ADVANCE PAYMENT GUARANTEE

To：________（Name and Address of Beneficiary）
Date：________（Issuing Date）
No：___________（Guarantee Number）

This guarantee is hereby issued as the advance payment guarantee of ________（Applicant）（hereinafter called "the supplier"）for ________（the name of the contract and its number）to ________（the name of the beneficiary）（hereinafter called "the buyer"）.

Whereas the buyer has agreed to advance to the supplier an amount of ________（Say ________ only），whereas the buyer has required the supplier to furnish a guarantee with an amount equal to the above said advance payment for performance of his obligations under the contract，the ________（the name of the Guarantor），at the request of the supplier and in consideration of the buyers agreeing to make the above said advance to the supplier，has agreed to furnish the above required guarantee.

Now，therefore，the guarantor hereby guarantees that the supplier shall utilize the above said advance for the purpose of the contract and if he fails and commits default in fulfillment of any of his obligation for which the advance payment is made，it shall entitle the buyer to be paid not exceeding the above-mentioned amount.

Against demand in writing of any default，which the guarantor should be given by the buyer stating that the supplier has failed to fulfill its obligation to the buyer，and upon such first demand payment shall be made by the guarantor of the sum then due under this guarantee without any obligation.

The sum of this guarantee shall be automatically and proportionally reduced in step of the progress of the contract，and the guarantors obligation under this guarantee shall not in any case exceeding the sum of ________（Say ________ only）.

This guarantee shall become effective from the date of receipt of the above said advance by the supplier and valid until ________（the date of expiry）. Upon expiry，please return this guarantee to us for cancellation.

This Guarantee is subject to the Uniform Rules for Demand Guarantees（URDG）2010 revision，ICC Publication No. 758.

2. 保留金保函或留置金保函

保留金保函或留置金保函（retention money guarantee）是担保行应申请人（出口方或承包商）的要求，向受益人（进口方或工程业主）开出的，保证如果货到后发现货物与合同不符，或承包工程达不到合同规定的质量标准时，将退还受益人预先支付的保留金的银行保函。简言之，保留金保函就是银行为出口方或承包商提前收回保留金而提供的归还保证书。

在成套设备进出口或国际承包工程合同中，通常规定先支付合同金额的90%～95%，其余5%～10%待设备安装完毕、验收合格并投入正常使用或待工程完工一定时期、验收合格后，再行支付，这部分余额称为保留金或留置金。若发现机械设备、品质、规格或工程与合同规定不符，双方可洽商减价，减价的部分便从保留金中抵扣。

由于上述保留金所涉金额往往很大，占压的资金较多，有时出口方或承包商要求进口方或工程业主同意将此笔保留金随大部分货款或工程款一并支付，此时进口方或工程业主往往要求出口方或承包商首先提供银行保函，而后才同意提前支付保留金。这种保函需要保证：如果到货后发现品质不符、短量或伤残，或承包的工程与合同规定标准不符，担保行便将预支的保留金退还受益人。这种保函称为保留金保函或留置金保函。

保留金保函的金额就是保留金的金额。保留金保函的有效期是合同规定的索赔期满加3～15天。

从担保行的责任来看，保留金保函就是维修保函，或者说是维修保函中的一个类别。目前，单独开立保留金保函在实务中很少见。

3. 质量保函

在供货合同中，尤其是在军工产品、机械设备、船舶飞机等出口合同中，为保证货物质量，买方要求卖方提供银行担保，保证若货物质量不符合合同规定，而卖方又不能更换或维修时，担保行便将保函金额赔付买方，以弥补其所受损失。这种银行保函就是质量保函（quality guarantee）。

质量保函的金额一般为合同金额的5%～10%。质量保函的有效期一般至合同规定的质量保证期满，再加3～15天的索偿期。

4. 维修保函

在承包工程合同中，业主在工程完工后会扣留一部分款项备作补偿工程质量缺陷而承包人不予维修造成的损失。工程业主要求承包人提供银行担保，保证在工程质量与合同规定不符而承包人又不能维修时，担保行便按保函金额赔付业主，以弥补其所受损失，则业主凭以释放这部分扣款。这种银行保函就是维修保函（maintenance guarantee）。

维修保函的金额一般为合同金额的5%～10%。维修保函的有效期一般至合同规定的工程维修期满，再加3～15天的索偿期。

（二）进口类保函

进口类保函是指银行应进口方申请，向出口方开出的银行保函，是为满足进口货物和进口技术需要而开立的保函。

1. 付款保函

付款保函（payment guarantee）是担保行应进口方的要求向出口方开出的书面保证文件，保证在出口方按合同规定交运有关货物或技术资料后，进口方一定履行付款责任，否则担保行将代为偿付。简言之，就是担保行针对进口方的付款责任而出具的一种银行保函。

付款保函的金额就是合同金额。付款保函的有效期按合同规定的付清价款日期再加15天的索偿期。在付款保函项下，担保行的责任随进口方或担保行已偿付的金额相应递减。

2. 延期付款保函

发展中国家进口大型机械成套设备多采用延期付款方式，这主要是因为：一方面，由于交货不集中，往往要在较长的时间内才能交货完毕；另一方面，进口方往往无力一次性支付全部款项，甚至要等引进的设备安装投产后，用投产后产生的收益在一段时间内分批付款。在这种延期付款的情况下，进口方按照合同规定预付出口方一定比例（如货款的5%）的定金，其余部分（货款的95%）由进口方银行开立保函，保证进口方凭货运单据支付一部分（如货款的10%），其余部分（货款的85%）再分为若干个相等份额，每份金额加利息，每隔一定的时间（如每半年）支付一次，直至全部付完为止。如果买方不能付款，担保行将代为付款。这种保函称为延期付款保函（deferred payment guarantee）。

延期付款保函的金额为扣除了预付定金的货款金额。延期付款保函的有效期通常按保函规定的最后一期货款及利息付清日期再加上15天的索偿期。

3. 租赁保函

租赁保函（leasing guarantee）是指当采用租赁方式进口机械、仪器、设备、运输工具时，担保行应承租人的要求，向出租人开出的担保承租人按规定交付租金，否则由担保行赔偿的保函。租赁保函向出租人担保如下责任：

（1）担保行一定代承租人按租赁合同规定交付租金；或

（2）承租人一定按租赁合同规定交付租金，如不交付，担保行将代为交付。

租赁保函的金额就是租金总额，担保行的责任随每一次租金的支付而递减。在通常情况下，租金总额相当于货价加利息，全部租金付完后货物便归承租人所有。租赁保函的有效期按租赁合同规定的全部租金付清日期再加半个月。

（三）对销贸易类保函

把出口与进口连在一起做交易，就是对销贸易，又称对等贸易。其中，补偿贸易、来料加工、来件装配是我国常见的三种做法。银行为对销贸易提供的各种保函如下：

1. 补偿贸易保函

在补偿贸易中，进口设备的一方向供应设备的一方提供银行担保，保证若进口方在收到与合同相符的设备后，未能按合同规定，将该设备生产的产品返销出口给供应设备方或由其指定的第三者以偿付进口设备的价款，又不能以现汇偿付设备款及附加利息，担保行将按保函金额加利息赔付供应设备的一方。这种保函就是补偿贸易保函（compensation guarantee）。

补偿贸易保函的金额通常是设备价款加利息。补偿贸易保函的有效期一般为合同规定的进口方以产品偿付设备款的日期再加15天的索偿期。

2. 来料加工保函和来件装配保函

在来料加工业务或来件装配业务中，进料方或进件方向供料方或供件方提供银行担保，保证若进料方或进件方收到与合同相符的原料或元件（有时还包括加工或装配所需的小型设备及工具）后，未能以该原料或元件进行加工或装配，并按合同规定将成品交付供料方或供件方，或由其指定的第三者，又不能以现汇偿付来料或来件价款及附加的利息，担保行便按保函金额加利息赔付供料方或供件方。这种保函就是来料加工保函（processing guarantee）或来件装配保函（assembly guarantee）。

这两种保函的金额通常为来料或来件的价款加利息。来料加工保函和来件装配保函的有效期一般为合同规定的进料方或进件方以成品偿付来料或来件价款的日期再加 15 天的索偿期。

（四）其他类保函

其他类保函是指银行在一切非贸易性质的国际经济交往中代债务人向债权人开出的各种保函。在我国，比较常见的有以下几种：

1. 借款保函

借款保函（loan guarantee）是指担保行应借款人的要求，向国外贷款人开出的担保借款人一定按照借款协议的规定偿还贷款本金及利息的书面保证文件。如果借款人违约，担保行必须向贷款人偿还借款人应还而未还的全部款项。

借款保函的金额为借款金额加利息。借款保函的有效期为借款契约规定的还清借款并付给利息的日期再加 15 天的索偿期。担保行的付款责任随贷款的部分偿还而相应递减。

2. 关税保付保函

关税保付保函（customs guarantee）是指担保行向国外海关开立的，保证临时进入该国的商品会按时撤回，否则由银行向海关支付相应税款的书面保证，又称海关免税保函。比如承包工程公司在国外施工，需要将施工器械运进工程所在国，而在运入该国时，该承包工程公司应向该国海关缴纳一笔税款，在工程完毕将施工器械撤出该国时，该国海关再退还这笔税金。承包方为了避免垫付这笔税款，常要求银行向工程所在国海关出具担保，保证承包方在工程完毕后一定将施工器械撤离该国，若到期不撤回，将由担保行支付这笔税款。这种保函就是关税保付保函。

在外国举办展览或其他宣传活动，将展品或有关器具运进该国也会发生同样的情况，举办展览的单位也可用提供关税保函的办法来避免垫付关税。

关税保付保函的金额就是外国海关规定的关税金额。关税保付保函的有效期通常为合同规定的施工器械或展品等撤离该国的日期再加 15 天的索偿期。

3. 账户透支保函

当承包工程公司在另一国施工时，为了得到当地银行的资金融通，有时需要申请在当地银行开立透支账户，由当地银行提供一定的透支限度。在开立透支账户时，当地银行常要求申请人提供其本国银行（担保行）开立的保函，保证申请人按透支合约的规定及时向透支账户补足透支金额，否则担保行将代其补足。这种保函就是账户透支保函（overdraft guarantee）。

账户透支保函的金额一般是透支合约规定的透支限额。账户透支保函的有效期一般为透支合约规定的结束透支账户日期再加 15 天的索偿期。

4. 保释金保函

保释金保函（bail bond）是担保行应本国船公司或其他运输公司的申请，为其保释因海上事故或其他原因而被扣留的船只或其他运输工具，而向当地法庭出具的书面保证文件。

保释金保函多用于海事纠纷。比如载运货物的船只或其他运输工具，由于船方或运输公司的责任造成货物短缺、残损，使货主遭受损失，或因碰撞事故造成货主或他人损失，在确定赔偿责任前，被当地法院下令扣留，需要交纳保释金方予放行时，可由船方或运输公司向当地法庭提供银行担保，保证若船方或运输公司不按法庭判决赔偿货主或受损方所受损失，担保行就代其赔偿。当地法庭在收到保函后即可以此代替保释金，将船只或其他运输工具放行。

保释金保函的金额视可能赔偿金额的大小，由当地法庭确定。保释金保函的有效期一般至法庭裁决日期后的若干天。

第三节　银行保函与商业信用证的比较

银行保函与商业信用证都是银行应申请人的请求，向受益人开立的、有条件的支付担保或承诺，都是以银行信用代替商业信用来解决合同双方互不信任的问题，但两者从开立的目的、功能及应用范围、业务操作等各方面均存在很大的不同：

(1) 开立的目的不同。银行保函的首要目的是担保而非付款，原则上只有在申请人违约的情况下，银行保函才发生作用，以便促使申请人正常履行责任，并促进交易正常进行。也就是说，只有在交易过程中出现违约等不符合基础合同的情况时，银行保函才发生作用。而商业信用证是一种国际结算工具，其开立的首要目的是付款，是交易正常进行过程中的一个环节。

(2) 银行责任不同。在商业信用证下，开证行的付款责任总是第一性付款责任，商业信用证一经开立，开证行就必须凭相符单据付款，即付款行为一定会发生。而在银行保函下，担保行的付款责任有时是第一性付款责任，有时是第二性付款责任。在独立性保函下，担保行承担第一性付款责任；而在从属性保函下，担保行承担第二性付款责任。即使担保行承担的是第一性付款责任，付款也不是必然行为，只有在申请人发生违约时担保行才会付款。

(3) 应用范围不同。银行保函的应用范围远大于商业信用证。商业信用证通常只用在贸易合同中，是开证行应进口商的申请向出口商开出的，在出口商提交了符合信用证条款的单据后，由开证行向出口商支付货款的一种贸易结算方式。银行保函既可用于国际贸易，也可用于其他国际交易，如劳务承包、租赁、借贷等国际经济活动。可以说，任何一种需要银行信用介入的交易活动，都可以使用银行保函。

(4) 所付款项的性质不同。由于商业信用证主要用于贸易合同，因此开证行支付的信用证项下款项一般是货款。而银行保函的应用范围更广，因此在银行保函项下担保行支付的不一定是货款，还可能是赔款或退款。

(5) 对单据的要求不同。在商业信用证项下，作为付款依据的单据主要是代表货权的货运单据及其他各种商业单据、检验证明及产地证等。而对于银行保函，最重要的付款依据是受益人提出的书面索赔书及声明，包括受益人证明、申请人违约的声明和有关单据的副件及其他证明文件。

(6) 银行承担的风险不同。在银行保函项下的担保行一般不掌握物权凭证，并且凭以赔付的单据较为简单，遭无理索赔或恶意索赔的可能性较大，因而承担的风险更大。

而在商业信用证交易中，银行通常握有包含物权凭证的全套货运单据，可能承担的风险相对较小。

(7) 从可转让性方面看，银行保函不可转让，而商业信用证有时是可以转让的。当开证行在信用证上加注“可转让”字样时，受益人使用信用证的权利可以转让。而银行保函与合约密切相关，贸易合约不能转让，银行保函也不可转让。除非银行保函有特殊规定，通常受益人在银行保函项下的索赔权利是不可转让的。

第四节 备用信用证

备用信用证最早产生于19世纪的美国。1879年，美国联邦法律禁止美国的商业银行为其客户提供担保或保证书服务，只允许保险公司或担保公司从事担保业务。美国的商业银行为了应对担保业务广阔的市场需求，提升自身与外国银行之间的竞争力，便创立了备用信用证，用以替代银行保函，并正式获得了美国法律的认可。

如今，虽然美国限制商业银行开立保函的法律早已取消，但由于备用信用证具有独立性、单据化和见索即付的特点，较易为交易各方所接受，因此不仅在美国沿用至今，而且逐渐在世界范围内得到了广泛应用。备用信用证的用途极为广泛，既可用于国际货物买卖，也可用于国际工程承包、国际资金融通等多种国际经济活动。

一、备用信用证概述

（一）备用信用证的定义

备用信用证（standby letter of credit，SLC），又称商业票据信用证（commercial paper L/C）或担保信用证（guarantee L/C）。1977年美国联邦储备银行管理委员会对备用信用证所下的定义是：“不论其名称或描述如何，备用信用证是一种信用证或类似安排，构成开证行对受益人的下列担保义务：(a) 偿还债务人的借款或预支给债务人的款项；(b) 支付由债务人所承担的负债；(c) 对债务人不履行契约而付款。”从以上定义可以看出，备用信用证是开证行根据开证申请人的请求对受益人开立的保证承担某项义务的凭证，即开证行保证在开证申请人不履行其应履行的义务时，受益人可凭备用信用证的规定向开证行开具汇票（或不开汇票），并提交开证申请人未履行义务的声明或证明文件，即可取得开证行的偿付。若开证申请人已经履约，则该备用信用证便失去作用。因此，备用信用证是在申请人违约时用来备用的，它既具备传统跟单信用证的一般特点，又具有担保文件的特殊功能。备用信用证既是一种具有信用证形式和内容的银行保函，又是一种具有保函性质和作用的信用证。

（二）备用信用证的性质

1. 不可撤销性

除非在备用信用证中另有规定，或经对方当事人同意，开证人不得修改或撤销其在备用信用证下的义务。

2. 独立性

备用信用证传承了信用证"独立抽象性"的原则。在备用信用证项下，开证人义务的履行并不取决于：①备用信用证对任何偿付协议或基础交易的援引；②开证人从申请人处获得偿付的权利和能力；③受益人从申请人处获得付款的权利；④开证人对任何偿付协议或基础交易的履约或违约是否了解。也就是说，开证人无须介入基础交易便可履行自身义务。

3. 跟单性

开证人基于对受益人提示的备用信用证所要求的单据表面状况的审核而决定是否履行付款义务。《国际备用证惯例》（ISP 98，国际商会第590号出版物）中所定义的单据是指提示（书面形式或是电子媒介形式）的汇票、索款要求、所有权凭证、投资担保、发票、违约证明，或其他事实、法律权利或意见的陈述，凭以审核是否与备用信用证的条款一致。

4. 强制性

备用信用证或其修改一经开立就具有约束力，无论申请人是否授权开立、开证人是否收取了费用、受益人是否收到或因信赖备用信用证或其修改而采取了行动，它对开证人都具有强制性。

（三）备用信用证的基本当事人和主要内容

1. 备用信用证的基本当事人

从备用信用证的性质可以看出，备用信用证与跟单信用证大致相同，因此两者的基本当事人及其关系也具有相似性。备用信用证的基本当事人有三个，即申请人、开证行和受益人，有时还会涉及保兑行和交单行。

（1）申请人（applicant）。申请人是指申请开立或代理他人申请开立备用信用证的一方。

（2）开证行（issuing bank）。开证行是指接受申请人的申请，向受益人开出备用信用证的银行，又称担保人。

（3）受益人（beneficiary）。受益人是指有权获得备用信用证项下付款的一方，既包括备用信用证项下的直接受款人（即指定受益人），也包括指定受益人收款权利的有效转让对象（即受让受益人）。备用信用证的开证行与受益人之间的关系和义务不受开证行与申请人之间的关系和任何协议以及法律或惯例项下的权利和义务的影响。

（4）保兑人（confirmer）。保兑人是指开证行指定的对其备用信用证项下担保加具自身保证、承诺支付的一方。保兑人在付款后，可凭担保函及开证行要求其加具保兑的书面指示向开证行索偿。

（5）交单人（presenter）。交单人是指向开证行或其指定人提交单据的一方。交单人通常包括备用信用证的受益人及其指定人或代理人。

2. 备用信用证的主要内容

备用信用证的内容与跟单信用证大体相似，其内容一般包括以下要素：①备用信用证的种类，如履约备用信用证、借款备用信用证等。②开证行的名称。③开立日期。④开证申请人的名称和地址。⑤受益人的名称和地址。⑥备用信用证的金额和币种。⑦对单据的要求。

⑧备用信用证的到期日（有效期）。⑨保证文句，即开证行承诺。⑩备用信用证的适用惯例。

二、备用信用证的种类和用途

备用信用证的用途与银行保函十分相似，既可用于成套设备、大型机械、运输工具的分期付款、延期付款和租金支付，又可用于一般进出口贸易、国际投标、国际融资、BOT项目、加工装配、补偿贸易、技术贸易以及保险与再保险的履约保证。在一般情况下，只要基础交易中的债权人认为商业合约对债务人的约束尚不够安全，即可要求债务人向银行申请开出以其（债权人）为受益人的备用信用证，用以规避风险、确保债权实现。当债务人违约时，债权人作为受益人就有权根据备用信用证的规定向开证行索偿。根据《国际备用证惯例》的规定，按照用途的不同，备用信用证主要可分为以下几种：

1. 履约备用信用证（performance SLC）

履约备用信用证用于担保履约责任而非付款责任，包括对申请人在基础交易中违约而造成的损失进行赔偿的担保。在履约备用信用证的有效期内，如果申请人违反合同，开证人将根据受益人提交的符合备用信用证规定的单据（如索款要求书、违约声明等），代申请人赔偿该备用信用证规定的金额。

2. 预付款备用信用证（advance payment SLC）

预付款备用信用证用于担保申请人对受益人的预付款所应承担的责任和义务。预付款备用信用证通常用于国际工程承包项目中业主向承包人支付的合同金额10%～25%的工程预付款，以及进出口贸易中进口商向出口商支付的预付款。

3. 投标备用信用证（bid bond，tender bond SLC）

投标备用信用证用于担保申请人中标后执行合同的责任和义务。若投标人未能履行合同，开证人须按备用信用证的规定向受益人履行赔款义务。投标备用信用证的金额一般为投标报价的1%～5%（具体比例视招标文件的规定而定）。

4. 反担保备用信用证（counter SLC）

反担保备用信用证用于担保其受益人开出的另一单独备用信用证或其他承诺。

5. 融资备用信用证（financial SLC）

融资备用信用证用于担保申请人应履行的付款义务，包括任何偿还借款义务的证明文件。融资备用信用证广泛用于国际信贷融资安排，境外投资企业可根据所有权安排及其项目运营的需要，通过融资备用信用证获得东道国的信贷资金支持。通常是境外投资企业通过本国银行或东道国银行开立一份以融资银行为受益人的融资备用信用证，并凭以作为不可撤销的、独立的偿还借款的支持承诺，向该银行申请提供账户透支便利。

6. 直接付款备用信用证（direct pay SLC）

直接付款备用信用证用于担保申请人的一项基础付款责任的到期付款，该付款责任通常与融资备用信用证有关而不论其违约与否。直接付款备用信用证通常用于担保企业发行债券或订立债务契约时的到期支付本息义务。直接付款备用信用证已经突破了备用信用证备而不用的传统担保性质。

7. 保险备用信用证（insurance SLC）

保险备用信用证用于担保申请人的保险或再保险的义务。

8. 商业备用信用证（commercial SLC）

商业备用信用证用于担保在未能以其他方式付款的情况下，申请人对货物或服务的付款责任。例如，在申请人未按时偿还货款的情况下，开证行负责偿还货款。若申请人如期履行了付款责任，则该备用信用证失效。

三、备用信用证与跟单信用证的比较

备用信用证是在跟单信用证的基础上发展而来的，1983 年国际商会制定的《跟单信用证统一惯例》（UCP 400）首次明确规定该惯例适用于备用信用证，1993 年和 2007 年的《跟单信用证统一惯例（修订本）》（UCP 500 和 UCP 600）第 1 条都明确规定，该惯例适用于所有在文本中明确表明受本惯例约束的跟单信用证（在其可适用的范围内，包括备用信用证）。尽管备用信用证与跟单信用证一样都可受国际商会《跟单信用证统一惯例》的约束，也就是两者的基本性质相似，但备用信用证是一种具有保函性质和作用的特殊信用证，其与跟单信用证还是存在一定的差异。备用信用证与跟单信用证之间的主要异同如下：

（一）备用信用证与跟单信用证的相同点

1. 两者都是自足性文件

备用信用证和跟单信用证都是一经开立便独立于基础合同和交易，开证行与受益人之间的关系以及开证行的义务都只基于信用证本身，与基础合同和交易无关。

2. 两者都是开证行承担第一性的凭单付款责任

备用信用证与跟单信用证的开证行承担的都是第一性付款责任，凭受益人提交的符合信用证规定的单据付款。

3. 两者处理的都只是单据

备用信用证与跟单信用证处理的都只是单据，开证行仅负责审查受益人所提交单据的表面真实性，只要单据在表面上与信用证规定相符，开证行就要付款，而无义务或责任过问单据背后的事实真相。

（二）备用信用证与跟单信用证的不同点

1. 两者的适用范围不同

备用信用证的用途较广，既可用于国际贸易结算，又可用于国际工程承包、国际信贷等国际经济活动，如用作投标、履约及还款等的担保。

跟单信用证主要用于国际贸易结算，其使用范围相对较窄。

2. 两者的作用不同

备用信用证是一种担保工具，它是开证行对开证申请人履行其偿付义务的保证。备用信用证即使用于货物买卖，其功能也主要是用来担保开证申请人支付货款，而不是用于货款结算。虽然开证行承担第一性付款责任，但它不是主债务人，而是次债务人，只有在申请人不付款或不履行义务时，受益人才能行使备用信用证规定的权利。因此，备用信用证一般是一份备而不用的文件。

跟单信用证是一种结算和信用工具，它将进口方的付款责任转化为由银行来承担第一性付款责任，也就是以银行信用替代商业信用，用来解决买卖双方的信任问题。跟单信用证项下的开证行不仅承担第一性付款责任，而且是主债务人，只要受益人提交符合信用证规定的单据，开证行就应该履行付款责任。

3. 两者付款的依据不同

备用信用证一般是凭受益人出具的说明开证申请人未履行其义务的证明文件或声明作为付款依据。

跟单信用证是以符合信用证规定的货运单据作为付款依据，一般包括商业发票、保险单和运输单据等商业单据。

4. 两者的有效期限不同

备用信用证常用于担保工程的实施或贷款的偿还，由于其基础交易的周期较长，因而备用信用证的有效期限也比较长。

跟单信用证的有效期限一般较短，通常为几个月，超过一年的情况较少。

5. 两者对风险的承担不同

备用信用证的开证行一般不掌握运输单据等物权凭证，在申请人不履约的情况下，无法利用单据降低其付出款项的风险，因而可能承担的风险更大。

跟单信用证项下的开证行通常握有包含物权凭证的货运单据，可能承担的风险相对较小。

6. 两者适用的法律规范不同

备用信用证既可适用《跟单信用证统一惯例》，又可适用《国际备用证惯例》（ISP 98）。在同时注明适用 ISP 98 和 UCP 的情况下，优先适用 ISP 98。

跟单信用证适用《跟单信用证统一惯例》。

四、备用信用证与银行保函的比较

备用信用证与银行保函作为国际结算和担保的重要形式，在国际经济活动中的应用十分广泛。如前所述，备用信用证是具有信用证内容和形式的银行保函，因此两者之间既有联系又有区别。准确把握两者之间的异同，有助于通过正确选择来促进国际经贸的开展，也有利于保护有关当事人的合法权益。

（一）备用信用证与银行保函的相同点

1. 两者的定义和法律当事人基本相同

虽然备用信用证与银行保函在定义的具体表述上有所不同，但两者基本都是由银行或其他开立人应申请人（交易合同的一方当事人）的请求或指示，向受益人（交易合同的另一方）开立的书面保证文件，承诺对提交的在表面上符合其条款规定的书面索赔声明或其他单据予以付款。两者的法律当事人也基本相同，一般包括申请人、开证行或担保行（两者处于相同地位）、受益人。其中，申请人与开证行或担保行之间是契约关系，他们之间的权利与义务关系是通过开立保函申请书或开立备用信用证申请书而确立的。开证行或担保行与受益人之间的法律关系则是通过开立的银行保函或备用信用证的条款而确立的。

2. 用途基本相同

备用信用证与银行保函都是国际结算和担保的重要形式，备用信用证是作为银行保函的替代方式而产生的，因而两者的功能基本相同。在国际经贸往来中，交易当事人往往要求提供各种担保，以确保债项的履行，如投标担保、履约担保、预付款担保、质量或维修担保等，这些担保都可通过备用信用证或银行保函的形式实现。

3. 性质基本相同

从起源来看，备用信用证是作为银行保函的替代形式而产生的，而国际经济活动中的银行保函大多是见索即付保函，所以这种信用证又吸收了保函的特点。因此，备用信用证与见索即付保函在性质上日趋相同，主要表现在以下几个方面：①两者都承担第一性的担保或付款责任。备用信用证的开证人或见索即付保函的担保人的担保或付款责任都是第一性的，即当申请人违约或不履行付款责任时，受益人可凭保函或备用信用证直接从担保人或开证人处取得补偿。②两者都独立于基础交易。虽然两者都是依据基础合同开立的，但一经开立，均独立于基础合同和基础交易。③两者处理的都只是单据。开证人或担保人对受益人的索赔要求是基于备用信用证或保函条款规定的单据，即凭单付款，而无义务或责任过问单据背后的事实真相。

（二）备用信用证与银行保函的不同点

备用信用证与银行保函都是一种银行信用，虽然从法律观点看，两者并无本质上的区别，但在实际应用中，由于备用信用证已发展为适用于各种用途的融资工具，因而它比银行保函的使用范围更广泛，而且备用信用证在运作程序方面比银行保函更像商业信用证。因此，两者之间还存在一定的差异，主要表现在以下几方面：

1. 备用信用证无从属性和独立性之分

备用信用证作为信用证的一种形式，与其凭以开立的基础合同之间的关系并无从属性与独立性之分，它具有信用证“独立性、自足性、仅处理单据”的特点，受益人索赔的唯一依据是该信用证规定的条件，开证行只根据受益人是否满足信用证的条款与条件来决定是否支付，而不考虑基础合同订立和履行的情况。

银行保函作为银行提供担保的一种形式，与其凭以开立的基础合同之间的关系有从属性和独立性之分，这是由银行保函自身的内容决定的。当从属性保函项下发生索赔时，担保人要根据基础合同的条款以及实际履行情况来确定是否对受益人支付，各国的国内保函基本都是从属性保函。独立性保函与此不同，它一经开出就具有独立的效力，是自足性文件。担保人对受益人的索赔要求是否支付，仅取决于独立性保函本身，而不取决于独立性保函以外的交易事项，银行在收到受益人提交的符合独立性保函规定的索赔要求后应立即予以赔付。见索即付保函就是独立性保函的典型代表。

2. 银行的付款责任不同

备用信用证的开证行负第一性付款责任，但为次债务人。由于银行保函有独立性保函和从属性保函之分，因而担保行既可能负第一性付款责任，也可能负第二性付款责任。

3. 融资作用不同

备用信用证适用于各种用途的融资：申请人可以用备用信用证作为担保取得贷款；受益人在备用信用证下的汇票可以议付；以备用信用证作为抵押可以取得打包贷款；另外，银行可以自行开立备用信用证而无须申请人，供受益人在需要时取得所需款项。而银行独立保函除了借款保函的目的是以银行信用帮助申请人取得借款外，不具有其他融资功能，而且不能在没有申请人（委托人或指示方）的情况下由银行自行开立。

4. 兑付方式不同

备用信用证可以在即期付款、延期付款、承兑、议付四种方式中规定一种作为兑付方式，而银行独立保函的兑付方式只能是付款。相应地，备用信用证可指定议付行、付款行等，受益人可在当地交单议付或取得付款；在银行独立保函中只有担保行，受益人必须向担保行交单索赔。

5. 适用的法律规范和国际惯例不同

备用信用证适用统一的国际惯例，在开立时应明确表明该信用证所适用的国际惯例的名称。目前，备用信用证可适用的国际惯例主要有三个：一是《国际备用证惯例》；二是《跟单信用证统一惯例》；三是《联合国独立保函与备用信用证公约》（United Nations Convention on Independent Guarantees and Standby Letters of Credit）。

银行保函适用各国关于担保的法律规范。由于各国关于保函的法律规范各不相同，因而到目前为止，尚没有一个可为各国银行界和贸易界广泛认可的保函国际惯例。虽然独立性保函在国际经贸实务中的应用广泛，但大多数国家对其性质在法律上并没有明确规定，这也在一定程度上阻碍了银行保函的发展。银行独立保函可适用的国际规则主要有《见索即付保函统一规则》（URDG 758）和《联合国独立保函与备用信用证公约》。目前，前者尚未被世界各国广泛承认和采纳，后者也只对参加该公约的国家有效。

第五节 保函和备用信用证适用惯例及法律简介

一、《合约保函统一规则》

国际商会第 325 号出版物《合约保函统一规则》（Uniform Rules for Contract Guarantee，URCG 325）是由国际商会与联合国国际贸易法委员会（UNICITRAL）于 1978 年共同制定发布的关于规范投标担保、履约担保、预付款还款担保的国际惯例，是有关国际担保方面最早的国际惯例。

URCG 325 为涉及国际上大型工程项目的国际性招标、投标、承包签约、履约等有关环节相应的担保方面制定了统一的规范，以平衡各有关当事人的权利和义务。该惯例包括范围、定义、担保人对受益人的责任、索赔的最后日期、担保的到期、担保的退回、合约和担保的修改、索赔的提出、索赔的佐证文件、适用法律和争议的解决共计 11 条。URCG 325 适用于任何保证、担保、赔偿、作保或类似性质的文件，不论这类文件如何命名或描述，只要注明遵循 URCG 325，该规则即适用，并对各有关当事人具有约束力，除非在担保中另有约定或另有修改。1982 年，国际商会还依据该惯例发布了《开立合约保函示范格式》（Model Forms for Issuing Contract Guarantee No. 406），对投标、履约、还款等担保及其相关的索赔书和受益人至申请人声明的示范格式进行了规范。

该惯例作为最早规范担保的国际惯例，倡导“利益均衡”原则，要求受益人在索赔时，须提交有关索赔佐证文件，即受益人在索赔时须提交证明索赔正当的法院判决书或仲裁裁定书，或提交申请人违约情况的证明。这与见索即付的原则相冲突，影响了保函的独立性，使得该惯例未能得到国际商贸界、银行界的广泛认同，最终未能成为规范国际担保实务的指导文件。当前，该惯例除在个别国家以法律规定做强制性的要求外，在实务中已很少使用，但仍然有效。

二、《合同担保统一规则》

国际商会第 524 号出版物《合同担保统一规则》（Uniform Rules for Contract Bonds, URCB 524）是国际商会于 1993 年针对美国的高保额、有条件担保的基本模式而制定的规则，主要用于保险公司或专门的担保公司开展的担保。

URCB 524 主要是适用于保险业特殊做法的从属性保函。该规则设定的债务具有从属性特征，即担保人对受益人所负的责任从属于主债务人根据基础交易而对受益人所承担的责任，并且在主债务人发生违约的情况下产生。担保人承担的担保责任是第二性的，债务人依据基础交易产生的任何抗辩，担保人均可援引。该规则包括范围和适用、定义、担保的形式和担保人对受益人所负的责任、担保人责任的免除或终止、担保的返还、合同及担保的修改和变更以及时间的顺延、请求的提出及请求程序、管辖权及争议的解决共计 8 条。

由于涉外保函多为独立性保函，URCB 524 在实务中的使用及影响力远不及《见索即付保函统一规则》（URDG）。

三、《见索即付保函统一规则》

（一）URDG 458

由于国际商会在 1978 年发布的 URCG 325 未能得到普遍接受，为均衡国际担保中各方当事人的不同利益诉求，国际商会于 1992 年制定了《见索即付保函统一规则》（Uniform Rules for Demand Guarantees），即国际商会第 458 号出版物（URDG 458）。

URDG 458 包括概述、适用范围、定义及准则、责任与义务、索赔要求、失效条款、适用法律与司法等共计 28 条。1992 年，国际商会依据该规则发布了《开立见索即付保函示范格式》（Model Forms for Issuing Demand Guarantees），对投标担保、预付款担保、履约担保、维修担保、留置金担保及相关的要求转开行根据反担保开立保函的指示和担保的减额条款、生效条款的示范格式进行了规范。

与 URCG 325 相比，URDG 458 对受益人做了重要的有利改动，即受益人在索赔时无须提交法院判决书、仲裁裁定书或其他证明文件。对担保人而言，仅凭受益人提交的书面索赔书和保函规定的其他单据为条件进行赔付，而不是以申请人在基础交易下的违约证明文件为条件进行赔付。这与已被广泛接受并使用的《跟单信用证统一惯例》（UCP）的理念是一致的，即只处理单据，而不涉及违约事实。URDG 458 较好地体现了各方当事人利益的公平均衡，具有只处理单据、独立于基础交易、易于操作等特性，因此 URDG 458 出台后在国际上得到了广泛的接受和认可。

（二）URDG 758

URDG 758（国际商会第 758 号出版物）是国际商会借鉴近年来担保及相关业务的实践发展经验，于 2010 年对 URDG 458 进行修订后发布的《见索即付保函统一规则》的最新版本，体现了国际担保实务的发展需要。

URDG 758 包括适用范围、定义和释义、开立和生效、担保和反担保的独立性、单据和货物、服务或履约行为、非单据条件、指示和担保的内容、未被执行的申请、担保或担保修改书的通知、修改、担保人的责任范围、担保金额的变动、交单、索赔要求、索赔通知、部分索赔和多次索赔及索赔的金额、索赔的单独性、审单、索赔的审核时间及付款、付款的货币、相符索赔书副本的传递、展期或付款、不相符索赔和不符点的放弃及通知、减额与终止、不可抗力、单据有效性的免责、信息传递和翻译的免责、使用其他方服务的免责、免责的限制、有关外国法律和惯例的补偿、费用的承担、担保转让与款项让渡、适用法律、司法管辖共计 35 条。URDG 758 还包含了见索即付保函与反担保保函的示范格式。

URDG 758 借鉴和采用了 UCP 600 的体例，在调整担保当事人各方的权责关系方面更加清晰、准确和全面，更加强调见索即付保函的独立性和单据化特征。与 URDG 458 相比，URDG 758 更具可操作性，它沿袭了 UCP“先赔付、再争论”的理念。与此同时，类似于其他国际商会出版物，即使在国际担保中没有明确标注适用，但 URDG 758 作为国际担保领域的商业惯例，可作为适用法律或者供法官或仲裁员在裁量纠纷时使用。

四、《国际备用证惯例》(ISP 98)

国际商会第 590 号出版物《国际备用证惯例》(International Standby Practices) 是国际商会于 1998 年针对备用信用证（包括履约备用信用证、融资类备用信用证及直接付款备用信用证等）进行规范而制定的惯例。其制定背景主要是因为美国的法律规定商业银行不得从事担保业务，但在实务中，客户对担保的需求量很大，因而美国的商业银行创立了备用信用证，用于代替担保。为了配合备用信用证在国际经济贸易中的使用，国际商会制定了 ISP 98，这是目前使用最多、最重要的有关备用信用证的国际惯例。

ISP 98 包括总则、义务、交单、审单、拒付通知及放弃不符点与对单据的处理、转让与让渡及依法转让、撤销、偿付义务、时间规定、联合/参与共计 10 条。按照 ISP 98 的规定，只有在明确注明依据 ISP 98 开立时，备用信用证（或受该规则约束的承诺）方受 ISP 98 的管辖。

五、《联合国独立担保和备用信用证公约》

1995 年 12 月 11 日，联合国大会通过了《联合国独立担保和备用信用证公约》(United Nations Convention on Independent Guarantees and Standby Letters of Credit)。该公约的主要目的是将在实践中得到广泛使用的独立保函和备用信用证的规则统一起来，构建国际担保的统一法律基础，以促进独立保函和备用信用证的使用。

该公约包含七个部分，共 29 条，涉及适用范围、解释、承保的形式和内容、权利义务和抗辩、临时司法措施、法律冲突、最后条款等内容。为了强调独立保函和备用信用证均可适用一套共同的总规则并克服术语上存在的差异，该公约使用了“承保”(undertaking) 这个中性词语来泛指这两种担保方式。

目前，该公约只适用于少数缔约国，如科威特、厄瓜多尔、巴拿马和突尼斯等，在全球的影响力较为有限。但是，该公约为商业交易提供了更大的法律确定性，使当事方可自主决定适用的国际惯例或规则，对推动国际惯例的使用具有积极意义。

六、《跟单信用证统一惯例》

备用信用证作为信用证的一种特殊形式，也可适用于国际商会制定的《跟单信用证统一惯例》（UCP）。1993 年的 UCP 500 及 2007 年的 UCP 600 第一条均明确规定：本规则适用于所有在其文本中明确表明受本惯例约束的跟单信用证（在其可适用的范围内，包括备用信用证）。

UCP 中关于运输单据、保险单据、商业发票等商业单据的条款及有关货物运输的规定，在通常情况下被视为不适用于备用信用证，而 UCP 中关于银行责任与义务等跟单信用证基本事项的条文却能适用于备用信用证。例如，备用信用证的当事人欲排除 UCP 某些条款的适用，则应在备用信用证中明确规定排除 UCP 中特定条款对该备用信用证的适用。一份备用信用证可同时注明依据 ISP 98 和 UCP，此时 ISP 98 优先于 UCP，即只有在 ISP 98 未涉及或另有明确规定的情况下，才可依据 UCP 来解释和处理。

七、我国有关银行保函的规定

（一）《中华人民共和国担保法》

1995 年 6 月 30 日，第八届全国人民代表大会常务委员会第十四次会议审议通过了《中华人民共和国担保法》（以下简称《担保法》）。《担保法》规定，银行的担保活动应当遵循平等、自愿、公平、诚实信用的原则。银行在从事对外担保业务时，必须遵守《担保法》的基本规定。《担保法》还为明确银行保函的法律性质提供了法律依据。《担保法》的公布施行对于规范各种形式的担保起到了积极的作用。

（二）《境内机构对外担保管理办法》和《境内机构对外担保管理办法实施细则》

1996 年 10 月 1 日，中国人民银行制定的《境内机构对外担保管理办法》（以下简称《办法》）开始施行。在此基础上，1998 年 1 月 1 日国家外汇管理局制定的《境内机构对外担保管理办法实施细则》（以下简称《实施细则》）开始施行，该《实施细则》对对外担保的定义、国家外汇管理局对对外担保的管理、对外担保的当事人、担保银行的权利、银行担保合同的形式及生效、银行担保的性质、担保权利的转让、不得提供银行担保的情形、银行担保无效的情形等方面进行了规定。《办法》和《实施细则》完善了我国对外担保的管理制度，也不排除独立担保这一担保形式，但在具体规定上，它们还是将对外担保作为从属合同来对待。

（三）《最高人民法院关于审理独立保函纠纷案件若干问题的规定》

2016 年 12 月 1 日，《最高人民法院关于审理独立保函纠纷案件若干问题的规定》（即“独立保函司法解释”，以下简称《规定》）正式施行。该《规定》在我国独立保函领域具有划时代的意义，它第一次明确了独立保函的法律边界和审判规则，明确并正式承认了国内独立保函，统一并严格规范了各级法院参差不齐的止付裁决，与国际惯例保持了高度的衔接和一致性。该司法解释的出台对保函在我国的应用以及商业银行的保函业务有着持久和深远的影响，对全球的保函格局也有一定的影响。

近年来，随着“一带一路”倡议以及企业“走出去”等国家战略的持续深入推进，我国与各国之间的贸易、金融交往日益增多，国际投资及基础设施建设规模不断扩大，银行等金融机构对外开具独立保函的数量快速递增，其体量和规模已超过商业信用证。与独立保函商业实践的高速发展相对应，近年来诉至法院的独立保函纠纷案件也逐年增多。由于我国未加入独立保函相关国际公约，同时我国现行法律也没有专门关于独立保函权利与义务的规定，这就造成人民法院处理独立保函纠纷时在确定管辖、适用法律和划分责任上的不统一。随着“一带一路”市场重要性的增强，各市场主体对于出台有关独立保函纠纷裁判规则的需求日益迫切，如何妥善地从法理上界定独立保函的性质并就主要争议问题制定相应的裁判规则，就成为司法实践中的难题。为了解决这一问题，正确审理独立保函纠纷案件，统一裁判尺度，最高人民法院制定出台了《规定》。

《规定》共计26条，主要包括11个方面的内容：一是明确规定了独立保函的定义；二是明确规定了独立保函的性质；三是明确规定了独立保函与保证的区分标准；四是明确规定了独立保函交易示范规则的性质；五是明确规定了当事人可以在国内交易中约定适用独立保函；六是明确规定了独立保函的独立抽象原则以及独立保函当事人的权利与义务；七是明确规定了独立保函独立性原则的欺诈例外情形及证明标准；八是明确系统地规定了独立保函的临时止付程序；九是明确规定了独立保函纠纷的管辖权问题；十是明确规定了涉外独立保函纠纷的准据法问题；十一是明确规定了独立保函开立保证金的性质。此外，《规定》还对独立保函的生效、权利与义务的终止、转让、开立人追偿权等问题做出了规定，具有较强的实践意义。

《规定》的出台，为我国法院处理独立保函纠纷提供了重要的裁判依据，也为独立保函交易当事人的行为提供了完善、可预期的法律指引，还为各国独立保函的司法实践提供了极具参考价值的裁判规则。自《规定》施行以来，对促进我国独立保函业务的规范有序发展、服务和保障“一带一路”建设起到了积极有效的作用，对全球的保函格局也有一定的影响，其国际影响力日益提高。

▲ 案例 6-3

独立保函司法解释下对保函欺诈认定标准的判例

案情简介

2011年5月2日，国内A公司与国外B公司签订了矿厂工程设备供应合同，约定B公司向A公司支付1 150万美元，A公司向其提供工程设备的设计、生产、安装和调试。A公司依据合同向国内C银行申请开立以B公司为受益人的履约保函。C银行向受益人B公司保证：一旦收到B公司宣布申请人已经违背合同或不能履行合同的原始书面第一要求后5个工作日之内支付索赔的款项。该履约保函适用URDG 758。

2014年6月10日，受益人B公司向国内担保行C银行发出索偿电文称，申请人A公司未能履行合同，B公司不可撤销地指示担保行赔付履约保证金。

2014年6月底，A公司以B公司的索赔请求构成独立保函欺诈为由向法院申请止付令，法院裁定C银行中止支付保函项下款项。随后，A公司提起诉讼，请求确认B公司的索偿行为为保函欺诈侵权及请求判决C银行（列为第三人）终止向B公司支付保函项下款项。

一审判决B公司构成保函欺诈，二审根据《最高人民法院关于审理独立保函纠纷案件若干问题的规定》撤销一审判决，驳回A公司终止支付保函索赔款项的诉讼请求。

案例分析

本案争议的焦点之一是该纠纷的法律适用问题。本案中的A公司主张B公司虚构A公司违反保函基础合同项下义务，向第三人C银行欺诈性地索取保函项下款项，因而侵害了A公司的合法权益，构成保函欺诈。而B公司认为本案系因B公司依保函约定向第三人索赔而形成，索赔行为是否有效应当依据保函本身的约定来判断，因此本案应适用URDG 758。二审法院查明本案是A公司以B公司保函欺诈为由提起侵权之诉，属于保函欺诈民事侵权纠纷。涉案保函约定适用URDG 758，该规则并未对欺诈问题做出规定。保函欺诈属于侵权法上的问题，根据《中华人民共和国涉外民事关系法律适用法》第四十四条的规定："侵权责任，适用侵权行为地法律。"B公司的索偿结果地在中国，即本案的侵权行为地为中国，应适用中华人民共和国法律作为准据法。《最高人民法院关于审理独立保函纠纷案件若干问题的规定》的司法解释于2016年12月1日施行，其中第二十五条规定："本规定施行后尚未终审的案件，适用本规定。"由于本案在该司法解释出台后尚未终审，因此应适用最高人民法院该司法解释的相关规定。

本案争议的焦点之二是B公司的索赔请求是否构成保函欺诈，是否可以申请临时止付，从而进一步要求保函项下索赔款项终止支付。最高人民法院的司法解释明确规定：如果止付申请人以受益人存在保函欺诈为由，向法院申请保函止付裁定，根据"谁主张谁举证"的原则，申请人必须履行举证责任，证实受益人确实存在司法解释第十二条列明的五种欺诈情形之一且提交的证据需要证明欺诈行为的存在"具有高度可能性"，仅靠单方面声称情况紧急将无法获得法院支持。因此，本案应由A公司举证B公司的索赔主张"具有高度可能性"为列明的五种欺诈情形之一，进一步申请终局止付需要该证据达到第二十条规定的"能够排除合理怀疑地认定构成独立保函欺诈"的程度。所谓保函欺诈，应仅限于B公司明知A公司在履行相关合同中并不存在任何违约事实或其他付款到期事件，仍然恶意滥用索赔权利进行欺诈索赔。只有A公司提交的证据能够清楚、明确且达到排除合理怀疑地证明其自身已经切实履行了基础交易全部义务的程度，而B公司是在明知其所进行的是欺诈性索赔的情况下，B公司的行为才能认定为保函欺诈。根据A公司提交的证据，二审法院在根据司法解释第十八条"审查认定基础交易的相关事实"后，认定A公司所提供的证据并不足以证明其自身在履行合同过程中无任何违约行为及B公司存在保函欺诈的故意。即使双方在履行合同中都存有某些违约行为，也并不能据以认定B公司在索赔过程中有欺诈行为。因此，B公司的索赔请求并不构成保函欺诈，而具体违约事件发生的责任认定问题，需要双方在基础合同的争议中予以解决，不应在保函欺诈纠纷中予以审理，法院仅对基础交易相关事实进行审查。

由此可见，最高人民法院的司法解释采取了极为严格的欺诈认定标准，要求法院对下达止付裁定必须持审慎态度，不能按以往财产保全的习惯轻易下达止付裁定，彰显了其审慎干预独立保函独立性的价值取向。

资料来源：一则新司法解释下法院采取严格欺诈认定标准的判例（谢陶然整理）．贸易金融信息，2017（2）．

本章小结

银行保函又称银行保证书，是指银行作为担保人，应申请人（被担保人）的请求，向受益人开出的担保申请人正常履行合同义务的书面保证文件。当申请人未能按照协议履行其责任或义务时，将由担保银行在一定期限和范围内向受益人承担某种支付责任或经济赔偿责任。

银行保函的功能主要在于担保，其担保的责任分为两方面：一是担保受益人获得基础合同项下的付款；二是担保在申请人不履行基础合同项下的其他责任时，受益人能够得到相应的赔偿。根据银行保函与基础合同关系的不同，银行保函有从属性保函与独立性保函之分，前者从属于基础业务合同，担保行负第二性付款责任；后者虽根据基础业务合同开立，但一经开立，就独立于基础合同，担保行负第一性付款责任。

银行保函的基本当事人包括申请人（委托人）、担保行和受益人，在实际业务操作中还可能涉及通知行、反担保行、转开行、保兑行等当事人。银行保函的开立方法分为直开法和转开法两种。

银行保函业务的办理流程主要包括申请人向银行申请开立保函、担保行审查、保函开立、保函的通知和转开、保函的修改、保函项下的索赔和赔付及保函的注销等。

按照开立方式，银行保函可分为直开保函与转开保函；按照保函的属性，银行保函可分为独立性保函与从属性保函；按照基础合同的性质，银行保函可分为融资性保函与非融资性保函；按照应用范围，银行保函可分为出口类保函、进口类保函、对销贸易保函和其他类保函。

银行保函与商业信用证均属于银行信用，但两者在开立目的、银行责任、应用范围、所付款项的性质、对单据要求、银行风险以及可转让性方面均有不同。

备用信用证又称商业票据信用证或担保信用证，是开证行根据开证申请人的请求对受益人开立的保证承担某项义务的凭证，即开证行保证在开证申请人不履行其应履行的义务时，受益人可凭备用信用证的规定向开证行开具汇票（或不开汇票），并提交开证申请人未履行义务的声明或证明文件，即可取得开证行的偿付。备用信用证既是一种具有信用证形式和内容的银行保函，又是一种具有保函性质和作用的信用证。备用信用证具有不可撤销性、独立性、跟单性和强制性的特点。备用信用证的基本当事人有三个，即申请人、开证行和受益人，有时还会涉及保兑人和交单人。备用信用证的用途与银行保函十分相似，既可用于成套设备、大型机械、运输工具的分期付款、延期付款和租金支付，又可用于一般进出口贸易、国际投标、国际融资、BOT 项目、加工装配、补偿贸易、技术贸易以及保险与再保险等经济活动的履约保证。常见的备用信用证种类有履约备用信用证、预付款备用信用证、投标备用信用证、反担保备用信用证、融资备用信用证、直接付款备用信用证、保险备用信用证和商业备用信用证。

备用信用证与跟单信用证都是自足性文件、开证行承担第一性付款责任和仅处理单据，但两者的适用范围、作用、付款依据、有效期限、承担的风险和适用的法律规范不同。

备用信用证与银行保函的定义、法律当事人、性质和用途基本相同，但在是否有独立与备用之分、生效条件、融资作用、兑付方式、单据要求以及适用的法律规范及惯例几方面存在差异。

银行保函可适用的国际惯例和规则有：《合约保函统一规则》、《合同担保统一规则》、《见索即付保函统一规则》和《联合国独立担保和备用信用证公约》；备用信用证可适用的国际惯例和规则有：《国际备用证惯例》、《跟单信用证统一惯例》和《联合国独立担保和备用信用证公约》。

我国关于银行保函的规定主要有：《中华人民共和国担保法》、《境内机构对外担保管理办法》和《境内机构对外担保管理办法实施细则》、《最高人民法院关于审理独立保函纠纷案件若干问题的规定》。

练习题

一、术语解释

银行保函	从属性保函	独立性保函
投标保函	履约保函	预付款保函
备用信用证	融资备用信用证	直接付款备用信用证
反担保备用信用证	履约备用信用证	

二、填空题

1. 银行保函的功能体现在两方面：一是________，这也是银行保函成为国际结算方式的最主要原因；二是________，如履约保函、投标保函体现的就是银行保函的这种功能。

2. 银行保函的基本当事人有三个：一是________或________，一般是债务人，如进口商、________或承租人；二是________，一般为债权人，如________、________或________等；三是________，它一般是________所在地的银行。

3. 根据银行保函与基础业务合同之间不同的关系，银行保函可分为________和________两种。

4. 根据基础合同的性质，银行保函可分为________和________两种。

5. 出口类保函主要分为________、________、________、________四种。

6. 银行保函开立的首要目的在于________，而非________。

7. 国际商会于1998年10月出版的________（ISP 98），即国际商会第590号出版物，自1999年1月起正式实施。

8. 根据《国际备用证惯例》中关于备用信用证性质的规定："备用信用证在开立后就是一个________、________、________及具有________承诺。"

9. 备用信用证又称________、________，是一种特殊形式的________。

10. 备用信用证是一种具备信用证内容和形式的________，具备银行保函作用和性质的________。

11. 反担保备用信用证的受益人是原备用信用证的________。

三、判断题

1. 银行保函业务有时涉及通知行和转开行，两者一般均为受益人所在地的银行，其在保函业务中的责任也完全相同。（　　）

2. 在银行保函业务中，反担保行和保兑行两者均在担保行无力付款的情况下充当第二担保行的角色。（　　）

3. 银行保函与商业信用证的最大区别之一在于银行责任，即银行保函中的担保行总是承担第二性付款责任，而信用证业务中的开证行总是承担第一性付款责任。（　　）

4. 银行保函的开立方法分为直开法和转开法两种，其中直开法的手续相对简便，但不易为受益人所接受，因为其保函真伪辨认困难，索偿也比较麻烦；而转开法虽涉及的当事人较多，但由于有位于受益人所在地的通知行辨认保函真伪，同时还有位于受益人所在地的转开行负责担保，因此对于受益人最有利，在实际操作中也更为普遍。（　　）

5. 付款保函、延期付款保函、借款保函等执行的是银行保函的付款功能，而质量保函、履约保函、维修保函等执行的是银行保函的违约赔偿担保功能。（　　）

6. 备用信用证一经开立，除非有关当事人同意或备用信用证内另有规定，开证人不得撤销或修改其在该备用信用证项下的义务。（　　）

7. 备用信用证与跟单信用证的区别之一是前者的适用范围要远超后者。（　　）

8. 备用信用证是信用证的一种，具有信用证的形式和内容，但实质上是银行保函。（　　）

9. 跟单信用证与银行保函的主要区别是前者承担第一性付款责任，后者承担第二性付款责任。（　　）

10. 备用信用证和跟单信用证的开证行都是主债务人。（　　）

四、单项选择题

1. 在银行保函业务中，向担保行承诺在申请人违约且无法付款时，负责赔偿担保行所做出的全部支付者，称为（　　）。

A. 担保行　　B. 反担保行　　C. 保兑行　　D. 通知行

2. 在下列银行保函种类中，担保行承担第一性付款责任的是（　　）。

A. 从属性保函　　B. 独立性保函

C. 履约保函　　D. 以上答案均不对

3. 下列关于银行保函有效日期的论述，哪一条是正确的？（　　）

A. 银行保函的生效日期可按照确定的日期来规定

B. 银行保函的到期日可按照某到期事件来规定

C. 银行保函的生效日期可按照某特定生效事件来规定

D. 上述论述均正确

4. 在下列各类银行保函中，不属于承包保函的种类是（　　）。

A. 投标保函　　B. 履约保函　　C. 留置金保函　　D. 预付金保函

5. 在与成套设备进口合同相关的银行保函中，担保行担保申请人分期支付订金以外的设备余款的银行保函称为（　　）。

A. 付款保函　　　　B. 留置金保函　　　　C. 延期付款保函　　D. 预付金保函

6. 1977 年，美国联邦储备银行管理委员会首次对备用信用证做出了界定：不论其名称描述如何，备用信用证都是一种信用证或类似安排，构成开证人对受益人的下列担保（　　）。

A. 偿还开证申请人的借款或预付款

B. 支付由申请人所承担的债务

C. 承担本应由申请人所承担的付款责任

D. 因申请人未履行其义务而付款

7. 在备用信用证中，开证行的付款责任是（　　）。

A. 第一性的　　　　　　　　　　　　B. 第二性的

C. 可能是第一性的，也可能是第二性的　D. 以上都对

8. 在备用信用证中，开证行是（　　）。

A. 主债务人　　　　　　　　　　　　B. 次债务人

C. 既可以是主债务人，也可以是次债务人　D. 以上都对

9. 备用信用证和银行保函的共同点有（　　）。

A. 性质基本相同　　　　　　　　　　B. 用途基本相同

C. 定义和法律当事人基本相同　　　　D. 以上都对

10. 哪一个不是备用信用证和跟单信用证的相同点？（　　）

A. 自足性文件　　　　　　　　　　　B. 仅处理单据

C. 开证行承担第一性付款责任　　　　D. 要求的单据相同

11. 开证行只承担第一性付款责任且为次债务人的结算方式为（　　）。

A. 跟单信用证　　　　　　　　　　　B. 备用信用证

C. 银行保函　　　　　　　　　　　　D. 以上都是

12. 在下列我国关于银行保函的制度及法律规定中，第一次明确了独立保函的法律边界和审判规则的是（　　）。

A.《中华人民共和国担保法》

B.《境内机构对外担保管理办法》

C.《境内机构对外担保管理办法实施细则》

D.《最高人民法院关于审理独立保函纠纷案件若干问题的规定》

五、问答题

1. 简述银行保函的含义及性质。
2. 简述银行保函与商业信用证之间的区别。
3. 简述银行保函的主要内容。
4. 简述银行保函的业务办理流程。
5. 简述出口类保函中承包保函的主要种类。
6. 简述备用信用证的定义和性质。
7. 简述备用信用证的用途及基本分类。
8. 比较备用信用证与跟单信用证的异同。

9. 比较备用信用证与银行保函的异同。

10. 简述《最高人民法院关于审理独立保函纠纷案件若干问题的规定》的主要内容。

六、案　例

1. N公司是南非国家公路代理公司，B公司是国内一家施工公司，A公司是国内一家分包商，N公司与B公司签订主合同，用于承建南非的一个公路工程项目。随后，B公司和A公司签订分包合同，由B公司和A公司共同合作完成该工程。应B公司的要求，A公司向A银行申请出具一份以B公司为受益人的履约保函，保函金额为26万美元，相当于合同金额的15%，该履约保函适用南非法律。该履约保函包含如下条款：

1）担保行承诺，若申请人未尽其职责，担保行将根据受益人索偿赔付所产生的损失。

2）如果受益人单方面认为申请人未完成合同项下的职责，或由于任何原因未完成合同规定事项，或未返还受益人应返还金额，担保行将在收到受益人索偿后进行赔付。

在项目开工后，B公司遇到资金困难，因而无法履行自己在主合同项下的义务，这也导致A公司无法继续在分包合同项下完成履约。另外，B公司已无法支付A公司在分包合同项下已经完成的履约工程款。此时，B公司停止营业，项目工程停工。在这种情况下，南非国家公路代理公司N公司取消了与B公司的主合同。与此同时，B公司告知A公司要终止双方的分包合同。由于B公司与A公司的工程进度相互依存，致使A公司的履约进度亦受到影响。随后，B公司提出索赔，而A公司向法院申请止付。

B公司向一审法院提出抗辩，认为该履约保函是独立性保函，而且索赔电文与履约保函的要求相符，因此A银行必须履行履约保函的付款承诺。一审法院裁定该履约保函是独立性保函，A银行需要付款。

A银行和A公司不服该判决并向中级人民法院提起上诉，二审法院最终认定该履约保函是从属性保函。

试问此履约保函为何种属性？二审法院推翻一审判决的理由是什么？

2. A公司是中国的一家建造公司，B公司代理巴基斯坦政府机构。2014年年初，双方签订一份服务合同。该服务合同约定由A公司为B公司在巴基斯坦当地建厂，B公司预付款项给A公司，同时要求A公司以B公司为受益人出具一份预付款保函，但B公司不接受中国的银行直接开立的保函，要求通过巴基斯坦当地银行转开。

A公司于2014年5月9日向中国A银行申请开立一笔反担保预付款保函，要求由巴基斯坦当地P银行转开，受益人为巴基斯坦B公司。主保函的失效日为2015年4月30日，反担保保函的失效日为2015年5月30日。主保函和反担保保函均适用URDG 758。

2015年7月10日，应A公司的申请，A银行发报将上述主保函担保期限延展至2016年8月31日，反担保保函的期限相应延展至2016年9月30日。

2015年7月15日，A公司告知A银行，A公司已完成合同项下要求的第一阶段工厂建造任务，该反担保保函在7月10日进行展期修改的同时应该对反担保保函以及主保函进行减额，但由于申请人一方工作人员的疏忽，在提交申请时没有注明减额，因此要求A银行再次对外发出修改电文，对担保金额进行减额。A银行考虑到反担保保函金额的减少应先征得P银行的同意，因此没有按照A公司的要求直接做减额，而是向P银行发报请求同意减额。

2015年7月23日，A银行收到P银行索要其主保函项下担保费的来报，担保费收费区间截至2016年8月31日，但未就减额要求做出任何回应。随后，A公司向A银行提出应尽快完成减额的要求，但由于A银行未收到回报，因而A银行拒绝减额。最终，经保函申请人和受益人反复磋商并联系P银行，P银行来报确认减额。

试问A银行未按A公司要求直接做保函减额处理的做法是否合理？A公司陷入被动的原因是什么？可能造成哪些损失？

3. A公司是境内的一家外贸公司，F公司是境内异地的一家融资租赁公司，F公司需要融资用于购买设备，然后将购买的设备再以融资租赁的方式租给A公司，并以A公司定期支付的租金来偿还融资本息。

2014年9月5日，应A公司申请，境内C银行开立了以境内G银行为受益人的融资性反担保备用信用证，备用信用证的金额为3亿元人民币，失效日为2016年9月30日，适用UCP 600。A公司要求G银行开立以境外B银行为受益人的主备用信用证，并要求B银行发放融资给F公司，用以担保F公司向B银行申请的4 800万美元贷款。G银行应C银行的要求，开立了以B银行为受益人的备用信用证，金额为3亿人民币，失效日为2016年9月16日，适用UCP 600。

2015年3—12月C银行先后两次发报告知G银行对其开立的反担保备用信用证增额，并要求将G银行开立的备用信用证同步增额。G银行均因增额信贷审批未通过，向C银行发报拒绝相应备用信用证增额。

2015年12月15日，因人民币贬值，备用信用证金额已无法覆盖贷款本息，B银行向G银行索赔3亿元人民币；同日，G银行向C银行索赔3亿元人民币。而B银行和G银行实际为同一银行集团旗下的境内外分行，为最大程度维护集团利益，两家分行共同探讨和寻求减少损失的办法。鉴于人民币在岸价格高于离岸价格，境内购汇偿还贷款相较保函项下以人民币直接偿付境外更为有利，两家分行通过与C银行及A公司沟通协调，最终C银行贷款给A公司，A公司向F公司支付款项提前回购设备，F公司在境内以3亿元人民币购入美元，汇往境外B银行用以归还贷款本息。

2016年1月4日，B银行解除G银行在备用信用证项下的责任，G银行解除C银行在反担保备用信用证项下的责任。

试分析本案中采用该备用信用证方式对各当事方的有利之处，并分析各当事方的做法是否妥当，它们应采取何种风险防范措施。

第七章

国际保理业务

学习目标

- 掌握国际保理的基本概念
- 重点掌握国际保理的分类及特点、国际保理与出口信用保险的比较
- 了解国际保理业务的运作流程及其在国际贸易中的作用

继美国次贷危机爆发之后，不断蔓延的金融危机对全球经济造成严重影响，国际贸易摩擦不断，进出口商面临巨大的资金周转压力和国际结算成本，导致国际保理方式更受进出口商和银行机构的青睐。本章将详细介绍国际保理的概念、作用和基本的运作流程，并与出口信用保险及信用证等新旧结算方式进行比较。

第一节　国际保理概述

一、国际保理的定义

国际保理（international factoring）是在以记账赊销（O/A）、承兑交单（D/A）为支付方式的国际贸易中，由保理商（factor）向卖方/出口商/供应商提供的基于双方契约关系的一种集贸易融资、应收账款相关账户管理、应收账款催收、信用风险控制与坏账担保为一体的综合性金融服务。

根据《国际保理公约》(Convention on International Factoring)[1]，卖方/出口商/供应商将其现在或将来的基于其与买方（债务人）订立的货物销售/服务合同所产生的应收账款转让给保理商，以获得出口后收回货款的保证，而保理商应为卖方/出口商/供应商提供以下服务中的至少两项：

1. 贸易融资（trade finance）

出口商/供应商将应收账款转让给保理商以获得融资，保理商根据应收账款做出一定比例付款，以协助出口商解决流动资金短缺问题。

2. 应收账款相关账户（销售账户）管理（maintenance of sales ledger）

保理商根据出口商/供应商的要求管理应收账款，定期向其提供应收账款的记账、催收情况、账龄分析以及各类对账单，从而协助其进行销售管理。

3. 应收账款催收（collection of receivables）

出口商的收取账款工作常常导致大量营运资金占压在应收账款上，而保理商有专业人士负责催收，根据应收账款逾期的时间采取有理、有力、有节的手段，协助出口商安全回收账款，同时也帮助其成功分离销售与收款两个环节，从而提高了效率。

4. 买方信用风险控制与坏账担保（protection for buyer's credit）

出口商/卖方向保理商让渡其应收账款的债权后，保理商就承担了进口商/买方的信用风险，同时根据卖方需求评估买方信用额度，对于卖方在信用额度内发货所产生的应收账款，提供100%的坏账担保。

二、国际保理的分类

国际保理包括进口保理和出口保理。简单地说，就是卖方/供应商/出口商和债务人的营业地处于不同国家或地区的保理，通常可以按以下方式分类。

1. 单保理和双保理

根据运作方式的不同，国际保理业务涉及一方或多方保理商，从而产生单保理和双保理两种方式。

单保理是指在一项保理业务中只涉及出口或进口一方的保理商，即同一保理商在出口商、进口商间进行保付代理业务。

双保理是指在一项保理业务中同时涉及进出口双方的保理商。目前，国际保理多采用双保理方式，也就是在整个过程中进出口双方都只需和本地的保理商接触，没有语言和社会习惯等方面的障碍，方便易行。

2. 融资保理和非融资保理

根据保理商是否为出口商提供资金融通，国际保理可分为融资保理（financed factoring）和非融资保理。

融资保理是在国际保理业务中采用较多的形式，又称标准型保理（standard facto-

---

[1] 国际统一私法协会于1988年5月通过了第一部有关国际保理的法律文件——《国际保理公约》，并于1995年5月1日正式生效。

ring)，是指出口保理商收到出口商的融资申请书和装运提单、发票及汇票等单据后，就以预付款方式向出口商提供不超过发票金额80%的贸易融资额，所余20%的价款则于保理商收妥货款后再进行清算。

3. 有追索权保理和无追索权保理

根据保理商是否承担坏账风险、买断应收账款，国际保理可分为有追索权保理（recourse factoring）和无追索权保理（non-recourse factoring）。

保理商向出口商/供应商收购有效发票，按照预先协商的比率支付预付款，而后凭发票向进口商追偿货款。若进口商到期支付全部票面金额的货款，保理商扣除预付款本息及相关费用，将余额交给出口商/供应商；若进口商因信用原因延期支付货款，或因出现争议、经营恶化、破产而无力支付货款，从而导致保理商无法按时追回货款时，保理商有权要求供应商回购发票、偿还已获预付款本息及相关费用的，为有追索权保理（回购性保理），即保理商不承担买方信用风险的保理业务；保理商承担一切风险，并无权要求供应商回购发票、返还预付款的，为无追索权保理（非回购性保理）。

无追索权保理在国际保理中占主导地位。保理商根据出口商提供的进口商名单进行资信调查，并为出口商核定每个进口商的相应信用额度。出口商在信用额度内的赊销，保理商对应收账款的收购没有追索权。同时，由于合同争议、货物质量等引起的进口商延期付款或拒绝付款，仍由供应商承担责任，保理商不承担风险。

在有追索权保理中，保理商为出口商提供融资等服务，但不负责为其核定信用额度和提供坏账担保，当进口债务人因清偿能力不足而形成坏账时，保理商有权向出口商追索预支的货款。有追索权保理的费用远低于无追索权保理。

4. 公开型保理和隐蔽型保理

根据出口商是否告知债务人/进口商采用了国际保理业务，国际保理可分为公开型保理（disclosed factoring）和隐蔽型保理（undisclosed factoring）。

公开型保理是指出口商将拟采用保理业务和所选定的保理商名称，以书面形式通知其债务人/进口商，要求其直接向保理商支付应收账款。

代理保理（agency factoring）属于公开型保理，是指销售商作为保理商的代理人执行销售账务管理和应收账款催收职能的保理方式。在代理保理下，销售商将应收账款转让给保理商的事实通知债务人，从而加强了保理商作为债权所有人的权利。在一般情况下，代理保理也属于有追索权保理。

隐蔽型保理是保理商与供应商/出口商约定不向债务人/进口商披露保理活动的一种保理形式。在隐蔽型保理中，出口商不向进口商披露有关保理的信息，保理商的参与对外保密，进口商支付的货款仍由进口商直接付给出口商，而有关融资与费用的清算只在保理商和出口商之间直接进行。

5. 到期保理和预付保理

根据保理商凭债权转让向销售商支付货款的时间，保理可分为到期保理（maturity

factoring）和预付保理（advance factoring）。

到期保理是不论应收账款是否收妥，保理商都要在一个事先约定的固定期向销售商付款的保理方式。在到期保理中，出口保理商往往于平均到期日或者进口商延期付款实际期限的到期日才将应付账款支付给出口商。平均到期日（平均预计收款日）可由进出口商的以往交易计算得出。

预付保理是指保理商在到期日或收款日之前向销售商提供预付款而非货款的保理方式。

6. 直接保理和间接保理

根据债务人的不同付款对象，国际保理分为直接保理（direct factoring）和间接保理（indirect factoring）。

直接保理是指根据保理合同，债务人直接向保理商付款。

间接保理是指根据保理合同，债务人应向供应商/出口商付款。

7. 批量保理和逐笔保理

根据保理业务的操作方式，国际保理可分为批量保理（bulk factoring）和逐笔保理（facultative factoring）。

批量保理是指保理商向供应商提供关于全部销售或某一系列销售活动的保理服务，即保理商批给进口商一个最高信用额度，在此额度范围内，进口商可循环使用额度，不必每次申请，直到保理商撤销此批准。

逐笔保理是供应商逐笔向保理商询价并要求提供保理服务的保理方式。保理商批准的信用额度只能使用一次，不能重复使用，如需再次发货，必须重新申请。

8. 单一保理和背靠背保理

根据一项销售活动中涉及的保理合同的数量，国际保理分为单一保理和背靠背保理。

单一保理（single factoring）是指只有一个保理合同的普通保理方式。

背靠背保理（back-to-back factoring）是指涉及两个保理合同，其中一个保理合同是根据另一个保理合同来考虑保理风险的保理方式。背靠背保理是在进口商为中间商的情况下产生的。

9. 商业发票贴现和综合保理

商业发票贴现又称保密保理（confidential factoring），是指卖方与银行之间签订协议，在协议有效期内，卖方将其现在或将来应向债务人收取的应收账款转让给保理商，从而获得贴现融资。英国现代国际保理就是由传统的发票贴现业务与美国现代国际保理结合而形成的。对保理商来讲，发票贴现是风险和困难较大、收益较丰的方式，需要对销售商的履约能力和财务状况做较为详细的审查。

综合保理（full service factoring）是指提供的保理服务项目较为全面，其内容范围满足美国现代保理的定义。

10. 银行保理和商业保理

根据提供保理服务的单位不同，分为银行保理和商业保理。

根据中国银监会公布的《商业银行保理业务管理暂行办法》①，银行保理是指债权人将其应收账款转让给商业银行，由商业银行向其提供应收账款催收、应收账款管理、坏账担保及保理融资中至少一项服务。以应收账款为质押的贷款，不属于银行保理业务范围。

商业保理是由非银行金融机构提供的保理，是指债权人将其应收账款转让给保理公司，由保理公司为其提供贸易融资、应收账款管理与催收、坏账担保等综合性服务。

与银行保理相比，商业保理更专注于某个行业或区域，在提供针对性服务上更具灵活性和创新性，是中小企业在快速发展过程中转移风险、缓解融资困境的渠道之一。

在国际保理实务中，往往将上述各种保理有选择性地组合在一起而形成具体的国际保理合同。几种常见保理方式提供的服务内容见表7－1。

表7－1 几种常见保理方式提供的服务内容情况表

种类	融通资金	收款风险担保	通知债务人	销售账务管理	收取应收账款
综合保理	提供	提供	提供	提供	提供
有追索权保理	提供	不提供	提供	提供	提供
批量保理	提供	不提供	提供	不提供	不提供
定期保理	不提供	提供	提供	提供	提供
代理保理	提供	很少提供	有时提供	很少提供	不提供
发票贴现	提供	很少提供	不提供	不提供	不提供
隐蔽保理	提供	很少提供	不提供	不提供	不提供

三、国际保理在国际贸易中的作用

1. 为出口商/供应商的赊销出口提供了融资保障

对于出口商/供应商而言，采用国际保理最大的优势在于能获得无追索权、方便迅捷的贸易融资。

根据保理协议，出口商/供应商在出货后将发票项下应收账款转让给出口保理商就可获得高达票面金额80%的预付款融资，这就使账面债权转变为现金资产，从而极大地改善了出口商/供应商的资产负债比及现金流量，加快了资金周转。

2. 使出口商/供应商得到了信用额度内的收汇保障，转嫁了进口商的信用风险

出口商迫于竞争而在国际贸易中采用赊销方式，却无法有效控制进口商的信用风险，而国际保理业务则通过买断出口商应收账款债权的方式，使出口商在产品出口后获得了较为安全的收汇保障，并由保理商对其应收账款提供了坏账担保。

保理商受出口商/供应商的委托对进口商进行资信调查，根据进口商的业务发展、财务状况和资信情况授予其一定的信用额度。只要出口商/供应商向进口商赊销的金额在保理商核准的授信额度之内，那么采用国际保理等于将进口商的信用风险转嫁给了保理商，

① 中国银监会于2014年4月10日公布了《商业银行保理业务管理暂行办法》。其中，国际保理是指债权人和债务人中至少有一方在境外（包括保税区、自贸区、境内关外等）的保理业务。

并获得了强有力的金融支持，从而增强了出口产品的竞争力。

3. 有助于出口商/供应商实现其营销战略

对出口商来说，通过采用国际保理，可以在竞争激烈的国际贸易中通过提供赊销这种对进口商最具吸引力的支付结算方式来增强产品的竞争力，扩大市场占有率，实现其营销战略。与此同时，也可以借助保理商对进口商的资信调查及信用控制，及时根据进口商的变化调整自身的营销策略。

4. 有助于进口商扩大利润

对进口商而言，只要信用良好，即可凭借其信誉和财务表现而获得无抵押信贷，一方面避免了开立信用证所需的较高费用以及足额保证金，节约了资金，从而降低了进口成本；另一方面，由于采用了赊销或承兑交单的结算方式，进口商可以先销售货物/服务再付款，从而扩大了其现有支付能力下的经营能力。

5. 为进出口商提供了更有竞争力的 O/A、D/A 付款条件并节约了成本

保理商可以为进出口商提供在国际贸易中更有竞争力的 O/A、D/A 付款条件，从而有利于其拓展海外市场、增加营业额。而保理商提供的对进口商的资信调查、销售账户管理及应收账款催收等服务，也帮助出口商/供应商减轻了其在财务费用和市场营销方面的支出，节约了管理成本；对进口商而言，则减少了开立信用证或者申请贷款等相关的繁杂费用。

6. 使进出口商避免了外汇风险

国际保理业务一般采用远期收汇，因而必然存在汇率变动的风险，银行机构作为保理商可充分利用自身优势，通过长期开展金融业务积累的丰富经验对国际金融市场进行分析和判断，进而帮助进出口商防范及避免汇价变动的风险。

7. 简化了进出口商在国际贸易中的手续

对于出口商来说，避免了一般信用证交易以及申请贷款所需的烦琐手续。对于进口商来说，由于国际保理业务购买手续简化，故可以在其信用额度得到批准后快捷地进货，因而简单易行。

8. 减少了国际贸易中的纠纷以及障碍

对于出口商而言，由于保理商先对进口商进行资信调查，然后才提供信用额度，并对出口商提供融资，这就有效避免了出口商发出货物而收不回货款的情况，也降低了进口商的信用风险。

对于进口商而言，由于其可以拒绝对存在瑕疵的货物或服务付款，这就能促使出口商/供应商提供合格的产品或服务，从而有效避免了国际贸易中的质量纠纷和交易欺诈。

面对由不同的货币制度、风俗、法律、语言及文化等造成的国际贸易障碍，国际保理为进出口商提供了一个简单的解决办法。由于距离和文化差异不再是一个问题，所以国际保理可以在全球而不仅仅是发达国家发挥作用。

总而言之，国际保理在国际贸易中起到了积极的作用，而保理商在为进出口商提供综合性金融服务的同时也承担了较大的风险。一旦进口商因信用不佳或破产倒闭而无力支付货款，保理商将直接承担进口商拒不付款的信用风险，并负责对违约进口商进行法律诉讼等一系列活动。

在实际操作中，保理具有较强的灵活性和适应性。作为客户，进出口商可以根据自身条件选择无追索权保理或有追索权保理，而保理商可以根据客户的要求提供贸易融资、销售账户管理、应收账款催收、进出口货物报关、信用风险控制及坏账担保等综合服务（全保理），也可以根据客户的实际情况提供有针对性的单项服务或几项服务。保理商从中可以获得较高的融资利息以及数目可观的服务费用。

第二节　国际保理业务运作

一、双保理模式

在实际运作中一般采用双保理模式，即进出口双方只需与当地保理商签订协议，委托其代理业务，从而避免了语言、习惯、文化及法律等方面的差异，因而方便易行。

双保理业务包括四个当事人，即出口商、出口保理商、进口商、进口保理商，见图7－1。

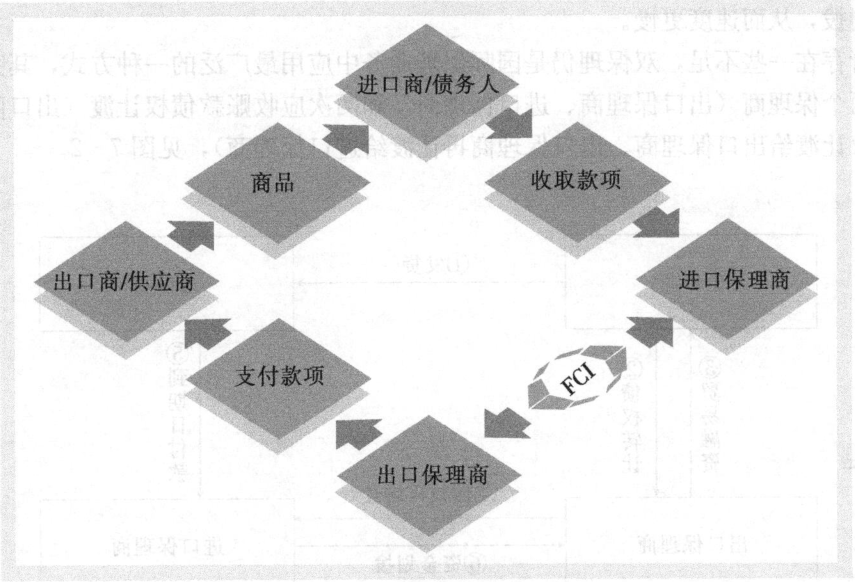

图7－1　双保理业务的四个当事人

资料来源：国际保理商联合会网站。

说明：(1) 出口商/供应商（exporter/supplier）。提供货物或服务，将发票等应收账款单据交给出口保理商，从而转让应收账款债权并获得融资。

(2) 出口保理商（export factor）。对出口商的应收账款叙做保理业务，提供融资。

(3) 进口商/债务人（importer/debtor）。因购买货物或接受服务而负有付款责任。

(4) 进口保理商（import factor）。代收出口商转让给出口保理商的应收账款，并依照《国际保理惯例规则》承担信用风险，在进口商无力支付时负有对应收账款的支付责任。

在实际操作中，保理商的代理往往是相互的，具有双重身份。在具体的一笔保理业务中，保理商或者是出口保理商或者是进口保理商，其身份是确定的。但是，保理商有时也为国外的保理公司做代理，那么它对于本国债务人来说又成为进口保理商。因此，在国际保理业务的实际运作中，我们需要具体问题具体对待，区分好保理商的不同身份。

与单保理机制相比，双保理机制具有以下优点：

(1) 对出口商而言，单保理下的出口地银行只是中介机构，只起到传递函电和划拨款项的功能，出口商必须与其销售业务涉及的每一个国家和地区的保理商接触；而在双保理机制下，出口商与出口保理商签署协议后，只需与这一家出口保理商接触，而不必与国外的各个进口保理商交涉。

（2）对出口保理商而言，避免了逐个调查债务人/进口商资信状况的烦琐，也不必深入研究各个债务人/进口商所在国的法律制度及贸易习惯，而对于贸易纠纷，也可以寻求进口保理商的帮助。

（3）类似于出口商，债务人/进口商也只需要同本国的进口保理商交涉，从而避免了在法律法规、贸易习惯及语言文化等方面的贸易障碍。

当然，双保理机制也存在一些缺陷，如管理费用较高、进行速度较慢。两个保理商都提供账务管理服务，收取的管理费用自然高于单保理；由于在流程中又增加了一个环节，相应降低了资金划拨的速度。如果业务量较小，保理商会出于费用考虑而采用定期划拨而非逐笔划拨，从而速度更慢。

尽管存在一些不足，双保理仍是国际保理业务中应用最广泛的一种方式，其突出特点是存在两个保理商（出口保理商、进口保理商）和两次应收账款债权让渡（出口商将应收账款债权让渡给出口保理商、出口保理商再让渡给进口保理商），见图 7-2。

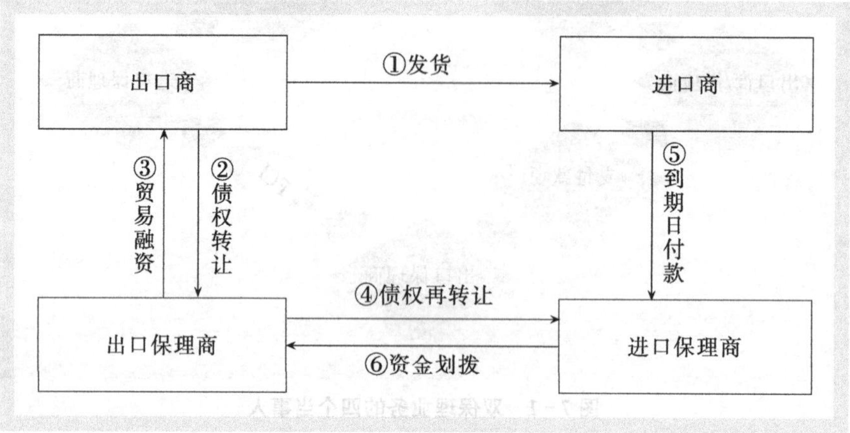

图 7-2　双保理业务的特点

二、双保理业务运作程序

（1）出口保理商和进口保理商签订保理代理合约，就保理的内容和范围达成书面协议，建立代理关系。双方业务往来须遵循国际保理商联合会的《国际保理惯例规则》（International Factoring Customs，IFC）。双方协议包括：

1）进口保理商接受新客户，并同意提供保理服务。

2）进口保理商同意承担风险并保留在必要时调整或取消信用额度的权利。

3）出口商保证所转让债权及金额的真实有效性以及债权转让本身的有效性。

4）进口保理商对所转让应收账款的付款时间和方式。

5）争议的解决和追索权的行使。

（2）出口商向出口保理商提交出口保理申请，见示样7-1。出口商申请与其交易的进口商信用额度，填写由出口保理商提供的《信用额度申请表》，交给出口保理商。

示样7-1 出口保理申请书

Factoring Application

致：________银行________行　　　　保理商业务编号 Reference

To：China Merchants Bank　　　　No. EF

我司兹申请以下出口保理服务（We hereby apply for export factoring service as below，with the choice marked with ×）。

双保理服务要求（Two-factor Service Required）			
［无追索权］Non-recourse	［仅需保理商催收］Collection only	［有追索权］Recourse	［需要融资］Financing
单保理 Single-factor Service	有追索权单保理（发票贴现）Invoice Discounting		

现提供以下真实资料，以便贵行通过进口保理商评定买方的信用额度。

The true information is provided for assessing the buyer's Credit through your import factor.

（一）出口商资料（Seller's Information）

保理商给卖方编号 Seller Number：

1. 公司名称（中文）：________

   负责人（Chairman）：________

   英文（Business Name）：________

2. 地址（中文）________

   英文地址（Address）：________

   邮政编码（Zip）：________

3. 开户银行（Bank）：________

   账号（a/c）：________

4. 行业分类（Industry）：

   出口产品或服务的中英文名（Products or Services）：

5. 付款期限（Net payment terms）：O/A ________ days from ［ ］ shipment date，［ ］ invoice date；others：________

   ［如已约定宽限期，请填写（Grace Period，if any）：

   若提前若干天支付，允许买方折扣率 Discount days ________ and discount pct ________%］

6. 发票币种（Invoice Currency）：

7. 预计出口年销售额（Expected Total Seller Turnover）：

8. 预计进口国购货买家数（Expected no. of buyers in the import country）：

9. 预计对进口国发票总张数（Estimated number of Invoices）：

10. 预计对进口国的年赊销额（Expected Open Account Turnover）：

11. 预计其他方式出口年销售额（Expected Other Turnover）：

12. 与申请额度的买方的年交易额（Expected Annual Sales）：________

13. 招商银行以外的其他出口保理商（Other Factors）：

14. 通常价格条款（General Terms of Delivery）：［ ］FOB［ ］CFR［ ］CIF

（二）买方信用额度评估申请（Credit Assessment Request）

保理商给买方编号 Buyer No.

1. Buyer Company Registration No.：________ or VAT Number：________
2. 名称（Name）：________
地址（Street and number PO Box）：________
城市（City）：________省/州（Province/State）：________邮编（Postcode）：________
国家（Country）：________
3. [×] 允许进口保理商与进口商直接联系（Buyer contact allowed）
联络人（Contact Name）：________电话（Tel. No.）：________
传真（Fax No.）：________ E-mail：________
4. 往来银行账号（a/c No.）：________
银行名称（Name of Bank）：________
分行（Name of Branch）：________
往来保理商（Factors）：
5. 申请额度（Amount of Credit Assessment Request）：________
6. 额度启用时间（Valid from Date）：________
7. 合同/订单号码（Sales Contract/Order Number）：________
8. 最迟发货日期（Latest Shipment Date）：________
9. [ ] 本公司在进口国没有代理商（We have not any agent in buyer's country）
[ ] 本公司在进口国有以下代理商（We have the agent in buyer's country as below）：

名称（Name）：________
地址（Address）：________
联络人（Contact Name）：________
电话（Tel. No.）：________
公司联系人 Contact： 电话 Tel： 传真 Fax： E-mail：

银行要求 填妥后请交正本，并将电子版发送至：________

公司签章（Signature & Stamp）

日 期（Date）：

资料来源：招商银行网站。

其中，信用额度分单笔信用额度和循环信用额度两种，前者只能使用一次，而后者可多次重复使用，即当进口商支付了一笔应收账款后，则该笔应收账款所代表的额度可以再次使用若干期。如果出口商只是一次性出运，则适合申请单笔信用额度；若分批装运，则适合申请循环信用额度。

（3）出口保理商联系进口保理商。出口保理商在审查出口商的经营状况后，利用电子数据交换传输，将《信用额度申请表》转换为预先信用评估请求的信息，传送给进口保理商，请其据以报价。

(4) 进口保理商对进口商进行信用评估。进口保理商实际上是代替出口保理商对进口商进行全面细致的资信调查，随后将调查结果、对进口商信用额度的建议和报价发送给出口保理商。

资信调查的具体内容包括：

第一，进口保理商要求进口商提供近期的财务报表，以此分析其财务状况。

第二，进口保理商需要通过银行等机构查看进口商以往的信用记录，包括其付款记录及拖欠行为。

第三，进口保理商对进口商的产品市场进行调查，分析预测其产品的销售前景。

第四，进口保理商还要对进口商的司法诉讼记录进行调查。

(5) 进口保理商核定或批准进口商的信用额度，并通知出口保理商。若经过调查显示进口商资信良好，进口保理商会通知出口保理商，批准其信用额度申请；反之，则会拒绝其申请，或减少其申请额度，并详细说明拒绝或减少额度的原因。

由于进口保理商对出口保理商转让的应收账款是否承担信用风险取决于其对应收账款的核准，因而进口保理商应核准应收账款、信用额度，并有权随时撤销此核准和信用额度。如果在货物装运前或者业务运作过程中获得不利的资信报告，进口保理商可以当即通知出口商停止发货，取消已核准的信用额度。

根据国际保理商联合会的有关规定，进口保理商应在14个工作日内答复出口保理商。

(6) 出口保理商把进口保理商已经核准的进口商信用额度通知出口商。保理商以书面通知核准的应收账款和信用额度内的应收账款均称为已核准应收账款。

对于已核准的应收账款（又称买方的已核准债务），保理商可以提供无追索权融资和坏账担保。而对于未核准的或超出信用销售额度的应收账款（又称买方的未核准债务），保理商仅提供有追索权的融资，并不承担坏账担保。

(7) 出口商与出口保理商签订出口保理协议，并获得正式保理额度。如果进口商的资信良好，出口保理商在把调查结果通知出口商后，将提出自己的条件和报价。如果出口商接受报价，双方就签订出口保理协议。随后，出口保理商通过EDI保理系统向进口保理商提出正式的信用额度申请。在收到已签署的协议和信用额度申请后，进口保理商对“出口商信息表”和“初步额度申请表”进行核对审查，随即正式批准信用额度和信用额度有效期限，并在14个工作日内正式通知出口保理商。

出口保理业务协议规定了出口商与出口保理商各自的权利和义务，主要内容包括：①有效期限（通常为一年或两年）；②应收账款（在协议生效时已存在的和在协议有效期内发生的）；③核准应收账款与信用销售额度；④收购价格；⑤债权转让及履约保证；⑥贸易纠纷；⑦限制条款；⑧协议的终止。

(8) 出口商与进口商签订贸易合同，支付方式为O/A或D/A。

(9) 发货、寄单。出口商在按合同装运货物后，将提单、发票等单据直接寄给进口商。若进口商收到货物后，发现出口商没有严格按照合同执行，可以向进口保理商发出“争议通知”以示异议。进口保理商应通过EDI保理系统将“争议通知”转发给出口保理商，同时宣布终止已经核准的信用额度。出口保理商应立即通知出口商，并将进展情况告知进口保理商。根据《国际保理惯例规则》，如果出口保理商收到争议通知后60天内未就此事向进口保理商做出反应，进口保理商不再对此笔应收账款负责。

（10）出口商将代表应收账款的单据提交给出口保理商，以转让应收账款债权。若付款条件为赊销，出口商可直接将单据寄给进口商，向出口保理商提交发票副本即可。若出口商向出口保理商申请融资，则应将全套正本单据交给出口保理商。经审核无误后，出口保理商按发票金额扣除融资利息和保理佣金后，立即（或在双方商定的日期）将货款预付给出口商，一般预付金额为发票金额的80%～90%。

$$\text{保理商收购的应收账款价格}=\text{应收账款发票金额}-\text{融资利息}-\text{保理佣金}-\text{出口商给予客户的回扣及折让}$$

上式中的保理佣金包括保理商对进口商信用风险进行评估、调研的费用，会计处理的费用以及承担信贷、汇价风险的费用等。此外，保理商还根据进口商所在国、货物类别、信用期限和交易金额的不同来收取保理佣金。在一般情况下，根据应收账款总额计算，保理费率在0.75%～3%，通常不超过2%。

出口保理商通常为出口商开立贴现账户和往来账户两个账户。贴现账户用来记录提供融资的情况，对出口商的所有预付款融资、管理费及贴现费均借记该账，所有收回的货款贷记该账。往来账户用来记录保理商和出口商之间的一切经济往来，对出口商支付的所有收购价款包括保理费和贴现费均记入借方，出口商售给保理商的所有应收账款均记入贷方。

（11）出口保理商将该笔应收账款再转让给进口保理商。出口保理商在付给出口商预付款后，将发票复印本作为应收账款凭证寄送给进口保理商，同时签署应收账款转让通知书。出口保理商在发票上要盖上“再让渡”印戳。

同时，出口保理商还应根据进口保理商的要求，提供下列一个或全部文件：①付运凭证，如不可转让的提单副本，或其他可接受的、表明货物已发运的货物单据；②履约凭证，即履约售货和（或）提供服务合同的凭证；③在货运前已要求的任何其他文件。

此外，进口保理商在任何时候都可以要求将正本文件（证明所有权），包括可转让货运单据或保险单据转递给它。

（12）进口保理商向进口商催收该笔应收账款。进口保理商收到出口保理商寄来的代表应收账款的票据后，记入应收账款，并负责于付款到期日前向进口商催收货款。

（13）进口商向进口保理商支付货款。进口保理商向进口商催收货款，进口商照付。

若进口商无力付款，按照《国际保理惯例规则》，进口保理商应承担进口商未能按照合同条款到期支付所产生损失的风险。如果进口商于应收账款到期日后90天内仍未偿付，则进口保理商应于第90天向出口保理商支付（保证项下付款）。若进口商因为贸易合同纠纷而拒绝付款，那么保理商不承担因这类争议而产生的拒付风险。事实上，进口保理商直接承担了信用风险和坏账担保，须向出口保理商100%偿付无争议的已核准应收账款。

（14）进口保理商向出口保理商转交货款，用EDI将汇款信息发至出口保理商。进口商在按期付款后，进口保理商应扣除保理佣金，将余额支付给出口保理商。

如果进口保理商不能根据要求及时向出口保理商付款，则应对出口保理商进行赔偿，即负责用相应的货币支付利息，利息按日计算，从应收账款到期日到实际付款日两倍于相关货币伦敦银行同业拆放利率，同时偿还由于付款延误而造成的相应货币兑换方面的汇率损失（如果没有相应货币的伦敦银行同业拆放利率牌价，就按对出口保理商有用的货币的最低放款利率提高一倍的利率计算）。

如果进口保理商因为自身无法控制的因素造成不能按期付款，则应立即通知出口保理商并说明原因，并用相关的货币支付从应付日到实付日以最低拆借利率计算的利息。

（15）出口保理商在收汇金额中扣除已融资的预付本息后，向出口商支付货款余额，为出口商结汇。

（16）贸易纠纷与协议的终止。如果进口商对出口商所提供的商品或服务提出异议、抱怨或索赔，均被推定为发生了贸易纠纷，保理商将立即转告出口商去解决。如果纠纷未能在合理时间内得到解决，保理商有权主动冲账，该类冲账将显示在每月的对账单上。如有异议，出口商应于收到对账单后 30 天内通知保理商。对发生贸易纠纷的应收账款，不论其是否在信用额度之内，均为不合格应收账款，保理商有权主动冲账，并不承担坏账损失。

如果出口商违反了保理协议的规定，或申请自动清盘，或被迫清盘，或被债权人指定的接管人接受了资产，或其全部或部分资产因法律诉讼而遭扣押，均被认为发生了违约行为。此时，保理商有权立即终止协议，但保留其所有的正当权益，并可以以借记的方式将未付应收账款再转让给出口商。

三、国际保理业务运作中的注意事项

（1）出口商应保证所出售的应收账款都产生于正当交易。

（2）由于出口保理商只承担信用额度内的风险担保，所以在出口商与进口商签订贸易合同时，应确保贸易金额在保理商提供的信用额度之内。

（3）对于因出口商提供的货物在质量上不合格、交货期不符合合同规定等情况所引起的进口商拒付、少付情况，保理商不予担保。因此，出口商要严格按照贸易合同提供货物，以免因贸易纠纷而失去保理商担保，丧失自己的权利。

（4）进口商不能是出口商的附属机构、控股公司或集团成员，因为出口商对其附属机构、控股公司、母公司和集团成员的销售属于不合格应收账款，保理商不予收购。

（5）未经保理商以书面认可同意，出口商不得以任何方式将应收账款抵押给第三者。若在协议签订时已存在对应收账款的某种抵押，应保理商的要求，出口商必须负责解除这种抵押。

（6）未经保理商以书面认可同意，出口商不得转让保理协议；在签订保理协议后，出口商不得再与任何第三者签订类似的协议。

第三节 国际保理与出口信用保险

一、国际保理与传统结算方式的比较

目前，在国际贸易实务中运用的传统结算方式主要有托收方式与信用证方式。托收方式是商业信用付款方式，信用证方式是银行信用付款方式。国际保理作为新型的国际结算

方式融合了商业信用与银行信用，由进口保理商承担债务人/进口商的信用风险，是介于商业信用与银行信用之间的具有一定程度银行信用保证的付款方式。与传统结算方式相比，国际保理的最大优点是有债权风险保障。

信用证是进口商最不愿意接受的支付条件之一。与信用证相比，进口商采用国际保理的优点是：①可凭自身良好的信誉和财务表现，获得保理商的信用担保额度，不必提供抵押；②可以利用承兑交单、赊销等延期付款方式来利用卖方融资；③避免了开立信用证所需的押金及其他开证费用，节省了支出；④收到单据就可以提货，从而及时将适销商品投放市场。

对出口商而言，在激烈的国际贸易买方市场条件下，出口商使用信用证方式就意味着交易机会的减少，而利用国际保理则可以通过提供更有利的D/A和O/A付款条件吸引买方，从而扩大出口市场、提高国际竞争力，这也是出口商采用国际保理方式的首要好处。此外，进口商采用国际保理的好处还有：

(1) 风险保障。对于在信用额度内的出口行为，出口保理商替出口商承担信用风险和汇价波动风险，为出口商提供100%的应收账款债权保障。

(2) 迅速获取融资。出口商只要按合同要求把货物装运完毕，保理商就立即以预付款方式提供80%～90%发票金额的融资；当进口商按期将货款全部付给保理商后，保理公司再将剩余的10%～20%货款付给出口商，并扣除手续费。因此，融资保理能减少资金占用以满足营运需求，加速资金周转，促进利润增加。

(3) 节省成本。保理商大多为银行或其附属机构，可以利用自身资源对进口商进行资信调查，从而为出口商节省了买方资信调查成本。同时，保理商也负责财务管理和应收账款追收，减轻了出口商的业务负担和管理成本。

(4) 手续简单。出口商可以避免因开立信用证而带来的烦琐手续和信用证条款的约束，并可以随时根据进口商的需求和运输情况发运货物，避免因等待国外来证或修改信用证而错过装运、销售时机的损失。

(5) 有利于企业有价证券上市。对出口商而言，如果向银行贷款融资，则会增加财务报表上的负债，而这样的资产负债表不利于企业的资信状况，从而影响其有价证券的上市。如果采用保理业务，出口商在货物装船、转让应收账款票据后，可以立即收到现金，不仅不会增加资产负债表中的负债，反而使表中资产增长，从而改善资产负债比率，对企业的有价证券上市有利。

二、国际保理与出口信用保险的比较[①]

出口信用保险是国家为了推动本国的出口贸易，保障出口企业的收汇安全而制定的一项由国家财政提供保险准备金的非营利性的政策性保险业务，包括短期/中长期出口信用保险、投资保险、担保业务、账款追收、资信评估和保单融资等。在实际操作中，

① 参考中国出口信用保险公司网站。

双方签订保险合约，保险公司在对进口商进行资信调查后审批一定的信用额度。在货物出运后，如果因为进口商信用风险或国家风险导致无法付款，出口商可向保险公司索赔。此外，出口商也可以将赔款权益转让给银行，从而向银行申请保单融资，银行一般会提供60%～80%的信用额度。

国际保理与出口信用保险有许多共同之处：

(1) 两者都可以降低出口商O/A远期支付的风险，提高出口商的收汇安全性，使出口商在不发生贸易纠纷的情况下顺利收回货款。

(2) 两者都具有财务信用风险担保（减少因信用风险而形成的呆账、坏账损失）和对进口商进行资信调查的功能。

(3) 两者都可以使出口商获得银行的贸易融资支持，解决资金周转问题。在出口信用保险中，出口商可以将赔款权益转让给银行，从而获得银行融资；国际保理的四大功能之一就是为出口商提供融资。

虽然出口信用保险与国际保理都起到了为出口商承担信用风险和促进出口等积极作用，但两者还是存在一些差别：

(1) 性质不同。出口信用保险具有非营利性政策保险的性质，大多是国家对出口企业的一种政策扶持；而国际保理则是一种完全建立在商业化运作基础之上的营利性的金融服务。

(2) 风险范围不同。出口信用保险包括了商业信用风险和国家风险；保理业务不能避免国家风险、政治风险的影响，因此保理商往往对于政局稳定、经济繁荣的国家和地区间的国际贸易提供保理服务。

(3) 风险保障程度不同。出口信用保险业务遵循风险共担原则，买方信用风险由保险公司承担，通常提供70%～90%的风险保障；典型的保理业务为无追索权保理，买方信用风险由进口保理商承担，提供信用额度内100%的收汇保障。

(4) 服务内容不同。国际保理提供的服务内容多于出口信用保险，如贸易融资、财务管理以及账目记录管理等。

(5) 出口商品范围不同。出口信用保险适合的出口商品范围很广，包括消费型商品和资本型商品。适合叙做保理业务的多为进出口双方对产品质量容易达成共识的消费型产品，较少引发贸易纠纷，如服装、玩具、小家电、文体用品等。

(6) 结算方式不同。出口信用保险的承保范围广，采用信用证、托收和赊销等结算方式的贸易都可以投保；国际保理是针对赊销或承兑交单的结算方式。

(7) 费用不同。出口信用保险的保险费率因支付方式、信用期限和出口国家风险大小而异。其中，以信用证方式支付的费率最低，以赊销方式支付的费率最高，一般高于同等条件下国际保理的费用。

出口保理与出口信用保险的比较，见表7-2。

表 7－2 出口保理与出口信用保险的比较

	出口保理	出口信用保险
最高信用保障（在批准的信用额度内）	100%	70%～90%
赔偿期限（从货款到期日起）	90 天	120～150 天
索赔程序	简单	烦琐
坏账担保	有	有
进口商资信调查和评估	有	有
财务账目管理	有	无
账款催收追缴	有	无
以预支方式提供融资	有	无

资料来源：中国银行网站。

▲ 案例 7－1

苏泊尔不粘锅的成功

浙江苏泊尔不粘锅有限公司（以下简称“苏泊尔”）位于上海以南约 400 公里的一个小镇上，自 1988 年以来一直生产不粘锅。今天，它拥有中国头号不粘锅品牌，产品已出口到世界各地。在迅速扩张的背景下，苏泊尔日益向出口导向型企业转变，其位于玉环的工厂占地 20 万平方米，雇用工人超过 1 500 名，专门生产面向海外市场的产品，而其产品出口额正以非常高的速度逐年递增。

苏泊尔在国际市场上的成功来之不易。产品质量和信誉再好，面对激烈的市场竞争和不愿使用信用证的买方/进口商，要想在国际贸易中取得成功，还是取决于能否提供优惠的付款条件。苏泊尔需要通过对海外客户提供延期付款或赊销方式而扩大国际市场、推行其市场营销策略，也需要克服因买方/进口商无力偿付、破产所导致损失的风险，并且通过及时收回应收账款来增加现金流。在这种情况下，国际保理就成为一个明显的解决办法。

2002 年，为了获得美国进口商的信用支付，苏泊尔首次采用了中国银行提供的出口保理服务。现在，苏泊尔运用国际保理业务来开展向美国、英国和中国香港的出口销售，而其运用国际保理业务的出口总额从 2002 年的 300 万美元增长到 2004 年的 22 亿美元。正如苏泊尔的创始人所说，对国际保理业务的应用，不仅使苏泊尔降低了海外坏账的风险，而且为企业提供了即时现金，促进了财务的稳健增长。通过在赊销方式下采用国际保理，苏泊尔的出口销售达到过去两年的十倍。而良好的发展势头和合适的国际结算方式的运用也为苏泊尔的上市提供了动力，2004 年 8 月 3 日苏泊尔首次公开发行，2004 年 8 月 17 日在深圳证券交易所成功上市。

正如苏泊尔的总裁所说，国际保理业务使苏泊尔领先于竞争对手。在国际贸易中对各国买方的信贷担保和资信状况的了解意味着出口商可以更安全有效地推行其生产、营销战略。借助国际保理业务，苏泊尔对于进一步开拓国际市场、寻求未来新的发展机会充满了信心。

资料来源：国际保理商联合会网站。

▲ 案例 7－2

“一带一路”中的出口保理

在国家实施“一带一路”倡议的背景下，国内某银行通过保理产品为国内企业“走出去”保驾护航。

北海某食品股份有限公司（以下简称“北海公司”）是一家集水产品、肉类、果蔬等农副产品收购、精细加工、种苗孵化、水产养殖、冷冻仓储、冷链物流配送、贸易为一体的综合性食品加工企业。北海公司的产品远销欧美、俄罗斯、澳大利亚、日本、韩国、中东、非洲等70多个国家和地区。随着“一带一路”倡议的实施，北海公司把目光投向了“一带一路”沿线国家，准备在迪拜建立一个水产品交易中心。

由于水产品加工出口的季节性强，再加上货源收购和出口运输环节大量占压企业的流动资金，因此企业要想进一步拓展市场，必须先解决应收账款占用资金的问题。为了更好地帮助北海公司利用应收账款进行融资，某银行以北海公司的出口应收账款为质押，为它提供了出口保理服务，可确保北海公司在提出保理融资需求的24小时内就得到贷款支持，从而有效地解决了北海公司的资金周转压力问题。与此同时，该银行还通过销售分户账管理服务，在贷款到期前为北海公司的到期应收账款进行催收，从而提高了北海公司应收账款的管理效率。

资料来源：中国银行官方网站。

▲ 案例 7－3

危机中凸显国际保理的作用

案情简介

厦门某出口企业A公司主营大型机械出口业务，产品主要出口至俄罗斯。考虑到俄罗斯当地的政治经济形势及国外客户的具体情况，A公司的负责人一直在寻找合适的金融工具，以防范出口收汇风险。根据企业具体情况，中国建设银行为其设计了国际保理服务方案。在国际保理的支持下，2007—2008年A公司的出口量同比新增400%。

2008年下半年，随着国际金融危机逐步向实体经济蔓延，俄罗斯成为信用风险的重灾区。2008年9月，A公司出口一批机械设备至俄罗斯B公司，货值27万美元，结算方式为T/T 90天。2008年12月，A公司知悉B公司由于财务困难无法正常支付货款，中国建设银行立即就该情况与俄罗斯进口保理商联系，由其向B公司催收欠款。在进口保理商的催收下，俄罗斯B公司2009年1月支付了部分货款5万美元，其余欠款在确认该贸易无争议的前提下，由进口保理商于2009年2月足额支付22万美元。

案例分析

在上述案例中，A公司借助银行的“国际保理”金融工具，成功地转“危”为“安”。国际保理是指出口商在采用赊销（O/A）、承兑交单（D/A）等信用方式向进口商销售货物时，由出口保理商和进口保理商基于应收账款转让而共同提供的包括应收账款催收、销售分账户管理、信用风险担保以及保理预付款等服务内容的综合性金融服务。

银行在进口保理商给予进口商信用风险担保额度的前提下，向出口商A公司提供应收账款融资，为公司业务的扩展提供了有力的信贷资金支持。在危机来临时，通过国际保理的应收账款催收功能可成功追讨欠款。在当前环境下，这项服务功能对国内出口商来说，有不容忽视的重要作用。进口保理商身处国外买家所在国，熟悉当地的法律法规，了解当地的商业习惯，掌握适应当地的催收手段，能第一时间对国外买家形成更有效的催款压力。例如，进口保理商在实施催收后，若进口商在发票到期日90天后仍未付款，则在贸易不存在质量等争议问题的前提下，进口保理商须承担付款责任。

资料来源：中国建设银行厦门分行网站。

△ 专栏7-1

国际保理商联合会与国际保理商协会

国际保理商联合会（Factors Chain International，FCI）于1968年在荷兰成立，总部设在阿姆斯特丹。它是由世界各国的保理机构组成的国际性自律联合体，其目的是为会员提供国际保理服务的统一标准、程序、法律依据和技术咨询，并负责组织协调和技术培训。

国际保理商协会（International Factors Group，IFG）于1963年成立，总部设在比利时的布鲁塞尔，是按照比利时法律成立的有限公司组织，也是全球第一个国际应收账款承购商同业组织，目前位列全球第二。在成立初期，国际保理商协会的会员皆为波士顿第一国民银行（The First National Bank of Boston）的独资或合资公司，会员都以International Factors命名，采取一国一会员的封闭架构，直到1987年才改为开放架构，以吸收更多的非关联企业成员加入。国际保理商协会的目标是以内部互助为基础理念，最终在国际商务领域建立起一个保理网络体系。国际保理商协会遵循的四个原则为持续发展原则、高标准原则、协作原则、改革与发展原则。国际保理商协会创立了国际保理业务双保理体系，并于1979年开发了电子数据交换系统（IFDEX），用于各计算机之间的数据交换，以支持业务系统的运行。国际保理商协会组织制定了系统的法律规则和文件，适用于所有成员及与成员进行保理交易的其他人，用以规范和保证保理服务的标准化及高质量，同时也明确和简化了成员在从事保理业务时涉及的相关法律文件、法律程序。当保理交易发生争议时，国际保理商协会也是依据这些法律规则和文件进行仲裁。在这些法律文件中，最重要的是《国际保理业务通用规则》（General Rules For International Factoring，GRIF），由国际保理商协会与国际保理商联合会共同制定，是当今全球通用的国际保理业务基本规则。《国际保理业务通用规则》是国际保理商联合会与国际保理商协会之间的合作法律平台，由国际保理商联合会起草制定，但它有别于《国际保理公约》（Convention on International Factoring)。《国际保理公约》由国际统一私法协会制定，因而权威性更大，适用于所有签约国。中国是《国际保理公约》的成员国但不是签约国，因此中国的保理业务主要遵循《国际保理业务通用规则》。

2016 年，国际保理商协会与国际保理商联合会合并，两者在合并后以国际保理商联合会的名义开展业务，所有国际保理商协会的会员自动成为国际保理商联合会的会员，组织总部设于荷兰阿姆斯特丹，并在比利时布鲁塞尔设立分支机构。

根据国际保理商联合会的官方数据统计，截至 2018 年 9 月，国际保理商联合会拥有近 400 个会员，来自全球 90 个国家和地区。1993 年，中国银行加入国际保理商联合会，由此掀开了中国保理业务的发展序幕。截至目前，中国已有 45 家银行及非银行保理机构陆续开展保理业务、成为国际保理商联合会的会员。其中，招商银行于 2013 年获得国际保理商联合会“最佳出口保理商”奖项，这是国际保理商联合会历史上首次由中国会员取得该奖项。

根据国际保理商联合会的统计，2016 年保理业务的规模超过 2.35 万亿欧元，在过去 20 年实现了 9%的年复合增长率。与此同时，亚洲的保理业务量在 2015 年下降了 8.46%，2016 年再次下降 8.47%至近 5 056 亿欧元，这主要是因为中国保理业务量降低所引起的(中国保理业务量的下降达到 14.5%)，但中国仍为排在英国之后的第二大保理国。在 2016 年亚洲保理业务量中，中国（含港、台地区）占 75%，日本占 10%，新加坡占 8%，韩国占 3%。

《国际保理公约》

国际统一私法协会于 1988 年 5 月通过了第一部有关国际保理的法律文件——《国际保理公约》，并于 1995 年 5 月 1 日正式生效。其宗旨是：公正平衡国际保理交易中的各方当事人利益，尽可能统一国际保理业务的法律制度。[通篇共四章二十三条，第一章规定了保理的定义、公约的适用范围和总则。公约适用于营业地处于不同国家或地区的供应商和债务人（进口商）订立的货物销售合同（包括服务合同），这些合同可以是任何时候所产生的并根据保理合同转让的应收账款，而且这些国家和保理商营业地所在国均为缔约国；或者，货物销售合同与保理合同均受某缔约国的法律管辖。同时，公约又承认当事人可以约定排除对公约的适用，但只能将公约当作一个整体予以排除。第二章列明了各方当事人的权利和义务，包括应收账款的性质、转让的形式要件和实质要件以及债务人付款义务的履行，债务人抗辩权、抵消权的行使原则。第三章扼要阐述了应收账款再转让的法律适用，即应收账款从出口保理商向进口保理商的转让以及其后的再转让也同样适用本公约，但保理合同禁止转让的除外。第四章是最后条款，规定了公约的接受、批准、加入、生效、保留等事项。]

《国际贸易中的应收账款转让公约》

《国际贸易中的应收账款转让公约》是联合国国际贸易法律委员会于 2001 年 7 月在维也纳召开的第 34 届会议上通过的一项国际公约。该公约的目的在于统一规范应收账款的国际转让及国际应收账款转让中的法律问题。《国际贸易中的应收账款转让公约》自 2001

年12月12日至2003年12月31日在联合国纽约总部开放，供所有国家签署，公约于第五份批准书、接受书、认可书或加入书交存之日起满六个月后的下一个月的第一日起生效。由于国际保理的核心业务就是应收账款的转让，因此《国际贸易中的应收账款转让公约》对于国际保理业务也具有一定的法律指导作用。

△ 专栏7-2

国内首个商业保理行业协会在上海自贸区成立

新华网上海1月21日电（记者何欣荣） 上海浦东商业保理行业协会20日宣告成立。该协会是国内设立的首个商业保理行业协会，注册在陆家嘴金融贸易区，属于上海自贸区扩展范围。

商业保理业务是指厂商或供应商将应收账款转让给专业保理机构，由后者为其提供贸易融资，同时对后续账款进行催收等服务。供应商由此将应收账款迅速变为"真金白银"，对缓解中小贸易企业融资难有重要意义。

在国际上，商业保理是一种成熟的金融服务和融资方式，但在国内，商业保理还是一个新兴业态。2012年年底，商务部批准在上海浦东新区和天津滨海新区率先开展商业保理试点。截至目前，已有93家商业保理企业在浦东设立，引入企业注册资金75亿元人民币，累计放款金额达到167亿元人民币，从业人员超2 500人。在试点中，浦东的商业保理企业形成了厂商保理、供应链保理、电商保理等多种商业模式，形成了一批可复制、可推广的经验。

上海浦东新区副区长简大年说，商业保理行业协会的成立，顺应了自贸区让社会力量参与市场监督的管理方式转变。商业保理行业协会将协助企业报送托管资金运作情况等信息，并配合政府对投资者资格、从业经历和内部风控等方面进行评估辅导。此外，针对行业人才队伍严重短缺的问题，商业保理行业协会将与上海金融学院合作，在国内率先开设商业保理本科专业。

△ 专栏7-3

商业银行保理业务管理暂行办法
(2014年4月10日)

第一章 总则

第一条 为规范商业银行保理业务经营行为，加强保理业务审慎经营管理，促进保理业务健康发展，根据《中华人民共和国合同法》、《中华人民共和国物权法》、《中华人民共和国银行业监督管理法》、《中华人民共和国商业银行法》等法律法规，制定本办法。

第二条 中华人民共和国境内依法设立的商业银行经营保理业务，应当遵守本办法。

第三条 商业银行开办保理业务，应当遵循依法合规、审慎经营、平等自愿、公平诚信的原则。

第四条 商业银行开办保理业务应当妥善处理业务发展与风险管理的关系。

第五条 中国银监会及其派出机构依照本办法及有关法律法规对商业银行保理业务实施监督管理。

第二章 定义和分类

第六条 本办法所称保理业务是以债权人转让其应收账款为前提，集应收账款催收、管理、坏账担保及融资于一体的综合性金融服务。债权人将其应收账款转让给商业银行，由商业银行向其提供下列服务中至少一项的，即为保理业务：

（一）应收账款催收：商业银行根据应收账款账期，主动或应债权人要求，采取电话、函件、上门等方式或运用法律手段等对债务人进行催收。

（二）应收账款管理：商业银行根据债权人的要求，定期或不定期向其提供关于应收账款的回收情况、逾期账款情况、对账单等财务和统计报表，协助其进行应收账款管理。

（三）坏账担保：商业银行与债权人签订保理协议后，为债务人核定信用额度，并在核准额度内，对债权人无商业纠纷的应收账款，提供约定的付款担保。

（四）保理融资：以应收账款合法、有效转让为前提的银行融资服务。

以应收账款为质押的贷款，不属于保理业务范围。

第七条 商业银行应当按照“权属确定，转让明责”的原则，严格审核并确认债权的真实性，确保应收账款初始权属清晰确定、历次转让凭证完整、权责无争议。

第八条 本办法所称应收账款，是指企业因提供商品、服务或者出租资产而形成的金钱债权及其产生的收益，但不包括因票据或其他有价证券而产生的付款请求权。

第九条 本办法所指应收账款的转让，是指与应收账款相关的全部权利及权益的让渡。

第十条 保理业务分类：

（一）国内保理和国际保理

按照基础交易的性质和债权人、债务人所在地，分为国际保理和国内保理。

国内保理是债权人和债务人均在境内的保理业务。

国际保理是债权人和债务人中至少有一方在境外（包括保税区、自贸区、境内关外等）的保理业务。

（二）有追索权保理和无追索权保理

按照商业银行在债务人破产、无理拖欠或无法偿付应收账款时，是否可以向债权人反转让应收账款、要求债权人回购应收账款或归还融资，分为有追索权保理和无追索权保理。

有追索权保理是指在应收账款到期无法从债务人处收回时，商业银行可以向债权人反转让应收账款、要求债权人回购应收账款或归还融资。有追索权保理又称回购型保理。

无追索权保理是指应收账款在无商业纠纷等情况下无法得到清偿的，由商业银行承担应收账款的坏账风险。无追索权保理又称买断型保理。

（三）单保理和双保理

按照参与保理服务的保理机构个数，分为单保理和双保理。

单保理是由一家保理机构单独为买卖双方提供保理服务。

双保理是由两家保理机构分别向买卖双方提供保理服务。

买卖双方保理机构为同一银行不同分支机构的，原则上可视作双保理。商业银行应当在相关业务管理办法中同时明确作为买方保理机构和卖方保理机构的职责。

有保险公司承保买方信用风险的银保合作，视同双保理。

第三章 保理融资业务管理

第十一条 商业银行应当按照本办法对具体保理融资产品进行定义，根据自身情况确定适当的业务范围，制定保理融资客户准入标准。

第十二条 双保理业务中，商业银行应当对合格买方保理机构制定准入标准，对于买方保理机构为非银行机构的，应当采取名单制管理，并制定严格的准入准出标准与程序。

第十三条 商业银行应当根据自身内部控制水平和风险管理能力，制定适合叙做保理融资业务的应收账款标准，规范应收账款范围。商业银行不得基于不合法基础交易合同、寄售合同、未来应收账款、权属不清的应收账款、因票据或其他有价证券而产生的付款请求权等开展保理融资业务。

未来应收账款是指合同项下卖方义务未履行完毕的预期应收账款。

权属不清的应收账款是指权属具有不确定性的应收账款，包括但不限于已在其他银行或商业保理公司等第三方办理出质或转让的应收账款。获得质权人书面同意解押并放弃抵质押权利和获得受让人书面同意转让应收账款权属的除外。

因票据或其他有价证券而产生的付款请求权是指票据或其他有价证券的持票人无须持有票据或有价证券产生的基础交易应收账款单据，仅依据票据或有价证券本身即可向票据或有价证券主债务人请求按票据或有价证券上记载的金额付款的权利。

第十四条 商业银行受理保理融资业务时，应当严格审核卖方和/或买方的资信、经营及财务状况，分析拟做保理融资的应收账款情况，包括是否出质、转让以及账龄结构等，合理判断买方的付款意愿、付款能力以及卖方的回购能力，审查买卖合同等资料的真实性与合法性。对因提供服务、承接工程或其他非销售商品原因所产生的应收账款，或买卖双方为关联企业的应收账款，应当从严审查交易背景真实性和定价的合理性。

第十五条 商业银行应当对客户和交易等相关情况进行有效的尽职调查，重点对交易对手、交易商品及贸易习惯等内容进行审核，并通过审核单据原件或银行认可的电子贸易信息等方式，确认相关交易行为真实合理存在，避免客户通过虚开发票或伪造贸易合同、物流、回款等手段恶意骗取融资。

第十六条 单保理融资中，商业银行除应当严格审核基础交易的真实性外，还需确定卖方或买方一方比照流动资金贷款进行授信管理，严格实施受理与调查、风险评估与评价、支付和监测等全流程控制。

第十七条 商业银行办理单保理业务时，应当在保理合同中原则上要求卖方开立用于应收账款回笼的保理专户等相关账户。商业银行应当指定专人对保理专户资金进出情况进行监控，确保资金首先用于归还银行融资。

第十八条 商业银行应当充分考虑融资利息、保理手续费、现金折扣、历史收款记录、行业特点等应收账款稀释因素，合理确定保理业务融资比例。

第十九条 商业银行开展保理融资业务，应当根据应收账款的付款期限等因素合理确定融资期限。商业银行可将应收账款到期日与融资到期日间的时间期限设置为宽限期。宽限期应当根据买卖双方历史交易记录、行业惯例等因素合理确定。

第二十条 商业银行提供保理融资时，有追索权保理按融资金额计入债权人征信信息；无追索权保理不计入债权人及债务人征信信息。商业银行进行担保付款或垫款时，应当按保理业务的风险实质，决定计入债权人或债务人的征信信息。

第四章 保理业务风险管理

第二十一条 商业银行应当科学审慎制定贸易融资业务发展战略，并纳入全行统一战略规划，建立科学有效的贸易融资业务决策程序和激励约束机制，有效防范与控制保理业务风险。

第二十二条 商业银行应当制定详细规范的保理业务管理办法和操作规程，明确业务范围、相关部门职能分工、授信和融资制度、业务操作流程以及风险管控、监测和处置等政策。

第二十三条 商业银行应当定期评估保理业务政策和程序的有效性，加强内部审计监督，确保业务稳健运行。

第二十四条 保理业务规模较大、复杂度较高的商业银行，必须设立专门的保理业务部门或团队，配备专业的从业人员，负责产品研发、业务操作、日常管理和风险控制等工作。

第二十五条 商业银行应当直接开展保理业务，不得将应收账款的催收、管理等业务外包给第三方机构。

第二十六条 商业银行应当将保理业务纳入统一授信管理，明确各类保理业务涉及的风险类别，对卖方融资风险、买方付款风险、保理机构风险分别进行专项管理。

第二十七条 商业银行应当建立全行统一的保理业务授权管理体系，由总行自上而下实施授权管理，不得办理未经授权或超授权的保理业务。

第二十八条 商业银行应当针对保理业务建立完整的前中后台管理流程，前中后台应当职责明晰并相对独立。

第二十九条 商业银行应当将保理业务的风险管理纳入全面风险管理体系，动态关注卖方或买方经营、管理、财务及资金流向等风险信息，定期与卖方或买方对账，有效管控保理业务风险。

第三十条 商业银行应当加强保理业务 IT 系统建设。保理业务规模较大、复杂程度较高的银行应当建立电子化业务操作和管理系统，对授信额度、交易数据和业务流程等方面进行实时监控，并做好数据存储及备份工作。

第三十一条 当发生买方信用风险，保理银行履行垫付款义务后，应当将垫款计入表内，列为不良贷款进行管理。

第三十二条 商业银行应当按照《商业银行资本管理办法（试行）》要求，按保理业务的风险实质，计量风险加权资产，并计提资本。

第五章 法律责任

第三十三条 商业银行违反本办法规定经营保理业务的，由银监会及其派出机构责令其限期改正。商业银行有下列情形之一的，银监会及其派出机构可采取《中华人民共和国银行业监督管理法》第三十七条规定的监管措施：

（一）未按要求制定保理业务管理办法和操作规程即开展保理业务的；

（二）违反本办法第十三条、第十六条规定叙做保理业务的；

（三）业务审查、融资管理、风险处置等流程未尽职的。

第三十四条 商业银行经营保理业务时存在下列情形之一的，银监会及其派出机构除按本办法第三十三条采取监管措施外，还可根据《中华人民共和国银行业监督管理法》第四十六、第四十八条实施处罚：

（一）因保理业务经营管理不当发生信用风险重大损失、出现严重操作风险损失事件的；

（二）通过非公允关联交易或变相降低标准违规办理保理业务的；

（三）未真实准确对垫款等进行会计记录或以虚假会计处理掩盖保理业务风险实质的；

（四）严重违反本办法规定的其他情形。

第六章 附则

第三十五条 政策性银行、外国银行分行、农村合作银行、农村信用社、财务公司等其他银行业金融机构开展保理业务的，参照本办法执行。

第三十六条 中国银行业协会应当充分发挥自律、协调、规范职能，建立并持续完善银行保理业务的行业自律机制。

第三十七条 本办法由中国银监会负责解释。

△ 专栏 7-4

中国银行业保理业务规范

（2016 年 10 月 31 日）

第一章 总则

第一条 为了确立保理业务管理基本原则，明确其业务属性，以规范和促进保理业务健康、有序发展，根据《中华人民共和国合同法》、《中华人民共和国物权法》、《中华人民共和国银行业监督管理法》、《中华人民共和国商业银行法》、《中华人民共和国价格法》、《商业银行保理业务管理暂行办法》，以及其他有关法律、法规、规章、国际国内惯例，特制定本规范。

第二条 本规范适用于中华人民共和国境内经国务院银行业监督管理机构批准设立并开办保理业务的银行业金融机构。

第三条 银行在办理业务时应当遵循以下原则：

（一）遵守我国有关法律、法规及规章，如《商业银行保理业务管理暂行办法》。

（二）遵守国际惯例，如《国际保理通用规则》等。

（三）妥善处理业务发展与风险管理的关系，审慎经营。

（四）遵循平等自愿、公平诚信的原则，并妥善处理同业合作与竞争的关系。

第二章 定义、特点及分类

第四条 定义

（一）应收账款

本规范所称应收账款，是指企业因提供商品、服务或者出租资产而形成的金钱债权及其产生的收益，但不包括因票据或其他有价证券而产生的付款请求权。以应收账款为质押的贷款，不属于保理业务范围。

（二）保理业务

保理业务是一项以债权人转让其应收账款为前提，集应收账款催收、管理、坏账担保及融资于一体的综合性金融服务。债权人将其应收账款转让给银行，由银行向其提供下列服务中的至少一项的，即为保理业务：

1. 应收账款催收：银行根据应收账款账期，主动或应债权人要求，采取电话、函件、上门催款直至法律手段等对债务人进行催收。

2. 应收账款管理：银行根据债权人的要求，定期或不定期向其提供关于应收账款的回收情况、逾期账款情况、对账单等各种财务和统计报表，协助其进行应收账款管理。

3. 坏账担保：债权人与银行签订保理协议后，由银行为债务人核定信用额度，并在核准额度内，对债权人无商业纠纷的应收账款，提供约定的付款担保。

4. 保理融资：以应收账款合法、有效转让为前提的银行融资服务。

第五条 保理业务具备以下特点：

1. 银行通过受让债权，取得对债务人的直接请求权。

2. 保理融资的第一还款来源为债务人对应收账款的支付。

3. 银行通过对债务人的还款行为、还款记录持续性地跟踪、评估和检查等，及时发现风险，采取措施，达到风险缓释的作用。

4. 银行对债务人的坏账担保属于有条件的付款责任。

第六条 保理业务分类

1. 国际、国内保理

按照基础交易的性质和债权人、债务人的所在地，可分为国际保理和国内保理。债权人和债务人均在境内的，称为国内保理；债权人和债务人中至少有一方在境外（包括保税区、自贸区、境内关外等）的，称为国际保理。

2. 有、无追索权保理

按照银行在债务人破产、无理拖欠或无法偿付应收账款时，是否可以向债权人反转让应收账款，或要求债权人回购应收账款或归还融资，可分为有追索权保理和无追索权保理。

有追索权保理是指在应收账款到期、无法从债务人处收回时，银行可以向债权人反转让应收账款，或要求债权人回购应收账款或归还融资。有追索权保理又称回购型保理。

无追索权保理是指应收账款在无商业纠纷等情况下无法得到清偿的，由银行承担应收账款的坏账风险。无追索权保理又称买断型保理。

3. 公开、隐蔽型保理

按照是否将应收账款转让的事实通知债务人，可分为公开型保理和隐蔽型保理。

公开型保理应将应收账款转让的事实通知债务人，通知方式包括但不限于向债务人提交银行规定格式的通知书、在发票上加注银行规定格式的转让条款。

隐蔽型保理中应收账款转让的事实暂不通知债务人，但银行保留一定条件下通知的权利。

4. 单保理、双保理

按照参与保理服务的保理机构个数，可分为单保理和双保理。单保理是由一家保理机构单独为买卖双方提供保理服务。双保理是由两家保理机构分别向买卖双方提供保理服务。

买卖双方保理机构为同一家银行不同分支机构的，原则上可视作双保理。银行需要在业务管理办法中同时体现买方保理机构和卖方保理机构的职责。

有保险公司承保买方信用风险的银保合作，视为双保理。

第三章 银行内部管理要求

第七条 银行应根据业务发展战略、业务规模等，设立专门的保理业务部门或团队，负责制度拟定、产品研发、推广、业务操作和管理等工作，并配备相应的资源保障。

第八条 银行应当针对保理业务建立完整的前、中、后台管理流程，前、中、后台应职责明晰且相对独立，岗位职能设置包括但不限于市场营销、产品研发、业务管理、风险控制和业务操作等。

第九条 银行应加强对本行从业人员的培训，提高其专业能力，积极组织、参与中国银行业协会保理专业委员会、国际保理商联合会、国际商会等行业组织举办的专业培训活动及相关工作。

第十条 银行应根据保理业务的特点，严格实施受理与调查、风险评估与评价、应收账款回款支付和监测等全流程控制，建立规范的业务管理办法和操作规程。

（一）业务管理办法至少应包含以下内容：

1. 业务范围：应参照本规范对具体产品进行定义，并按银行自身的情况制定适当的业务范围。

2. 组织结构：应明确业务相关部门及其职责，同时授予保理业务部门相对独立的管理权限。

3. 客户准入：应按照保理业务的特点，制定适当的客户准入标准。

4. 账款标准：应制定适合叙做保理业务的应收账款标准，包括但不限于账期、付款条件、交易背景和性质等。

5. 授信审批：应制定符合保理业务特点的授信政策，并根据风险承担的实质确定授信主体、评估标准和放款条件。银行可在不通知债务人的情况下发起对债务人的主动授信，且不必与债务人签署授信协议。

6. 同业风险管理：应对其合作银行、保理公司及保险公司等合作保理机构制定准入准出标准并签署合作协议，对于实际承担信用风险的合作保理机构，应进行授信管理。在业务过程中，应定期监控合作保理机构及其所在国家和地区的风险变化情况，并适时做出调整。

7. 授信后管理：应制定与保理业务特点相适应的授信后管理政策，包括密切监控债权人及债务人的履约情况、交易背景的真实性、应收账款回款专户管理等，该专户用于接收应收账款回款，是以债权人名义开立的账户，或者以保理银行名义开立的具有银行内部户性质的专用账户。

8. 收费及计息标准：应根据业务分类、服务内容、业务成本、工作量、风险承担、合理利润、行业惯例等因素进行综合定价，制定合理化、个性化的收费及计息标准，包括应收账款管理费、单据处理费和融资利息等。收取时点包括但不限于应收账款转让、融资发放或买方付款时收取等；收取对象可采取卖方支付、买方支付和协议支付等；对于期限为一年以上的应收账款，可每年收取；可根据内部资金成本、风险资本占用以及收益要求厘定保理融资利率。

（二）保理业务操作规程至少应包含以下内容：

1. 业务受理。

2. 额度申请及核准。

3. 融资比例及融资期限：银行应充分考虑应收账款稀释及付款期限等因素，合理确定融资比例、融资期限及融资宽限期。

4. 协议签署：卖方银行应与债权人签订业务协议，可不与债务人签订协议。

5. 交易真实性审查。

6. 应收账款转让及通知债务人：除单笔核准外，原则上应要求债权人对指定债务人的应收账款进行整体转让。银行可以受让未来应收账款，但不得针对未来应收账款发放保理融资。

7. 额度使用及管理：包括对债权人和债务人额度的启用、占用、变更、冻结和取消等。

8. 融资发放。

9. 应收账款管理及催收：应收账款催收、应收账款管理等业务不得外包给第三方机构。

10. 费用收取及支付。

11. 特定情况处理：包括贷项清单、商业纠纷、间接付款和担保付款的处理等。

12. 会计处理。

第十一条 基于合格应收账款的信用风险缓释作用，银行在叙做保理业务时，关于信用风险加权资产的厘定可参照以下原则执行：

1. 如果仅提供应收账款管理或催收服务，则无信用风险加权资产。

2. 提供无追索权保理业务的卖方保理机构，可按照买方保理商、保险公司或债务人的信用风险权重计算相关风险加权资产；提供有追索权保理业务的卖方保理机构，可按照提供信用风险担保的买方保理商（如有）、保险公司（如有）或债权人的信用风险权重计算相关风险加权资产。

3. 提供坏账担保服务的买方保理机构，应根据承担风险的实质，给予一定的信用风险转换系数，可参照“与贸易直接相关的短期或有项目”执行。

4. 买卖双方保理机构为同一银行的，整体信用风险权重不应大于100%，具体信用风险权重可按具体业务情况及各风险缓释因素确定。

第十二条 银行应根据内部管理要求决定保理业务是否在中国人民银行“中征动产融资统一登记平台”进行转让登记，但鼓励银行积极登记，以形成行业共济机制。

第十三条 银行应建立电子化的业务操作和管理系统，以实现以下目标：

1. 管理流程统一：设定统一的业务标准，确保银行在参数构架、安控维护、额度控制和业务流程等方面进行即时监控，随时了解业务运营情况，便于对业务的定期回顾和检查。

2. 预警及监管：实现对应收账款的分账户管理，并对业务异常情况进行预警提示等。

3. 业务数据保存：做好数据备份工作，确保储存数据安全。储存数据的期限应不少于五年，储存数据可根据需要随时提取，用于事后的统计、管理等。

第四章 数据统计及信息披露

第十四条 银行应做好业务数据统计工作，并按照监管机构的要求及时报送。

第十五条 企业征信系统信息披露。

银行在提供保理融资时，有追索权保理按融资金额计入债权人征信信息；无追索权保理不计入债权人及债务人征信信息。

银行在为债务人核定信用额度时，不计入债务人征信信息。

银行在进行担保付款或垫款时，应按风险发生的实质，决定计入债权人或债务人的征信信息。

第五章 附则

第十六条 银行应按照本规范制定相应的规章制度以及实施细则，其他开展保理业务的机构可参照执行。

第十七条 本规范中凡涉及国家外汇管理法规、政策的有关要求的，如遇有关部门出台新的法规或规定，应遵守和执行新的法规。

第十八条 本规范由中国银行业协会保理专业委员会组织制定并负责解释。

第十九条 本规范自发布之日起施行。

本章小结

赊销在国际贸易中的日益盛行和国际结算的非信用证化共同推动着国际保理这种新型国际结算方式的发展。本章定义了国际保理的概念，即国际保理是在以记账赊销（O/A）、承兑交单（D/A）为支付方式的国际贸易中，由保理商向卖方/出口商/供应商提供的基于双方契约关系的一种集贸易融资、销售账户管理、应收账款催收、信用风险控制与坏账担保为一体的综合性金融服务。根据《国际保理公约》，本章揭示了国际保理商在国际贸易中的角色和提供的服务以及国际保理在国际贸易中发挥的重要作用。

国际保理主要包括单保理和双保理、融资保理和非融资保理、有追索权保理和无追索权保理等形式。作为国际保理业务中应用较广的一种形式，双保理具有两个保理商和两次应收账款债权让渡的特点，而双保理的运作程序也是国际保理业务中需要了解的内容。

与信用证和出口信用保险等新老结算方式相比，国际保理具有特有的优势：与信用证等传统结算方式相比，国际保理的最大优点是有债权风险保障。与出口信用保险相比，国际保理在性质、风险范围、风险保障程度、服务内容、结算方式、费用等方面与其存在差别。

练习题

一、术语解释

双保理　　融资保理　　无追索权保理　　发票贴现

公开保理　　出口信用保险

二、填空题

1. 国际保理是在国际贸易中，基于________与________支付方式，由保理商向出口商提供的基于双方契约关系的一种集________、________、________与________为一体的综合性金融服务。

2. 按债权转让后是否通知债务人划分，出口商通知债务人，要求其向________付款，称为公开型保理；要求其向________付款，称为隐蔽型保理。

3. 根据保理商是否承担________、________，国际保理可分为有追索权保理和无追索权保理。

4. 双保理的突出特点是存在两个保理商，即________商和________商，以及两次应收账款债权让渡。

5. 在保理业务中，买卖合同的支付方式一般为________、________。

6. 国际保理是介于________信用与________信用之间的保证付款方式。

三、不定项选择题

1. 在保付代理业务中的利息及手续费是由（　　）。

A. 出口商承担　　B. 进口商承担

C. 银行承担　　D. 保理组织承担

2. 在下述论断中，不属于国际保理的特点是（　　）。

A. 国际保理适用于大型机器设备　　B. 国际保理加速出口商资金周转

C. 国际保理适用于一般商品贸易　　D. 国际保理使出口商免除信贷风险

3. 保理商所提供的金融管理服务主要包括（　　）。

A. 对进口商的资信分析和信用评估　　B. 应收账款的代收服务

C. 对认可的应收账款进行融资　　D. 承接应收账款的会计工作

4. 国际保理业务的当事人有（　　）。

A. 出口商　　B. 进口商

C. 出口保理商　　D. 进口保理商

5. 在国际保理业务中，保理商考察资信的重点是（　　）。

A. 出口商　　B. 进口商

C. 进口国的法律制度　　D. 每笔应收账款的质量

6. 在核定的信用额度内，保理商对出口商货款的最高保障金额是（　）。

A. 70%　　B. 80%

C. 90%　　D. 100%

7. 根据销售货款是否直接付给保理商或者按债权转让后是否通知债务人，保理业务可分为（　）。

A. 到期保理　　B. 预支保理

C. 公开型保理　　D. 隐蔽型保理

8. 根据是否向出口商提供融资，保理业务可分为（　）。

A. 到期保理　　B. 标准保付代理

C. 公开型保理　　D. 隐蔽型保理

9. 进口保理商对进口商资信调查的内容包括（　）。

A. 进口保理商要求进口商提供近期的财务报表，以此分析其财务状况

B. 进口保理商需要通过银行等机构查看进口商以往的信用记录

C. 进口保理商对进口商的产品市场进行调查，分析预测产品的销售前景

D. 进口保理商还要对进口商的司法诉讼记录进行资信调查

10. 在下列各项中，不属于保理业务功能的是（　）。

A. 代收账款　　B. 核定信用额度

C. 贸易融资　　D. 开立担保函

四、判断题

1. 对于因出口商提供的货物在质量上不合格、交货期不符合合同规定等情况所引起的进口商拒付、少付情况，保理商不予担保。（　）

2. 国际保理又称国际保付代理，是指保理商通过受让取得出口商的出口债权而向出口商提供综合性金融服务所形成的法律关系。（　）

3. 采用国际保理并不能降低收汇风险。（　）

4. 保理商对付给出口商的全部款项有追索权。（　）

5. 单一保理是指只有一个保理合同的普通保理方式。而背靠背保理涉及两个保理合同，其中一个保理合同是根据另一个保理合同来考虑保理风险的保理方式。（　）

6. 出口信用保险和国际保理都是一种完全建立在商业化运作基础之上的营利性的金融服务。（　）

7. 在有追索权保理中，当进口债务人因清偿能力不足而形成坏账时，保理商有权向出口商追索预支的货款。因此，有追索权保理比无追索权保理的费用更高。（　）

8. 出口商向保理商让渡其应收账款的债权后，保理商就对卖方在信用额度内发货所产生的应收账款，提供80%～90%的坏账担保。（　）

9. 国际保理是介于商业信用与银行信用之间的保证付款方式。（　）

10. 预付保理是指保理商在到期日或收款日之前向销售商提供预付款而非货款的保理方式。（　）

五、问答题

1. 简述国际保理业务的运作程序。

2. 国际保理与出口信用保险有何异同?

3. 简述国际保理与信用证的区别。

六、讨论题

"一带一路"与中美贸易摩擦将给中国保理业务发展带来哪些机遇与挑战?

第八章

福费廷业务

学习目标

- 了解福费廷业务的产生与发展、福费廷业务的特点
- 熟练掌握福费廷业务与国际保理业务之间的异同
- 熟悉福费廷业务的运作程序
- 掌握福费廷业务的成本构成

第一节 福费廷业务概述

一、福费廷业务的含义

“福费廷”（forfaiting）一词来源于法语“à forfait”，含有放弃权利的意思。福费廷业务又称买断或包买票据业务，是指在大型成套设备的国际贸易中，包买商（通常是指商业银行）从出口商那里无追索权地买断由开证行承兑的远期汇票或由进口商所在地银行担保的远期汇票或本票的一种贸易融资方式。

二、福费廷业务的产生与发展

20 世纪 40 年代中后期，福费廷融资业务由瑞士苏黎世银行协会首先开创。当时，第二次世界大战后的东欧各国需要向美国购买大量谷物，但又因外汇短缺而需向对方融通资金，瑞士苏黎世银行协会抓住了这一机遇，开办了以融资为目的的福费廷业务。在 20 世纪 50 年代后，随着国际上资本性货物的卖方市场逐步转为买方市场，进口商要求延长付

款期限，福费廷的融资业务得到进一步发展。当时，西方的工业国家对苏联、东欧以及发展中国家和地区出口的资本货物（如成套设备等），有不少是通过福费廷方式进行的。

福费廷业务在西欧各国发展最快，并形成了伦敦、苏黎世、法兰克福3个福费廷市场。其中，伦敦是全球规模最大的福费廷市场。此外，亚太地区的部分经济发达国家也开展了福费廷业务，一些发展中国家或地区也在尝试开展该项业务。至今，福费廷业务已形成了一个全球性的福费廷二级市场。据统计，全世界年均福费廷交易量大约占世界贸易额的2%，主要用于延期付款的成套设备、机器、飞机和船舶等贸易中。

世界上知名的商业银行都在积极介入福费廷业务，特别是自20世纪60年代中期瑞士信贷银行成立公司正式经营福费廷业务以来，许多著名大银行都先后成立了专门的福费廷公司或福费廷业务部，如英国的巴克莱银行、密德兰银行、国民西敏寺银行，美国的大通曼哈顿银行、花旗银行等。中国银行早在20世纪90年代初期就开办了福费廷业务，中国进出口银行也于1995年开始办理福费廷业务。

国际福费廷协会（International Forfaiting Association，IFA）是推动福费廷业务开展的著名国际组织，成立于1999年8月，总部设在瑞士苏黎世。目前，IFA有140多个会员，遍布全球28个国家和地区。截至2011年10月，中国工商银行、中国农业银行、中国建设银行、交通银行、招商银行、中信银行、中国民生银行、中国光大银行、江苏银行和中国贸通公司均已成为国际福费廷协会会员。

国际福费廷协会为会员提供多种服务，如每年定期举行年会，为会员提供业务交流的场所；制定业务惯例指南和标准文件；为发生争端的会员提供调解和仲裁服务；开办各类培训课程和研讨会；设立区域委员会，以加强区域会员之间的业务沟通与交流。

三、福费廷业务的特点

与国际保理业务适用于消费品贸易不同，福费廷业务适用于以分期方式收付货款的资本品进出口。与之相适应，福费廷业务具有以下特点：

（1）在福费廷业务中对合格票据的购买无追索权。包买商从出口商手中无追索权地买入合格票据后，即使包买商到期不能从进口商或担保行收回票款，也不能要求出口商退还所付款项，其应收账款的损失由包买商自己承担。

（2）福费廷业务的融资金额较大。包买商购买的票据金额一般应在100万美元以上，金额越大越好，可以减少客户的融资成本，使其更具竞争力和吸引力。实力强的银行通常只愿意做500万美元以上的交易，但当金额超过5 000万美元时，则要由包买辛迪加来联合融资。

（3）福费廷业务主要提供中长期资本物品的贸易融资。在资本物品贸易中，采用福费廷业务的融资期限一般是在3～7年之间，以5年居多，最短只有6个月，最长可达10年。融资期限与资本物品交易的付款期限基本一致。

（4）福费廷业务的包买票据通常由进口方银行担保。除非进口商是信誉卓著的政府机构或跨国公司，否则，在票据包买前必须要由包买商接受的银行或其他机构无条件地、不可撤销地进行保付或提供独立的担保。包买商接受的银行主要是资信良好的跨国银行。

（5）福费廷业务一般以分期付款方式支付货款。在福费廷业务中，按融资期限将业务金额分成若干张金额相等的票据，每半年有一张票据到期还款，所有票据的面值之和就是出口债权总金额。

(6) 福费廷业务的融资成本高。包买商除了收取贴现息，还收取选择费、承担费，有时还会发生罚款。

(7) 福费廷业务通常按固定利率融资。采用固定利率融资，可以使出口商在出口交易之前，将其财务成本锁定，便于其核算成本并规避利率风险。

四、福费廷业务的类型

福费廷业务在实际操作中产生了多种类型，尤其是在全球出现金融危机、市场存在很大不确定性、企业面临融资难、贸易风险加大的情况下。福费廷业务的许多新的实践做法，满足了企业的多种需求。

1. D/A银行保付项下福费廷

D/A是跟单托收业务中承兑交单方式的英文缩写。D/A银行保付项下福费廷是在承兑交单（D/A）结算方式下，银行从出口商处无追索权地买入经进口商银行保付的已承兑商业汇票。

保付是国际上一种特有的担保形式，即担保银行在已承兑的商业汇票或本票上加注“Per Aval”或类似字样，同时签注担保行的名称并由有权签字人签署，从而构成担保行不可撤销的担保责任。国外的银行经常采用这种方式对本票或D/A项下商业承兑汇票加具担保。

D/A银行保付项下福费廷属于票据项下福费廷的一种。由于票据具有如下特性，因而在办理福费廷时具有一些优势：票据易于流通；通过在票据上背书然后将其转交后手，可以实现票据权利（即债权）的转让；票据项下债务人的付款义务独立于有关的贸易合同而存在，因而票据的持票人无须担忧有关的贸易合同所要求的付款条件是否得到满足，其权利受到票据法的保护。

2. 出口跟单信用证项下福费廷

出口跟单信用证项下福费廷是目前在中国运用最广泛的一种福费廷模式。在远期信用证结算方式下，出口商根据信用证的要求发运货物以及向开证行提交单据，在收到开证行的承兑汇票或到期付款确认后，银行可以从受益人处无追索权地买入经开证行承兑或承付的未到期债权。

通过办理福费廷，出口商将应收账款转变为当期现金流入，有利于出口商改善财务状况和清偿能力，避免资金占用。与此同时，将开证行的信用风险转嫁给融资的银行，出口商不必对开证行的偿债与否负责。

3. 保函/备用信用证项下福费廷

保函/备用信用证项下福费廷是在以保函/备用信用证担保的汇款结算方式下，国内银行从出口商处无追索权地买入未到期债权。

国内银行之所以能够在汇款结算方式下办理福费廷，主要是因为进口商的银行为应收账款的支付做出了担保，在进口商违约不付款的情况下，国内的银行可以凭保函或备用信用证向担保人索赔。这样，由于有了银行的信用做担保，而不仅仅依赖进口商的付款能力，国内银行为出口商叙做福费廷业务的意愿就大大增强了。

4. 银保福费廷

银保福费廷是近两年国内银行推出的新业务。它是国内银行作为被保险人在向中国出口信用保险公司（以下简称“中信保”）投保出口信用保险的基础上，无追索权地从出口商处买入远期信用证项下已承兑/承付的远期汇票或远期付款责任项下的债权。

随着我国出口企业不断开拓新的海外市场，国内银行和中信保发挥各自优势合作办理福费廷的模式，既符合我国支持企业出口的经贸政策，又丰富了银行和保险公司的服务内容，具有广阔的发展前景。

5. 国际组织担保项下福费廷

国际组织担保项下福费廷的原理与信用证和汇票/本票项下福费廷没有本质区别。它是由国际组织出具国内银行为受益人的担保或备用信用证，国内银行凭借国际组织的信用为出口商办理福费廷。但是，在办理此类福费廷业务前，国内的银行必须事先与相应的国际组织签署双边协议。目前，中资银行能够开展合作的国际组织包括世界银行集团下的国际金融公司（IFC）、泛美开发银行（IADB）、亚洲发展银行（ADB）以及欧洲复兴开发银行（EBRD）。

1997 年的亚洲金融危机重创了新兴市场国家的对外贸易。为了恢复国际金融市场对发展中国家的信心，促进全球贸易发展，特别是东欧地区国家的对外贸易，欧洲复兴开发银行率先推出“贸易促进计划”，旨在通过它对东欧地区银行的信用证、汇票、本票等金融工具提供担保，吸引并带动商业银行等金融机构提供贸易融资，从而实现贸易增长。

此后，亚洲开发银行、国际金融公司等金融机构纷纷效仿，推出各自的贸易促进计划，而今基本形成了相互补充、相互促进的全球新兴市场风险覆盖网络。亚洲开发银行主要担保中亚、南亚地区风险；欧洲复兴开发银行主要担保东欧等独联体国家风险；泛美开发银行主要担保拉美和加勒比海地区风险；国际金融公司范围较广，对亚、非、拉等多数新兴市场国家都可担保。

在国际组织担保的福费廷业务下，国际组织承担开证行的国家风险和银行风险。当开证行不付款时，国内银行可凭国际组织的见索即付保函向其提出索赔，从而规避了开证行的风险，防止了资金损失。

6. 国内信用证项下福费廷

1997 年，中国人民银行发布了《国内信用证结算办法》，从此国内信用证作为一种新型的结算工具出现在国内金融市场。

国内信用证是指中国境内的一家银行（开证行）依照申请人的申请向中国境内的另一家银行开立的、以人民币为付款币别的、凭符合信用证条款的单据支付的付款承诺。

目前，国内信用证已成为国内贸易中一种非常重要的结算方式。信用证的申请人为贸易项下的买方，受益人为卖方，买卖双方通过国内信用证方式引入开证行的信用作为信用中介。

国内信用证项下福费廷则是在延期付款的信用证结算方式下，受益人的银行在收到开证行真实、有效的到期付款确认后，从受益人处无追索权地买入未到期债权。

最近两年，由于企业融资难，加之人民币的融资成本不断上升，很多企业开始选择使用国内信用证办理结算。与此同时，国内信用证项下福费廷具有调节银行资产结构的功能，中资银行也越来越多地办理国内信用证项下福费廷业务。

五、福费廷业务与国际保理业务的比较

尽管福费廷业务与国际保理业务存在一些相同点，但两种业务在处理中的差异较为明显，为了更好地理解这两种业务的特点，现将其相同点和不同点进行比较，见表 8-1。

表 8-1　福费廷业务与国际保理业务的比较

<table>
<tr><th></th><th>比较项目</th><th>福费廷</th><th>国际保理</th></tr>
<tr><td rowspan="3">相同点</td><td>性质</td><td colspan="2">综合性结算方式</td></tr>
<tr><td>基本内容</td><td colspan="2">风险担保、贸易融资</td></tr>
<tr><td>服务手段</td><td colspan="2">应收账款购买</td></tr>
<tr><td rowspan="8">不同点</td><td>购买对象</td><td>资本品出口应收账款</td><td>消费品出口应收账款</td></tr>
<tr><td>融资比例</td><td>票面金额的 100%</td><td>票面金额的 80%</td></tr>
<tr><td>银行担保</td><td>进口地银行担保</td><td>无</td></tr>
<tr><td>融资性质</td><td>无追索权</td><td>无追索权或有追索权</td></tr>
<tr><td>融资期限</td><td>6 个月以上，10 年以下</td><td>6 个月内</td></tr>
<tr><td>其他服务</td><td>无</td><td>有</td></tr>
<tr><td>基本方式</td><td>跟单托收或信用证</td><td>O/A 或 D/A 托收</td></tr>
<tr><td>风险转移或控制方式</td><td>二级市场转让、辛迪加购买</td><td>核准信用额度</td></tr>
</table>

第二节　福费廷业务流转程序

一、福费廷业务的主要当事人

一般来说，福费廷业务中的主要当事人有出口商、进口商、包买商和担保人。

1. 出口商

出口商（exporter）是资本货物交易中的供货方，也可以看作出售应收票据的当事人。出口商与包买商达成包买协议后，保证按时发送货物，在出售合格的应收票据后，取得贴现净额，并将应收票据的交易风险转嫁给包买商。出口商承担的责任是按福费廷业务的规定，缴纳各项包买费用，放弃对所出售票据的一切权利。

2. 进口商

进口商（importer）是资本货物交易中的进货方。进口商与出口商达成协议，在交易项下从事包买票据融资，可以以出口商提供的延期付款方式进口货物。进口商要按出口商和包买商的要求提供自己的资信证明，承兑出口商出具的远期汇票或由自己开具的远期本票。若福费廷票据需要进口商的银行做担保，进口商需要提供符合包买商和出口商要求的担保，并承担担保费用。当票据到期，包买商持票向进口商提出付款要求时，进口商应无

条件地按期付款，不能因为任何有关货物和服务的贸易纠纷拒付或拖延付款。

3. 包买商

包买商（forfaiter）多为出口商所在国的商业银行或其附属机构，有时也可以是具有中长期信贷能力的大金融公司或专门的福费廷公司。包买商应出口商的要求提出包买报价，若出口商接受，包买商就可以与出口商签订包买协议，无追索权地买入出口商提交的合格票据，并享有向进口商或担保人索偿的权利，若到期遭拒付，包买商将承担拒付的损失。如果一笔包买业务的金额庞大，单个包买商无力承担，可以由数个包买商构成包买辛迪加，共同承做。

4. 担保人

担保人（guarantor）是应进口商的要求为福费廷业务中贴现的远期票据提供担保的机构。担保人可以从进口商处获得担保费收入，担保人对到期的债权凭证负有绝对的无条件付款责任。一旦进口商到期不能履行付款责任，担保人就要承担起无条件的还付责任。在担保人履行还付责任后，他可以向进口商追索款项。担保人通常为进口地的银行或金融机构。

二、福费廷业务的流转程序

福费廷业务的流转程序说明如下：

（1）出口商与进口商进行贸易洽谈。在进出口商的贸易洽谈中，除其他条件外，要言明使用福费廷；与此同时，出口商寻求同意买断其远期票据的银行（即议付行）或金融公司，提出申请并获得批准。银行在提供福费廷服务时通常报三种费用，即贴现率、承诺费和选择费。

（2）进出口双方签订分期付款的贸易合同。出口商将已确定的融资费用打入成本，向进口商报价，只要报价被对方接受，即可正式签订贸易合同。

（3）开出商业票据。在福费廷业务中，多由进口商开出承诺付款的一张本票或根据付款次数和每期付款金额同时开出若干张本票。比如对 2 年期 400 万欧元的交易，就开出间隔半年、面值为 100 万欧元的 4 张票据，并提交贴现行或金融公司认可的担保行进行担保，保证在进口商不能履行支付义务时，由其最后付款。担保的形式有两种：一种是在票据的票面上签章，另一种是出具保函。当然，也可由出口商开出一张或若干张汇票，但须经其往来银行交给进口商承兑、担保行担保。

（4）出口商备货、制单、装船发货。在贸易合同签订后，出口商就可发运货物，在备齐单据后，将单据通过当地银行寄交进口方银行。如果合同规定债权凭证为汇票，那么出口商还应签发汇票并寄进口商。

（5）进口商申请银行担保。进口商在收到出口商寄来的汇票后应予以承兑并申请银行担保。如果合同规定债权凭证为本票，则出口商不必签发汇票而由进口商签发本票并申请银行担保。

（6）包买商买断债权凭证。出口商将收到的上述票据，按照与承办福费廷业务的银行或金融公司的预先约定，办理银行丧失追索权的票据贴现手续，并取得现款。

(7) 包买商分期收回货款。按国际上中长期信贷分期还款的惯例，承办福费廷业务的银行或金融公司向进口商或担保行收回货款。

整个过程见图 8-1。

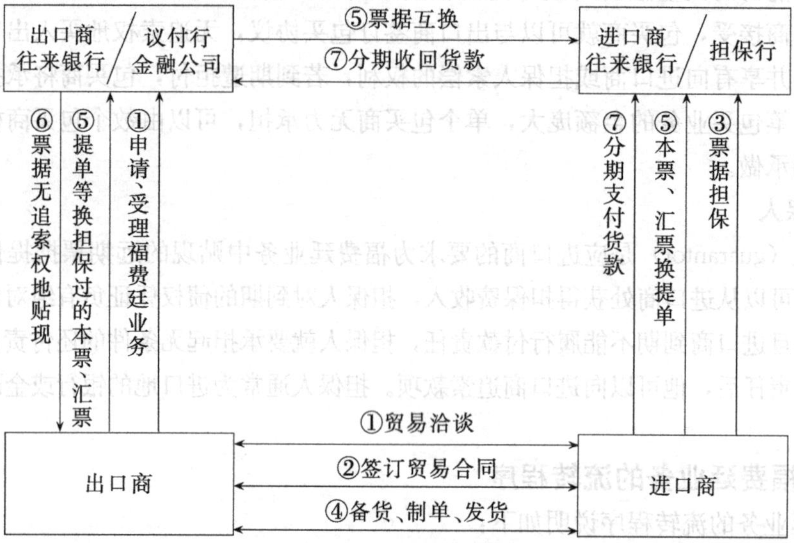

图 8-1　福费廷业务的流转程序

△ 专栏 8-1

信用证下福费廷融资协议示例

出口商：　　　　　　　　　　　　　　　　　（以下简称甲方）

包买商：　　　　　　　　　　　　　　　　　（以下简称乙方）

甲方为了加速资金周转，避免出口项目的外汇及利率风险，特向乙方申请办理福费廷业务。为了明确甲、乙双方的经济责任及有关事项，经甲、乙双方协商，特签订本协议，双方共同遵守。

第一条　项目概况

进口商：

开证行：

保兑行：

出口项目：

合同金额：

交货期：

第二条　金额及货币

金额：　（大写：__________）

第三条 期限

票据到期日：

交单有效期：

第四条 贴现率

根据乙方实际融资天数以一年360天为基础，贴现率为百分之________。按照对收益每半年折现一次的方法计算。

第五条 承担费

承担费率为________，按包买金额和实际承诺天数计算。

第六条 债务证明

由甲方出具的经信用证开证行或保兑行承兑的汇票。

第七条 甲方的责任与义务

甲方须在包买交单的有效期内向乙方提交下列经乙方认可的单据：

（一）甲方背书转让的本协议第六条规定的汇票，并注明“without recourse”。

（二）商务合同副本，注明“copy conforms to the original”，由甲方有权签字人签字。

（三）信用证及其修改副本，注明“copy conforms to the original”，由甲方有权签字人签字。

（四）货运提单及商业发票副本，注明“copy conforms to the original”，由甲方有权签字人签字。

（五）书面证明所提交的单据是真实的，单据上的签字合法、有效，并由甲方签字盖章。

第八条 乙方的责任及义务

乙方收到本协议第七条规定的单据，经审查同意后，将包买款项通过银行转账方式划到甲方在银行开立的账户内，账户号为________。

第九条 违约处理

甲方若未按本协议第七条规定交单、中途撤单或提交的单据不真实，则须承担乙方因此而造成的全部经济损失。

第十条 其他

（一）本协议未尽事宜，由甲乙双方协商解决。

（二）本协议正本一式两份，双方各持一份，具有同等的效力。

甲方：	乙方：
签字：	签字：
盖章：	盖章：
年 月 日	年 月 日

第三节 福费廷业务的成本

福费廷业务的成本较高，主要由贴现率、选择费与承诺费组成，有时还会收取一定的罚金。

一、贴现率

福费廷融资的贴现率（discount interest rate）按照事先确定的固定利率收取，贴现率的高低是由进口国的综合风险数、融资期限长短、融资金额、担保银行信用评级和融资货币的筹资成本等决定。包买商的报价是通过贴现率来表现。贴现率由两部分组成：一是基本利率，一般为报价时（或签约时）相关货币的伦敦银行同业拆借利率，反映包买商的筹资成本；二是利差，反映包买商承担的风险及期望的收益，一般为 0.5%～1%。贴现率一般分成直接贴现率（straight discount）和半年复利贴现率（semi-annual discount to yield）两种贴现率。

1. 按直接贴现率计算的直接贴现净值

直接贴现净值的计算公式为：

$$NV = FV \times (1 - R \times D/360)$$

式中，NV 为贴现净额；FV 为票据面值；R 为年直接贴现率；D 为贴现天数。

例如，ABC BANK 以 7.5%的贴现率从出口商 A 处无追索权地买断应收账款 100 万美元，其结算方式为 10 张等额 10 万美元的远期汇票，每 6 个月支付 10 万美元。具体贴现要求见表 8－2。

表 8－2　ABC BANK 的贴现要求

贴现率	7.5%
贴现方式	直接贴现法
宽限日	5 天
面值总额	1 000 000 美元
票据张数	10 张
贴现币种	美元
承担日	2/07/97
贴现日	2/07/97
计息基础	365/360

根据以上内容计算票据贴现净值（见表 8－3）。

表 8-3 ABC BANK 的票据贴现净值

编号	到期日	贴现天数	面值	贴现息	贴现净值
01	1998-01-02	184	100 000.00	3 833.33	96 166.67
02	1998-07-02	365	100 000.00	7 604.17	92 395.83
03	1999-01-02	551	100 000.00	11 479.17	88 520.83
04	1999-07-02	730	100 000.00	15 208.33	84 791.67
05	2000-01-02	915	100 000.00	19 062.50	80 937.50
06	2000-07-02	1 097	100 000.00	22 854.17	77 145.83
07	2001-01-02	1 280	100 000.00	26 666.67	73 333.33
08	2001-07-02	1 461	100 000.00	30 437.50	69 562.50
09	2002-01-02	1 645	100 000.00	34 270.83	65 729.17
10	2002-07-02	1 826	100 000.00	38 041.67	61 958.33
			1 000 000.00	209 458.34	790 541.66

资料来源：WestMerchant Bank Limited，1997. 摘自 Margrith Lutschg-Eimmenegger. A Guide to Forfaiting.

2. 按半年复利贴现率计算的半年复利贴现净额

半年复利贴现净额的计算公式为：

$$NV=FV/[(1+R\times 182/360)^{N_1}\times(1+R\times 183/360)^{N_2}\times(1+R\times STUB/360)]$$

式中，NV 为贴现净额；FV 为票面面值；R 为半年复利贴现率；N_1 为 182 天为一期的期间个数；N_2 为 183 天为一期的期间个数；STUB 为剩余天数。

贴现天数除了从实际贴现日到票据到期日计算的实际贴现天数外，通常还要加收几天的宽限期（days of grace）。宽限期又称多收期，是包买商预估的到期日至实际收款日的天数。在实务操作中，债权的到期日与实际付款日通常并不一致。付款的延迟会给包买商带来一定的损失，包买商必须考虑宽限期这一因素，而宽限期的长短取决于实际情况。

宽限期所适用的利率有两种：一是采用应收账款买断时的贴现率；二是采用迟付发生日的市场利率并加一定幅度的罚金。

半年复利贴现净额的计算实例如下：

一个 3 年共 6 期的远期汇票，半年复利贴现率为 7.5%，贴现日为 2004 年 8 月 15 日，则到期日及汇票面值如下：

到期日	汇票面值（美元）
2005 年 2 月 15 日	1 050 555.56
2005 年 8 月 15 日	1 011 400.46
2006 年 2 月 15 日	978 148.15
2006 年 8 月 15 日	940 763.89

2007年2月15日	905 740.74
2007年8月15日	868 946.76

第一张远期汇票的贴现净值为：

$$1\,050\,555.56/[(1+7.5\%\times182/360)^0\times(1+7.5\%\times183/360)^1\times(1+7.5\%\times1/360)]=1\,011\,763.27\text{(美元)}$$

此例中，从2004年8月15日到2005年2月15日是184天，因此包括一个183天的期间，剩下的天数是1，所以 $N_1=0$，$N_2=1$，STUB=1。

第二张远期汇票的贴现净值为：

$$1\,011\,400.46/[(1+7.5\%\times182/360)^1\times(1+7.5\%\times183/360)^1\times(1+7.5\%\times0/360)]=938\,665.84\text{(美元)}$$

此例中，从2004年8月15日到2005年8月15日是365天，因此包括一个183天的期间，一个182天的期间，剩下的天数是0，所以 $N_1=1$，$N_2=1$，STUB=0。

依此类推：

到期日	汇票面值（美元）	贴现净值（美元）
2005年2月15日	1 050 555.56	1 011 763.27
2005年8月15日	1 011 400.46	938 655.84
2006年2月15日	978 148.15	874 283.70
2006年8月15日	940 763.89	810 150.86
2007年2月15日	905 740.74	751 188.73
2007年8月15日	868 946.76	694 490.47
		5 080 532.87

按照年率7.5%的半年复利贴现率，贴现上述一系列票据后的净值为5 080 532.87美元。

二、选择费

选择费（option fee）又称选期费，是针对选择期收取的费用。选择期是指从包买商提出报价到与出口商签订包买协议之间的天数。在此期间，出口商可以根据包买商的报价确定货物远期销售价格，并与进口商进行洽商。如果进口商接受出口商的报价，出口商也会接受包买商的报价，并与之签订包买协议。在这段时间，包买商可能要承担利率或汇率变动的风险，因此要收取一定的费用作为风险补偿，该费用就是选择费。选择期最长不超过1个月，一般只有几天，若在两天之内则免收选择费。当利率、汇率波动剧烈时，包买商通常不提供选择期。

选择费的高低与选择期的长短没有关系，包买商根据包买业务的交易金额按一定比例收取，该比例一般为0.125%。

三、承诺费

承诺费（commitment fee）又称承担费，是包买商针对承诺期所收取的补偿费用。承诺期又称承担期，是指包买协议签订日到实际贴现日的一段时间，通常是1个月至6个月，最长可达18个月。在包买协议中，包买商通常会确定一个最后贴现日，过了这一阶段，包买商不再承担贴现义务。包买商一旦承诺贴现票据，可以在承诺期内的任何一天进行实际贴现付款。在承诺期，包买业务除了面临利率风险外，还会发生汇率风险、国家风险，作为对成本或风险的补偿，包买商要收取承诺费。承诺费率依每笔包买业务不同而有所差异，通常按年率0.5%～2%收取。承诺费一般每月收取一次，如果承诺期少于一个月，也可同贴现率一并收取。

计算承诺费的公式为：

承诺费＝票面金额×年承诺费率×承诺期天数/360

例如，某张贴现票据的面值为1 000 000美元，承诺费率为1%，承诺期为90天，计算应支付多少承诺费？

承诺费＝1 000 000×1%×90/360＝2 500（美元）

四、罚款

如果出口商未能按期向包买商交出汇票，按规定需要支付给包买商一定金额的罚金，以弥补包买商为准备包买而发生的各项费用。

▲ 案例8-1

出口福费廷业务

案情简介

F客户收到一单出口业务，开证行为汇丰银行孟加拉国分行，信用证为90天远期信用证，单据金额为10 000.00美元，并已经开证行承兑，F客户申请融资的日期为2006年5月24日，该信用证承兑付款日为2006年8月17日。

由于F客户为中小企业客户，其融资方式受到较多限制，所以中国民生银行合理安排出口福费廷授信额度，在扣除对方银行预扣费、中国民生银行手续费后，客户顺利获得了9 500多美元的融资金额。

案例分析

针对出口型中小企业，若信用证项下货物已发运且已经国外开证行（只要该银行在民生银行有授信额度）承兑，无须其他担保措施，中国民生银行立刻为客户出具出口收汇核销联，客户可提早办理出口退税。客户得到的融资款可直接以现金收入记入资产负债表。另外，无论中国民生银行是否于2006年8月17日收到开证行的付款，民生银行均对F客户无追索权。

资料来源：中国民生银行网站。

▲ 案例 8-2

信用证下福费廷业务纠纷案

案情简介

开证行：I 银行，Bangladesh

初级包买商：中国 N 银行

二级包买商：加拿大 S 银行

信用证类型：远期议付信用证

信用证金额：60 004.31 美元

申请人：孟加拉国某服装公司 B

受益人：中国深圳某服装公司 A

2003 年 11 月，中国 N 银行收到其客户某服装公司 A 交来一套信用证项下的单据，要求在开证行承兑后叙做福费廷业务。信用证的开证行为孟加拉国的 I 银行，汇票金额为 60 004.31美元，期限为见票后 120 天。由于该地区的信用风险比较高，中国 N 银行对孟加拉国和 I 银行没有授信额度，中国 N 银行决定与加拿大 S 银行合作，采用间接买断的方式贴现 A 公司的应收账款。

2003 年 12 月 1 日，中国 N 银行通过 DHL 寄出该信用证项下的单据。2003 年 12 月 28 日，中国 N 银行收到开证行发来的拒付电报；经 A 公司与开证申请人联系，2003 年 12 月 30 日开证行发来了承兑电，承兑到期日为 2004 年 4 月 29 日。

在开证行承兑后，中国 N 银行根据 A 公司出具的款项让渡书，与 A 公司签订了福费廷协议书，并向 A 公司支付了贴现款项；同时，中国 N 银行与加拿大 S 银行也签署了福费廷协议，并向 I 银行发出了款项让渡通知书，向加拿大 S 银行提供了以下文件：

(1) 经证实的信用证及修改件正本复印件；

(2) 经证实的 I 银行承兑电正本复印件；

(3) 经证实的 A 公司款项让渡书复印件；

(4) 中国 N 银行发给加拿大 S 银行的款项让渡书；

(5) 中国 N 银行发给 I 银行的款项让渡通知书复印件；

(6) 经证实的 A 公司发票和海运提单正本复印件。

在收到并审核上述文件后，加拿大 S 银行办理了贴现业务并向中国 N 银行支付了相应的款项。

在该笔业务到期后，中国 N 银行却接到了加拿大 S 银行的通知，称开证行以开证申请人不付款为借口，未能按期履行付款义务，且有故意拖延付款的可能。

针对这一情况，加拿大 S 银行通知其在香港的亚太地区总部和负责孟加拉地区业务的印度孟买分行，要求其孟买分行开始向开证行查询和追索。在两个月的时间里，加拿大 S 银行通过各种手段和渠道，多次要求开证行付款，甚至其在印度的孟买分行还专门派人到开证行催收。另外，中国 N 银行也多次联系其客户 A 公司了解开证申请人的动向，得知开证申请人是一个服装制造商，定期向 A 公司购买拉链、纽扣、纽钉等服装附件，并根据欧洲客户提供的面料和款式生产服装再出口到欧洲。由于欧洲客户的面料未能及时提供，造成生产停滞、资金链断裂，使其无法向I银行付款赎单。

2004年6月7日，加拿大S银行告知中国N银行，其收到I银行的电报，通知其该笔业务的款项已被当地法院止付，最终付款时间需以法院通知为准。但是，经中国N银行通过A公司核实，当地法院并没有出具止付令。

2004年9月初，加拿大S银行告知中国N银行，其又收到I银行的电报，电文称受益人已经同意开证申请人延期付款的要求，同意将该笔款项的付款日推迟到12月份。中国N银行再次与A公司核实情况，A公司声明根本就没有这回事，因为该笔信用证项下的全部权益已经被买断，自己没有权利接受开证申请人提出的延期付款要求。

根据中国N银行提供的情况，加拿大S银行在不断追索仍然没有结果的情况下，于2004年9月末，由其孟买分行将情况通报了孟加拉国中央银行。在孟加拉国中央银行的直接关注下，开证行终于向加拿大S银行进行了付款。

案例分析

（一）福费廷买断方式的选择

通过这个案例，出口商确实看到了福费廷业务给其带来的益处，使出口商能够最大限度地规避国际贸易中的国家风险和国外银行信用风险。该案例也使出口商和包买商意识到，在很多发展中国家，一些银行由于对国际惯例、规则的认识不够，为了保护客户和自身利益，往往不惜牺牲自己银行的对外声誉。对于这些国家风险比较高的地区和信用风险比较高的国外银行，如果初级包买商在国外没有或很少有分支机构，那么一旦发生纠纷，仅仅通过报文来处理这些纠纷或争议一般很难达到有效的结果。

所以，在处理一些国家风险和信用风险比较高的福费廷业务时，初级包买商最好采取间接买断的方式，与一些在海外有广泛网络、在某个地区有优势的二级包买商进行合作。例如，一些德国银行在伊朗有优势、一些意大利银行与北非地区的当地银行有良好的业务关系、一些新加坡银行或香港银行与东南亚地区的本土银行有悠久的历史渊源等。这样，通过加强福费廷二级市场的业务合作，初级包买商既能留住客户、增加收益，同时又能有效地转嫁国家风险和国外银行的信用风险。

（二）债权确认文件的有效性

在这个案例中，开证行向中国N银行发出了加押的MT 999的承兑电，其内容如下："PLEASE BE ADVISED THAT YOUR A. M. DOCUMENTS ACCEPTED BY THE DRAWEE AND WILL BE MATURED FOR PAYMENT ON 29-3-04"。这样的承兑电的措辞不是十分明确。如何理解"DRAWEE"的身份？"DRAWEE"可以理解为I银行，也可理解为开证申请人。I银行不使用"WE ACCEPT THE A. M. DOCUMENTS"这样的措辞，而使用"DRAWEE"，显然在故意推脱承兑责任。根据UCP 500第13条和第14条，开证行独立审单、独立自主地决定受益人交来的单据表面是否与信用证条款相符，是否有不符点。如果开证行自行决定接洽申请人放弃不符点，而且申请人同意放弃不符点且开证行没有异议，那么在信用证项下，这就意味着开证行接受了单据并承担了到期付款的责任，开证行不能以开证申请人名义接受不符点单据，并以此为借口在付款到期日拖延或拒绝付款。在本案例中，汇票以开证行为付款人，开证行无论如何都不能以客户名义承兑并推卸自己信用证下的责任和义务。根据 UCP 500 第 14 条规定，开证行在拒付单据后，应说明代为保存单据听候处理或退单据给交单人。一旦开证行放单给开证申请人，开证行就必须承担付款责任。

当然，在实务中，交单行或议付行经常会碰到这样的情况，远期信用证项下提交的单据存在不符点，开证行在拒付后又以申请人的名义承兑了单据，并且随后发来了要求交单行或议付行授权其放单的报文。遇到这种情形，交单行或议付行一定不能授权开证行放单，并且一定要得到开证行以第一人称做出的承兑。如果开证行以申请人的名义做出承兑，并获得交单行或议付行的授权放单给开证申请人后，那么在放单后的付款责任就只能由开证申请人来承担。

在本案例中，I 银行的承兑电文是有瑕疵的。如果该案例诉之于法庭，则对包买商（即中国 N 银行和加拿大 S 银行）可能是不利的。所以，加拿大 S 银行后来也认为，在买断时应坚持要求开证行重新发送符合 UCP 500 要求的承兑电文，内容包括：开证行以第一人称承兑，注明“承兑”字样和“EFFECT PAYMENT”字样。因此，包买商一定要仔细审核承兑电文的有效性，要特别留心报文的密押、承兑报文的人称和语气。

资料来源：查忠民，金赛波．福费廷实务操作与风险管理．北京：法律出版社，2006.

△ 专栏 8-2

中国银行办理首笔转让信用证项下福费廷业务

近日，中国银行浙江绍兴分行成功“牵手”绍兴经天贸易有限公司在海外注册成立的新妙集团，为其办理了金额为 115.59 万美元的转让信用证项下福费廷业务。该业务在传统福费廷操作模式的基础上大胆创新，有效拓展了福费廷的叙做范围，为长期从事中介贸易的企业提供了又一“法宝”。据悉，这也是全国中国银行系统内成功叙做的首单此类业务。

信用证项下的福费廷是指在可议付延期付款信用证或延期付款信用证结算方式下，中国银行在收到开证行真实、有效的到期付款确认书后，从卖方无追索权地买入未到期债券的一项融资业务。在传统操作中，卖方有严格的限制，只能是直接的生产商，但在中介贸易日渐繁荣的贸易市场上，中间商从进口商处揽单后，往往不直接进行生产，而是通过转让信用证的方式，组织缺乏贸易渠道的出口商外运货物，替换出口商单据，从而赚取差价。由于境外开证行开具的一般为远期信用证，至少有 1 个月以上的远期付款期限，而对于直接生产商而言，中间商往往有即时支付部分或全额货款的义务，导致中间商承受了巨大的资金垫付压力。为帮助中间商缓解垫资压力，中国银行浙江绍兴分行做活“产品”文章，结合企业实际需求，量身定制了 NRA 账户项下转让信用证福费廷业务，使国外客户开给新妙集团的主证由该行通知，并办理转让、交单，待开证行完成承兑后再由新妙集团根据各供应商资金需求情况来该行申请办理福费廷业务，从而真正实现了产销分离。

该业务的成功叙做，不仅缓解了中间商的资金压力，使企业大幅缩短了流动资金周转期限，能够将更多的资金和精力投入到客户营销和产品研发工作中；同时，也使生产商能不受远期付款期限的限制，在较短的时间内收到货款，实现收益。此外，该业务与 NRA

业务完美结合，将原先只能在外资银行离岸账户叙做的业务成功“移植”到中国银行，又为客户节省了昂贵的外资银行费用，因而它是中国银行提升国际贸易结算服务的又一把“利器”。

资料来源：中行办理首笔转让信用证项下福费廷业务．浙江理财网，2011-05-11.

△ 专栏 8-3

中外资银行短兵相接　中国银行推创新“福费廷”业务

日前，中国银行广东分行为一家大型家电公司提供国内信用证项下的“福费廷”产品服务，后者得以将应收账款卖断给中国银行获得融资，从而避免了 2002 年“南京爱立信倒戈事件”的再度上演。据了解，这是中国境内首家提供国内信用证项下“福费廷”产品服务的商业银行，目前该项业务已由中国银行国际结算部在全国范围联动推广。

“南京爱立信倒戈事件”当时震惊了国内银行界。爱立信倒戈的原因是，该公司为改善母公司财务报表，需要将应收账款从资产负债表中彻底剔除，而南京当地与之有近 10 年往来关系的中国工商银行、交通银行等中资银行，无法为其提供买断应收账款服务，爱立信最终转向花旗银行上海分行等外资银行寻求金融服务。

2007 年 4 月 3 日，首批四家外资银行东亚、渣打、汇丰和花旗获准在中国境内设立的法人银行开业，全面开展人民币服务。中外资银行短兵相接。

“我们已经感受到外资银行的强大竞争，率先推出国内‘福费廷’业务，也是适应这一竞争的要求，抢占国内信用证项下‘福费廷’市场制高点。”中国银行国际结算部相关人士称，该部门已建立以总行研发团队为中枢的金融产品开发机制和全球产品开发网络。

“福费廷”是一种改善出口商现金流和财务报表的无追索权融资方式。中国银行的这项业务，就是为国内信用证项下卖方客户提供无追索权买断其应收账款的一种融资服务。

据介绍，上述大型家电公司为世界 500 强在华投资企业，与中国银行有多年合作关系，一般采用传统的延期付款的国内信用证方式与部分国内买方企业进行日常结算。由于销售额高速增长，买方延期付款的结算方式虽有利于赢得更多订单，但会造成应收账款规模过大，导致流动资金紧张、财务指标质量不高和应收账款管理烦琐等一系列问题。若要求买方即期付款，又会面临客户流失的风险。

中国银行广东分行了解到这一情况后，全面分析该公司使用的结算产品种类、规模结构、资金流量和需求以及财务报表，提出借鉴国际信用证项下“福费廷”产品的设计理念，对该公司国内信用证项下已经银行付款确认的应收账款，提供无追索权买断型融资的构想。前述创新的“福费廷”产品应运而生，中国银行也获得了贴现利息收入和手续费收入。

分析人士认为，国内信用证项下的“福费廷”产品业务有助于中国银行提升核心竞争力。中国银行 2006 年年报显示，该行剔除外汇净敞口估值损失因素影响的非利息收入占营业收入的比例已上升到 23.28%，比 2005 年进一步提高。中国银行相关业务增长也十分迅速，国内信用证业务从 2005 年的 110 亿元上升到 2006 年的 310 亿元，增长近两倍。

针对应收账款提供的金融服务将有广阔市场。据国家统计局数据，2007 年 2 月末，规模以上工业应收账款净额达 30 650 亿元，同比增长 18.9%。

中国银行广东分行的业务创新构想向总行提出后，立即得到总行相关部门支持。中国银行国际结算部“福费廷”产品研发团队随即和广东分行对产品的管理、操作、风险防范、功能优势与市场前景进行了深入分析，并迅速拟订了相关管理办法和操作细则。

“本次金融创新仅用两个月时间完成，是前些时候中国银行股改转换经营机制的结果。”

目前，中国银行总行国际结算部有四个专门的产品研发团队，分别是贸易融资团队、“福费廷”团队、保理团队和保函团队，共计 20 余人。中国银行产品研发团队根据下属分行的要求和客户需求反馈，进行需求信息汇总，并开展市场调研、产品设计和业务流程梳理以及产品市场推广。

据了解，中国银行厦门分行等多家分行也在大力开展国内信用证项下“福费廷”产品业务。目前，中国银行开展的国际“福费廷”业务还包括银行汇票、本票和备用信用证业务等。据称，2006 年中国银行广东分行研发推出了“国内综合保理项下供应链融资”“进口保付达”等多项国际结算创新产品。

资料来源：证券市场周刊，2007-04-10.

△专栏 8-4

中国银行在新加坡设立大宗商品融资中心及福费廷中心

据经济之声报道，中国银行大宗商品融资中心（新加坡）及福费廷中心（新加坡）于 2011 年 9 月 22 日同时宣布成立，成为首家在海外设立大宗商品融资中心及福费廷中心的中资银行。我国驻新加坡大使魏苇、中国银行副行长岳毅及新加坡国际企业发展局助理局长黎秀婷等出席揭牌仪式。

中国银行副行长岳毅在揭牌仪式上表示，新加坡地处亚太核心区域，在亚太地区大宗商品贸易及贸易融资资产二级市场交易领域享有重要地位，而中国银行自 1936 年在新加坡设立分行以来，一贯秉承服务中新经贸合作、推动当地金融市场发展的宗旨，不断汲取新加坡当地的先进经验，提升金融服务水平，为各界客户提供包括存贷款、贸易融资、信用卡、资金交易、理财等全方位的金融产品，拥有广泛的客户基础及良好的市场形象。此次在新加坡设立大宗商品融资中心及福费廷中心，中国银行将有机整合亚太区机构相关业务资源，发挥集团一体化优势，推动包括新加坡分行在内的亚太区域相关业务的进一步发展，并促进集团综合经营管理水平的提升，是中国银行实践“创新发展、转型发展、跨境发展”战略方针的一项重要举措，也是中国银行为完善海外战略布局，打造全球最佳贸易金融服务银行迈出的重要一步。

据介绍，上述两个中心均设立在中国银行新加坡分行。中心将借助新加坡繁荣的大宗商品交易市场及贸易融资资产二级交易市场，积极开展大宗商品融资业务以及亚太区贸易融资资产的集中分销及买入业务。一方面，将努力建设包括全球市场参与者在内的广泛合作银行网络，为中国银行区域内贸易融资资产的风险分销及规模调剂建立多元化的渠道，逐步搭建起完善的区域性风险资产组合管理及风险分销集中化管理体系；另一方面，将充分利用新加坡的地缘优势，深挖市场、拓展客户，不断提高大宗商品融资产品研发及风险管理水平，最终建立专业化的营销、运营及管理体系，完善涵盖商业银行与投行业务的全系列大宗商品融资产品，有力提升客户服务水平。

作为全球国际结算业务量第一的商业银行，中国银行一直致力于在国际结算与贸易融资领域的突破与创新，在推动自身业务发展、树立核心竞争力的同时，不断开拓创新、锐意进取，取得了跨境人民币结算业务全球第一、出口双保理业务全球第一等瞩目业绩。可以预见，在两个中心成立后，中国银行将进一步实现与国际金融市场的有机融合，更好地发挥中新两国经贸交流与金融合作的桥梁作用，为新加坡金融市场的繁荣以及中国与东盟（东南亚地区）的经贸往来贡献更大的力量。

东南亚地区是中国银行海外业务发展的重中之重。以此次福费廷中心和大宗商品融资中心的正式设立为肇始与契机，中国银行将不断发挥新加坡在东南亚区域经营中的统筹功能，提高东南亚区域内的专业化与集约化经营水平，加强区域内一体化的风险管理。未来，中国银行将继续在新加坡建设银行卡、财富管理和个人信贷业务等重点产品与业务平台，力争在东南亚区域内率先实现各项业务的突破性进展。

资料来源：何京玉．中国银行在新加坡设立大宗商品融资中心及福费廷中心．中国广播网，2011-09-24.

△ 专栏 8-5

中国建设银行福费廷业务管理暂行办法

（2002 年 11 月 6 日 建总发［2002］152 号）

第一章 总则

第一条 为控制福费廷业务的风险，规范业务管理，根据《中华人民共和国商业银行法》、《中华人民共和国票据法》等有关法律、法规及人民银行和建设银行的有关规章制度，特制定本办法。

第二条 本办法所指福费廷（forfaiting）业务，又称买断，是建设银行根据客户（信用证受益人）或其他金融机构的要求，在开证行或保兑行或其他指定银行对远期信用证项下的汇票承兑后，对该汇票进行无追索权的贴现。

第三条 本办法所指福费廷业务包括自营业务、转卖业务及转买业务。

（一）自营业务是指自贴现日至汇票到期日在 180 天（含）以下，且承兑行在建设银行有金融机构额度，建设银行根据客户的要求对该汇票进行无追索权的贴现。

（二）转卖业务是指自贴现日至汇票到期日在 180 天（含）以下，但承兑行在建设银行无金融机构额度，或自贴现日至汇票到期日在 180 天以上，由建设银行将汇票卖给其他金融机构。

（三）转买业务是指自贴现日至汇票到期日在 180 天（含）以下，且承兑行在建设银行有金融机构额度，建设银行根据其他金融机构的要求对该汇票进行无追索权的贴现。

第四条 本办法所指福费廷业务币种限于美元、欧元、瑞士法郎、日元、港元等自由兑换货币。

第二章 职责分工

第五条 建设银行总行负责金融机构额度的审核及扣减。

(一) 自营业务占用金融机构额度，不占用客户的贸易融资额度。

分行在办理每笔自营业务前必须向总行结算部申请使用金融机构额度，经办行应通过一级分行向总行结算部申请金融机构额度。

如承兑行为建设银行分支机构（包括海外分支机构)，不用向总行申请金融机构额度，但需向总行结算部备案。

(二) 转卖业务不占用金融机构额度及客户的贸易融资额度。

(三) 转买业务占用金融机构额度。

第六条 建设银行总行负责与金融机构签订福费廷业务合作的相关协议。

(一) 办理转卖业务，经办行需逐笔上报一级分行，一级分行审查合格后，上报总行，总行结算部负责与合作行联系，并确定买入行。

(二) 转买业务由总行集中办理。

第七条 福费廷业务的归口管理部门为总行结算部。

第八条 经办行的信贷经营部门对客户的资信状况、调查材料的真实性负责，国际结算部门对信用证的有效性及票据承兑的真实性负责。

第九条 各一级分行负责所属分支机构福费廷业务的日常管理工作。

第三章 审查

第十条 客户申请办理福费廷业务需满足以下条件：

(一) 具有进出口业务经营权；

(二) 在我行开立结算账户；

(三) 已与建设银行签订《中国建设银行福费廷业务协议》；

(四) 贸易背景真实；

(五) 无不良交易记录。

第十一条 客户提交的单据需满足以下条件：

(一) 已提交《福费廷业务申请书》及《转让书》；

(二) 信用证及修改通知必须为正本；

(三) 信用证为远期议付或承兑信用证；

(四) 远期信用证项下汇票的承兑应由承兑行以 SWIFT 电文、加押电传或者建设银行认可的其他方式直接发送建设银行，或根据建设银行要求将已承兑汇票寄回建设银行；

(五) 如承兑行为发生在我国境内（承兑行为我行分支机构除外)，应严格依照我国的《票据法》执行，应符合以下要求：

1. 只接受纸制汇票，不得接受承兑电文，且汇票票面必须记载：表明“汇票”的字样、无条件支付的委托、确定的币别金额、付款人名称、收款人名称、出票日期、出票人签章；

2. 承兑人必须在汇票票面记载“承兑”字样，其签章必须符合该金融机构的签字样本要求，签章核符，且将汇票寄回建设银行。

第四章　费用

第十二条　自营业务的收费种类、水平及方式：

（一）自营业务费用包括福费廷利息、承兑行费用、审单费、邮电费、迟付利息和违约金。

（二）福费廷利息：

1. 福费廷利息＝福费廷利率×计息天数×汇票金额。

2. 计息天数＝实际融资天数＋多收期。

3. 多收期指从汇票到期日至我行实际收款日的估计延期天数。

(1) 对中国、日本、欧洲、北美洲以及大洋洲，多收期为0～3天；

(2) 对韩国以及东南亚，多收期为3～5天；

(3) 对西亚、中南美洲、非洲以及其他国家和地区，多收期为5～7天。

4. 按日计息。币种为港元和英镑的，日利率按一年365天计算，除港元和英镑以外的币种，日利率按一年360天计算。每个利息期的天数包括利息期的第一天，不包括最后一天。

（三）承兑行费用指承兑行在付款时要求扣收的费用；迟付利息指金融机构迟于汇票到期日付款应支付的利息；违约金指客户在该笔业务中如有欺诈或不当行为致使我行或合作行到期不能得到付款而应支付的赔偿金。

（四）收取方式。福费廷利息、承兑行费用、审单费和邮电费在办理福费廷付款时扣除。

（五）福费廷利息、承兑行费用、审单费、邮电费、迟付利息和违约金的具体标准按总行有关规定执行。

第十三条　转卖业务的收费种类、水平及方式：

（一）转卖业务收费包括福费廷利息、承诺费、审单费、邮电费和搭桥费。

（二）福费廷利息和承诺费按合作行报价收取，由我行代收后转付给合作行。

（三）审单费、邮电费和搭桥费为我行收益。搭桥费指我行作为客户和合作行中介应收取的中介费用。

（四）转卖业务收费方式同自营业务。

（五）审单费、邮电费、搭桥费收费标准按总行有关规定执行。

第五章　其他规定

第十四条　在办理福费廷业务前，经办行应与客户签订《中国建设银行福费廷业务协议》，协议持续有效，直至经办行或客户以书面形式通知终止协议，在通知送达对方之日时，协议终止，经办行不再受理客户新的业务申请。如经办行尚有已受理但尚未办理完结的客户提交的单笔福费廷业务，应继续办理完结，协议自上述单笔福费廷业务办理完结之日起终止。

第十五条　建设银行在为客户办理福费廷业务的结汇或入账手续时：

（一）如承兑行为境内中资银行的福费廷业务，不得出具出口收汇核销专用联，待款项收妥后，应出具出口收汇核销专用联。

（二）如承兑行为境外银行或境内外资银行的福费廷业务，应出具出口收汇核销专用联。

第十六条 国际收支涉外申报。

在办理福费廷业务时，经办行应要求客户预留一份加盖出口单位印章的涉外收入申报单。经办行在收到相应出口货款后应当按规定填制并传送涉外收入统计表；同时，经办行应当负责代客户填制预留在该行的涉外收入申报单，收款人为客户名称，并在交易附言中注明“福费廷业务”，交易编码根据出口贸易方式填写，由经办人在涉外收入申报单上签字并加盖业务印章。

第十七条 若因客户在该笔业务中伪造或变造汇票和/或其他单据，或因欺诈或任何其他不当行为而导致承兑行基于任何适用的法律、法规或法院禁止令而拒绝、被限制或禁止向经办行支付汇票款项的，经办行应在得到承兑行或合作行的通知及有效证据后，立即采取保全措施，在两个工作日内向客户追索，要求其退还融资款项并支付违约金。

第六章 附则

第十八条 本办法由中国建设银行总行负责解释和修改。

第十九条 本办法自下发之日起施行。

▲ 专栏 8-6

《IFA国际福费廷统一规则》发展脉络

2006 年正式实施的《巴塞尔新资本协议》，对全球金融业发展具有重要的积极意义，但由于《巴塞尔新资本协议》规定的标准法和内部评级法这两种信用风险评估法会过高估计贸易融资的风险水平，对于大多数发展中国家的企业来说条件太苛刻，导致了全球范围内企业的融资危机。

国际社会为了解决全球贸易融资危机、规范贸易金融市场秩序，由国际商会（ICC）协同国际福费廷协会（IFA）共同制定了《IFA 国际福费廷统一规则》，该规则于 2013 年 1月生效。

在《IFA 国际福费廷统一规则》生效前，对福费廷业务进行指导的国际惯例有《IFA 国际福费廷规则》及《IFA 国际福费廷规则用户指南》和《IFA 国际福费廷一级市场指南》。最初仅有《IFA 国际福费廷规则》对福费廷二级市场的交易活动进行规定，是涉及福费廷包买商之间的国际惯例，并没有涉及出口商与初级包买商之间的一级市场。为了填补这一空白，国际福费廷协会又制定了《IFA 国际福费廷一级市场指南》，着重为出口商提供福费廷实务操作。

原有规则《IFA 国际福费廷规则》及《IFA 国际福费廷规则用户指南》与《IFA 国际福费廷一级市场指南》，分别在二级市场与一级市场上发挥作用，但一级市场与二级市场之间并无衔接机制。一级市场与二级市场的未统一，导致福费廷业务的自身风险加剧，一方面直接加大了银行等包买商的风险压力，另一方面银行又会提高债权文件无追索权的门槛，进而增加了出口商贸易融资的成本和难度。

此外，在没有《IFA 国际福费廷统一规则》的情况下，银行为扩大福费廷业务规模，很可能在福费廷一级市场上对福费廷业务的交易条件和福费廷业务协议的要求有所放宽，导致银行承担的风险加大，进一步影响了福费廷二级市场乃至整个福费廷市场的发展。因此，统一福费廷一级市场和二级市场也是为了规范福费廷实务操作，从制度上控制包买商承担的风险，为这种无追索权的贸易融资手段提供长期可持续的发展环境。

新的《IFA 国际福费廷统一规则》共有 14 个条文和 4 个附件，其最大亮点是将福费廷一级市场与二级市场都纳入了规则范围内，并做了统一规定，而且对票据人的出票行为提出了新的要求。关于福费廷一级市场的规定，集中体现在《IFA 国际福费廷统一规则》第 5 条、第 6 条与第 7 条。

在《IFA 国际福费廷统一规则》实施之后，并不是说《IFA 国际福费廷规则》、《IFA 国际福费廷规则用户指南》以及《IFA 国际福费廷一级市场指南》将自动废止，福费廷业务当事人在订立福费廷交易合同时，仍可以选择适用《IFA 国际福费廷规则》、《IFA 国际福费廷规则用户指南》以及《IFA 国际福费廷一级市场指南》。

资料来源：谭添．IFA 福费廷统一规则研究．重庆大学硕士学位论文，2014.

本章小结

本章首先对福费廷业务进行概述，介绍了福费廷业务的概念、产生与发展过程，福费廷业务的特点，其与国际保理业务的比较。在此基础上，本章进一步介绍了参与福费廷业务的主要当事人，并按当事人在福费廷业务中的角色，对业务运作程序进行了详细分析。最后，本章举例说明了福费廷业务的成本构成。通过本章的学习，能使学生对福费廷业务有一个较全面的了解。

练习题

一、术语解释

福费廷	选择费	承诺费
多收期	银保福费廷	国际组织担保项下福费廷

二、判断题

1. 开办福费廷业务的银行对于从出口商手中买入的票据没有追索权。（　　）

2. 福费廷业务不需要实力雄厚的银行担保或提供保函。（　　）

3. 在福费廷业务中，进出口商必须事先协商，对采取福费廷业务取得一致的意见。（　　）

4. 在福费廷业务中，风险的最后承担者是进口商。（　　）

5. 福费廷业务通常金额巨大、付款期较长，贸易双方都是大型进出口商。（　　）

6. 国内信用证项下福费廷的产生主要是解决企业融资难的问题，并具有调节银行资产结构的功能。（　　）

三、不定项选择题

1. 福费廷融资业务是在20世纪（　　）年代中后期，由瑞士苏黎世银行协会首先开创。

A. 30　　B. 40　　C. 50　　D. 60

2. 目前，全球规模最大的福费廷市场是（　　）。

A. 伦敦　　B. 苏黎世　　C. 法兰克福　　D. 纽约

3.（　　）是使用福费廷业务的特点。

A. 进出口商双方不必事先协商

B. 出口商品价格要高于现汇购买的价格

C. 由出口商或者进口商出具汇票

D. 汇票或本票不需要担保

4. 在（　　）形式下，对出口商开立的汇票没有追索权。

A. 买方信贷　　B. 卖方信贷　　C. 福费廷　　D. 混合信贷

5. 实力雄厚的大银行通常只愿意做（　　）万美元以上的福费廷业务。

A. 300　　B. 400　　C. 500　　D. 600

6. 采用福费廷业务的主要特点有（　　）。

A. 出口商品价格等于现汇购买的价格

B. 进出口商双方要事先协商

C. 汇票或本票需要担保

D. 向出口商提供中长期资本品贸易融资

四、问答题

1. 简述福费廷业务的特点。
2. 福费廷业务主要有哪些类型？
3. 福费廷业务的主要成本有哪些？
4. 比较福费廷业务与国际保理业务。

第九章 供应链金融

学习目标

- 学习供应链金融的基本概念
- 了解供应链金融与传统融资的区别
- 掌握供应链金融的特点和类型
- 比较国内外银行供应链金融的发展状况

第一节 供应链金融概述

《欧洲货币》杂志将供应链金融形容为过去几年中“银行交易性业务中最热门的话题”。到 2008 年 5 月，全球最大的 50 家银行中有 46 家向企业提供供应链融资，而 2007 年初，只有一半全球性银行为其公司客户提供供应链金融产品。

一、供应链金融的概念

(一) 供应链与供应链管理的概念

1. 供应链的概念

供应链（supply chain）的概念在 20 世纪 80 年代已提出，并迅速在制造业的管理中得到了普遍应用。近年来，供应链管理作为一种新的管理模式在几乎所有行业得到了普及，产生了良好的示范效应。

通俗地讲，相关企业之间的供需关系是客观存在的。例如，有些企业为了使自身区别于其他企业，使自己保持核心的竞争优势，必然要把非核心的业务交由其他企业来做。这些企业向上联系供应企业，向下联系销售企业，形成了一条从原材料采购到产品制造、销售的链条，称为供应链。供应链反映了企业之间的合作关系及其产业关联关系。

传统意义上的供应链主要是指一个企业内部不同部门之间的产供关系，即将采购的原材料和收到的零部件通过生产及销售等过程传递到企业用户的过程。

现代意义上的供应链是更大范围、更为系统的概念，它不仅是指企业内部各个部门之间的关系，而且是指从客户需求开始，贯穿产品设计、原材料供应、产品生产、批发、零售等过程，把产品送到最终客户的各项业务活动，表明了一个企业与其上下游企业之间关系的网链结构。

供应链是围绕核心企业，通过对信息流、物流、资金流的控制，从采购原材料开始，制成中间产品以及最终产品，最后由销售网络把产品送到消费者手中的将供应商、制造商、分销商、零售商、最终用户连成一个整体的功能网链结构。在供应链的供需企业之间是长期合作关系，它们彼此联系紧密，相互之间信息共享，共同努力解决问题等。从不同的侧面，人们对供应链有不同的理解。

（1）它是一条联结供应商到用户的物料链。供应链是通过链中不同企业的制造、组装、分销、零售等环节将原材料转换成产品再到最终用户的过程。在任何一个产业内部都存在链状结构。例如，在制造商的上游有供应商，两者形成原料供应关系；在制造商下游有经销商和最终用户，相互之间形成产品销售关系。

（2）它也是一条增值链。物料在供应链上因为加工、物流而增加其价值，通过对供应链的管理可以实现价值的增值。例如，从原料投入开始，经过加工、转化并被消费者购买的消费品，其间做出的所有增值活动都是由供应链上的各个企业完成的，增值过程所构成的网络称为制造商的价值链。

（3）它是一条合作链。通过与重要的供应商和用户建立战略合作伙伴关系，可以有效地节约成本、拓展市场。核心厂商与供应商、经销商建立相对稳定的业务关系，进行上下游资源的重新整合，形成利益合理分享、风险共担、稳定有序的企业商务生态链。

2. 供应链管理的概念

供应链管理（supply chain management，SCM）是一种集成的管理思想和方法，供应链管理就是指对从供应商到最终用户的整个供应链系统进行计划、协调、操作、控制和优化的各种活动及过程。从单一的企业角度来看，是指企业通过改善上下游供应链关系，整合和优化供应链中的信息流、物流、资金流，以获得企业的竞争优势。

供应链管理提高了供应商、制造商、零售商的业务效率，其目标是将适当数量（right quantity）的适当产品（right product），在适当的时间（right time）和适当的地点（right place），以适当的条件（right condition）、适当的质量（right quality）和适当的成本（right cost）交付给客户。

供应链管理的目标是在满足客户需要的前提下，对整个供应链（从供货商、制造商、分销商到消费者）的各个环节进行综合管理。例如，对于从采购、物料管理、生产、配送、营销到消费者的整个供应链的货物流、信息流和资金流进行管理，把物流与库存成本降到最小。

（二）供应链金融的概念

商业银行利用自身在供应链资金流管理上的专业优势，通过对有实力核心企业的依托和对供应链资金流、物流的有效控制，针对该链条上核心企业、供应商、经销商及终端用户等不同客户的融资需求，提供以货物销售回款自偿为风险控制基础的组合融资服务，这类金融服务一般称为供应链金融（supply chain financing，SCF）。

从银行角度看，供应链金融是银行的一种业务模式。银行依托核心企业，通过对供应链上物流、资金流的控制，规避供应链上单一企业的信用风险，为核心企业和上下游多个企业提供灵活的金融产品和服务；从供应链上各企业的角度看，供应链金融是供应链上各企业利用银行提供的金融服务，满足各企业资金周转需要以维持供应链的运作；从电子交易平台服务商的角度看，供应链融资的解决方案是由提供贸易融资的金融机构、核心企业自身以及将贸易双方和金融机构之间的信息有效连接的技术平台提供商组合而成。技术平台的作用是实时提供供应链活动中能够触发融资的信息按钮，比如订单的签发，按进度的阶段性付款，供应商所管理库存的入库、存货变动，指定货运代理收据的传递，买方确认发票项下的付款责任等。

在整个供应链中，竞争力较强、规模较大的核心企业因其强势地位，往往在交货、价格、账期等贸易条件方面对上下游配套企业要求苛刻，从而给这些企业造成了巨大的压力。而它的上下游配套企业往往是中小企业，难以从银行融资，最终结果造成资金链十分紧张，整个供应链出现失衡。供应链金融最大的特点就是在供应链中找到一个大的核心企业，而后以核心企业为出发点，为供应链提供金融支持。一方面，将资金有效注入处于相对弱势的上下游配套中小企业，解决中小企业融资难和供应链失衡的问题；另一方面，将银行信用融入上下游企业的购销行为，增强其商业信用，促进中小企业与核心企业建立长期战略协同关系，提升供应链的竞争能力。在供应链金融的融资模式下，处在供应链上的核心企业一旦获得银行的支持，资金就会注入配套企业，也就等于注入了供应链，从而激活了整个链条的运转。借助银行信用的支持，中小企业还可赢得更多的商机。

二、供应链金融与传统融资的区别

供应链金融与传统融资方式相比，有以下明显的特点：

（1）供应链金融强调授信还款来源的自偿性，即引导销售收入直接用于资金偿还。

（2）银行对客户授信的评估不同。银行债项的安排不仅基于客户的信用，更是基于客户的存货、应收账款和未来的货权。担保条件的落实也是基于客户的存货资产，而不看重客户的固定资产和其他担保手段。

（3）通过对物流、资金流的控制来控制风险。对成员的融资仅依据其与核心企业的贸易背景，严格控制资金的流向，并且在融资中往往会利用物流监管公司对物流进行监管，以防范风险。

（4）操作环节和日常操作增加。从银行角度讲，传统业务主要基于固定资产的抵押和担保，所以放款以后银行没有太多的操作；而在供应链金融中，银行要面临大量的日常操作，比如要监控质押物价格的变化，要根据客户的应收账款来调整风险敞口和控货的比例，要根据客户的还款签发提货通知等，这些操作具有非常重要的意义。

（5）客户对融资和物流具有非常个性化的要求。例如，有的客户是通过国际贸易方式融资，有的客户需要通过国内贸易的结算过程来融资，有的客户需要海运，有的客户需要实现在工厂的仓库监管。不同行业客户的不同贸易和结算方式，也会造成供应链金融在债项安排和物流监管操作上的差异。客户的需求是多样的，不同的客户需要不同的监管方式和不同的融资方案。

三、供应链金融的特点

供应链金融通过整合信息、资金、物流等资源，达到提高资金使用效率并为各方创造价值、降低风险的目的。

1. 供应链金融属于信贷类产品

供应链金融既包括对供应商的信贷产品，如存货质押贷款、应收账款质押贷款、保理等，也包括对分销商的信贷产品，如仓单融资、原材料质押融资、预付款融资等。此外，除了资金的融通，金融机构还提供财务管理咨询、现金管理、应收账款清收、结算、资信调查等中间增值服务，以及直接对核心企业的资产、负债和中间业务提供服务。

2. 供应链融资市场属于短期货币市场

尽管供应链金融有着独特的风险控制技术、自成体系的产品系列以及特别的盈利模式，但从融资用途和期限的角度看，基本上可以归入广义的短期流动资金授信的范畴。

3. 供应链金融的业务主体

供应链金融的业务主体包括金融机构、第三方物流（3PL）企业、融资企业、供应链核心企业等。

（1）金融机构。金融机构泛指能够提供资本的机构，如银行、担保公司等。

（2）第三方物流企业。第三方物流企业是提供质押物（动产）的物流服务和资产管理服务（监管、拍卖等）的承载者。第三方物流是在物流渠道中由中间商提供的服务，中间商以合同的形式承诺在一定期限内，提供企业所需的全部或部分物流服务。

（3）融资企业。融资企业是指供应链中资金不足的企业，资金不足将会限制该企业实现最优的运营决策。一般来说，借款企业往往是中小型企业。中小型企业主要的特点表现在两个方面：一是流动资产占总资产的比重较大；二是处于供应链中的弱势地位，上游的供应商和下游的需求方均具有较强的实力，导致中小型企业在正常现金流需求方面存在困难。

（4）供应链核心企业。供应链核心企业往往规模较大、实力较强，所以能够通过担保、提供出质（物）或者承诺回购等方式帮助融资企业解决融资担保困难，从而保证它与融资企业维持良好的合作关系和稳定的供货来源或分销渠道。在供应链金融服务中，由于产业链核心企业的参与涉及供应链的整体利益，这使得银行的信贷风险有效降低。产业链核心企业可以通过供应链金融集成式产品服务，帮助上游供应商解决融资困难，保证与其维持长期友好的合作关系和稳定的供货来源。

4. 供应链金融的制度环境

(1) 法律法规环境。它包括动产担保物权的范围规定、设定程序、受偿的优先顺序、物权实现等相关法律，以及监管部门的业务监管相关制度。政府和相关商贸环境主要是指税务、海关、银行等机构和有关的政策及法规，以及会计、法律、拍卖等相关业务环境和流程。供应链金融集成式产品服务还受到税务、海关等政府监管部门的影响，同时也需要具备会计、法律、拍卖、租赁等中介服务机构的良好环境。

(2) 技术环境。它包括与产品设计相关的金融技术和信息技术。

四、供应链金融的分类

(一) 按照是否为授信业务分类

供应链金融涉及授信业务和非授信业务。授信业务又分表内授信业务和表外授信业务。表内授信业务主要是指贷款授信业务。表外授信业务是指承兑和信用证授信业务。非授信业务主要有中间业务和负债业务。中间业务包括保理业务、顾问业务和结算业务等。顾问业务是指对会计体系、融资策略和税收筹划等提供咨询。

(二) 按照融资使用的质押对象分类

供应链金融可以分为应收账款融资、存货融资和预付款融资三类。应收账款融资和存货融资是国际上广为接受的融资产品，有着成熟的法律框架和实践基础。而预付款融资可以视为一种“未来存货的融资”。

(1) 应收账款融资和存货融资（accounts receivable and inventory financing，ARIF)。简单说来，ARIF 就是借款人以自己的应收账款和存货等流动资产的价值作为融资的担保，取得资金用于支持生产和销售活动。融资的还款来源是应收账款回收及存货销售产生的现金流。根据借款人不同的信用风险度，银行对担保性资产实施不同程度的严格控制。

根据美国财政部货币监理署在《ARIF 业务监理手册》（OCC，2000）中的解释，ARIF 区别于普通商业贷款的最大特点是：ARIF 的还款来源是流动资产变现所产生的特定现金流，而普通商业贷款的还款来源是经营活动所产生的现金流。ARIF 更多地关注应收账款和存货的质量及价值，关注银行控制权和监控系统，关注银行在扣押状态下变现抵押品的能力，而不关注收入和资产负债表信息。

(2) 预付款融资。从风险控制角度看，预付款融资的担保基础是预付款项下客户对供应商的提货权，或提货权实现后通过发货、运输等环节形成的在途存货和库存存货。

提货权融资的情况类似于担保提货（保兑仓），这是指客户通过银行融资向上游支付预付款，上游收妥后就出具提货单，客户再将提货单质押给银行，而后客户以分次打款方式向银行分次提货。

对一些销售状况非常好的企业，它们的库存货物往往很少，因此融资的主要需求产生于等待上游安排生产及货物的在途周期。在这种情况下，如果买方承运，银行一般会指定中立的物流公司控制物流环节，并形成在途库存质押；如果卖方承运，则是提货权质押。

在货物到达买方后，客户可向银行申请续作在库的存货融资。这样，预付款融资成为存货融资的“过桥”环节。

传统流动资金贷款的贷款用途也可指定用于预付款，而且从广义上看，预付款融资包括了银行对客户采购活动的信用支持，如信用证的开立。但是，在这两种情况下，银行一般会要求授信申请人提供不动产抵押或担保以覆盖敞口。显然，这与供应链融资中预付款融资的概念不同。在供应链融资的预付款融资中，融资的担保支持恰是融资项下的贸易取得，因此对客户融资的资产支持要求被简化到最大限度。预付款融资是国内银行供应链金融的特色产品系列，因为国内银行更关注分销商而不是供应商的融资，而核心企业对分销商的财务压力集中在付款而非应收领域。在预付款融资中，国内银行将针对核心企业的信用捆绑技术引入对分销商的授信中，如深圳发展银行在2001年推出的先票后货授信、担保提货授信、国内信用证、进口项下货权质押授信等。

(三) 按照风险控制体系及解决方案的问题导向分类

按照风险控制体系及解决方案的问题导向维度，供应链金融可以分为基于货权控制的供应链金融、基于债权控制的供应链金融和基于核心企业连带关系的供应链金融三类（见图9-1）。

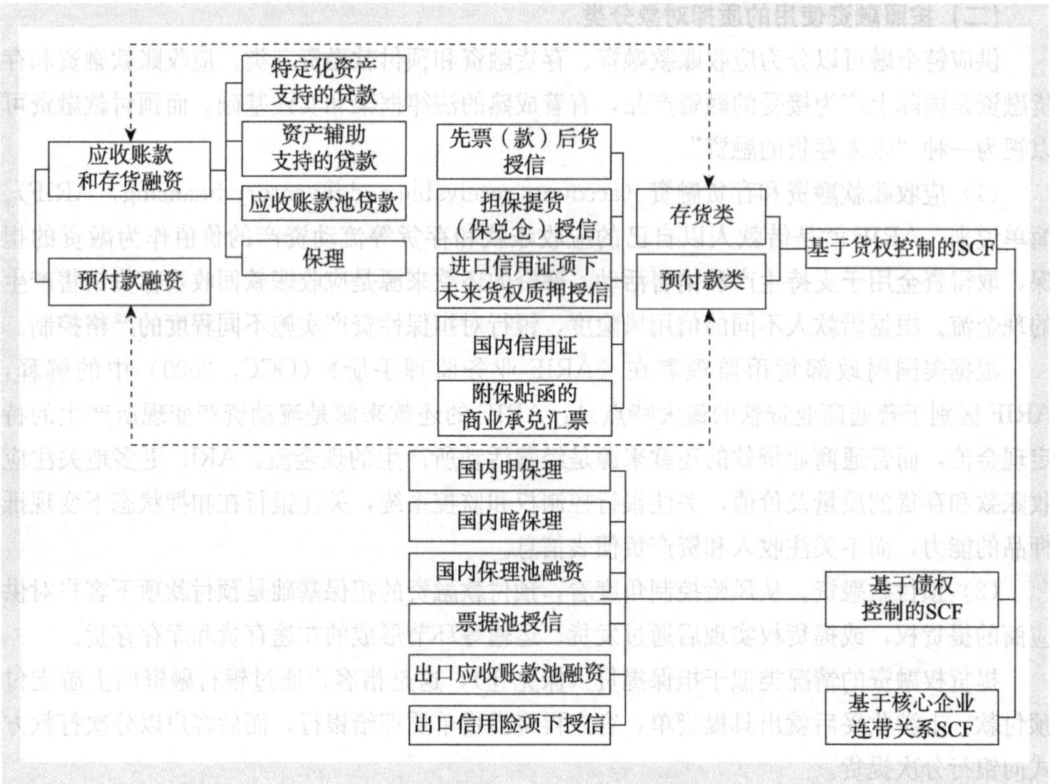

图9-1 供应链金融分类结构比较

(1) 基于货权控制的供应链金融业务——存货类和预付款类。存货类与 ARIF 中的存货融资相似。预付款融资可细分如下：

1) 先票（款）后货授信。先票（款）后货是存货融资的进一步发展，是指客户（买方）从银行取得授信，在交纳一定比例保证金的前提下，向卖方支付全额货款；卖方按照购销合同以及合作协议书的约定发运货物，货物到达后设定抵（质）押率，作为银行授信的担保。在实践中，一些热销产品的库存往往较少，因此企业的资金需求集中在预付款领域。与此同时，该产品因为涉及卖家及时发货、发货不足的退款、到货通知以及风险控制等环节，因此客户对卖家的谈判地位也是操作该产品的条件之一。

2) 担保提货（保兑仓）授信。担保提货是先票（款）后货产品的变种，它是在客户（买方）交纳一定保证金的前提下，银行贷出全额货款供客户向核心企业（卖方）采购，卖方出具全额提单作为授信的抵（质）押物。随后，客户分次向银行提交提货保证金，银行再分次通知卖方向客户发货。卖方就发货不足部分的价值承担向银行的退款责任。该产品又称“卖方担保买方信贷模式”。

3) 进口信用证项下未来货权质押授信。进口信用证项下未来货权质押授信是指银行根据进口商（客户）的申请，在进口商根据授信审批规定交纳一定比例的保证金后，为进口商开出信用证，并通过控制信用证项下单据所代表的货权来控制还款来源的一种授信方式。在货物到港后，该授信可以转换为存货抵（质）押授信。

4) 国内信用证。国内信用证业务是指在国内企业之间的商品交易中，买方（客户）申请开出符合信用证条款的单据，银行承诺支付货款。国内信用证可以解决客户与陌生交易者之间的信用风险问题，它以银行信用弥补了商业信用的不足，规避了传统人民币结算业务中的诸多风险。与此同时，信用证也没有签发银行承兑汇票时所设的金额限制，这使交易量更具弹性、手续更简便。此外，客户还可以利用在开证行的授信额度来开立延期付款信用证，先行提取货物，并用销售收入来支付国内信用证款项，因而不占用自有资金，优化了资金使用效率。卖方在按规定发货后，其应收账款就有了银行信用的保障，能够杜绝拖欠及坏账。

5) 附保贴函的商业承兑汇票。附保贴函的商业承兑汇票实际上是一种授信的使用方式。但在实践中，由于票据当事人在法律上存在票据责任，从而构成了贸易结算双方简约而有效的连带担保关系，因此可以当作独立的产品使用。

(2) 基于债权控制的供应链金融业务——应收账款融资。基于债权控制的供应链金融又称核心企业的渠道融资，主要是对应 ARIF 中的应收账款融资。

1) 国内明保理。国内明保理是指银行受让国内卖方（客户）向国内买方销售的商品或提供服务所形成的应收账款，然后在此基础上为卖方提供应收账款账户管理、应收账款融资、应收账款催收和承担应收账款坏账风险等一系列综合性金融服务。若应收账款转让行为通知买方并由买方确认则为明保理。该产品适用于有应收账款融资需求或优化报表需求的国内卖方，同时，买方的商业信用和付款实力应该符合银行的相关要求。

2) 国内暗保理。除了具有国内明保理给客户带来的好处之外，国内暗保理的手续更简便。此外，由于不需要通知买方和要求买方确认，对于一些不愿意向买方披露自己融资信息的客户，或由于买方过于强势而不愿配合银行要求的相关手续的情况，国内暗保理的方式特别适用。

3）国内保理池融资。国内保理池融资是指将一个或多个国内的不同买方、不同期限金额的应收账款全部一次性转让给银行，银行根据累积的应收账款余额给予融资。该产品适用于交易记录良好且应收账款余额相对稳定的中小企业。

4）票据池授信。票据池业务是银行向客户提供的票据托管、委托收款、票据池授信等一揽子结算、融资服务。票据池授信是指客户将收到的所有或部分票据做成质押或转让背书后，纳入银行授信的资产支持池，银行以票据池余额为限向客户授信。票据池授信包括票据质押池授信和票据买断池授信。本产品适用于票据流转量大、对财务成本控制严格的生产和流通型企业，同样适用于对财务费用、经营绩效评价敏感并追求报表优化的大型企业、国有企业、上市公司。

5）出口应收账款池融资。出口应收账款池融资是指银行受让国际贸易中出口商（客户）向国外进口商销售商品所形成的应收账款，并且在所受让的应收账款能够保持稳定余额的情况下，结合出口商的主体资质、经营情况、抗风险能力和应收账款质量等因素，以应收账款的回款为风险保障措施，向出口商提供融资的短期出口融资业务。本产品适用于经常性发生出口贸易、具备一定主体资质和出口业务规模的中小企业，此类企业须拥有优良的出口收汇记录，保持稳定的应收账款规模，且出口融资需求旺盛，银企配合意愿强。

6）出口信用险项下授信。出口信用险项下授信是指已投保出口信用保险的客户将赔款权益转让给银行后，银行向其提供短期资金融通，在发生保险责任范围内的损失时，保险公司根据相关规定，按照保险单规定理赔后应付给客户的赔款，直接全额支付给融资银行的业务。该产品适用于出口到高风险地区或向不了解的进口商出口并购买了出口信用保险的客户，特别适合采用赊销方式进行结算的客户。

（3）基于核心企业连带关系的供应链金融。基于核心企业连带关系的供应链金融是服务于供应链和交易链集群企业的系统性解决方案。深圳发展银行的"1＋N"模式（见图9－2）就是该供应链金融的典型实践。

银行和核心企业（即"1＋N"模式中的"1"）进行统筹安排，针对供应链不同部分的交易结构及衍生的融资需求关键节点，选择性地对核心企业上下游的供应商和分销商（即"N"）提供授信。基于核心企业连带关系的供应链金融以提高整个供应链的便利性和降低融资综合成本为导向。这种系统性的供应链金融与传统的贸易融资等相比，在成本和风险控制上都达到了一个更好的均衡。

在传统的贸易融资方式中，赊销方式令卖方承担了巨大风险，预付款方式对卖方而言是风险最小、成本最低的交易条件，但这种方式必然会将风险与成本转移到买方身上。D/A（承兑交单）和D/P（付款交单）主要取决于买方是否如约付款，尤其是D/A方式对卖方而言风险非常大，业务操作成本亦较高。信用证方式是在国际贸易中使用最广泛的支付方式，尽管它为卖方提供了较高的信用保证，但涉及很高的单证处理成本。另外，在国际贸易中，经常发生因信用证业务中存在不符点，导致无法一次顺利获得付款的情况。

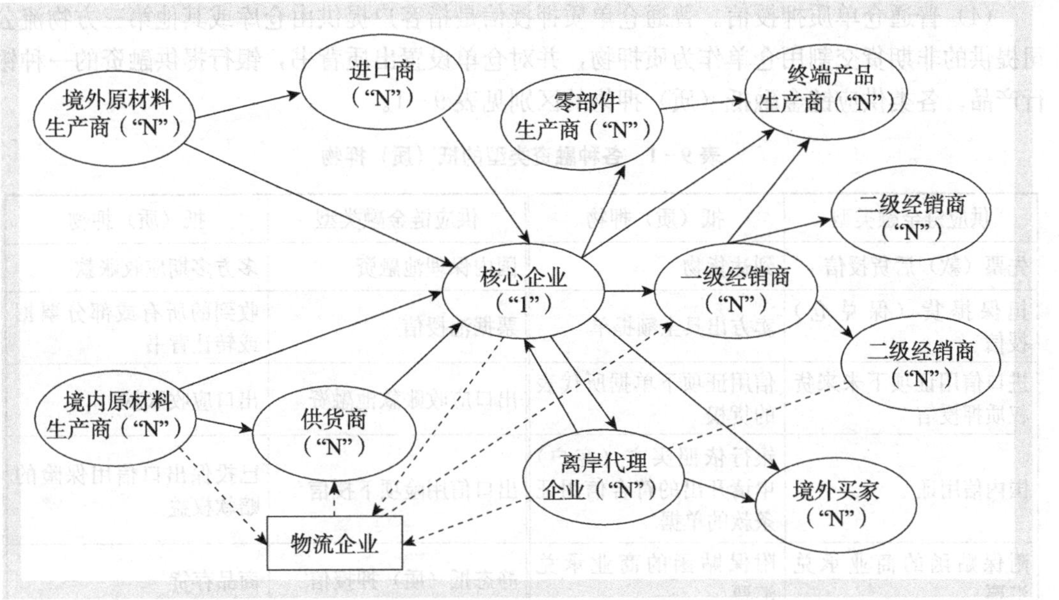

图 9-2 供应链金融“1+N”模式

（四）按照融资使用的质押授信类型分类

供应链金融可以分为静态抵（质）押授信、动态抵（质）押授信、标准仓单质押授信、普通仓单质押授信四类。

（1）静态抵（质）押授信。静态抵（质）押授信是动产及货权抵（质）押授信业务最基础的产品，它是指客户以自有或第三人合法拥有的动产为抵（质）押的授信业务，又称“特定化库存模式”。银行委托第三方物流公司对客户提供的抵（质）押商品实行监管，抵（质）押物不允许以货易货，客户必须打款赎货。静态抵（质）押适用于除了存货以外没有其他可质押物的客户，而且客户的购销模式为批量进货、分次销售。相对来说，静态抵（质）押授信是货押业务中对客户要求较苛刻的一种，主要适用于贸易型客户。在采用静态抵（质）押后，客户得以将原来积压在存货上的资金盘活，进而可以扩大经营规模。

（2）动态抵（质）押授信。动态抵（质）押授信是静态抵（质）押授信的延伸产品，它是指客户以自有或第三人合法拥有的动产为抵（质）押的授信业务，又称“核定库存模式”。银行对于客户抵（质）押的商品价值设定最低限额，允许在限额以上的商品出库，客户可以以货易货。该产品适用于库存稳定、货物品类较为一致、抵（质）押物的价值核定较容易的客户。同时，对于一些客户的存货进出频繁、难以采用静态抵（质）押授信的情况，也可运用本产品。该产品多用于生产型客户。

（3）标准仓单质押授信。标准仓单质押授信是指客户以自有或第三人合法拥有的标准仓单为质押的授信业务。标准仓单是指符合交易所统一要求的，由指定交割仓库在完成入库商品验收、确认合格后签发给货主用于提取商品的，并经交易所注册生效的标准化提货凭证。该产品适用于通过期货交易市场进行采购或销售的客户，以及通过期货交易市场套期保值、规避经营风险的客户。

(4) 普通仓单质押授信。普通仓单质押授信是指客户提供由仓库或其他第三方物流公司提供的非期货交割用仓单作为质押物，并对仓单设置出质背书，银行提供融资的一种银行产品。各类供应链金融抵（质）押物的区别见表 9－1。

表 9－1 各种融资类型的抵（质）押物

供应链金融类型	抵（质）押物	供应链金融类型	抵（质）押物
先票（款）后货授信	到达货物	国内保理池融资	多方多期应收账款
担保提货（保兑仓）授信	卖方出具全额提单	票据池授信	收到的所有或部分票据或转让背书
进口信用证项下未来货权质押授信	信用证项下单据所代表的货权	出口应收账款池融资	出口应收账款
国内信用证	银行依照买方（客户）申请开出的符合信用证条款的单据	出口信用险项下授信	已投保出口信用保险的赔款权益
附保贴函的商业承兑汇票	附保贴函的商业承兑汇票	静态抵（质）押授信	商品存货
国内明保理	应收账款	动态抵（质）押授信	动产
国内暗保理	应收账款	标准仓单质押授信	标准仓单
		普通仓单质押授信	非期货交割用仓单（设置出质背书）

资料来源：李金龙，等．供应链金融理论与实务．北京：人民交通出版社，2011.

(五) 按照服务于整个供应链的环节分类

供应链金融可以分为采购环节的供应链金融和销售环节的供应链金融。

第二节 供应链金融的发展

一、供应链金融的发展

(一) 供应链金融的发展背景

在历史上，供应链金融的一些基础性业务出现得很早。在西欧，保理业务在几个世纪以前就很常见。通常说来，供应商因为流动性出现问题，所以将应收账款在打折后出让给金融机构或其他第三方。

在美国，存货融资市场在 19 世纪很普遍。随后，美国于 1916 年颁布了《美国仓库存贮法案》(U. S. Warehousing Act)，并以此为根据建立起一套仓单质押的系统规则。这种仓单既可以作为结算手段，也可以向银行申请贷款。

在俄国沙皇时代就出现了货物质押贷款业务：农民在丰收季节市场价格低时，将大部分谷物抵押给银行，用银行贷款资金投入后续的生产和生活；待市场价格回升后，再卖出谷物归还银行的本金及利息。

现代意义上的供应链金融来源于供应链管理的思想。

跨国公司的全球化运营带动了供应链管理的发展。在信息技术革命的带动下，跨国公司具备了超远程组织协调经营活动的能力，开始在全球范围内优化其价值链并进行生产经营的资源配置。随着跨国公司的大量出现，越来越多的分工从企业内转向企业间。例如，通用汽车公司的凯迪拉克轿车，其装配在韩国进行，发动机、驱动桥和电子设备在日本生产，设计在德国公司进行，小型零部件由中国台湾地区、新加坡等供应，也就是以企业间分工代替了企业内部分工，供应链核心企业要在全球范围内开展外包与采购。与传统国际贸易相比，以企业间分工为背景的贸易活动有很大不同。

(1) 产品结构不同。传统贸易主要以初级产品（包括农产品、石油和矿石等原材料）和最终产品为主；分工贸易以零部件、半成品等中间产品为主，并在其构成中占据了重要地位。

(2) 单笔交易量和交易频率不同。为了适应看板生产（just-in-time）和品种多样化的需求，核心企业在尽量降低采购库存的同时希望保证供应的及时性，因此在采购过程中出现了单笔订单数量下降、采购周期缩短、交易频率提高的特点。据统计，2004 年企业间单笔贸易的交货价值只有 50 年前的 40%左右。

(3) 从交易的支付与结算方式上看，传统贸易主要采用信用证和托收等结算方式。为了保证信用，购买企业必须要在银行账户上留存一定数量的保证金。而在分工贸易中，由于交易双方往往保持了长期的合作关系，对对方的信用状况比较了解，并且由于交易频繁，因而反复开立信用证变得非常不方便和不经济。因此，赊销结算被广泛采用，并且经常采用“多次交易、集中结算”的方式。

总之，分工、制造、贸易模式的变化，导致贯穿整个产品价值链的管理变得更加复杂。在传统纵向一体化的模式下，对整个生产过程的管理集中于单个企业的管理层。但是，一旦生产环节分散到多个企业，就需要有一个核心企业对整个生产过程进行协调。在这种背景下，供应链管理在最近 20 年应运而生。供应链管理导致企业的传统管理出现了两个重要的变化：

(1) 资源管理的范畴从单一企业资源扩展到了企业集群的资源，每一个企业都要尽可能地与具有共同市场利益的其他企业形成战略联盟，以解决终端客户的需求。

(2) 现代信息技术成为管理过程的基本支持手段。为了实现看板生产和精益生产模式，许多企业在采购、库存、资金管理方面都越来越多地借助于各类管理软件（尤其是 ERP 软件）和电子网络平台。而为企业之间的交易提供支持的物流公司、金融机构也通过各类电子交易平台提供电子订单、发票、网上支付等电子化服务手段，甚至利用全球卫星定位系统（GPS）来提高物流和财务管理的效率。

然而，跨国公司全球性外包和采购往往损害了整个供应链的资本效率。例如，跨国多方交易涉及额外的税费、运输延误、生产中断、金融监管以及汇率风险等一系列问题，无一不对供应链的财务现金流提出挑战。与此同时，全球化的运作往往会延长数周的价值链周期，由此积压高达 30%的流动资金。另外，核心企业往往通过推迟对供应商的付款或加快向分销商转移库存来降低自己的资金占用。但是，这些做法实际上形成了对上下游企业资金的占用，结果往往导致整个供应链的融资成本升高，并且可能迫使供应商延迟原材料的购买、缩减在产品存货，进而推迟对核心企业的交货；或者迫使分销商延迟结算和高成本借款，从而给整个供应链的持续运营带来很大的风险。这种简单的成本转移，无疑是把上下游企业置于竞争的对立面，没有真正体现供应链成员之间利益共同体的原则。

在这种背景下，供应链金融的思想应运而生。在2000年前后，企业家和学者们发现，离岸外包活动导致的供应链整体融资成本增加问题，以及部分节点资金流瓶颈带来的木桶短板效应，实际上部分抵消了生产资源配置所带来的最终成本节约的成果。由此，供应链资金流管理的价值逐渐被认识并深化，而供应链金融的理论和实践也步入了大发展阶段。

(二) 中国国内的供应链金融发展状况

国内供应链金融业务的历史，比如存货抵押贷款，最早可以追溯到20世纪20年代的上海银行。在20世纪20年代中期，随着中小商业银行在竞争压力下的持续创新，存货融资业务开始得到零散的恢复。此后，深圳发展银行在总结面向中小企业的货押和票据业务经验的基础上，提出了自偿性贸易融资理念和“1＋N”供应链融资系列产品包，并于2005年总结提升为供应链金融服务。2006年，深圳发展银行在业内率先推出了“供应链金融”的品牌，从而系统地对供应链中应收、预付和存货提出了结构性的解决方案。目前，供应链金融的一系列阶段性业务规范几乎都是由深圳发展银行奠定的，比如产品系列划分、准入评级办法、授信后操作规范、物流监管办法及协议文本、与核心企业的三方协议、“1＋N”营销模式、供应链全景图分析方法等。继深圳发展银行之后，目前广发银行、浦发银行、兴业银行、华夏银行、招商银行、民生银行以及一些传统国有银行都已涉足该业务。

1. 深圳发展银行

深圳发展银行自1999年开始涉足存货质押融资业务，经过7年的发展，于2006年提出要打造“供应链金融专卖店”，针对从原材料供应商到生产商再到经销商各自不同的融资需要，设计和整合了20多项金融产品，为客户提供“一站式”供应链金融服务。2006年，深圳发展银行相关授信的发生额达3 000亿元，对公司业务的利润贡献率约为25%，而不良贷款率却控制在1%以下。深圳发展银行不仅从概念上，而且从体系建设上实现了供应链金融专业化经营，以四大平台建设推动供应链金融。

(1) 制度支持平台。深圳发展银行根据《巴塞尔新资本协议》对供应链金融、债项评级等的要求，结合本土市场贸易融资的实践经验，在国内率先制定了区别于传统授信标准的自偿性融资的授信、评级、授权制度体系，真正做到了分析企业经营的行业、商品、交易地位等交易细节，并契合企业的经营规律做出信贷决策，强调对质押商品的有效监管和现金流控制，实现全过程的风险管理。

(2) 物流监管平台。深圳发展银行以“对物流的有效监控是供应链金融设计核心思想”为指导，将与银行业务相关的物流监管环节外包给专业物流公司。该行陆续与中远、中国储运、中外运三大全国性物流公司开展包括货物监管、货运代理清关、价值评估、质物回购和处置等多项内容的业务合作。

(3) 产品支持平台。深圳发展银行在总行层面设立产品开发部，专司供应链金融的产品开发和模式创新，同时结合深圳发展银行自身的经营特点和市场定位，坚持以贸易类客户为业务重点，设计“货押＋票据”为核心的自偿性融资方案，陆续推出基于商品存货、应收账款、预付账款三种重要经验路径的融资产品线，并不断延伸产品结构，2007年陆续推出进口全程货权质押授信业务、应收账款等融资方案。

（4）信息管理平台。深圳发展银行与多家行业协会及其行业权威商务网站建立了长期合作关系，使其能够及时获知最新的行业政策和动态信息。一些最新的行业政策和动态信息，尤其是市场走向、价格波动信息等，深圳发展银行能够第一时间获知并在全行共享。

2. 中国工商银行

2003年，中国工商银行的一些分行开始探索仓单和存货质押融资业务，积累了一些经验。但是，由于缺乏政策支持、操作规范性不足、物流监管的有效控制力弱、产品体系的连续性和适用性不强，从整体上看，该业务的发展相对滞后。2006年，中国工商银行陆续与中外运、中远物流、中储三大物流监管公司签订供应链金融合作协议，并推出了基于商品存货的静态质押、滚动质押和信用证项下货权质押三种供应链金融业务模式。质押商品包括钢铁、有色金属、棉花、纺织原料、化工原料、油品、汽车等百余类商品，其中占比较大的商品是钢材、铜、铝等。

3. 外资银行

外资银行较早涉足了该业务领域，但由于国内对其实施政策限制，导致多年来发展缓慢。随着人民币业务的全面开放，外资银行凭借超前的理念、专业化的人才、先进的技术和整套服务体系开始大力推广供应链金融业务。

花旗银行并购广东发展银行后，借助广东发展银行的网点大举进入供应链金融业。

巴黎银行、富通银行、荷兰银行等一些国际大型银行更为关注钢铁、有色、能源化工等大宗商品的进出口融资。2006年，巴黎银行与中外运签署物流融资战略合作协议，利用自身在大宗商品物流方面的领先优势和中外运的在库、在途物流监管及船舶代理、货运代理能力，拓展中国企业大宗商品进出口融资业务。

渣打银行根据其在全球50多个国家的中小企业信贷经验建立了一套评分系统，并形成了综合考虑借款人及其股东品行、还款能力、信用信誉、现金流和抵押品情况的5CS原则。其推出的中小企业供应链金融方案可配合企业在不同经营领域的资金流特点和需求进行灵活组合，企业最高能获得担保品价值10倍的贷款额度。以中小企业融资见长的渣打银行利用其独特的风险管理技术，推出了针对中国中小企业的供应链金融方案——快捷贸易通。在快捷贸易通融资模式中，渣打银行要求提出申请的企业必须与渣打银行现有的企业客户保持长期、稳定的供货或销售关系，而且该企业本身也是整个供应链条上的一环。

二、国内外银行供应链金融发展状况的比较

国内外银行供应链金融的发展在融资业务、服务对象、客户关系、信息技术、相关法律等方面的侧重点、广度和深度都有所差别。

（1）国际银行的供应链融资以“应收账款融资”为关键词，通过电子平台对订单、发

票等数据信息流的公示和鉴证，为供应链成员和银行提供面向多个环节的融资申请和批准按钮。国内银行的供应链融资则以“存货融资”为关键词，通过第三方物流监管的引入以及在一定程度上对核心企业的信用引入，为供应链成员提供融资。

（2）国际银行的供应链融资业务是传统国际贸易融资的延伸，而国内业务更多属于资产支持性贷款范畴，改进之处在于引入核心企业作为风险控制变量，同时也涉及核心企业与银行间的系统性安排。国际银行的供应链融资主要面向核心企业的上游供应商，而国内银行的供应链金融大多集中于下游。国际银行推出供应链金融的初衷在于维系老客户关系，而国内银行的供应链金融则具有明确的新客户导向，即一种开发中小企业市场的新的授信技术和盈利模式。

（3）出于对外包基地稳定性和成本控制的关切，国际银行的供应链金融主要面向核心企业的上游供应商，而对分销商的存货融资和预付款融资大多建立在一对一的基础上，系统性的分销商融资安排刚刚起步。国内的情况恰恰相反，供应链金融大多集中于下游，即“分销链金融”或“渠道融资”的范畴，因为国内核心企业与下游的利益紧密度往往超过了与上游的利益联系。

（4）如果说国际银行推出供应链金融的初衷在于维系与老客户的关系，即避免因全球化背景下产业组织结构变化导致的老客户流失；而国内银行业热衷于供应链金融则基于明确的新客户导向，即一种开发中小企业市场的新的授信技术和盈利模式。

由于国内供应链金融还处于起步阶段，再加上技术手段、市场环境和制度环境方面的特点，因而国内供应链金融的发展存在一系列明显的阶段性欠缺。

（5）由于国内企业供应链管理的意识普遍薄弱，因而供应链普遍表现出松散的特征。具体表现为供应链的边界模糊，核心企业对供应链成员的管理缺乏制度化的手段。在这种条件下，供应链融资中对核心企业的资信引入有时缺乏利益激励。此外，成员企业对核心企业的归属感不强，也导致基于供应链的声誉效应和违约成本构造起来比较困难。这种状况不仅使得银行可选择开发的链条有限，而且需要审慎评估供应链内部约束机制的有效性。这解释了国内供应链金融相对集中于汽车、钢铁等有限行业的原因。

（6）国内金融信息技术和电子商务发展的相对滞后，使得供应链金融中信息技术的含量偏低。作为一项高操作成本的业务，信息技术的应用程度与操作成本节约高度相关。目前，在单证、文件传递、出账、赎货、应收账款确认等环节的劳动密集型特征，是对供应链融资业务的经济性损害最大的问题，也是风险的额外来源。与此同时，电子商务手段有助于增强贸易背景可视度、降低交易成本，但国内商业银行普遍没有将供应链金融有机整合到这类平台之中，由此带来了贸易环节和融资环节额外的割裂成本。

（7）国内银行的供应链金融局限于国内供应链，对供应链中国际贸易融资的延伸和整合不足。面对跨国公司的大批国内供应商和分销商，也没有从系统论的视角提出有效的解决方案，从而错失了大量的业务机会。从业务营运的机构设置看，除了深圳发展银行以外，大部分银行的供应链融资尚未独立于传统流动资金贷款的风险控制体系运行，它们对供应链融资仅停留在概念营销层次，而对其风险控制的核心价值并未有效吸收。其结果是，不仅未能充分发挥营销的效率，而且存在较大的风险隐患。例如，大多数银行没有设置专门的债项评级体系、没有特别的审批通道、没有专业化的操作平台、缺乏针对核心企业和物流监管合作方的严格管理办法等。

(8) 在以美国为代表的发达国家，综合性的单一担保物权替代了多种传统形式的动产担保权益。动产抵押采用统一登记制度，信贷人无须实际占有借款人动产，因而享有担保物易变现、易执行的相关便利。反观国内，有关动产担保物权的设定、保护及实现的相关法律严重滞后于国内实践，使得第三方物流作为不可或缺的风险控制变量被银行引入货押业务操作中，致使操作流程相对复杂、成本高昂。

(9) 国内动产担保物权相关法律的不完善，导致供应链金融业务在很多操作和预期损失领域存在不确定性。同时，监管部门对供应链金融的认识基本停留在传统的流动资金授信层次，对供应链金融的风险特征、信贷技术以及核心价值的了解有限，相关的规范、引导和监管工作比较欠缺。

尽管存在上述诸多问题，但有几个关键因素决定了国内供应链金融业务将在中长期内获得深化发展。

首先，国内产业组织结构中供应链模式的发展趋势不可逆转，核心企业的财务供应链管理需求将日益凸显；其次，国内大部分中小企业的未来生存方式不可避免地需要依附于某条供应链，这对银行服务中基于系统论的评审技术和开发模式提出了要求；最后，供应链金融作为涵盖传统流动资金贷款、国际贸易融资以及相关负债、中间业务的整合性概念，在相关技术手段和风险控制理念上更趋完善和先进，具有适应市场环境的顽强生命力。

本章小结

本章重点介绍了供应链金融的概念、特点和不同的类型，比较了国内外银行供应链金融发展的状况。通过本章学习，可以使学生了解在全球供应链发展的背景下，供应链管理理念对银行开展贸易融资业务产生的影响。供应链金融是一种新的管理创新模式，有利于中小企业融资，可以推动国际贸易进一步发展。银行在供应链金融业务中也可以扩大自身的盈利能力。

练习题

一、术语解释

供应链金融	保兑仓授信	动态抵（质）押授信
自偿性贸易融资	供应链金融“1＋N”模式	

二、判断题

1. 供应链的概念在 20 世纪 80 年代被提出，并迅速在零售业管理中得到普遍应用。（　　）

2. 按照融资使用的质押对象分类，供应链金融可以分为应收账款融资、存货融资和预付款融资三类。（　　）

3. 供应链金融系统的主体包括金融机构、第三方物流企业、融资企业、供应链核心企业等。（　　）

4. 国内银行供应链金融局限于国内供应链，对供应链中国际贸易融资的延伸和整合不足。（　　）

5. 国际银行的供应链金融主要面向核心企业的下游经销商。（　　）

6. 供应链管理在最近20年应运而生，是因为生产环节分散到多个企业，就需要有一个核心企业来对整个生产过程进行协调。（　　）

三、问答题

1. 供应链金融的特点有哪些？
2. 供应链金融与传统融资有何区别？
3. 供应链金融有哪些类型？
4. 试比较国内外银行供应链金融的发展状况。

第十章
跨境贸易人民币结算

学习目标

- 理解跨境贸易人民币结算的含义
- 了解跨境贸易人民币政策的主要进程
- 掌握跨境贸易人民币产品的种类
- 熟悉跨境贸易人民币清算模式和主要系统
- 把握开展跨境贸易人民币业务的意义、面临的挑战和发展前景

第一节　跨境贸易人民币结算业务发展概述

一、跨境贸易人民币结算的基本概念

(一) 含义

跨境贸易人民币结算是指进出口企业在跨境贸易中以人民币作为计价货币和结算货币的进出口贸易结算。银行可根据有关规定为企业提供跨境贸易人民币相关结算服务，其业务种类包括进出口信用证、托收、汇款等多种结算方式。

(二) 产生的背景及原因

长期以来，我国跨境贸易的开展主要依赖第三方国家货币（如美元、欧元、日元等主要国际货币）作为支付结算工具，但使用第三国货币进行结算有很多不便，存在着汇率风险和汇兑成本。

随着经济全球化进程的加快，中国已发展成世界第二大经济体，对全球经济的增长有着强大的推动作用。随着中国经济地位的提升，以人民币进行贸易计价结算的需求逐渐增长。特别是近年来，受国际金融危机的影响，美元、欧元等主要国际结算货币的汇率大幅波动，我国及周边国家和地区在使用这些货币进行贸易结算时面临较大的汇率波动风险。与此同时，随着我国与东盟国家及内地与香港、澳门地区的贸易、投资和人员往来关系迅速发展，以人民币结算的呼声越来越高。自国际金融危机以来，国际经济环境中的不稳定因素逐渐增多，以美元为核心的国际货币体系的内在缺陷和系统性风险有所显现，而构建更加稳定和更加多元化的国际货币体系已成为共识，客观上需要经济规模较大、综合实力较强的发展中国家和新兴市场国家货币在服务双边贸易及投资中发挥更积极的作用。与此同时，我国经济稳健增长，人民币汇率保持相对稳定，也为人民币成为跨境结算货币提供了良好的契机。

在这种背景下，我国开始积极推行跨境贸易人民币结算，中国人民银行会同有关部门积极推动跨境人民币业务试点工作，稳步推进人民币“走出去”，并使跨境人民币业务取得了突破性进展。

二、跨境贸易人民币政策的主要进程

（一）萌芽阶段

早在20世纪90年代，我国与有关邻国就已开始在边境贸易中使用人民币进行结算，周边国家形成了一定规模的人民币使用区域。1997年1月，国家外汇管理局（以下简称“外汇局”）颁布了《边境贸易外汇管理暂行办法》，明确规定边境贸易可以以人民币计价结算。此时的人民币跨境结算范围限定在特定地区的边贸企业，虽然其规模较小，却是人民币跨境贸易结算的萌芽阶段。2003年9月，外汇局发布《边境贸易外汇管理办法》替代了《边境贸易外汇管理暂行办法》，允许边境省份在与周边国家进行边境小额贸易时，可以选择使用双边的本币计价结算。此时，我国与越南、缅甸等东南亚国家的边境贸易开始广泛使用人民币进行结算。随着国际金融危机的爆发，我国开始推动人民币国际化。自此，人民币跨境贸易结算的发展取得了质的飞跃。

（二）试点正式启动阶段

2008年12月，国务院常务会议决定，对广东和长三角地区与港澳地区、广西和云南与东盟的货物贸易进行人民币结算试点。

2009年4月，国务院常务会议决定，在上海和广州、深圳、珠海、东莞5个城市开展与港澳、东盟地区跨境贸易人民币结算试点，试点企业仅包括365家企业，试点业务范围为经常项目下的货物贸易。

2009年7月，中国人民银行等六部委联合出台了《跨境贸易人民币结算试点管理办法》与《跨境贸易人民币结算试点管理办法实施细则》，对跨境贸易人民币结算试点的业务范围、运作方式、试点企业的选择、清算渠道的选择等做了具体规定。

2009年8月，国家税务总局发布了《关于跨境贸易人民币结算出口货物退（免）税有关事项的通知》，进一步完善了跨境贸易人民币业务项下的税务机制。

（三）试点扩大阶段

2010 年 6 月，中国人民银行、财政部、商务部、海关总署、税务总局和银监会联合发布了《关于扩大跨境贸易人民币结算试点有关问题的通知》，将跨境贸易人民币结算试点的范围从启动之初的 5 个城市扩大至 20 个省（自治区、直辖市）。参与的出口企业从 365 家扩大至近 7 万家，同时境外地域由港澳、东盟地区扩展到所有国家和地区。试点业务范围包括跨境货物贸易、服务贸易和其他经常项目的人民币结算。

（四）常态化及发展阶段

2011 年 8 月，境内第三批试点区域放开，中国人民银行、财政部、商务部、海关总署、税务总局和银监会联合下发了《关于扩大跨境贸易人民币结算地区的通知》，将跨境贸易人民币结算境内地域范围扩大至全国，标志着跨境贸易人民币结算由试点走向常态化。

2011 年 10 月，中国人民银行下发的《外商直接投资人民币结算业务管理办法》以及商务部下发的《关于跨境人民币直接投资有关问题的通知》，打开了人民币直接投资和人民币资金回流通道，活跃了人民币离岸市场，初步确立了人民币国际化发展的趋势。

2012 年 2 月，中国人民银行等六部委联合下发了《关于出口货物贸易人民币结算企业管理有关问题的通知》，表明跨境贸易人民币结算业务全面推开，同时明确所有进出口企业都可以选择以人民币进行计价、结算和收付。

2012 年 6 月，中国人民银行会同财政部、商务部等部委下发了出口货物贸易人民币结算重点监管企业名单，各部委将在各自职责范围内依法加强对重点监管企业开展出口贸易人民币结算业务的管理。

2013 年 7 月，中国人民银行下发了《关于简化跨境人民币业务流程和完善有关政策的通知》，新政策简化了业务流程，并鼓励境内银行开通跨境人民币贸易融资业务及贸易融资资产跨境转让业务。

2013 年 12 月，中国人民银行下发了《关于金融支持中国（上海）自由贸易试验区建设的意见》，用于实现自贸区内资本项下可兑换业务的分账核算，同时支持自贸区的人民币跨境使用。

2014 年，中国人民银行、财政部、商务部、海关总署、国家税务总局和银监会联合发布了《关于简化出口货物贸易人民币结算企业管理有关事项的通知》，进一步明确了出口货物贸易人民币结算涉及企业管理的有关问题。

2015 年 12 月，中国人民银行下发了《关于金融支持中国（广东）自由贸易试验区建设的指导意见》，进一步支持自贸区的人民币跨境使用，同时深化外汇管理改革及以粤、港、澳为重点的区域金融合作。

2018 年 1 月，中国人民银行颁布《关于进一步完善人民币跨境业务政策促进贸易投资便利化的通知》，进一步完善和优化了人民币跨境业务政策，对涉及服务实体经济的几大重要领域的政策进行了调整。

第二节 跨境贸易人民币结算产品

跨境贸易人民币结算方式与传统意义上的国际结算方式基本一致，同样包括信用证、托收、汇款、保函/备用信用证等。目前，银行办理的跨境人民币结算产品可以分为结算类产品、融资类产品、资金交易类产品和组合类产品等。个人跨境人民币产品体系逐渐丰富。

一、结算类产品

进口贸易链项下的产品包括人民币项下付款、人民币信用证、人民币保函、进口代收、信用证项下提单背书、提货担保等进口结算类产品。出口贸易链项下的产品包括人民币项下收款、信用证/保函通知、转让信用证、信用证单据议付、出口托收等出口结算类产品。

二、国际贸易融资类业务产品

进口贸易融资链项下的产品包括人民币进口押汇、进口 TT 融资、买方远期信用证、进口预付款融资、进口保理、进口代付等。出口贸易融资链项下的产品包括人民币打包贷款、出口押汇、福费廷、出口发票融资、出口订单融资、出口保理、出口代付等。

三、资金交易类产品

资金交易类产品包括境外理财产品、人民币购售业务、人民币账户融资、同业清算账户活期和定期存款业务、人民币 NRA 存款业务等。

四、产品组合

当前，受政策和监管导向影响，境内各银行推出的跨境贸易人民币结算产品组合主要是基于传统的进出口信用证、托收、保函/备用信用证及其项下融资产品的组合，另有少量创新产品，如跨境直贷+风险参贷等。

（一）跨境直贷+风险参贷

该产品适用于有本外币融资需求的境内企业。全口径跨境融资宏观审慎管理框架在全国建立后，企业可基于经营的需要，向境外银行申请跨境本外币融资。相关政策通过风险转换因子的设定，鼓励企业借用人民币（而非外币）融资和中长期（而非短期）融资。在办理时，境外银行与境内客户签订融资合同，提供本外币融资，境外银行的境内分行以非融资性参贷的方式接受邀请，参贷境内客户的信用风险。

该产品可有效利用海外资金不受规模限制、资金成本低的特点，解决境内银行人民币贷款规模紧张和客户融资需求旺盛之间的矛盾，在降低客户融资利率和财务成本的同时，为银行带来了跨境人民币结算量、国际业务结算量及国际业务中间业务收入，带动了资金交易业务和其他中间业务，契合监管“扩流入”的形势，不仅稳固了银企关系，还增强了客户忠诚度，是一项综合贡献度很高的业务。

△ 专栏 10－1

全口径跨境融资宏观审慎管理政策演变背景

2015 年 2 月，中国人民银行上海总部印发《中国（上海）自由贸易试验区分账核算业务境外融资与跨境资金流动宏观审慎管理实施细则（试行）》，全面放开上海自贸区内企业的本外币境外融资，取消自贸区内企业境外融资的前置审批，表明全口径跨境融资宏观审慎管理框架的初步试点。

2016 年 1 月，中国人民银行印发了《关于扩大全口径跨境融资宏观审慎管理试点的通知》，将本外币一体化的全口径跨境融资宏观审慎管理试点扩大至 27 家金融机构和注册在上海、天津、广东、福建四个自贸区的企业。

2016 年 4 月，中国人民银行印发了《关于在全国范围内实施全口径跨境融资宏观审慎管理的通知》，正式将原在四个自贸区试点的跨境融资推广到全国，从而拓宽了境内企业的融资渠道，同时继续简化境外融资的审批手续，表明全口径跨境融资的宏观审慎管理框架在全国建立。

2017 年 1 月，中国人民银行印发了《关于全口径跨境融资宏观审慎管理有关事宜的通知》，用以进一步扩大中国境内企业和金融机构的跨境融资空间，便利境内机构充分利用境外的低成本资金，降低实体经济的融资成本，促使全口径跨境融资宏观审慎管理框架进一步完善。

（二）进口信用证/进口代收/汇出汇款＋人民币进口代付

该产品适用于有进口业务且需要对外付款的企业，为了获取短期融资，它们可向银行申请该业务组合产品。在跨境贸易人民币结算项下，进口企业在信用证、托收或 TT 项下向境内银行申请办理进口贸易融资，境内银行向境外银行询价，境外银行将人民币融资款项付给境外客户（出口商）；到期后，客户以自有人民币资金偿还银行的融资资金。该产品可使境内银行利用价格低廉的境外人民币资金渠道，提高价格竞争力，增加中间业务收入和手续费收入。境内客户也可获得较低成本的人民币贸易融资。

五、个人跨境人民币产品体系

个人跨境人民币产品细分为货物贸易项下的产品、服务贸易项下的产品和其他经常项目项下的产品。个人货物贸易项下的产品和服务贸易项下的产品满足了个人从事跨境货物贸易与服务贸易的交易结算需求，降低了汇兑成本，被广泛用于边境贸易等贸易形式中。目前，个人其他经常项目项下的产品放开了境内个人汇回境外合法收入及境外个人汇出境内合法收入两项，主要满足了中资企业外派员工的薪酬直接通过人民币汇回以及外资驻华员工汇回收入的需求。此后，个人其他经常项目的人民币结算还有很大的扩展空间。其他经常项目的内容相当广泛，如捐赠、遗产继承、保险、专利及特许收入、律师等服务收入、就医、学习及旅游等。根据真实贸易背景的原则，中国人民银行有望逐渐放开。这些业务将带来庞大的结算需求，催生更多的个人跨境人民币产品。

△ 专栏 10-2

个人跨境人民币政策演变背景

2014年6月，中国人民银行印发了《关于贯彻落实〈国务院办公厅关于支持外贸稳定增长的若干意见〉的指导意见》，放开了个人货物贸易和服务贸易项下的跨境人民币结算业务。此后，上海、广东、福建及天津自贸区同样推出了个人经常项下和直接投资项下的跨境人民币业务，

2018年1月，中国人民银行印发了《关于进一步完善人民币跨境业务政策促进贸易投资便利化的通知》，再次明确：凡依法可使用外汇结算的跨境交易，企业都可以使用人民币结算，放开个人项下的雇员报酬、社会福利、赡家款等其他经常项目的人民币跨境结算需要。

第三节 跨境贸易人民币清算模式及清算系统介绍

一、清算模式

（一）清算行模式

由中国人民银行指定境外的人民币清算行行使境外人民币清算职能，境外商业银行（即境外参加行）与中国人民银行指定的境外清算行签订人民币业务清算协议，并在境外清算行开立人民币账户，由境外清算行通过中国人民银行的现代化支付系统CNAPS，连接境外参加行及境内结算行实现人民币清算服务。清算行模式的主要特点是，境外参加行在境外清算行开立人民币账户，在整个清算链条中，最关键的跨境环节（即人民币资金在境外清算行和境内结算行之间的转移）是通过CNAPS系统完成的，并使用CMT 100报文进行清算。清算行模式的流程图，见图10-1。

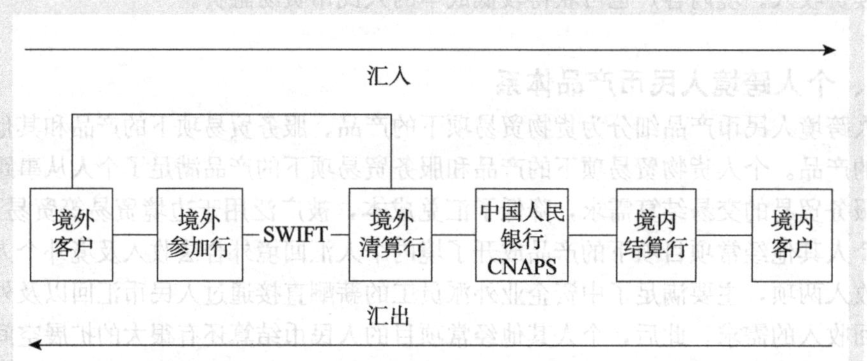

图10-1 清算行模式的流程图

目前，中国人民银行在境外很多国家和地区指定了境外人民币清算行，如指定中国银行为港澳台、美国纽约、法国巴黎等城市和地区的人民币清算行；指定中国工商银行为新加坡、卢森堡、加拿大和俄罗斯等国家和地区的人民币清算行，其中，新加坡人民币清算行也是中国人民银行首次在中国以外的其他国家选定人民币清算行；指定中国建设银行为英国伦敦、瑞士等国家和地区的人民币清算行；指定交通银行为韩国首尔的人民币清算行；等等。

（二）代理行模式

境内具备国际结算业务能力的商业银行作为境内代理行，境外商业银行（即境外参加行）与境内代理行签订人民币代理结算清算协议，在境内代理行开立人民币同业往来清算账户，依托 SWIFT（环球同业银行金融电讯协会）系统发送交易指示，通过境内代理行进行跨境人民币资金清算。代理行模式的主要特点是，境外参加行在境内代理行开立人民币账户，在整个清算链条中，最关键的跨境环节（即人民币资金在境外参加行和境内代理行之间的转移）是通过 SWIFT 系统完成的，并使用 SWIFT 标准的 MT 103/MT 202 报文进行清算。代理行模式的流程图，见图 10－2。

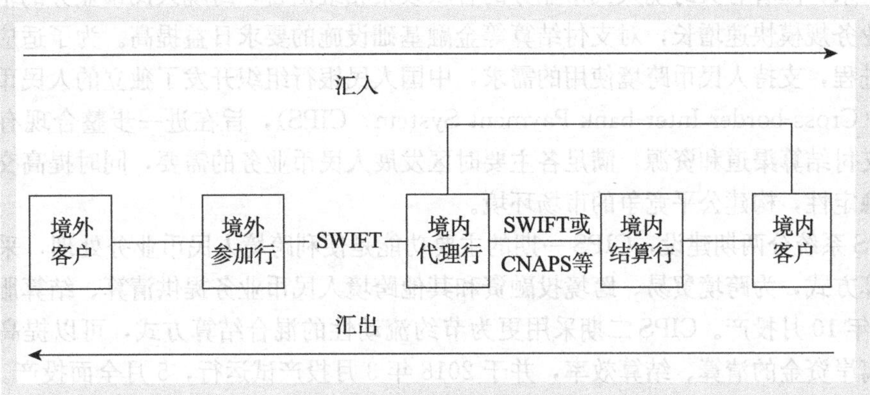

图 10－2 代理行模式的流程图

此外，还有一种人民币 NRA 账户模式，即经中国人民银行核准，境外企业可申请在境内银行开立非居民人民币结算账户，直接通过境内银行清算系统或中国人民银行跨行支付系统进行与境内企业之间人民币资金的跨境清算和结算。这种清算模式的整个清算链条均处于境内，因而清算环节少、手续简便。

二、人民币清算系统

（一）中国现代化支付系统

中国现代化支付系统（China National Advanced Payment System，CNAPS）是中国人民银行利用现代计算机技术和通信网络自主开发建设的，能够高效、安全处理各银行办理的异地、同城各种支付业务及其资金清算和货币市场交易的资金清算应用系统。该系统主要提供商业银行之间的跨行支付清算服务，是为商业银行之间和商业银行与中国人民银行之间的支付业务提供资金清算的系统，它既是各商业银行电子汇兑系统资金清算的枢纽系统，也是连接国内外银行的重要桥梁。CNAPS系统建有两级处理中心，即国家处理中心（NPC）和全国省会（首府）及深圳城市处理中心（CCPC)。为了适应各类支付业务处理的需要，CNAPS系统由大额支付系统（HVPS）和小额批量支付系统（BEPS）两个应用系统组成。

大额支付系统是以电子方式实时处理异地和同城单笔金额在规定起点以上的贷记支付业务和紧急情况下金额在规定起点以下的贷记支付业务的应用系统，通过逐笔发送支付指令，进行全额实时清算资金。该系统可为银行、企业及金融市场提供快速、高效、安全、可靠的支付清算服务。在清算行模式下，境外人民币清算行主要依靠CNAPS下的大额支付系统进行人民币的跨境清算。

小额批量支付系统是处理同城和异地纸凭证截留的商业银行跨行之间的定期借记和定期贷记支付业务、中国人民银行会计和国库部门办理的借记支付业务，以及每笔金额在规定起点以下的小额贷记支付业务的应用系统，采取批量发送支付指令，轧差净额清算资金。

（二）人民币跨境支付系统

近年来，随着有关跨境人民币业务的各项政策相继出台，跨境人民币业务的范围不断扩大，业务规模快速增长，对支付结算等金融基础设施的要求日益提高。为了适应人民币国际化进程，支持人民币跨境使用的需求，中国人民银行组织开发了独立的人民币跨境支付系统（Cross-border Inter-bank Payment System，CIPS)，旨在进一步整合现有的人民币跨境支付结算渠道和资源，满足各主要时区发展人民币业务的需要，同时提高交易的安全性和稳定性，构建公平竞争的市场环境。

CIPS系统分两期建设，CIPS一期的主要功能是便利跨境人民币业务处理，采用实时全额结算方式，为跨境贸易、跨境投融资和其他跨境人民币业务提供清算、结算服务，并于2015年10月投产。CIPS二期采用更为节约流动性的混合结算方式，可以提高人民币跨境和离岸资金的清算、结算效率，并于2018年3月投产试运行，5月全面投产。

CIPS一期的主要特点为：一是采用实时全额结算方式处理客户汇款和金融机构汇款两类业务。二是境内外直接参与者均由一点接入，这样可以集中清算业务、缩短清算路径、提高清算效率。间接参与者可通过直接参与者享受系统结算服务。三是采用国际通行报文标准，保证报文的兼容性和扩展性，支持传输包括中文、英文在内的报文信息。四是覆盖主要时区（亚、非、欧、美）的人民币结算需求。五是提供通用和专线两种接入方式，供参与者自行选择。CIPS二期在功能、特点上进行了改进和完善：一是运行时间由5×12小时延长至5×24小时+4小时，实现了对全球各时区的全覆盖。二是在实时全额结算模式的基础上引入了定时净额结算机制，可以满足参与者的差异化需求。三是其业务模式设计既符合国际标准，又兼顾可推广、可拓展的要求，支持多种金融市场业务的资金结算。四是丰富了参与者的类型，引入了金融市场基础设施类直接参与者。五是该系统的功能支持境外直接参与者扩容，为引入更多符合条件的境外机构做好了准备。

通过前后两期的建设，CIPS系统已实现为境内外机构之间人民币跨境支付业务提供资金结算服务的功能，包括人民币跨境贸易和投资的清算、金融市场的跨境货币资金结算以及人民币与其他币种的同步收付业务等。通过与大额支付系统HVPS、债券结算系统和外币结算系统等的连接，CIPS可以为参与者提供跨境、跨时区、跨系统、跨币种的支付结算服务。在CIPS二期建成后，人民币跨境支付清算体系由前期的混合模式迈入以CIPS为核心的新阶段。

第四节 跨境贸易人民币结算展望

一、跨境贸易人民币结算的发展现状

随着我国对外开放的不断深化以及相关配套政策的不断完善，良好的内外部环境使得人民币跨境贸易结算量呈平稳上升趋势。现在，虽然我国跨境贸易的人民币结算规模稳步提高，但相对于对外贸易总额来说，仍处于较低水平，具有广阔的提升空间。自开展跨境贸易人民币结算以来，2013年我国跨境人民币结算量为4.63万亿元，2014年为7.6万亿元，2015年达到历年最高值12.1万亿元，2016年回落至9.8万亿元，2017年为9.21万亿元。其中，在2017年的跨境人民币结算中，经常项下的人民币结算量为4.36万亿元，同比下降16.68%；资本项下的人民币结算量为4.84万亿元，同比上升4.70%。

从跨境人民币收付区域分布来看，境内跨境人民币业务资源从地区分布来看仍然集中在东南沿海及中东部发达省市。跨境人民币实际收付业务量超过2 000亿元的10个省、市的业务量合计占到全国跨境人民币收付量的83.5%。从境外看，与我国发生人民币跨境收付业务的国家和地区达到192个。内地与香港地区的人民币收付金额占比始终保持在50%以上。新加坡是全球第二大离岸人民币市场，其收付金额占比始终保持在第2位。

随着人民币国际化的日益推进，跨境人民币的支付比例正在不断提高。据环球同业银行金融电信协会的统计，人民币在世界货币体系中的排名快速攀升。截至2015年1月，在跟单信用证交易常用货币的排名中，人民币已上升至第2位；截至2018年1月，在世界支付货币的排名中，人民币已上升至第6位。我国正在采取措施继续扩大人民币的跨境使用，已与韩国、马来西亚、白俄罗斯、阿根廷、欧洲、英国等23个国家和地区签署了人民币的双边本币互换协议，进一步推动了跨境人民币业务和人民币国际化的发展。

二、我国开展跨境贸易人民币结算业务的意义

开展跨境贸易人民币结算对我国的经济发展将会产生巨大的影响，有利于加强我国对外经济、贸易和投资往来，促进中国经济更好地融入世界经济。在以美元为主的国际货币汇率波动剧烈和我国对外贸易快速持续增长的情况下，推进人民币跨境结算具有深刻的现实意义。

（一）有利于国内企业有效规避汇率风险，节省结算成本

境外企业与我国境内企业之间的贸易，如果是以美元、欧元和日元进行计价结算，由此带来的汇率风险通常是由境内企业承担的。如果以人民币进行国际结算，则境内企业可以避免承受这类汇率风险。使用人民币进行结算，还可以节省企业成本，包括企业进行外币衍生产品交易的有关费用、企业两次汇兑引起的部分汇兑成本。此外，跨境贸易人民币结算还可以加快结算速度，提高企业资金的使用效益。

（二）有利于拓展我国银行业的市场空间

人民币结算能有效推动中国金融业的发展与开放，增强中国在国际市场上的金融资源配置能力，促进银行积极参与国际市场竞争，扩大银行的开放程度，增强中国银行业的国际竞争力，为商业银行创造新的市场空间。与此同时，我国商业银行通过大力发展中间业务，创新人民币衍生产品，也增加了新的盈利增长点。

（三）有利于降低国家外汇储备的压力和损失

巨额外汇储备在彰显我国综合实力日益增强的同时，也给我国带来了外汇持有成本和外汇贬值缩水的风险。用人民币结算意味着以美元计价的出口减少，因此结汇量将减少，而用人民币替代部分外汇收支，有助于改善我国的国际收支平衡状况，极大地缓解了外汇资金运用压力，降低了我国外汇储备的压力和损失。

（四）有利于提升人民币的国际地位，促进国际货币体系多极化发展

开展人民币跨境贸易结算，是迈出人民币走向国际化的第一步。跨境人民币可促进我国与周边国家的边境贸易、服务贸易和跨境投资等的有序开展，加快推动人民币成为国际市场交易的计价结算货币进程，使得人民币被越来越多的国家所接受。人民币已于 2015 年 12 月正式加入 SDR（特别提款权），并于 2016 年 10 月 1 日生效，成为正式的官方储备货币，也成为历史上第一个加入 SDR 货币篮子的新兴市场国家货币。这将进一步促进跨境人民币结算业务的发展，从而大大提升人民币的国际地位，也有利于逐步改变以美元为核心的国际货币体系，抑制其弊端和负面影响，促使国际货币体系向多极化发展。

三、跨境贸易人民币结算面临的主要挑战

（一）国际贸易的计价结算币种选择权缺失，人民币结算规模受阻

目前，我国在国际市场分工中的弱势地位，在很大程度上制约了人民币在国际贸易结算中的使用规模。国际市场的参与者出于规避汇率风险和保持货币购买力的利益需要，都希望以其本国货币或世界货币进行计价结算。我国产业结构仍处于国际市场产业链的中下游，缺乏选择交易币种的话语权和定价权，计价结算币种的选择权更多地掌握在境外企业手中，人民币参与国际结算的规模受到很大限制，致使人民币在国际市场中的购买力无法显著提升。另外，人民币在境外使用的渠道较少、收益率较低，也是限制境外企业和个人持有人民币意愿的因素。这些都在一定程度上阻碍了人民币的国际化进程。

（二）人民币汇率形成机制有待进一步完善

虽然人民币的汇率形成机制已取得了不错的成绩，但中国人民银行依旧承担着过多的汇率责任。中国人民银行过多地承担汇率责任，不利于培育理性的汇率市场主体，容易产生投机行为，进一步积累金融风险。中国人民银行对汇率进行管控既不利于市场参与主体管控汇率风险能力的提升，也不利于货币政策当局在新常态下调控国民经济、服务经济改革。化解中国人民银行两难境地的关键是进一步完善人民币汇率形成机制。

（三）人民币跨境清算制度有待进一步健全，人民币清算系统有待完善

人民币参与国际结算，必然会对现有的人民币清算系统和制度安排提出更高的要求。与美元的联邦电子资金转账系统（FEDWIRE）和清算所同业支付清算系统（CHIPS）相比，我国的人民币清算系统和制度安排在清算规则、清算行准入、清算账户开立、清算时

间、清算效率等方面都有待完善和健全，以便为满足人民币高效、便捷的跨境清算需求提供更好的平台和制度保障。

四、跨境人民币结算的未来发展

目前，尽管人民币跨境贸易结算业务的发展很快，但对于整个中国乃至世界的贸易总额而言，其比例还是很小。我国要大力发展跨境人民币结算，从而推动人民币的国际化发展，这既取决于人民币结算的接受程度和结算的便利程度，也取决于我国能否及时在防范风险的前提下放宽政策的限制。目前，跨境贸易人民币结算出现了下述趋势："一带一路"建设将激发更多的市场需求，创造新的战略契机；经常项目下的人民币跨境使用将进一步扩大，人民币跨境收付占本外币跨境收支的比重有望进一步提高；人民币国际化的基础设施将进一步完善，人民币跨境支付系统（CIPS）二期采用了更节约流动性的混合结算方式，可以提高人民币跨境资金和离岸资金的清算、结算效率；人民币跨境投融资的渠道将得到进一步拓宽，双边货币合作将继续稳步开展；人民币作为储备货币的规模将进一步增加；等等。

我们要抓住机遇，积极研究对策，加强风险管理，既要加快我国金融市场的完善进程，加强金融监管，建立有效的跨境贸易人民币结算的监测和管理体系，同时也要为人民币国际化的发展提供条件，通过建立健全人民币跨境清算网络、加快推进人民币离岸市场建设、增加境外人民币投资回流渠道来培育对人民币贸易结算的需求。未来，我国要加快推进外贸产业升级和结构优化，支持服务贸易的发展和新型贸易业态的发展；要利用"一带一路"、人民币加入 SDR 货币篮子等契机，继续提高和推广人民币在国际贸易中的结算比例和范围；要积极推动金融市场对外开放，进一步完善人民币汇率形成机制和利率市场化改革等，从而推动人民币国际化的发展。

本章小结

跨境贸易人民币结算是指进出口企业在跨境贸易中以人民币作为计价货币和结算货币的进出口贸易结算，银行可根据有关规定为企业提供跨境贸易人民币相关结算服务。其业务种类包括汇款、托收、进出口信用证等多种结算方式。

跨境贸易人民币政策的主要进程包括萌芽阶段、试点正式启动阶段、试点扩大阶段及常态化和发展阶段。

跨境贸易人民币结算方式与传统意义上的国际结算方式基本一致，同样包括汇款、托收、信用证、保函和备用信用证等。目前，银行办理的跨境人民币结算产品可以分为结算类产品、融资类产品、资金交易类产品和组合类产品等。个人跨境人民币产品体系也在逐渐丰富。

跨境人民币清算模式主要有清算行模式和代理行模式。清算行模式是指由中国人民银行指定境外的人民币清算行行使境外人民币清算职能，境外商业银行（即境外参加行）与中国人民银行指定的境外清算行签订人民币业务清算协议，并在境外清算行开立人民币账户，由境外清算行通过中国人民银行的现代化支付系统CNAPS，连接境外参加行及境内结算行实行人民币清算服务。代理行模式是指境内具备国际结算业务能力的商业银行作为境内代理行，境外商业银行（即境外参加行）与境内代理行签订人民币代理结算清算协议，在境内代理行开立人民币同业往来清算账户，依托SWIFT（环球同业银行金融电讯协会）系统发送交易指示，通过境内代理行进行跨境人民币资金清算。

中国现代化支付系统（China National Advanced Payment System，CNAPS）是中国人民银行利用现代计算机技术和通信网络自主开发建设的，能够高效、安全地处理各银行办理的异地、同城各种支付业务及其资金清算和货币市场交易的资金清算应用系统。CNAPS系统由大额支付系统（HVPS）和小额批量支付系统（BEPS）两个应用系统组成。在清算行模式下，境外人民币清算行主要依靠CNAPS下的大额支付系统进行人民币的跨境清算。

人民币跨境支付系统（Cross-border Inter-bank Payment System，CIPS）分两期建设，CIPS一期的主要功能是便利跨境人民币业务处理，它采用实时全额结算方式，为跨境贸易、跨境投融资和其他跨境人民币业务提供清算、结算服务，并于2015年10月投产。CIPS二期采用了更节约流动性的混合结算方式，可以提高人民币跨境资金和离岸资金的清算、结算效率，并于2018年3月投产试运行，5月全面投产。通过前后两期的建设，CIPS系统已实现为境内外机构之间的人民币跨境支付业务提供资金结算服务的功能，包括人民币跨境贸易和投资的清算、金融市场的跨境货币资金结算以及人民币与其他币种的同步收付业务等。

开展跨境贸易人民币结算业务的意义主要有：有利于国内企业有效规避汇率风险，节省结算成本；有利于拓展我国银行业的市场空间，增强国际市场竞争力；有利于降低国家外汇储备的压力和损失；有利于提升人民币的国际地位，促使国际货币体系向多极化发展。

练习题

一、术语解释

跨境贸易人民币结算　　清算行模式　　代理行模式

CNAPS系统　　CIPS系统

二、填空题

1. 2009年4月，国务院常务会议决定，在________、________、________、________和________5个城市开展与港澳、东盟地区的跨境贸易人民币试点，试点企业仅包括________家企业。

2. 2010年6月，六部委联合发布了《关于扩大跨境贸易人民币结算试点有关问题的通知》，将跨境贸易人民币结算试点范围从启动之初的5个城市扩大至________个省（自治区、直辖市），境外地域由港澳、东盟地区扩展到________。

3. 跨境贸易人民币结算方式包括________、________、________、________和________等。

4. 目前，银行办理的跨境贸易人民币结算产品可以分为________、________、________和________等。

5. 个人跨境人民币产品可细分为________项下的产品、________项下的产品和________项下的产品。

6. 跨境贸易人民币清算模式主要有________和________。

7. 在清算行模式中，人民币资金在境外清算行和境内结算行之间的转移是通过________系统完成的，并使用________报文进行清算。

8. 在代理行模式中，人民币资金在境外参加行和境内代理行之间的转移是通过________系统完成的，并使用SWIFT标准的________报文进行清算。

9. 为适应各类支付业务处理的需要，CNAP系统由________和________两个应用系统组成。

10. CIPS系统可以为参与者提供________、________、________、________的支付结算服务。

三、判断题

1. 长期以来，我国跨境贸易的开展主要依赖第三方国家货币（如美元、欧元、日元等）作为支付结算工具，因而存在着汇率风险和汇兑成本。（　　）

2. 2009年4月，国务院常务会议决定，在上海、北京、广州、宁波、东莞5个城市开展与港澳、东盟地区的跨境人民币结算试点。（　　）

3. 跨境直贷＋风险参贷组合产品适用于有本外币融资需求的境外企业。（　　）

4. 目前，中国工商银行为新加坡、卢森堡、加拿大和俄罗斯等国家和地区的人民币清算行。（　　）

5. 在清算行模式下，境外人民币清算行主要依靠CNAPS系统下的大额支付系统HVPS进行人民币的跨境清算。新加坡人民币清算行是中国人民银行首次在中国以外的其他国家选定的人民币清算行。（　　）

四、单项选择题

1. （　　）人民币清算行是中国人民银行首次在中国以外的其他国家选定的人民币清算行。

A. 纽约　　B. 卢森堡　　C. 巴黎　　D. 新加坡

2. 2009年4月，国务院常务会议决定，在5个城市开展与港澳、东盟地区的跨境贸易人民币结算试点，试点业务范围为（　　）。

A. 经常项下的货物贸易　　B. 服务贸易

C. 其他经常项目下的人民币结算　　D. 以上都对

3. 中国银行为（　　）等国家和地区的人民币清算行。

A. 纽约　　B. 港、澳、台　　C. 巴黎　　D. 以上都对

4. 截至2018年1月，在世界支付货币的排名中，人民币已上升至第（　　）位。

A. 5　　B. 6　　C. 7　　D. 8

5. 人民币于（　　）正式加入SDR（特别提款权），并于2016年10月1日生效，成为正式的官方储备货币，也成为历史上第一个加入SDR货币篮子的新兴市场国家货币。

A. 2013年12月　B. 2014年12月　C. 2015年12月　D. 2016年1月

五、问答题

1. 简述跨境贸易人民币结算的含义及产生的背景。
2. 简述跨境直贷＋风险参贷组合产品的概念及功能。
3. 简述人民币跨境支付系统CIPS一期和CIPS二期的主要特点。
4. 简述我国开展跨境贸易人民币结算业务的意义及面临的主要挑战。
5. 简述跨境贸易人民币结算的趋势和未来发展。

第十一章 国际结算中的单据及审单

学习目标

- 掌握商业发票、海运提单及保险单据的概念和主要内容
- 了解海运提单的作用与分类、海运保险承保的险别和基本条款
- 熟悉国际结算中的其他主要单据
- 理解并掌握银行审单的基本原则和各种单据审核的要点

单据是贯穿国际结算业务的主线，借助单据，可以达到清偿客户间债权与债务关系的目的。单据作为支付凭证，多来源于出口商或其他债权人，其提供的单据是否合规，直接关系到出口收汇的安全，因而在实务操作中，单据起着举足轻重的作用。按单据的表现形态，通常可划分为金融单据和商业单据两部分。金融单据主要是指流通票据，在此主要指汇票。商业单据主要包括商业发票、运输单据、保险单据以及其他一些单据。汇票等金融单据已在前面论述，在此不再赘述。

第一节 商业发票

在出口商提交的各种单据中，发票起着非常重要的作用，尤其是商业发票，它是全套出口单据的核心，被称为中心单据。根据交易的需要，发票可分为多种类型，包括商业发票、形式发票、样品发票、海关发票、领事发票等。其中，商业发票使用得最多。

一、商业发票概述

1. 商业发票的概念

商业发票是指出口商向进口商出具的一种记载所售货物的数量、规格、价格、金额及包装等内容的文件，它是一种价目清单（见章末附录示样 11-1 和示样 11-2）。

2. 商业发票的作用

（1）商业发票是出口商出具的一种售货证明。出口商在售货后，通常要向进口商出具商业发票，以证明货物的所有权发生了转移。

（2）商业发票是进出口双方进行报关、纳税的依据。对进出口货物，各国海关大多根据商业发票上关于装运货物的记载来估价及计征关税。

（3）商业发票是进口商核对所收货物的主要依据。由于商业发票是一种价目清单，其记载的内容表明了出口商发运货物的数量，进口商可以据此核对所收货物，以免发生差错。

（4）商业发票可以代替汇票作为付款的依据。欧洲一些客户为了避免对汇票征收的印花税支出，经常要求出口商免开汇票，而以发票代替汇票发挥支付凭证的作用，发票因此成为进口商付款的依据。

（5）商业发票是买卖双方记账的凭证。为了便于记账，商业发票通常都详细记有货价。

二、商业发票的主要内容

各国出口公司缮制的商业发票，一般没有统一格式，但主要内容大致相同，通常包括3个部分，即首文、本文及结文。

（1）商业发票的首文主要是指发票应说明的一些基本情况，如发票的名称、发票的开立人和抬头人的名称及地点、发票和合同的号码、发票的出票日期、地点、运输方式、装运地点和目的地及信用证号码等内容。

（2）商业发票的本文主要是指发票应说明的有关所售货物的数量、价格等情况，如货物的唛头及号码、货物的数量及描述、货物的单价及总额等。

（3）商业发票的结文主要是指卖方的名称及卖方有权签字人的签字，有时还包括卖方出具的证明或声明等内容。

三、其他类型的发票

出口商出具的发票一般以商业发票形式出现，但有时也会遇到其他类型的发票，主要有形式发票、样品发票、海关发票和领事发票等。

（1）形式发票（proforma invoice）。形式发票通常是由出口商在发货前出具，然后寄给进口商以利于其申请外汇或申领进口许可证的一种发票，又称预开发票。

形式发票一般在预付、寄售和投标等贸易中使用。

（2）样品发票（sample invoice）。样品发票是出口商在向进口商发送样品后出具的一种发票。它有利于进口商在进口样品时向进口国海关等机构申请减税或免税。

（3）海关发票（customs invoice）。海关发票是进口国海关制作的，由国外出口人填写，进口人凭以报关的一种固定格式的发票，用以证明进口货物的价格，为进口国海关提供统计依据和货物估价完税依据，并核定有无倾销倾向，见章末附录示样 11-3。

(4) 领事发票（consular invoice）。领事发票是由进口国驻出口国领事认证或出具的发票。领事发票可替代进口许可证，成为出口商必须提供的单据，也可替代产地证书，以便对不同产地的产品实行差别关税，见章末附录示样 11-4。

由于海关发票和领事发票带有浓烈的贸易保护色彩，与当今各国倡导的自由贸易极不相称，因此在实际业务中已很少使用。

第二节 海运提单

在国际贸易业务中，约 70%的货物运输是通过海洋运输方式进行的，因而海洋运输中的单据（即海运提单）就成为经常使用的主要单据之一。

一、海运提单概述

1. 海运提单的概念

海运提单（bill of lading，B/L）是指承运人或其代理人向托运人签发的用以证明收到货物，按约定将货物运往目的地，并交付给目的地收货人的一种运输单据。1978 年的《汉堡规则》中给海运提单下的定义是：“提单是指证明海上运输合同和货物由承运人接管或装载以及承运人保证凭以交付货物的单据。单据中关于货物应按记名人的指示或不记名的指示交付给提单持有人的规定，即是这一保证。”海运提单见章末附录示样 11-5 和示样 11-6。

2. 海运提单的主要作用

(1) 海运提单是一种物权证书。海运提单代表了货物，提单持有人有权主张物权。提单的转让可以实现物权的转让。

(2) 海运提单是一种收货证明。海运提单的签发证明了承运人已按提单所列内容收到了托运人委托运输的货物，因而它是一种收货证明。

(3) 海运提单是一种运输契约。当托运人将货物交给承运人并委托其把货物运往目的地时，承运人向托运人签发的提单就表明了双方委托关系的存在。海运提单背面印刷的条款就是托运人与承运人间契约关系存在的主要依据。

3. 海运提单的主要内容

世界各国船运公司签发的提单在形式上不大相同，但主要内容基本一样，包括以下几方面：

(1) 托运人的名称及地址。此栏主要填写出口商的名称及地址。

(2) 承运人的名称与主要营业所。根据国际商会银行委员会的意见，提单上必须表明承运人的名称，除非信用证有相反的规定。提单上的承运人必须是以运输公司身份注册。

(3) 收货人的名称及地址。收货人一栏主要根据出口商或信用证的要求填写不同的内容。

(4) 被通知人。被通知人一栏主要是根据收货人一栏的内容填列。如果收货人一栏填有具体的收货人名称，则被通知人栏可不必填写，也可以填上“The Same As Above”等内容；如果收货人一栏写明“To the Order”或“To the Order of A Specified Person or Bank”，则被通知人一栏应写有详细的被通知人名称及地址，以便运输公司在货物到港后通知此人代为通关及保管货物。

(5) 装货港口、卸货港口、目的地及船只。这主要根据合同或信用证条款的规定填写。

(6) 在提单签发时所表明的货物处置方式。货物是已装船了（“Shipped on Board...”）或是仅仅收妥(“Received...”)。

(7) 提单的唛头及号码。它应与发票的唛头及号码一致。

(8) 包装件数及货物描述。提单内的包装件数应与发票内的件数一致。如果采用集装箱运输，包装件数除标明集装箱数量外，还应标明集装箱内具体的包装件数或箱数。海运提单内的货物描述可以使用统称。

(9) 货物的体积及重量。提单内的货物重量应按要求列明毛重和净重。

(10) 运费和其他费用以及付款的地点和方式。提单上一般会说明“运费预付”或“运费到付”，但不一定打出运费的具体金额。《汉堡规则》中规定，在运费到付时，提单上必须打出运费金额。

(11) 提单份数。

(12) 提单签发日期及地点。

(13) 承运人或其代理人的签字。

(14) 提单背面载有的关于承运人权利与义务的印定条款。

二、海运提单的主要种类

1. 已装船提单和备运提单

按货物是否已被装船，海运提单分为已装船提单和备运提单。

(1) 已装船提单（shipped on board B/L）是指承运人、船长或其代理人签发的注明货物已装船的提单。在通常情况下，货物已装船后不得卸下及改装其他船只。按银行惯例，出口商银行要求受益人提交的提单必须是已装船提单。

(2) 备运提单（received for shipment B/L）是指承运人签发的、证明货物已经收妥、正等待装船的提单。备运提单并不是运输契约，虽然列有承运船名，但没有确定的装船日期，货物出运没有保障，因此银行一般不予接受。倘若货物确实已装上预定船只，且在原备运提单上加注已装船批注、船名、日期，则备运提单就转变为已装船提单，从而为银行所接受。

需要注意的是，当使用 FCA（货交承运人）或 CPT（运费付至……）或 CIP（运保费付至……）等价格术语成交时，如果进口方开来的信用证中并未规定需要提交已装船提单，则卖方提交备运提单是可行的。因为这三种贸易术语规定：双方风险的划分是当货物交付给承运人后，风险就由卖方转移到买方。

2. 清洁提单和不清洁提单

按承运人出具海运提单时对货物外表或包装是否加注缺陷批注，海运提单分为清洁提单和不清洁提单。

(1) 清洁提单 (clean B/L) 是指承运人签发的、未对货物的外表或包装加注缺陷批注的提单。银行在办理结算时，通常只接受清洁提单。

(2) 不清洁提单 (unclean B/L, dirty B/L, foul B/L) 是指承运人签发的、对货物的外表或包装加注缺陷批注的提单，如标志不清、货物表面破损、包装不牢等。

除非信用证明确规定可以接受含有上述缺陷批注的提单，否则银行将不接受载有此类批注的提单。

3. 直达提单、转船提单和联运提单

按运输途中是否需要转运，海运提单可分为直达提单、转船提单和联运提单。

(1) 直达提单 (direct B/L)。直达提单又称直运提单，是指承运人签发的、将货物从装运港直接运往目的港的提单。如果信用证禁止转船，则出口商需要提交直达提单。

(2) 转船提单 (transhipment B/L)。转船提单是指承运人签发的、在运送货物途中需要将货物在某地进行转船中转的提单。转船提单通常在装运港和目的港之间没有直达船的情况下使用。

(3) 联运提单 (through B/L)。联运提单是指在需要采用两种或两种以上的运输方式(如海陆、海河、海空等) 联合运输货物时，由第一承运人签发的，包括全程运输，并能在目的港提货的提单。承运人只承担他所负责运输的一段航程的货损责任。

联运提单是可流通形式的联合运输单据，非流通形式的联合运输单据不以物权证书形式出现，而仅仅表现为运输契约和收货证明。

联合运输单据与联运提单不同，它是由联合运输经营人签发的、由两种或两种以上运输方式运送货物的单据，是伴随着成组化运输，特别是集装箱运输方式的发展而出现的，货物的第一段运输不一定必须是海洋运输，出口商也不一定非要将货物交付到港口。通常说来，联合运输单据大多是以收妥备运形式签发的。

4. 倒签提单、预借提单和过期提单

(1) 倒签提单 (anti-dated B/L)。倒签提单是指承运人签发的将提单的出单日期提前，从而造成提单的实际签发日期与提单上记载的日期不一致的提单。

由于信用证强调银行付款是有条件的，即单证相符，因此，若出口商不能及时按信用证的要求发货，则银行就不能付款。当货物的发运日期晚于信用证规定的装船日期时，出口商便与承运人协商出具倒签提单，以满足信用证的条件。

承运人在出具倒签提单时，通常要求出口商出具担保，以保证发生纠纷时由出口商自己承担责任。

(2) 预借提单 (advanced B/L)。预借提单是指托运人在实际货物装船前或实际装货时要求承运人签发的已装船提单。

预借提单经常发生在信用证规定的装船日期已过，托运人未能及时备妥货物装船或未赶上船期的情况下。出口商为便于及时向银行提交单据结汇，常要求承运人签发这种提单，并预先借走。承运人一般是在出口商提供担保，承担由此可能引发的责任的前提下签发预借提单。

尽管倒签提单与预借提单都是在单据未能满足信用证要求的前提下发生的，并且都是在出口商提供担保的情况下由承运人出具的，但两者有着明显的不同。倒签提单表明货物已经装船，只不过实际装船日期晚于信用证规定的日期，但提单的出单日期被提前；而预借提单则是在货物还未装船或未装完船的情况下出具的。对进口商而言，倒签提单下的货物已经装船，只不过可能造成货物比预计的日期晚收到，而在预借提单下的货物根本还未被装船或还未被装好，这样进口商是否能收到货以及何时收到货物都将是个问题，因而风险相对较大。

(3) 过期提单（stale B/L）。过期提单是指晚于规定日期提交给银行要求凭单议付的提单以及晚于货物到达目的港的提单。

在实际业务中，有时由于货物运输路线较短，这样提单就可能晚于货物到达，此时的提单就是过期提单。过期提单往往会造成较高的货物港口费用。

5. 简式提单和全式提单

按提单格式不同，海运提单可分为简式提单和全式提单。

(1) 简式提单（short form B/L）。简式提单又称略式提单，是指仅含有提单正面的内容，而略去提单背面条款的提单。简式提单与全式提单具有同等效力。简式提单在美国比较普遍，多由美国的船公司签发。

(2) 全式提单（long form B/L）。全式提单又称繁式提单，是指除提单正面的内容外，还在提单背面列有承运人和托运人的权利及义务条款的提单。通常说来，全式提单被认为是一种正规的运输单据。

6. 班轮提单和租船合约提单

提单可按航运业经营方式划分为班轮提单和租船合约提单。

(1) 班轮提单（liner B/L）。班轮提单是指班轮运输公司或其代理人向托运人签发的提单。根据惯例，银行愿意接受班轮提单。

(2) 租船合约提单（charter party B/L）。租船合约提单又称租船提单，是指承运人以租赁船只的方式为托运人运送货物时所签发的提单，见章末附录示样 11-7。

租船合约提单大多无固定的格式和内容，其运费不确定，银行在处理时较为审慎。如果信用证要求或允许提交租船合约提单，银行将接受此单据；如果信用证要求提交与租船合约提单有关的租船合约，银行对该合约不予审核，在不承担责任的情况下予以照转。

第三节 保险单据

当今国际贸易往来可采用多种货物运输方式进行，如海路、水路、陆路、航空以及联合运输等，同时出现了多种类型的货物运输保险。由于国际贸易中的货物运输大多是由海洋运输方式进行的，因而海洋货物运输中的保险单据占据着主要地位。

一、保险单据概述

1. 保险单据的定义

保险单据是指保险人（保险公司）向被保险人出具的表明保险人与被保险人之间权利

及义务关系的一种契约。它一般是指保险单或保险凭证，见章末附录示样11-8。

2. 保险单据的作用

保险单据的作用主要包括以下几个方面：

(1) 保险单据是一种承保证明。它的出具说明保险人已经为被保险人投保了相应的保险，因此它是一种承保证明。

(2) 保险单据是一种承保契约。保险单据包括正、反两面内容，表明保险人与被保险人之间达成的契约关系。

(3) 保险单据是投保人索赔的依据。如果货物在运输中发生了保险人责任范围内的损失，投保人有权依据保险单据要求保险人赔偿。

3. 保险单据的主要内容

保险单据的内容主要包括以下几个方面：

(1) 保险人与被保险人的名称。保险人的名称就是承保的保险公司名称；被保险人是受保险合同保障的人，主要是指出口商。

(2) 保险的标的物。在货物运输保险中，保险的标的物就是货物，通常包括货物名称、货物的包装、数量、唛头、提单号码及发票号码。

(3) 承保金额。保单上的承保金额通常不得低于发票金额的110%。如果发票中含有佣金或折扣，则承保金额为“保佣不保扣”后发票金额的110%或以上。

(4) 运输船名及起止地。保单上的船名、装货港、卸货港应与信用证或提单一致。

(5) 承保险别。承保险别是保险单据内容中最重要的部分，应与信用证的要求相一致。

(6) 保险赔付地、赔付货币及赔付代理人。保险单据的赔付地、赔付货币应与信用证的要求一致。

(7) 保单的出单日期及地点。保险单据的出单日期不得迟于提单的日期。

(8) 保险公司签章。

(9) 保险单据背面有关保险人的责任规定。

二、海运货物承保险别及承保条款

1. 可保障的风险

货物在海洋运输过程中可能遇到多种风险，但保障的风险仅限于保险单据上标明的风险，大致可分为海上风险和外来风险。

海上风险是指载货船只在海上航行过程中所遇到的自然灾害的侵袭等所构成的破坏以及由于载货船只发生搁浅、触礁、沉没、失火、碰撞等意外事故所构成的破坏。

外来风险是指由于外界原因所致的损害，是相对于货物的内在缺陷和自然损耗的后果，如偷窃提货不着、淡水雨淋、短量、破损、沾污等。

2. 海上损失

海上损失，简称海损（average)，是指被保险货物在海洋运输途中，因遭受海上风险所引起的损失。

海上损失按损失程度的不同分为全部损失与部分损失：

（1）全部损失（total loss）。全部损失是指运输货物的全部灭失或等同于全部灭失。全损又分为实际全损和推定全损。

1）实际全损（actual total loss），又称绝对全损，是指保险标的物完全灭失或已丧失原有用途或价值，或被保险人对保险标的物的所有权已无可挽回地完全被剥夺，或载货船只已失踪一定时期。

2）推定全损（constructive total loss），是指货物虽未全部灭失，但货物遭受损失的程度，使得对这些货物的施救、整理、修复原状并运往目的地的费用超过了这类货物在完好状态下到达目的地的价值。

（2）部分损失（partial loss）。部分损失是指被保险货物的损失未达到全部损失的程度。部分损失分为单独海损和共同海损。

1）单独海损（particular average）。单独海损主要是指运输途中所造成的不涉及其他货主及船方，而仅仅针对某特定货物的损失，这种损失是偶然的、意外的损失。

2）共同海损（general average）。共同海损主要是指为了保证同一运输途中遇险财产的共同安全或免除风险所做出的有意的、合理的支出。共同海损通常是由船方、货方和运费收入方按比例共同分担。

3. 承保险别

在海洋货物运输保险中，承保险别主要分为两类，即基本险与附加险。

（1）基本险。基本险是可以单独投保的险别，是保险公司对保险标的物承担的最基本的险别，可分为以下3类：

1）平安险（free from particular average，F. P. A.），又称单独海损不赔险，即保险人的保险责任仅仅包括全部损失和共同海损两部分。平安险的责任范围比较窄。

2）水渍险（with particular average，W. P. A.），又称单独海损赔偿险，是指保险人的责任不仅包括平安险的范围，还包括单独海损在内的险别。

3）一切险（all risks），是指保险人的责任不仅包括水渍险的范围，还包括一般附加险范围内的险别，但不包括特别附加险。

（2）附加险（additional risks），是指保险人对货物运输途中因外来因素所造成的风险损失予以赔偿的一种险别。它分为一般附加险和特殊附加险两类。

1）一般附加险。一般附加险是由一般外来因素所造成的风险损失，它包括以下11种：

①偷窃提货不着险。是指对货物在运输途中因被盗而致使承运人在目的地无法交付货物或少交货物的风险而由保险人予以赔偿的险别。

②淡水雨淋险。是指保险人对货物运输途中因下雨、船舱内的淡水舱或水管漏水等原因造成的损失负责的险别。

在承保平安险及水渍险时，保险人只对因海水造成的货物损失负责赔偿。

③短量险。是指保险人对货物运输途中因数量短少、重量短缺而造成的损失负责的险别。

对于运输途中货物的正常合理损耗，不包括在短量险的范围之内。

④沾污险。是指保险人承保的运输途中因货物被其他物质沾污而造成损失的一种

险别。

⑤渗漏险。是指保险人承保的运输途中因容器破损引起渗漏而造成货物损失的一种险别。

⑥碰损破碎险。承保运输途中的货物碰损、破碎造成的损失。

⑦包装破裂险。承保包装破裂造成的货物损失。

⑧受潮受热险。承保货物在运输过程中因气温突变或船上通风设施失灵导致船舱内受热受潮而造成的货物损失。

⑨钩损险。承保货物在装卸过程中因吊钩原因造成的货物损失。

⑩串味险。承保因其他物品串味而造成的货物损失。

⑪锈损险。是指金属物品由于受到淡水雨淋或海水侵蚀而生锈所致的损失。

2）特殊附加险。特殊附加险是指保险人承保由于外来的特殊原因而造成货物损失的险别，包括：

①战争险。承保由于战争、武装冲突等原因造成货物损失的险别。在承保战争险时，保险人仅对货物的水上风险负责，即从货物装上海轮开始到货物卸下海轮为止。

②罢工、暴动、民变险。承保由于罢工、暴动、民变人员的行动而造成的保险标的物的损失。

③进口关税险。承保某些进口国对进口货物受损部分仍征收进口关税而造成的损失。

④交货不到险。承保货物自装运日起 6 个月仍未到达目的地的损失。

⑤舱面险。承保货物装载船只舱面而造成的损失。

⑥拒收险。承保被保险人对所保货物虽具备了有效的进口许可证，但货物仍被进口国有关当局拒绝进口或没收所发生的损失。

⑦黄曲霉菌险。承保运输中的货物被发现黄曲霉菌而拒绝进口的损失。

⑧存仓火险扩展条款。我国内地对港澳地区出口的货物，如需直接存入保单所载明的过户银行的仓库，存仓期间的火险责任可延长 30 天，保险公司不另收保费。

4. 承保条款

在实际业务中，保险人与被保险人之间是按照一定的保险条款来签署保险合同的。各国保险公司都根据本国的实际情况，制定了自己的保险条款。例如，中国人民保险公司目前使用的是 1981 年第二次修订的中国保险条款，而英国保险公司使用的是伦敦保险协会在 1912 年制定，后经多次修改，于 1993 年 4 月 1 日颁发的新条款——伦敦协会货物条款。

按照中国保险条款，海洋运输货物保险的被保险人在分别投保平安险、水渍险以及一切险等基本险种的基础上，还可以投保特殊附加险。特殊附加险必须依附于基本险项下投保，不可以单独投保。

按照伦敦协会货物条款，新条款分别以“协会货物条款 A”“协会货物条款 B”“协会货物条款 C”代替了原条款中的一切险、水渍险、平安险。

此外，协会战争险条款、协会罢工险条款、恶意损害险条款都属于特殊附加险，这些特殊附加险可以独立于上述的 A 条款、B 条款以及 C 条款而单独投保。协会货物险条款的保险责任起讫时间是“仓至仓”。

第四节　其他主要单据

在国际结算业务中，除了上述几种基本单据之外，通常还会出现下列几种单据。

一、航空运单及其他运输单据

1. 航空运单

航空运单（airway bill）是指航空公司或其代理人作为承运人向托运人签发的货运单据（见章末附录示样 11－9 和示样 11－10）。

航空运单表明货主与承运人之间的运输契约关系，也是承运人向托运人出具的货物收据，并可作为报关的单据。航空运单一般为 3 份正本和 9 份副本，每份均有各自不同的用途。

航空运单不是物权凭证，不可流通转让，通常签发为以进口商为收货人的记名抬头单据。收货人不是凭航空运单提货，而是凭航空公司的提货通知提货。

除非信用证另有规定，银行将接受收妥待运的航空运单。如果信用证要求实际发运日期，则需要在此运单上做专项批注，此批注日期就是装运日期。在其他情况下，航空运单的签发日期就视为装运日期。

▲ 案例 11－1

航空运单不是代表货物所有权的凭证

案情简介

2006 年，某食品进出口公司（以下简称“A 公司”）与格林贸易有限公司（以下简称“B 公司”）签订了一份出口一批冻对虾仁的合同。B 公司根据合同条款开来的信用证规定：“冻对虾仁，每磅 13/15 只，7.995 吨 5%增减。采用航空运输，不得迟于 2006 年 5 月 15 日。航空运单收货人做成 B 公司。”

A 公司依据合同和信用证的规定，于 2006 年 5 月 12 日将货物装运完毕，13 日备妥信用证项下的各项单据向议付行交单。议付行在审单无误后，于 14 日向开证行寄单。

货物在到达目的地后，B 公司立即办理提货手续将货物提走，而在单据寄到开证行后，B 公司却向开证行提出拒收单据。

A 公司于 20 日收到开证行拒付电：“第××××号信用证项下单据经审核，发现单证不符：我信用证规定数量 7.995 吨，你方所提交包装单表示为 7 995 公斤，即我信用证数量单位为‘M/T’（吨），你包装数量单位为‘KGS’（公斤）。我行无法接受单据，速告单据处理的意见。”

A 公司接到电函后立即于 21 日复电开证行：“根据《跟单信用证统一惯例》（UCP 500）

第13条规定，开证行审核单据的标准是：合理小心地审核信用证规定的一切单据，确定表面是否与信用证条款相符合。银行对任何单据的形式、完整性、准确性、真实性以及伪造或法律效力，或单据上规定的或附加的一般和/或特殊条件概不负责。吨和公斤都是公制单位，包装单与信用证中规定的重量相符，你行应当付款。”

开证行在收到复电后于23日再次电告A公司：“你方称银行实务是确定信用证所规定的单据表面与信用证条款是否相符，而这里就是表面不相符。根据《跟单信用证统一惯例》(UCP 500) 第14条b款规定：‘当开证行及/保兑行（如有），或代其行事的指定银行收到单据时，必须仅以单据为依据，确定单据表面是否与信用证条款相符。如果单据表面与信用证条款不符，上述银行可以拒绝接受。’故我行拒绝接受单据。”

A公司在接到复电后，经过与有关专家商量，认为是买方B公司与开证行串通一气，故意借单据与信用证的微小不符拒付货款，遂与B公司多次交涉，最终以对货物降价25%为条件了结此案。

案例分析

1. A公司遭受经济损失的原因

本案例很明显是买方利用航空运输的特点，采取先提走货物再找借口拒付货款的方法，逼迫卖方降低价格，蒙受经济损失。

卖方A公司之所以蒙受经济损失，一方面与自身工作失误有关，由于A公司没有严格按信用证要求制单，B公司指使开证行借口单证不一致拒付货款；另一方面，由于航空运输这一特定的运输方式及其所采用的运输单据性质对买方有利。

航空运输是一种现代化的运输方式，它与海洋运输、铁路运输相比，具有运输速度快、货运质量高且不受地面条件限制等优点。因此，它最适宜运送急需物资、鲜活商品、精密仪器和贵重物品。近年来，随着国际贸易的迅速发展以及国际货物运输技术的不断现代化，采用空运方式已日趋普遍。

目前，我国国内航线四通八达，国际航线日益增多，这就为我国进出口货物利用航空运输创造了十分有利的条件。在我国进出口商品中，进口采用空运的主要有电脑、成套设备中的精密部件等；出口采用空运的主要有丝绸、纺织品、海产品、水果和蔬菜等。

航空运输使用的运输单据是航空运单。航空运单是承运人与托运人之间签订的运输契约，也是承运人或其代理人签发的货物收据。航空运单还可作为承运人核收运费的依据和海关查验放行的基本单据。航空运单共有正本一式三份：第一份正本注明“Original for the shipper”，应交托运人；第二份正本注明“Original for the issuing carrier”，由航空公司保存；第三份正本注明“Original for the consignee”，由航空公司随机带交收货人；其余副本则分别注明“For airport of destination”“Delivery receipt for second carrier”“Extra copy”等，由航空公司按规定和需要进行分发。

需要注意的是，航空运单与海运提单有一个很大的区别：前者不是货物所有权的凭证，也不能通过背书转让；后者是代表货物所有权的凭证，可以通过背书转让。这意味着航空运输的收货人提货不是凭航空运单，而是凭航空公司的提货通知单。所以，在航空运单的收货人栏内必须详细填写收货人的全称和地址，而不能做出指示性抬头。

在本案中，B公司正是利用了航空运输和航空运单的特点达到了少付款的目的。由于航空运输速度很快，当发货人备妥信用证下单据并由议付行寄到国外开证行要求付款时，货物早已先行到达目的地，被收货人B公司凭到货通知单从航空公司提走。就B公司而言，其提货手续合理合法，不存在欺骗或违约；就航空公司而言，其放货给B公司，是因为B公司为航空运单上注明的收货人（合同和信用证上均要求航空运单的抬头做成B公司），航空公司完全履行了运输责任。B公司在取得货物后，掌握了主动权，便试图寻找借口拒付货款。而合同规定了采用信用证方式支付货款，“单证不符”正是B公司拒付货款的最好借口。

2. A公司应吸取的教训

(1) 在交易前对客户的资信情况要进行全面调查。从本案情况看，B公司显然是一个经营作风欠佳的企业，这是导致A公司遭受经济损失的内在的、根本的原因。如果A公司正确掌握了其资信情况，上述损失是可以避免的。

进行客户资信调查，通常应包括支付能力、客户背景、经营范围、经营能力、经营作风等项内容。其中，经营作风是指企业经营的作风和对客户的商业信誉、商业道德、服务态度及公共关系水平等。

(2) 严格做到单证一致、单单一致。在履行以信用证为支付方式的销售合同时，必须正确、完整地制作各种单据，做到单证一致、单单一致，不仅单据的实质内容与信用证相符，而且单据表面也要完全相符，以免被对方抓住把柄。

(3) 要求买方提供其他方式的付款担保。例如，要求其提供进口履约保函，即由担保人（银行）担保：如果出口商按合同交货后，进口商未能按期付款，由银行负责偿还。这种履约保函对出口商来说，是一种简便、及时和确定的保障。

资料来源：张素芳．国际商务案例评析．北京：中国金融出版社，2001.

2. 铁路运单

铁路运单（railway bill）是指在铁路运输方式中，由承运人或其代理人向托运人签发的一种运输单据。

铁路运单仅仅表现为运输契约和货物收据，它不是物权证书，不能流通转让，只能做成记名收货人。

我国是《国际铁路货物联运协定》的成员，使用《国际铁路货物联运协定》要求的统一铁路运单，铁路运单通常一式两份。伴随欧亚大陆桥的开通与使用，铁路运单会在业务中发挥更大的用途。

3. 邮包收据和快邮收据

邮包收据（postal parcel receipt）和快邮收据（courier receipt）是邮局和快递公司向客户签发的用于邮寄小件物品的一种收据，见章末附录示样11-11。

邮包收据和快邮收据不是物权凭证，不能流通转让，仅作为货物收据，并做成记名收件人。

二、装箱单、重量单

装箱单（packing list），又称包装单，俗称花色码单，是指出口商签发的表明所发运货物的规格、数量等全部详细情况的一种单据。

装箱单的作用是弥补商业发票内容的不足，便于买方对进口商品的掌握以及进口国海关检查和核对货物，见章末附录示样 11－12。

装箱单是商业发票的附属单据，装箱单的日期不得早于发票日期，但可与发票日期相同。装箱单一般不需签字。

重量单（weight list）是出口商签发的用以说明每个包装单位中货物重量的单据，主要用以满足进口商进口报关及查验的需要，见章末附录示样 11－13。

重量单的出具者可以是出口商、公证行、商品检验机构、重量鉴定人或丈量公司等。商品检验机构出具的重量单是重量检验证明书（weight certificate），其作用是证明货物重量与合同相符。

重量单也是发票的附属单据，重量单的出单日期不得早于发票日期，但可与发票日期相同。

三、产地证

产地证（certificate of origin）是指出口方的政府、公证机构或出口商出具的证明货物生产地或制造地的一种证书，见章末附录示样 11－14。

产地证是进口国给予出口国配额或优惠关税待遇的凭证以及进口国对某个国家或地区实施进口限制的凭证。有些国家在贸易往来中用产地证代替领事发票。

在实际业务中，产地证主要分为两种：一种为出口国进出口商品检验检疫部门、贸易促进委员会或商会签发的一般产地证，又称原产地证；另一种是进出口商品检验检疫机构签发的普惠制产地证，它是一种发达国家给予发展中国家的普遍的、非歧视性的、非互惠的关税制度，见章末附录示样 11－15。

签发产地证的机构应根据信用证的具体要求来定，如无规定，银行可接受任何机构签发的产地证，包括出口商自行签发的产地证。

四、检验证书

检验证书（inspection certificate）是指出口商提交的由出口方商品检验检疫部门或进口商认可的公证机构出具的证明货物品质、数量、卫生条件等内容的一种证书。

检验证书可以作为出口商所交货物符合合同规定的证明，进口商对货物提出异议、拒收、要求理赔的依据以及进口国海关清关、放行的凭证。

检验证书一般包括买卖双方当事人的名称及地址、唛头及号码、货物描述及件数、报检内容、检验结果、证书的签发日期及商检机构签字等内容。

检验检疫部门出具的检验证书主要有品质证书、数量证书、重量证书、卫生证书、兽医证书、植物检疫证书、卫生证书、分析证书、温度证书、熏蒸/消毒证书等，部分检验证书见章末附录示样 11－16、示样 11－17、示样 11－18 和示样 11－19。

各种检验证书的内容应符合信用证的规定，并与发票和其他单据一致，出证日期不得迟于提单日期。

五、其他附属单证

其他附属单证是根据信用证的规定而提供的，常见的有：

(1) 受益人声明。是指在信用证结算方式下，出口商按信用证的要求出具的说明其已履行了合同义务的声明。在实务中，常见的受益人声明有关于商品品质、包装、已发装船通知等声明。

(2) 电报抄本。是指用电文证明出口商已向进口商做出符合要求的电报通知。

(3) 中性单据。是指不出现出口商名称的单据，其目的是在转让单据、出售货物时不暴露原始供货人。中性单据并不特指某一单据，提单、保单、装箱单等都可做成中性单据。

(4) 船公司证明。是船公司出立的单据，以便进口商了解运输情况。常见的船公司证明有船龄证明、船级证明、船籍证明、黑名单证明、航行路线证明、转船通知证明等。

(5) 借记通知。是指出口商应收的佣金、费用，以借记通知办法结算，实收金额为发票金额加借记通知金额。

(6) 贷记通知。是指出口商应付的佣金、费用，以贷记通知办法结算，实收金额为发票金额减贷记通知金额。

第五节 单据审核的基本原则

在信用证业务中，各方当事人处理、提交、交易的是单据，而不是货物。单据是贯穿整个交易的主线。指定银行、保兑行或开证行履行其付款职责的前提，是出口商提交的单据符合信用证的规定。进口商也要审核提交的单据，以决定其对开证行的付款。因此，单据的审核就成为一项重要内容。2013 年 4 月 17 日，《关于审核跟单信用证项下单据的国际标准银行实务》(即 ISBP 745) 取代了 ISBP 681 正式推出。由此，跟单信用证项下的单据审核要依据新的国际标准银行的做法。

一、信用证项下单据审核的基本原则

1. 遵循单证表面相符原则

在 UCP 500 中，"单证相符"包括两方面内容：一是单据和信用证相符；二是单据之间相符，即"单证相符、单单相符"。确定单据表面上与信用证相符的依据是 UCP 500 中所规定的"国际标准银行惯例"。"国际标准银行惯例"是指 UCP 500 中所有与单据有关的条款，银行应依据这些条款来审单。UCP 600 扩大了单证相符的内容，专门规定了单证相符的标准，将单据与信用证相符的要求细化为"单内相符、单单相符、单证相符"，强调要与单据本身的数据、信用证条款、适用的惯例条款以及国际标准银行惯例相符。对"相符"的明确界定，可以减少实务中对于单据不符点的争议。

在具体审单时，对信用证中没有特别规定的条款，可以依据 UCP 600 中的有关条款进行核对，以确定单据的合格性；对于信用证中有明确规定的条款，应依据信用证条款进行核对；对于信用证和统一惯例中都没有规定的条款，则应按行业习惯去处理。

单证表面相符可以分为“严格相符”和“实质相符”两种情况。“严格相符”就是在单据和信用证条款之间，必须严格地做到逐字逐句相符，单据就像是信用证条款的“镜子影像”。在实际业务中，这种审单标准过于严格，对于非实质性不符的单据也拒绝接受，这不符合国际标准银行惯例。

“实质相符”就是允许单据之间有差异，只要差异不损害申请人，或不违反法庭自身对于“合理、公平、善意”的原则即可。也就是说，单据有了实质的不符点，才能构成单证不一致；单据没有实质的不符点，就达到了单证一致。这种审单标准在实务中容易被接受。

2. 合理小心地审单原则

在审单过程中，要求银行合理小心地审核信用证下单据是否表面上符合信用证条款的要求。合理小心地审单原则，可以理解为一个具有国际结算方面专业知识的普通审单人员在审单时，人们能够期望他应做到的注意和谨慎。

3. 银行审核单据化条件原则

银行只接受单据化的指示，因此银行只审核明确的单据，对“非单据性条件”视为未提及并对此不予理会。

“非单据性条件”是指信用证含有某些条件而未列明需要提交与之相符的单据。例如，信用证中列明“货物必须以公会班轮运输”，这种条件就是非单据性条件，银行将不予理会。当然，该条件也可改成单据形式，即提供“由承运人出具的船只是公会班轮的证明书”。

4. 坚持银行独立审单原则

根据 UCP 600 的规定，开证行、指定银行、保兑行必须对单据进行独立审核，在确定交单不符时，可以拒绝承付或议付。

5. 坚持在合理时间审单原则

根据 UCP 600 的规定，银行应在合理的时间内，即从其收到单据的次日算起 5 个银行工作日内审核单据，以决定接受或拒受单据，并且通知寄送单据的一方。

享有 5 个审单工作日的银行可以是对信用证进行保兑、议付、承兑和付款的某指定银行，仅作为转递行、寄单行的银行不能享有 5 天审单时间，转递行应从速寄单。

二、审单的工作方法

首先将信用证与单据按图 11－1 所示排列起来，这样既可以节省时间，又能保证单据不漏审。将单证按这种先后顺序整理好后，即可开始对照审核。

审单的方法是先“纵”后“横”。“纵”是指以信用证为核心，所有单据都与信用证相核对，做法是先阅读信用证的各项内容，再阅读单据的各项内容，从中发现单证之间各项目的内在联系以及哪些单据未提交、哪些内容不符合规定。“横”是指以单据中的发票为中心，用其他单据与之核对。在“纵”“横”审查的同时，将不符点一一列出，填入记录

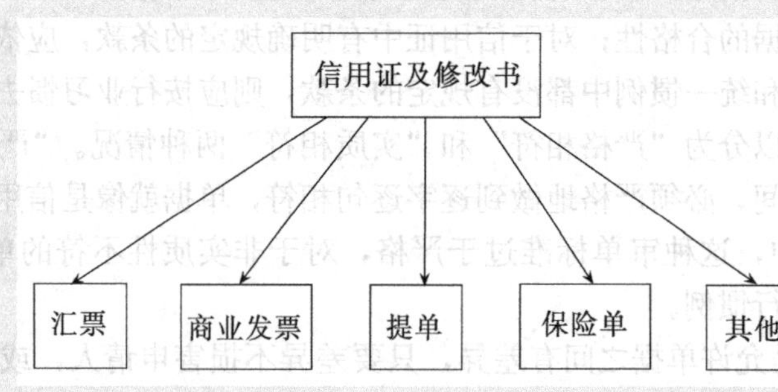

图 11-1 单据审核顺序

表中的"不符点与处理意见"一栏中，并做出相应的处理。为提高效率，对一些简易的信用证也可视情况进行快审，即根据审单的要点，选出若干的"快审项目"，仅审查这些"快审项目"即可。

三、银行对不符点的处理

有关银行在收到单据后应该立即审单，从收到单据翌日起的 5 天内通知有关当事人是否接受单据。如果信用证业务中的银行发现单据存在不符点，通常会采取以下的处理方式：

(1) 受益人一方的指定银行或保兑行一般会指出不符点，并将单据返还受益人。如果不符点是由于受益人在制单过程中明显粗心造成的，如打印、拼写错误等，受益人可以修改或替换单据。

(2) 指定银行继续邮寄带有不符点的单据给开证行，提醒对方有关的不符点，并通知开证行其已经有保留地做了付款或议付，即对这些不符点的付款已经获得了卖方的赔偿保证。如果开证行决定拒收这些单据，必须以电讯的方式通知寄单方，时间不得迟于从收到单据翌日起的第 5 个工作日的下班时间。

(3) 指定银行在受益人的请求下要求开证行授权付款、承兑或议付。

(4) 如果不符点不是致命性的，指定银行会令受益人开具保证书，保证在向开证行提交单据遭拒付时偿还已付款项，然后履行自己的义务，即付款、承兑或议付，并将单据继续邮寄给开证行，但不明确指出不符点。

(5) 指定银行继续邮寄带有不符点的单据给开证行，而不履行自己付款、承兑或议付的义务。实际上，这种做法是将跟单信用证下的付款变成了托收项下的付款，因此应以《跟单托收统一规则》(URC 522) 为行动的准则。

(6) 如果开证行认为不符点对交易不是致命性的，一般会寻求买方放弃不符点，但是这一切必须在 5 个银行工作日内完成。

(7) 银行收到单据发现不符点后，拒绝接受单据。

如果指定银行、承兑行或开证行拒绝带有不符点的单据，也就是拒绝履行其在信用证下的义务，必须做到：

1）以电讯方式或其他的快捷方式将拒绝的决定通知从其收到单据的一方当事人，不得迟于从收到单据翌日起的第5个银行工作日；否则，它没有权利拒绝履行自己的义务。

2）一次指出所有引起拒付的不符点。

3）声明保留单据等候提示者的指示，或者径直将单据返还提示者。

在通常情况下，对于不符点导致的拒付问题，如果不存在欺诈行为，买卖双方完全可以通过协商妥善解决，如放弃不符点、降价、改为托收方式等。

第六节 银行对单据审核的要点

银行对单据的审核主要是针对信用证结算方式。在汇款结算方式下，单据是由出口商委托承运人交进口商，进口商通过银行汇款给出口商，银行不接触单据，没有审单的义务。在托收结算方式下，银行只负责将所收到的单据与托收委托书所列核对，如有遗漏，即通知托收行，也无审单义务。在信用证结算方式下，要求银行“必须合理小心地审核信用证规定的一切单据”。审单是一项技术性较高而又很复杂细致的工作。

一、汇票的审核

汇票作为以支付金钱为目的的特种证券之一，在国际结算中会附带全套单据进行结算，故称为跟单汇票。汇票也可能出现单证不符的情况。

1. 汇票的审核要点

汇票的审核要点如下：

(1) 有无表明其为“汇票”的字样。

(2) 出票人或签字人应与信用证的受益人完全相符。

(3) 信用证项下的汇票付款人应符合信用证的规定，为付款行，而不能以申请人作为付款人。即期付款信用证的汇票付款人是指定付款行；承兑信用证的汇票付款人是指定承兑行；议付信用证的汇票付款人是议付行以外的一家银行，通常是开证行。

(4) 如果信用证上有利息条款的规定，汇票上也应表明，并与信用证上的利息条款记载相符。

(5) 汇票金额应不超过信用证金额或信用证项下允许的金额，一般应与发票金额相等。汇票金额大小写必须一致，货币应与信用证的规定相符。

(6) 汇票出票条款中的开证行名称、信用证号码及开证日期等均应与信用证规定相符。

(7) 汇票期限应与信用证中规定的相符。

(8) 汇票出票日在发票日之后和信用证的有效期之前。

(9) 如果汇票要背书，它应能被正确地背书，一般不能做限制性背书。

(10) 汇票上没有“无追索权”批注，除非信用证授权。

2. 汇票常见的不符点

汇票常见的不符点有如下几种：

(1) 出票人不是信用证的受益人。

(2) 汇票金额超过信用证金额。这类汇票会遭银行拒付。

(3) 汇票的出票人未签字。

(4) 付款人写错。例如，付款人应为其他银行而误填开证行，或是付款人填为申请人。

(5) 汇票的大小写不一致。

(6) 汇票上的货币币别与信用证上的不符。

(7) 信用证上的出票条款和利息条款未列入汇票。

(8) 汇票上未注明出票日期或过于提前。

(9) 汇票金额与发票或信用证金额不同。

二、商业发票的审核

商业发票是中心单据，其他单据（如运输单据、保险单据、包装单等）都要与商业发票进行核对。因此，商业发票的审核是非常重要的一环。

1. 商业发票的审核要点

商业发票的审核要点如下：

(1) 商业发票上应有“发票”字样。

(2) 商业发票的制作日期一般应早于汇票日期，但要适中，不能相差过远。

(3) 商业发票金额不得超过信用证，并与汇票金额相符。

(4) 商业发票的合同号要与信用证一致。

(5) 关于商品的描述，如名称、品质、单价、数量、重量及包装必须与信用证完全一致。

(6) 商业发票上的抬头人（即付款人）必须做成信用证申请人抬头，除非信用证另有规定。这是国际惯例。

(7) 商业发票应由信用证指明的受益人开立，通常发票签发人与汇票出票人为同一人。

(8) 商业发票的份数必须与信用证要求一致。

(9) 商业发票上表示的货物数量、重量、尺码、装运、包装、运费或其他有关的运输费用资料等应与其他单据上所载明的相符。

(10) 信用证如无特殊规定，商业发票不许列入仓租、佣金、电报费等额外费用。

(11) 如果信用证和合同中规定的单价含有“佣金”(commission)，商业发票上应照样填写，不应以“折扣”(discount) 字样代替。如果信用证和合同规定“现金折扣”(cash discount) 字样，在商业发票上也应全名列出，不能只写“折扣”或“营业折扣”等字样。

(12) 如果信用证要求商业发票上需要有贸促会或其他单位的认证，则此项认证不能遗漏。

(13) 如果信用证的金额、单价及商品的数量单位前面加有“About, Approximately, Circa”（约、近似、大约）或类似词语，商业发票的金额、单价、数量可有不超过10%的增减幅度或伸缩性。

（14）如果信用证没有具体规定，则商业发票上不应有对货物是“旧的”“修补过的”的批注。

2. 商业发票常见的不符点

商业发票常见的不符点主要有以下几种：

（1）提交份数与规定不符。如果没有规定，一般应为2份。

（2）货物的唛头、编号、毛重、净重、件数与其他单据不符。

（3）发票的出票人不是信用证的受益人。

（4）货物描述与信用证不一致。

（5）在不能分批装运的情况下，商业发票上的货物数量与信用证上规定的数量不一致。

（6）商业发票上未列出价格条件或价格条件有误。

（7）商业发票总额超过信用证允许的金额。

（8）在没有特别规定的情况下，商业发票金额与汇票金额不相符。

（9）不按信用证规定，错误填写发票的抬头人。

三、海运提单的审核

海运提单是主要的物权凭证，借助其流通，可以实现货物由出口商向进口商的转移。因此，对海运提单的审核就构成了很重要的内容。

1. 海运提单的审核要点

海运提单的审核要点如下：

（1）提单的号码是承运人对货物的编号，不能漏填。在我国，提单号与装货号往往是相同的，而且要与其他单据中出现的一致。

（2）收货人应符合信用证的要求。如果来证无明确规定，可填写“To Order”或“Order”字样，并注意正确背书。

（3）托运人通常是出口商。如果没有特殊规定，对于受益人以外的第三者作为托运人的提单，银行一般也可接受。

（4）被通知人。如果信用证没有明确规定被通知人，则不应注明被通知人。此时，被通知人就是进口商。

（5）当海运提单上的价格条件为CIF或CFR时，应注明运费已付（“Freight Paid”）或运费预付（“Freight Prepaid”）字样。

（6）海运提单对货物的描述应符合信用证所规定的货物描述，并与其他单据上的表示相同。

（7）确保海运提单上没有“瑕疵”或者“不清洁”的条款或批注。

（8）除非信用证另有规定，应提交全套正本提单。

（9）除非信用证另有规定，银行不接受租船合约提单。

（10）除非信用证另有规定，提单必须载明船名。若提单载有“预期船只”字样，即使实际载货船与预期船名一样，也需要加注船名以证实。

（11）保单内如有修改之处，需要由承运人签章修正。

2. 海运提单常见的不符点

海运提单常见的不符点主要有以下几种：

（1）被通知人的名称与信用证不符。

（2）收货人的名称与信用证不符。

（3）没有已装船批注。

（4）提交不清洁提单。

（5）未按信用证规定注明“运费预付”或“运费到付”。

（6）提单正本份数与信用证要求不符。

（7）提单中对货物的描述与来证规定不符。

（8）提单签发日期超过来证规定的最迟装运期。

（9）向银行的交单日期虽在信用证的有效期限内，但已超过提单签发日期 21 天。

（10）正本提单未经承运人或其代理人签署。

（11）提单的部分内容变动，但未经承运人或其代理人在变更处加注小签。

四、保险单的审核

在国际贸易中，由于货物的远洋运输随时都会遭受自然灾害或发生责任事故，使货物受损，因此进出口双方都会借助保险来保障自己的利益。保险单成为保险人与被保险人之间签订保险合同的证明及保险公司赔付的依据，银行应严格审核保险单据。

1. 保险单的审核要点

（1）保险人的名称为承保的保险公司，而不能是保险经纪人或代理人。保险公司的名称应与信用证的内容相符。

（2）保险单据的类别应符合信用证的要求。若信用证规定出具保险单，则不能以保险凭证代替；但是，若信用证规定出具保险凭证，则可以以保险单代替。银行不接受保险经纪人签发的暂保单，除非经信用证特别授权。

（3）除非保险的受益人是国外的进口商或其指定人，出口商应在保险单上做成空白背书，以使保单的权益属于真正的需要者。

（4）确保提交开立的全套保险单。若保险单出具了一份以上的正本，则全部正本均应交银行。

（5）保险单的签发日期或保险责任生效日期不应迟于装船日或发运日。

（6）保险单上所记载的唛头、号码、船名、航程、装运港、卸货港、起运日期等，必须与运输单据所记载的一致。

（7）保险单上承保的险别应与信用证要求相一致。若信用证的规定不明确，如要求投保“惯常险”或“一般险”，或未做特别规定，银行可按所提交的保险单据填写的险别予以接受，而不负险别漏保之责。

（8）保险单上填写的发票号码应与承保货物的商业发票号码一致。正式的保单或保险凭证一般均印有连续的保单号码。

（9）确保货物的投保金额要符合信用证要求或符合 UCP 600 第 28 条 5 款的解释。如果信用证规定了最低保险金额，应按其规定投保。信用证对于投保金额为货物价值、发票金额或类似金额的某一比例要求，将被视为对最低保额的要求；如果信用证没有规定，则按 UCP 600 第 28 条 f 款的规定，其最低投保金额至少应为货物 CIF 或 CIP 价格的 110%。如果从单据不能确定 CIF 或 CIP 价格，投保金额必须基于要求承付或议付的金额，或者基于发票上显示的货物总值来计算，两者之中取金额较高者。保险金额的大小写应该一致。

（10）除非信用证另有规定，保险单的币别应与信用证的币别相同。

（11）保险单表现的其他资料，应与信用证规定的其他单据一致。

（12）按信用证规定填写保险单上的赔付地点。如果信用证未规定，应以货物进口地或其邻地为赔付地点，赔付地点要明确，并要加注检验理赔代理人的名称和地址。

（13）保险范围是从指定的装船港或监管地点到卸货港或交货地点。有特殊规定的，按信用证办理。

2. 保险单常见的不符点

保险单常见的不符点主要有以下几种：

（1）未按信用证规定的保险条款投保。例如，来证规定要按“协会 A 条款”投保，实际按中国保险条款投保一切险。

（2）保险单并非由规定的保险公司出具。

（3）受益人未在保险单上背书或未正确背书。

（4）保险单的出单日期迟于提单日期。

（5）未提交全套保险单。

（6）投保使用的货币与信用证规定不符。

（7）保险单对货物的说明与信用证的规定不符。

（8）保险单的装运港、目的港与信用证的规定不符。

（9）来证规定要提交保险单，实际以保险凭证代替保险单。

（10）投保金额大小写不符。

（11）没有按信用证规定的加成数投保。

五、产地证书的审核

产地证书是证明商品原产地的文件，简称产地证。产地证的审核要点可简单归纳为以下几点：

（1）确保产地证上记载的产地国符合信用证的要求。如果信用证规定产地国，产地证应予以注明。

（2）产地证的签发日期应在提单日期之前，但可以迟于发票日期。

（3）确保产地证上的进口商名称、唛头、货名、件数等内容与信用证条款相符，并与发票和其他单据一致。

（4）产地证可由信用证指定的机构或受益人签署。如果信用证规定由主管当局出具产地证，应申请商检局、贸促会或国际商会发出正式的产地证明书。如果信用证没有规定，则由受益人出具也可以接受。

（5）除非信用证另有规定，否则应提供独立的产地证明，不要与其他单据联合使用，如不要在商业发票上注明产地。当信用证要求提供产地证明书时，要出具单独的产地证，并签字、加注日期及其名称。

（6）按照信用证的要求，确保它已被签字、盖章或证实。

六、检验证书的审核

进出口国商品检验证书是商检机构对进出口商品进行检验鉴定后出具的证明文件，是国际贸易中不可缺少的重要凭证。因此，检验证书也构成银行审核的重要单据之一。银行审核的要点如下：

（1）检验证书应由信用证规定的检验机构检验、出具。常见的商品检验证书的签发机构为政府设立的商品检验机构或国际性的民间公证机构，如我国的商品检验局、动植物检疫所、瑞士通用鉴定公司等。

（2）检验证书的内容必须与发票或其他单据的记载保持一致，并符合信用证的规定。

（3）它已正当地注明检验机构的名称、签字及检验日期。

（4）检验证书的出证日期应略早于提单日期，表示是在货物装船之前检验的结果。由于检验单位对于各种商品都规定了检验的有效期限，如果出证日期太早，交单时就要超过有效期限，这将遭到收货人的异议甚至要求重新检验。但是，检验日期不得迟于提单日期，因为迟于提单日期就意味着货物装运后检验，这与事实矛盾。

（5）除非信用证允许，确保它没有包含关于货物、规格、品质、包装等的不利声明。

七、装箱单、重量单的审核

装箱单、重量单是用来补充商业发票内容的不足，并供进口国海关检查和核对货物之用。银行审核的要点如下：

（1）它们应是独立的单据，不要与其他单据联合使用，除非信用证允许。

（2）数量、重量及尺码的小计与合计需要加以核对，并需要与信用证、提单及发票所记载的内容相符。

（3）确保该单据上记载的货物名称、规格、数量及唛头等信息与其他单据所记载的一致。

（4）单据的名称和份数应与信用证的要求一致。

（5）两种单据的日期与发票日期相同或略晚于发票日期。

（6）抬头人应与发票的抬头人相同。如果信用证有特殊规定，应按信用证的要求办理。

八、其他附属单据的审核

UCP 600 中第 14 条 f 款规定：如果信用证要求提供运输单据、保险单据和商业发票以外的单据，却未规定出单人或其数据内容，则只要提交的单据内容看似满足所要求单据的功能，且其他方面符合第 14 条 d 款，银行将接受该单据。g 款又规定，银行对所提交的非信用证要求的单据将不予理会，并可退还给交单人。

本章小结

国际债权与债务关系是借助单据来完成的，单据是贯穿国际结算业务的主线。本章介绍了国际结算中的几种主要单据，包括商业发票、运输单据、保险单据以及其他一些单据，并介绍了它们各自的作用。审单是银行的一项重要工作，关系到出口商能否实现最终的安全收汇。本章也介绍了信用证项下单据审核的基本原则，列举了银行对单据审核的要点及实务中常见的不符点。通过本章的学习，我们可以熟悉国际结算中几种主要单据的示样，了解单据的使用场合，掌握审单的实务操作技术。

练习题

一、术语解释

海运提单　　备运提单　　倒签提单　　过期提单　　联运提单

二、单项选择题

1. 基本单据主要包括运输单据、保险单据和（　　）。

A. 商业发票　　B. 形式发票　　C. 海关发票　　D. 领事发票

2. 下列哪一条不是单据制作必须遵循的三原则之一？（　　）

A. 单证一致　　B. 单单一致　　C. 单货一致　　D. 货证一致

3. 发票的抬头人一般指（　　）。

A. 买方　　B. 卖方　　C. 银行　　D. 船公司

4. 下列哪一条不属于汇票出票条款的内容？（　　）

A. 出票人　　B. 开证行完整名称

C. 信用证号码　　D. 开证日期

5. 发票的正文不包括（　　）。

A. 发票号码　　B. 唛头　　C. 货物名称　　D. 货物规格

6. 商业发票可以代替（　　）作为付款的依据。

A. 信用证　　B. 托收　　C. 汇票　　D. 出口保险

7. 海关发票是（　　）海关制作的，进口人凭以报关的一种固定格式的发票。

A. 进口国　　B. 出口国

C. 开证行所在国　　D. 受益人所在国

8. 海运提单的作用不包括（　　）。

A. 物权证书　　B. 运输契约　　C. 收货证明　　D. 付款凭证

三、问答题

1. 发票的形式有哪几种？

2. 商业发票的作用是什么？

3. 海运提单有何作用？可分为哪几种主要类型？

4. 保险单据有何作用？
5. 航空运单、铁路运单的作用是什么？
6. 审单的基本原则是什么？
7. 如何理解单证相符？
8. 银行对不符点有哪些处理办法？

附录

示样 11－1 商业发票

Issuer SILVER SAND TRADING CORP. 6TH FLOOR, JINDU BUILDING, 135 WUXING ROAD, GUANGZHOU, P. R. CHINA	银沙贸易公司 SILVER SAND TRADING CO., LTD. 商业发票 **COMMERCIAL INVOICE**	
To F. L. SMIDTH & CO. 77, VIGERSLEV ALLE, DK-2500 VALBY, COPENHAGEN, DENMARK	No. JH-FLSINV06	Date May 9, 2014
Transport details FROM GUANGZHOU, CHINA TO COPENHAGEN BY VESSEL	S/C No. JH-FLSSC06	L/C No. FLS-JHLC06
	Terms of payment L/C AT 30 days after sight	

Marks and numbers	Number and kind of packages; description of goods	Quantity	Unit price	Amount
FLS 9711 COPENHAGEN CARTON1-1200			CIF COPENHAGEN	
	FOREVER BRAND BICYCLE YE803 26'	600 SETS	USD 66.00/SET	USD 39,600.00
	FOREVER BRAND BICYCLE TE600 24'	600 SETS	USD 71.00/SET	USD 42,600.00
				USD 82,200.00
		LESS COMMISION 5%		USD 4,110.00

TOTAL
USD 78,090.00
TOTAL QUANTITY: 1,200 SETS IN 1,200 CARTONS
TOTAL AMOUNT: SAY U.S. DOLLARS SEVENTY EIGHT THOUSAND AND NINETY ONLY
WE HEREBY CONFIRM THAT ONE SET OF NON-NEGOTIABLE DOCS. HAS BEEN SENT TO THE APPLICANT.
L/C NO. FLS-JHLC06
VESSEL NAME: YIXIANG

示样 11-2 商业发票

WINSO COMPANY

Tel.: 852-239 Cable Address: WINTR

Tolex: 3229 WNSN H. Fax No.: 852-2397

Mailing Address: P. O. Box 924 Mongkok Post Office, Kowloon, Hong Kong

Rm 705-6, CRE Centre. No. 889 Cheung Sha Wan Road. Kowloon, Hong Kong.

INVOLCE

TO: Woo International Corp 182 Broadway New York, N. Y. 10001, U. S. A.	HONG KONG	Jan 7, 2012
	INVOICE NO.:	C004/2012
	YOUR ORDER NO.:	PO NO.: S97295012
	CONFIRMATION NO.:	

Invoice of Stainless Steel Lobster and Nut Cracker

shipped from Hong Kong to Chicago

per S. S "Pres Adam" sailing on/about Jan 11, 2012

QUANTITY	DESCRIPTION OF GOODS	UNIT PRICE	AMOUNT
	Part No. PO NO.: S12295012		
7,200 Pcs	46763-84 Stainless Steel Lobster and Nut Cracker	US$ 1.14	US$ 8,208.00
	SHIPPING MARK 46763 CRACKER LOBSTER/NUT STAINLESS STEEL, FORGED NO. 1-60 Drawn under L/C No. ICHNY1200015 issued by ho Hun Bank New York dated 120108 We hereby certify that this Invoice is True and Correct and that the goods are of China origin. WINSO COMPAN		TOTAL VALUE FOB HONG KONG

示样 11－3 海关发票

美国领事海关发票Form5515

DEPARTMENT OF THE TREASURY
UNITED STATES CUSTOMS SERVICE
19 U.S.C. 1481, 1482, 1484

US SPECIAL CUSTOMS INVOICE

(Use separate invoice for purchased and non-purchased goods)

Form Approved
O.M.B. No. 48-RO 342

1. SELLER
Golden Light Products Corporation
No.128 Huang Pu Road
Nanjing, China

2. DOCUMENT NR.*

3. INVOICE NR. AND DATE*
04/GL205 DD 20040308

4. REFERENCE*
S/C No.04/GL3039

5. CONSIGNEE
Pex Trading Company Limited
Central Avenue Ersey City N.J.07307
U.S.A.

6. BUYER (if other than consignee)
same as consignee

7. ORIGIN OF GOODS China

8. NOTIFY PARTY*
same as above

9. TERMS OF SALE, PAYMENT AND DISCOUNT
CIF New York by L/C

10. ADDITIONAL TRANSPORTATION INFORMATION*
From Shanghai to New York by vessel

11. CURRENCY USED: USD

12. EXCH. RATE (if fixed or agreed)

13. DATE ORDER ACCEPTED

14. MARKS AND NUMBERS ON SHIPPING PACKAGES	15. NUMBER OF PACKAGES	16. FULL DESCRIPTION OF GOODS	17. QUANTITY	UNIT PRICE 18. Home Market	UNIT PRICE 19. Invoice	20. INVOICE TOTALS
04/GL205 NEW YORK NO.1-60	packed in 60 cases	ALARM CLOCKS ART.5210 as per S/C NO.04/GL3039	3000PCS	2.95	3.04	USD9,120.00

21. ☐ If the production of these goods involved furnishing goods or services to the seller (e.g.) assists such as dies, moulds, tools, engineering work and the value is not included in the invoice price check box (21) and explain below.

22. PACKING COSTS	RMB24.00
23. OCEAN OR INTERNATIONAL FREIGHT	USD770.00
24. DOMESTIC FREIGHT CHARGES	RMB60.00
25. INSURANCE COSTS	USD88.00
26. OTHER COSTS (Specify Below)	USD60.00

27. DECLARATION OF SELLER/SHIPPER (OR AGENT)

I declare:

(A) ☐ If there are any rebates drawbacks or bounties allowed upon the exportation of goods, I have checked box (A) and itemized separately below:

(B) ☐ The goods were not sold or agreed to be sold I have checked box (B) and have indicated in column the price I would be willing to receive

I further declare that there is no other invoice differing from this one (unless otherwise described below) and that all statements contained in this invoice and declaration are true and correct

Li Yiping 李一平

(C) SIGNATURE OF SELLER/SHIPPER (OR AGENT)

28 THIS SPACE FOR CONTINUING ANSWERS

This form of invoice required generally if rate of duty based upon or regulated by value of goods & purchase price or value of shipment exceeds $500, otherwise use commercial invoice.

* Not necessary for U.S. Customs purposes

Customs Form 5515 [12-20[76]

示样 11-4 领事发票

CNo.

FC-O

REPUBLICA DE COLOMBIA

Pagina No.

1) FACTURA CONSULAR No.

2) — Pais de venla：

3) — Pais de origon：

4) — Lugar de embarqus：

5) — Nombre dol barco o Comparia Aéres：

6) — Consignaiario：Nombrey direccin：

7) — Destinatario：Nombrey direcci ćn：

8) — Remitente：de páginas：

9) — Número de conocimienio o guia：

10) — Número de conocimienio o guia：

11) — Aduana de doslino：

ISTAMPILAS US $

12)	13)	14)		15)	16)	17)
Cantidady clase de bultos	Marcay numeros	PESO EN KILOS		No. de unidades	DENOMINACION COMMERCIAL DE LA MERCANCLA	PRECIO DE LA MERCANCIA
		Bruto	Neto			

18) — Total en pesos colombianos $ SUMAN

Registre de importatión No.					
Oficina expedidora：					US. $
Cantided aulorizede：US $					

示样 11－5 海运提单

Sbipper:
PT.SURABAYA AGUNG INDUSTRI PULP
N KERTAS
BONGKARAN STREET 68, SURABAYA 60161
INDONESIA.

B/L No. SBY/HPU－01

PT. ARPENI PRATAMA OCEAN LINE
BILL OF LADING
DiRECT OR WITH TRANSHIPMENT

shipped on board the above vessel in apparent good order and condition, unless otherwise stated in this biu of lading. the goods or packages specified herein and to be discharged at the aforesaicl port of dis charge or as near there to as the vessel may safely get and be always afloat.
—The weight, measure, marks, number(s), quality, quantity, condition, content and uahie are inserted in this bill of lading upon shipper's statement without respousibility of the carrier.
—The signing of this bill of lading is not to be considered as such an agreement.
—The shipper, consignee and the holder of this bill of lading hereby expressly accept and agrees to all printed, written or stamped provision, exeptions and conditions of this bill of lading those on the back hereof.
—One of the original bill of lading duly endorsed must be surren dered in exchange for the goods or delivery order.
—In withess where of the number of original bills of lading stated above, master's copy and carries copy not in cluded, all of this tenor and date have been signed, one of which being accomplished, the other or other to stand uoid.

Consignee or order:
TO ORDER

Nouty addres (carsicr not to be resoonxible for failure to notify):
CHINA NATIONAL FOREIGN TRADE
TRANSPORTATION CORP. HUANGPU

Pre－carriege by:	Flace of rceeipt by pre－carrier:
Ocean. vcssci: MV. GAYATRI V. 11	Port of loading: SURABAYA, INDONESIA

Port of discharge: HUANGPU NEW PORT, CHINA	Final destination (if on－carriape)	Freight payeble at;	Number of origithal B/L: 3 (THREE)

Marks & No:	Number and kind of packages: Deconption of goods:	Gross weight (KC) Messurement (M3)
C－DL－194 HUANGPU NO. 1－285	285 ROLLS "GOLDEN FISH" COATED DUPLEX BOARD WITH GREY BACK	GW: 202,375.00 KG NW: 196,675.00 KG MEASUREMENT: 436.05 M3

250 GSM; CORE: 6", O/D: 1.2M,
WIDTH: 787MM (31")

SHIPPED ON BOARD
DD. NOVEMBER 18, 2001

COUNTRY OF ORIGIN: INDONESIA
PACKING: IN STANDAED EXPORT PACKING

"FREIGHT PREPAID"

ABOVE PARTICULARS FURNISHED BY SHIPPER

Freight details. charges etc.

This letter of credit and/or import and/or in voice number shown above is included solely at the request of the merchant for his conuenience and to meet his commercial requirement. The carried does not warrant the accuracy of this information the showing of which is not a declaration of value and in no way affects the carrier's liability under this contract of carriage. The merchant acknow ledges that the value of the goods is unknown to the carrier.

SURABAYA, NOVEMBER 18, 2001
Dated in ________________
Signed (for the Master) by,
PT. ARPENI IRATAMA OCEAN LINE
AS CARRIER

示样 11-6 海运提单

SHIPPER SILVER SAND TRADING CORP. 6TH FLOOR, JINDU BUILDING, 135 WUXING ROAD, GUANGZHOU, P. R. CHINA CONSIGNEE TO ORDER NOTIFY PARTY F. L. SMIDTH & CO. A/S 77, VIGERSLEV ALLE, DK—2500 VALBY COPENHAGEN, DENMARK	B/L NO. JH-FLSBL06 中国远洋运输（集团）总公司 CHINA OCEAN SHIPPING (GROUP) CO.
PLACE OF RECEIPT GUANGZHOU CY	OCEAN VESSEL YI XIANG	
VOYAGE NO V307	PORT OF LOADING GUANGZHOU	*ORIGINAL*
PORT OF DISCHARGE COPENHAGEN	PLACE OF DELIVERY	Combined Transport BILL OF LADING

MARKS	NOS. & KINDS OF PKGS.	DESCRIPTION OF GOODS	G. W. (kg)	MEAS (m3)
FLS 9711 COPENHAGEN NO. 1—1200	1 200 CARTONS	FOREVER BRAND BICYCLE	39 600 55 483	547. 200 149. 855

FREIGHT PREPAID
L/C NO. JH—FLSBL06

TOTAL NUMBER OF CONTAINERS OR PACKAGES (IN WORDS)	SAY ONE THOUSAND AND TWO HUNDRED CARTONS ONLY

FREIGHT & CHARGES	REVENUE TONS	RATE	PER	PREPAID	COLLECT

PREPAID AT	PAYABLE AT	PLACE AND DATE OF ISSUE GUANGZHOU 20—May—2014
TOTAL PREPAID	NUMBER OF ORIGINAL B/L THREE	
LOADING ON BOARD THE VESSEL **DATE** 20—May—2014 By 李立 COSCO GUANGZHOU SHIPPING CO., LTD.		李立 COSCO GUANGZHOU SHIPPING CO., LTD.

示样 11－7　租船提单

CODE NAME："CONGENBILL" EDITION 1994

Shipper
PENTARCH FOREST PRODUCTS PTY LTD.
KINGS GARDEN ESTATE LEVEL 1，
COVENTRY STREET SOUTH MELBOURNE
VICTORIA 3205 AUSTRALIA

BILL OF LADING
To BE USED WITH CHARTER-PARTIES

Reference no. SS295. 03

Consignee
TO ORDER

Notify
DREAM INTERNATIONAL TECHNOLOGY CO.
LTD 205 CHANGJIANG ROAD，NANJING
CHINA

Vessel	Port of loading
GLOBAL DREAM	AUSTRALIAN PORT(S) TOWN SVILLE

Port of Discharge
TAICANG，CHINA

Shipper's description of goods
SHIPPED ON BOARD 27/5/2014

10086. 475 JAS M3 OF LOGS 72594 PIECES LOT 2

ORIGINAL

FREIGHT PREPAID
SHIPPER'S LOAD AND COUNT

(of which NIL on deck at Shipper's risk；the Carrier not being responsible for loss or damage howsoever arising)

CHARTER PARTY DATED 3/9/2013 FREIGHT ADVANCE. Received on account of freight： ----------------------- Time used for loading .... ---- days ---------- hours	SHIPPED at the Port of Loading in apparent good order and condition on board the Vessel for carriage to the Port of Discharge or so near thereto as she may safely get the goods specified above. Weight，measure，quality，quantity，condition，contents and value unknown IN WITNESS whereof the Master of Agent of the said Vessel has signed the number of Bills of Lading indicated below all of this tenor and date，any one of which being accomplished the other shall be void. FOR CONDITIONS OF CARRIAGE SEE OVERLEAF

Freight payable at	Place and date of issue GEELONG 27/5/2014
Number of original B/L THREE	Signature AND ON BEHALF OF MASTER HWANG，SAM UNG

示样 11-8 保险单

中国人民保险公司
THE PEOPLE'S INSURANCE COMPANY OF CHINA
总公司设于北京 一九四九年创立

发票号码 保险单 保险单号次
INVOICE JH-FLSINVO
NO. 6 **INSURANCE POLICY** POLICY NO. JH-FLSBD06

中国太平洋保险公司（以下简称本公司）
THIS POLICY OF INSURANCE WITNESSES THAT CHINA PACIFIC INSURANCE COMPANY OF CHINA (HEREIN AFTER CALLED "THE COMPANY")
根据
AT THE REQUEST
OF SILVER SAND TRADING CORP
（以下简称被保险人）的要求，由被保险人向本公司缴付约
(HEREIN AFTER CALLED "THE INSURED") AND IN CONSIDERATION OF THE AGREED PREMIUM PAID TO THE COMPANY BY THE
定的保险，按照本保险单承保险别和背面所载条款与下列
INSURED UNDERTAKES TO INSURE THE UNDERM ENTIONED GOODS IN TRANSPORTATION SUBJECT TO THE CONDITIONS OF THIS POLICY
特款承保下述货物运输保险，特立本保险单
AS PER THE CLAUSES PRINTED OVERLEAF AND OTHER SPECIAL CLAUSES ATTACHED HEREON

标记 MARKS § NOS	包装及数量 QUANTITY	保险货物项目 DESCRIPTION OF GOODS	保险金额 AMOUNT INSURED
AS PER INVOICE NO. JH-FLSINV06	1200 CARTONS	FOREVER BRAND BICYCLE	US$90420.00

总保险金额：
TOTAL AMOUNT INSURED: UNITED STATES DOLLARS NINETY THOUSAND FOUR HUNDRED AND TWENTY ONLY

保费 费率 装载运输工具
PREMIUM AS ARRANGED RATE AS ARRANGED PER CONVEYANCE SS. YI XIANG V307

开航日期 自 至
SLG. ON OR ABT. AS PER BILL OF LADING FROM GUANGZHOU TO COPENHAGEN

承保险别
CONDITIONS
ALL RISKS AND WAR RISK
AS PER CIC OF P. I. C. C. DATED 1/1/1981
L/C NO. FLS-JHLC06

所保货物，如遇出险，本公司凭本保险单及其他有关证件给付赔款。
CLAIMS, IF ANY, PAYABLE ON SURRENDER OF THIS POLICY TOGETHER WITH OTHER RELEVANT DOCUMENTS
所保货物，如发生本保险单项下负责赔偿的损失或事故，
IN THE EVENT OF ACCIDENT WHEREBY LOSS OR DAMAGE MAY RESULT IN A CLAIM UNDER THIS POLICY IMMEDIATE NOTICE
应立即通知本公司下述代理人查勘。
APPLYING FOR SURVEY MUST BE GIVEN TO THE COMPANY'S AGENT AS MENTIONED HEREUNDER:
J. G. SAFE & CO. A/S631 MAPLE ALLE, DK-3240 VALBY
COPENHAGEN TEL: (01) 413277 FAX: (01) 413376

中国人民保险公司广州分公司
THE PEOPLE'S INSURANCE COMPANY OF CHINA

赔款偿付地点
CLAIM PAYABLE AT/IN DENMARK IN US DOLLARS
日期
DATE 18-May-2014 广州 GUANGZHOU GUANGZHOU BRANCH

地址：中国广州中山路 56 号 TEL: 87562398 Telex: 87569824 PICCS CN.
ADDRESS: 56 ZHONG SHAN LU ROAD, GUANGZHOU, CHINA.

连环
General Manager

示样 11－9 航空运单

MAWB No. A&T No.

Shipper's Name and Address	Shipper's Account Number	A&T Not Negotiable House Air Waybill Air Consignment
Consignee's Name and Address	Consignee's Account Number	上海航旅国际货运代理有限公司 SHANGHAI AVIATION & TOURISM INTERNATIONAL FREIGHT CO., LTD.
		Copies 1.2 and 3 of this Air Waybill are originals and have the same validity.
Also Notify		It is agreed that the goods described herein are accepted for carriage in apparent good order and condition (except as noted) and SUBJECT TO THE CONDITIONS OF CONTRACT ON THE REVERSE HEREOF THE SHIPPERS ATTENTION IS DRAWN TO THE NOTICE CONCERNING CARRIERS LIMITATION OF LIABILITY. Shipper may increase such limitation of liability by declaring a higher value for carriage and paying a supplemental charge if required.
Agent's IATA Code	Account No.	Accounting Information
Airport of Departure (Addr of first Carrier) and requested Routing		

to	By first Carrier	Routing and Destination	to	by	to	by	Currency	CHGS Code	WT/VAL PPD	WT/VAL COLL	Other PPD	Other COLL	Declared Value for Carriage	Declared Value for Customs

Airport of Destination	Flight/Date	For Carrier Use only	Flight/Date	Amount of Insurance	INSURANCE – If shipper requests insurance in accordance with conditions on reverse hereof, indicate amount to be insured in figures in box marke amount of insurance

Handling Information

No. of Pieces RCP	Actual Gross Weight	kg lb	Rate Class	Commodity item No.	Chargeable Weight	Rate / Charge	Total	Nature and Quantity of Goods (incl. Dimensions or Volume)
								Said to Contain:

Prepaid	Weight Charge	Collect	Other Charges
	Valuation Charge		Insurance Premium
	Tax		
	Total Other Charges Due Agent		Shipper certifies that the particulars on the face hereof are correct and that insofar as any part of the consignment contains restricted articles, such part is properly described by name and is in proper condition for carriage by air according to the International Air Transport Association's Restricted Articles Regulations.
	Total Other Charges Due Carier		
			Signature of Shipper or His Agent
Total prepaid	Total collect		
Currency Conversion Rates	cc charges in Dest. Currency		Executed on (Date) at (Place) Signature of Issuing Carrier or its Agent
For Cariers Use only at Destination	Charges at Destination	Total collect charges	A&T No.
Consideration AirWay Bill not negotiable		Original 3 (For Shipper)	

示样 11-10 航空运单

中国民用航空总局

GENERAL ADMINSTRATION OF CIVIL AVIATION OF CHINA

国际货物托运书

SHIPPER'S LETTER OF INSTRUCTION

货运单号码
NO. OF AIR WAYBILL
JH-FLSINV06

始发站 AIRPORT OF DEPARTURE SHANGHAI, CHINA	到达站 AIRPORT OF DESTINATION COPENHAGEN	供承运人用 FOR CARRIER USE ONLY 航班/日期 FLIGHT/DAY 航班/日期 FLIGHT/DAY 已预吨位 BOOKED	
收货人姓名及地址 CONSIGNEE'S NAME AND ADDRESS F. L. SMIDTH & CO. 77, VIGERSLEV ALLE, DK-2500 VALBY, COPENHAGEN. DENMARK		运费 CHARGES FREIGHT PREPAID	
另请通知 ALSO NOTIFY			
托运人姓名及地址 SHIPPER'S NAME AND ADDRESS SILVER SAND TRADING CORP. 6TH FLOOR, JINDU BUILDING, 135 WUXING ROAD, SHANGHAI P. R. CHINA			
托运人声明的价值 SHIPPER'S DECLARED VALUE 供运输用 FOR CARRIAGE USD 82,200.00 供海关用 FOR CUSTOMS USD 82,200.00	保险金额 AMOUNT OF INSURANCE	所附文件 DOCUMENTS TO ACCOMPANY AIR WAYBILL	

件数 No. OF PACKAGES 实际毛量（公斤）ACTUAL GROSS WEIGHT（KG）	运价类别 RATE CLASS	收费重量 CHARGEABLE WEIGHT	费率 RATE/CHARGE	货物品名及数量（包括体积或尺寸）NATURE AND QUANTITY OF GOODS (INCL. DIMENSIONS OR VOLUME)
1,200 39,600.00				GOODS: FOREVER BRAND BICYCLE YE803 26' QUANTITY: 1,200CARTON VOLUME: 547.200CBM.

在货物不能交给收货人时托运人指示的处理办法
SHIPPER'S INSTRUCTIONS IN CASE OF INABLITY TO DELIVER SHIPMENT AS CONSIGNED

处理情况 L/C NO. FLS-JHLC06
HANDLING INFORMATION

托运人证实以上所填全部属实并愿遵守承运人的一切载运章程
THE SHIPPER CERTIFIES THAT THE PARTICULARS ON THE FACE HEREOF ARE CORRECT AND AGREES TO THE CONDITIONS OF CARRIAGE OF THE CARRIER

托运人签字 SIGNATURE OF SHIPPER	日期 2014.05.12 DATE	经手人 AGENT	日期 DATE

示样 11-11 快邮收据

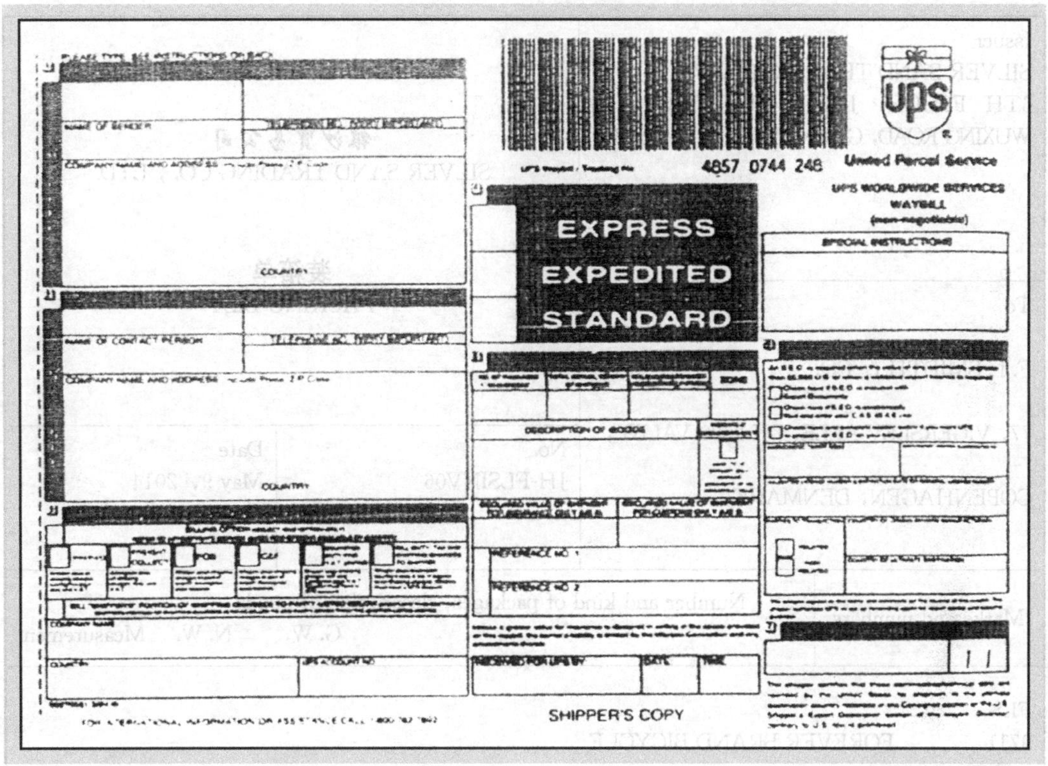
NAME OF SENDER

COMPANY NAME AND ADDRESS

COUNTRY

NAME OF CONTACT PERSON

COMPANY NAME AND ADDRESS

COUNTRY

UPS Waybill / Tracking No. 4857 0744 248

UPS United Parcel Service

UPS WORLDWIDE SERVICES WAYBILL (non-negotiable)

EXPRESS

EXPEDITED

STANDARD

SPECIAL INSTRUCTIONS

DESCRIPTION OF GOODS

REFERENCE NO. 1

REFERENCE NO. 2

RECEIVED FOR UPS BY

DATE

TIME

SHIPPER'S COPY

FOR INTERNATIONAL INFORMATION OR ASSISTANCE CALL 1 800 782 7892

示样 11-12 装箱单

<table>
<tr><td colspan="2">Issuer
SILVER SAND TRADING CORP.
6TH FLOOR, JINDU BUILDING, 135 WUXING ROAD, GUANGZHOU, P. R. CHINA</td><td colspan="2" rowspan="2">银沙贸易公司
SILVER SAND TRADING CO., LTD.

装箱单
PACKING LIST</td></tr>
<tr><td colspan="2" rowspan="2">To

F. L. SMIDTH & CO.

77, VIGERSLEV ALLE, DK-2500 VALBY,

COPENHAGEN, DENMARK</td></tr>
<tr><td>No.
JH-FLSINV06</td><td>Date
May 9, 2014</td></tr>
<tr><td>Marks and numbers</td><td colspan="3">Number and kind of packages; description of goods
G. W. N. W. Measurement</td></tr>
</table>

FLS
9711 FOREVER BRAND BICYCLE
COPENHAGEN
CARTON 1—1200

1—600	YE803 26′	600 CARTONS	600 SETS	19,800KGS	16,800KGS	273.600CBM
601—1200	TE600 24′	600 CARTONS	600 SETS	19,800KGS	16,800KGS	273.600CBM

TOTAL: 1,200 CARTONS 1,200 SETS 39,600KGS 33,600KGS 547.200CBM

TOTAL QUANTITY: 1,200 SETS IN 1,200 CARTONS

TOTAL WEIGHT: 33,600KGS (N. W.)

39,600KGS (G. W.)

TOTAL VOLUME: 547.200CBM

L/C NO. FLS-JHLC06

示样 11－13 重量单

广州市对外贸易黄埔公司
GUANGZHOU FOREIGN TRADE HUANGPU CORP.

Add: **GUANGZHOU FOREIGN TRADE HUANGPU CO.** **Invoice No.:** HPC20-13
5/F, NO. 669, GANGQIAN ROAD, **Date:** Jan. 06, 2013
HUANGPU, GUANGZHOU,
PRC (ZIP CODE: 510700)

重量单
WEIGHT LIST

致: WONG ELECTRICAL & TEAK WOOD SDN BHD
TO: NO. 8 LORONG YAP HIN, PUDU, 55100 KUALA LUMPUR

信用证号码 **L/C NO.:** TCWM107488PAS
开证行 **ISSUED BY:** RHB BANK BERHAD KUALA LUMPUR MALAYSIA

船名 **SHIPPED PER**
开船日期: **SAILING DATE:**

由 **FROM** SHANGHAI, CHINA
往 **TO** KELANG, MALAYSIA
合同号 **CONTRACT NO.:** HPC200

MARKS & NUMBERS	**QUANTITIES AND DESCRIPTIONS**	**Q'TY**	**G. W.**	**N. W.**
W. E. T. C/N. 1—127	(1) "WHALE BRAND" CONDUIT PIPE DIE MACHINE TYPE 112C WITH FOUR DIES (3/4", 1", 3/4" &1 1/2")	500PCS	2,250KGS	2,000KGS
	(2) 200 PCS DIES OF 3/4"	200PCS	50KGS	48KGS
	TOTAL:		**2,300KGS**	**2,048KGS**

示样 11-14 产地证

1. Exporter (Full name and address) SILVER SAND TRADING CORP. 6TH FLOOR, JINDU BUILDING, 135 WUXING ROAD, GUANGZHOU, P. R. CHINA	**CERTIFICATE NO. JH—FLSFMA06**
2. Consignee (Full name, address, country) F. L. SMIDTH & CO. 77, VIGERSLEV ALLE, DK—2500 VALBY, COPENHAGEN, DENMARK	**CERTIFICATE OF ORIGIN** **OF** **THE PEOPLE'S REPUBLIC OF CHINA**
3. Means of transport and route FROM SHANGHAI, CHINA TO COPENHAGEN BY VESSEL	5. For certificate authority use only **China Council for the Promotion of International Trade is China Chamber of International Commerce.**
4. Country/region of destination	

6. Marks and numbers of packages	7. Number and kind of packages; description of goods	8. Origin criterion	9. Gross weight	10. Number and date of invoices
FLS/9711/COPENHAGEN/CARTON 1—1200	成人自行车 FOREVER BRAND BICYCLE YE803 26' 87120081. 1 600 SETS SAY 600 (SIX HUNDRED) CARTONS ONLY. FOREVER BRAND BICYCLE TE600 24' 87120081. 1 600 SETS SAY 600 (SIX HUNDRED) CARTONS ONLY. TOTAL: SAY 1200 (ONE THOUSAND TWO HUNDRED) CARTONS ONLY. GSP Form A in duplicate, issued and signed by the commodity inspection bureau in GUANGZHOU L/C NO. FLS—JHLC06			JH—FLSINV06 May 09, 2014

11. Declaration by the exporter **The undersigned hereby declares that the above details and statements are correct; that all the goods were produced in China and that they comply with the Rules of Origin of the People's Republic of China.** CHINA May 10, 2014	12. Certification **It is hereby certified that the declaration by the exporter is correct.** CHINA May 10, 2014
Place and date, signature and stamp of certifying authority	Place and date, signature of authorized signatory

示样 11-15 普惠制产地证

ORIGINAL

<table>
<tr>
<td colspan="3">1. Goods consigned from (Exporter's business name, address, country)</td>
<td colspan="3" rowspan="2">Reference No.
GENERALIZED SYSTEM OF PREFERENCES CERTIFICATE OF ORIGIN
(Combined declaration and certificate)
FORM A
Issued in THE PEOPLE'S REPUBLIC OF CHINA
(country)
see Notes. overleaf</td>
</tr>
<tr>
<td colspan="3">2. Goods consigned to (Consignee's name, address, country)</td>
</tr>
<tr>
<td colspan="3">3. Means of transport and route (as far as known)</td>
<td colspan="3">4. For official use</td>
</tr>
<tr>
<td>5. Item number</td>
<td>6. Marks and numbers of packages</td>
<td>7. Number and kind of packages; description of goods</td>
<td>8. Origin criterion (see Notes overleaf)</td>
<td>9. Gross weight or other quantity</td>
<td>10. Number and date of invoices</td>
</tr>
<tr>
<td colspan="3">11. Certification
It is hereby certified, on the basis of control carried out, that the declaration by the exporter is correct.

Place and date, signature and stamp of certifying authority</td>
<td colspan="3">12. Declaration by the exporter
The undersigned hereby declares that the above details and statements are correct; that all the goods are produced in (country)
and that they comply with the origin requirements specified for those goods in the Generalized System of Preferences for goods exported to
(importing country)

Place and date, signature and stamp of certifying authority</td>
</tr>
</table>

示样 11-16 品质证书

中华人民共和国出入境检验检疫 正本

ENTRY-EXIT INSPECTION AND QUARANTINE ORIGINAL
OF THE PEOPLE'S REPUBLIC OF CHINA

1

编号 No.: ×××××××××××××××

品 质 证 书

QUALITY CERTIFICATE

发货人
Consignor ×××进出口有限公司
××× IMPORT & EXPORT COMPANY LTD. 2

收货人
Consignee *** 3

品名 Description of Goods	100%棉染织物 44″ 108×58/21×21 100% Cotton dyed fabric 4	标记及号码 Mark & No. 5 C/NO. 1-120	
报检数量/重量 Quantity/Weight Declared	-12000-码 -12000-yds 6		
包装种类及数量 Number and Type of Packages	全幅卷筒，每卷用聚乙烯袋装 FULL WIDTH ROLLED ON TUBE, EACH ROLL IN IN POLY BAG 7		
运输工具 Means of Conveyance	货车 BY TRUCK 8		

检验结果 9
RESULTS OF INSPECTION:

从全批货物中，按×××标准抽取样品并按×××标准规定进行检验，结果如下：

From the whole lot of goods, samples were drawn according to Standard ××× and inspected according to the stipulation of Standard ××× with the results as follows:

幅宽（英寸）：
Width (inch): 44

经纬密度（根/英寸）：
Density of warp & weft (per inch): 116.9×56.6

经纬断裂强力（牛顿/5 厘米）：
Breaking strength of warp & weft (N/5cm): 1 210×908

水洗尺寸变化（%）：
Dimensional change after washing (%): 0.8×0.1

耐洗色牢度（等级）：
Color fastness to washing (grade): cc: 3
cs: 4

耐磨擦色牢度（等级）：
Color fastness to rubbing (grade)（干摩）dry: 4~5
（湿摩）Wet: 4

原料成分：100%棉
Composition (%): 100% cotton

外观：A 等级
Appearance: Grade A

结论：上述检验结果符合×××标准对 A 级产品的要求。

Conclusion: The above results of inspection are in conformity with the requirements of Standard ××× for grade A products.

****

本证书印刷号：A×××××××

印章 签证地点 Place of Issue GUANGZHOU 签证日期 Date of Issue 05 APR., 2000

Official Stamp

授权签字人 Authorized Officer ZHANG XIAOSHAN 签 名 Signature

示样 11－17 植物检疫证书

中华人民共和国出入境检验检疫
ENTRY-EXIT INSPECTION AND QUARANTINE
OF THE PEOPLE'S REPUBLIC OF CHINA
植物检疫证书
PHYTOSANITARY CERTIFICATE

编号
No：

发货人名称及地址：SHANGHAI FOREIGN TRADE IMPORT & EXPORT LTD
Name and Address of Consignor
收货人名称及地址：＊＊＊＊＊＊＊＊＊＊
Name and Address of Consignee

品 名：NORTH-EAST SMALL RED BEANS　植物学名称 ＊＊＊
Description of Produce　Botanical Name of Plants
报验数量：296 M/TONS　标记及号码
Quantity Declared　Mark & No.
包装种类及数量：　B. O. C.
Number and Type of Packages 5,889 GUNNY BAGS　1－5889
产地：
Place of Origin CHINA
到达口岸：
Port of destination TOKYO
运输工具：　检验日：
Means of Conveyance BY SHIP　Date of Inspection JUN 17，2012

此证明上述植物、植物产品或其他检疫物已经按照规定程序进行检查和检验，被认为不带有输入国或地区的规定的检疫性有害物，并且基本不带有其他的有害物，因而符合输入国或地区现行的植物检疫要求。

This to certify that the plants，plant products or other regulated articles described above have been inspected and tested according to appropriate procedures and are considered to be free from quarantine pests specified by the importing country/region，and practically free from other injurious pests；and that they are considered to conform with the current phytosanitary requirements of the importing country/region.

杀虫和/或灭菌处理 DISINFESTATION AND /OR DISINFE TREATMENT
日期：＊＊＊　药剂及浓度：＊＊＊
Date　Chemical & Concentration
处理方法：＊＊＊　持续时间及温度：＊＊＊
Treatment　Duration & Temperature
附加声明：
ADDITIONAL DECLARATION　CREDIT NUMBER：M30-33221
印章：×××　签证地点：SHANGHAI　签证日期：JUN 17，2012
Stamp　Place of Issue　Place of Issue
授权签字人：ILI　签名：丁毅
Authorized Officer　Signature

中华人民共和国出入境检验检疫机关及官员或代表不承担签发本证书的任何财经责任。
No financial liability with respect to this certificate shall attach to the entry-exit inspection and quarantine authorities of the P. R. of China or any of its officers or representation.

示样 11-18　分析证书

CERTIFICATE OF ANALYSIS

Report Date：March 22，2010

Commodity：	TITANIUM BA01—01
Batch No.：	20100310
QUANTITY：	10MT
Analysis Date：	2010.03.20
INVOICE NO.：	04CD701

Test Items	Specification	Results
Content of TiO 2%（m/m）	98%	98.8%
Color （compared with standard product）	Not lower than	Not lower than
Tint-reducing power （compared with standard product）	100%	106%
Volatiles 105℃%（m/m）	0.5	0.3
Water soluble %（m/m）	0.5	0.4
PH of water suspension	6.5～8.0	7.5
Oil absorption g/100g	26	20
Residue 45μm%（m/m）	0.10	0.07
Resistivity of water extract Ωm	20	/

WEST CORPORATION LIMITED
NANJING JIANGSU

示样 11-19　熏蒸/消毒证书

中华人民共和国出入境检验检疫

ENTRY-EXIT INSPECTION AND QUARANTINE OF THE PEOPLE'S REPUBLIC OF CHINA

正本 ORIGINAL

熏蒸/消毒证书

FUMIGATION/DISINFECTION CERTIFICATE

编号 No. 330800204012339

发货人名称及地址
Name and Address of Consignor　SINOCHEM JIANGSU IMPORT & EXPORT CORPORATION

收货人名称及地址
Name and Address of Consignee　SAKASH & SONS

品名
Description of Goods　BAMBOO PLACE MAT / BAMBOO MAT

产地
Place of Origin　ANJI ZHEJIANG

报检数量
Quantity Declared　80 CARTONS/2,360 KGS/14,400 PCS; 80 CARTONS/480 KGS/300 PCS

标记及号码
Mark & No.
SASSON
DESCRIPTION: BAMBOO MAT
MADE IN CHINA

启运地
Place of Despatch　SHANGHAI CHINA

到达口岸
Port of Destination　NEW DELHI INDIA

运输工具
Means of Conveyance　BY SEA (HLXU4369149)

日期:
Date:　19-20 MAY, 2004

处理方法:
Treatment　FUMIGATION

处理时间及温度:
Duration & Temperature:　24HOURS 24℃

药剂及浓度:
Chemical & Concentration:　METHYL BROMIDE 48g/CBM
DEGASSED
** ** ** **

印章
Official Stamp

签证地点 Place of Issue　HUZHOU　　签证日期 Date of Issue　20 MAY, 2004

授权签字人 Authorized Officer　SHEN KUNHUA　　签　名 Signature

中华人民共和国出入境检验检疫机关及其官员或代表不承担签发本证书的任何财经责任。No financial liability with respect to this certificate shall attach to the entry-exit inspection and quarantine authorities of the P. R. of China or to any of its officers or representatives.

3031432　　[c7-1(2000.1.1)]

第十二章

国际非贸易结算

学习目标

- 了解非贸易结算的主要内容
- 理解并掌握侨汇的解付程序
- 了解信用卡的申请与使用过程

除经济贸易交往外，国与国之间还有政治、文化、服务、技术以及人员往来交流等活动，由此产生的劳务或服务项目的收支就构成了非贸易结算。非贸易结算具有其独特的特点，它涉及的内容广泛，行为主体呈多样化、分散化，结算过程相对简单。随着国际交往的不断扩大，非贸易结算方式的范围与规模不断扩大。从结算量上比较，非贸易结算量已远超贸易结算量。

第一节　非贸易结算的内容

非贸易外汇收支是指贸易外汇收支以外的各项外汇收支，其特点主要是国际交往的各方相互提供劳务服务，不涉及商品的进出口。

根据国际惯例和我国传统的分类方法，非贸易结算的范围包括以下各个项目。

1. 海外私人汇款

海外私人汇款包括汇入汇款和汇出汇款：

（1）汇入汇款。汇入汇款是指港澳台同胞、华侨、中国血统外籍人及外国人汇入、携带或邮寄入境的外币与外币票据，包括以电汇、信汇、票汇形式汇给中国居民和外国侨民的赡家汇款。

（2）汇出汇款。汇出汇款是指国家外汇管理局批给我国公民及外国侨民的旅杂费、退休金、赡家费、移居出境汇款；外商或侨商企业纯利及资产汇出；各国驻华领事馆在我国收入的签证费、认证费的汇出及其他一切私人外汇的支出。

2. 运输及邮电行业的收支

（1）海运收支。海运收支是指我国自有船只，包括远洋轮船公司经营对外运输业务所收入的客货运费及出售物料等的外汇收入；我国自有租赁的船只（不包括外运公司租轮）所支付的租金、修理费用，在外国港口的使用费，在港澳地区所支出的外汇费用以及在国外向外轮供应公司和船舶燃料供应公司购买食品、物料、燃料所支出的外汇，还有与船舶有关的奖罚金、保证金、押金等。

（2）航空运输收支。航空运输收支是指我国民航的国际客货营业收入，包括运费、国外飞机在我国机场的使用费以及我国民航在国外机场的费用支出。

（3）铁路收支。铁路收支是指我国铁路运输（货运与客运）的国际营业收入以及我国列车在境外的开支。

（4）邮电结算收支。邮电结算收支是指我国邮电部门和外国邮电部门之间结算彼此的邮电费用、应收的外汇收入与应付的外汇支出。

3. 金融行业的外汇收支

（1）银行收支。银行收支是指我国银行经营外汇业务的收支，包括手续费、邮电费、利息、驻港澳地区及国外的分支机构上缴的利润和经费等外汇收入；我国银行委托国外办理业务支付的手续费、邮电费和国外借款应支付的利息等外汇支出。

（2）外汇收兑。外汇收兑是指我国边境和内地银行收兑入境旅客，包括外宾、华侨、港澳台同胞、外籍华人、在华外国人等的外币、现钞、旅行支票、旅游信用证及汇票等汇兑收入。

兑换国内居民外汇是指兑换国内居民，包括归侨、侨眷、港澳同胞家属委托银行在海外收取遗产，出售房地产、股票，收取股息、红利，调回国外存款、利息等外汇收入。

（3）保险收支。保险收支是指我国保险公司进行国际经营的外汇收支，包括保费、分保费、佣金、驻外（含港澳地区）保险分支机构上缴的利润和经费等外汇收入；我国向国外支付分保费、应付保险佣金和保险赔款等外汇支出。

4. 旅游行业的外汇收支

旅游行业的外汇收支是指我国各类旅行社和其他旅游经营部门服务业务的外汇收支。

5. 其他外汇收支

（1）文化交流活动的外汇收支。该收支是指我国图书进出口公司、影音公司、集邮公司进出口图书、影片、邮票的外汇收支。

（2）外轮代理与服务收入。该收支是指外国轮船在我国港口所支付的一切外汇费用收入，我国外轮供应公司对远洋货轮、外国轮船及其海员供应物资和提供服务的外汇收入以及国外海员在港口银行兑换的外币现钞收入。

（3）其他外汇收入与支出。例如，驻外企业汇回款项收入、外资企业汇入经费收入、外国领事馆团体费用收入等。外汇支出是指机关、企业、团体费用外汇支出等。

总之，非贸易结算项目的范围很广。其中，国际服务贸易的外汇收支是非贸易结算的主体。本章重点介绍侨汇、外币兑换业务、信用卡业务。

第二节　侨汇与外币兑换业务

一、侨　汇

（一）侨汇的概念

侨汇（overseas Chinese remittance）是华侨汇款的简称，是指海外侨胞、外籍华人和港澳台同胞汇入国内的款项。侨汇按其用途，可分为赡家侨汇、建筑侨汇、捐赠侨汇和投资侨汇。

侨汇是我国非贸易外汇的主要来源之一。银行在解付侨汇业务中坚持“谁款谁收，存款自愿，取款自由”的原则，任何人不得侵犯侨汇所有者的所有权和使用权，不得擅自没收、扣压、延付和冻结侨汇。银行在解付时应仔细审核各类证件，以防假冒，保证安全、便利、迅速，杜绝侨汇工作中的错、乱、压、慢等现象。

（二）侨汇的解付程序

1. 侨汇的解付

侨汇的主要方式有信汇、电汇、票汇和约期汇款等。

（1）信汇。信汇是指港澳或国外联行制妥一整套包括信汇委托书、正收条、副收条、汇款证明书及信汇通知书等的规范格式，邮寄给通汇行的侨汇。由于侨汇的笔数繁多、业务量较大，因此大部分港澳和国外联行在办理侨汇业务时采用每日按国内通汇行、分币别在营业终了时缮制“经收侨汇总清单”并附信汇委托书等，直接寄通汇行。通汇行在收到汇出行寄来的侨汇总清单后，经仔细审核汇出行签章无误，总清单所列笔数、金额与附件相符后，按所附的信汇委托书逐笔缮制汇款通知书，通知收款人取款。

通汇行在解付信汇后，应在收款人签章的正、副收条上加盖有行名和日期的付讫戳记，副收条可代“汇入汇款”科目借方传票或作为传票附件，并将正收条及时寄回汇出行。

（2）电汇。电汇是指港澳或国外联行以电报方式汇入的侨汇。这种汇款多数是急需款，应从速解付。通汇行在接到电汇后，经核对电报、密押无误，即缮制汇款通知书通知收款人前来取款。如果汇款头寸报单电抄未到，先以“港澳及国外联行往来未达户”科目列账，转入“汇入汇款”科目并抽出电抄，加盖付讫戳记，以防重复解付。

如果电报未到、电抄先到，经核实印押相符后，可办理解付，以后收到电报时，应避免重复解付。

（3）票汇。票汇是指海外华侨、港澳台同胞向国外或港澳联行购买汇票，自带或邮寄给他们国内的亲属，凭以向国内指定的解付行兑付的汇款。解付行经核对汇票上的出票人签字、汇票通知书上的签字与签字样本相符合，办理解付。若汇票上有收款人的姓名，应由收款人背书，并认真核对收款人提供的身份证件后，方可解付。在解付时，可以以汇票代“汇入汇款”借方传票或作为传票附件。解付汇票的侨汇证明书由解付行填写，如果在解付汇票时汇出行的总清单尚未收到，可通过“港澳及国外联行往来未达户”科目处理。

(4) 约期汇款。约期汇款是指华侨和港澳台同胞与汇出行约定，在一定时期（如每月一次或每两月一次）汇给国内侨眷一定金额的汇款，由汇出行通知解付行按约定日期通知收款人取款。

2. 侨汇收条的处理

信汇、电汇的全套汇款收条一般都有正、副收条，汇款证明书和汇款通知书一式四联。

正收条（original receipt）应在解讫侨汇后，及时寄还汇出行，等候汇款人领取，以清手续。正收条上要有收款人签章、现金付讫章和解付日期章。

副收条（duplicate receipt）是在解付侨汇后银行留存的主要凭证。副收条上同样要有收款人签章、现金付讫章和解付日期章，并对收款人身份证件号码做详细的记录。如果个别汇款须加盖公章，应盖在副收条上，以备日后查考。

汇款证明书是在解付侨汇时交给收款人持有的一联，凭以查对收款金额。

汇款通知书有收款人的详细地址，以便通知收款人收款，它是解付侨汇的依据。

3. 侨汇的转汇及解付的处理手续

(1) 侨汇的转汇。侨汇的转汇是指当汇入行收到侨汇后，收款人在外地需要办理转汇，可委托收款人所在地银行办理解付。侨汇的转汇均应以外币进行，在解付后也应以外币划账。转汇行在转汇时，应将汇款详细内容及时、准确地转到解付行。以电汇方式汇款的侨汇，如需要用电报转汇的，电报内容应包括侨转（编号）、地址、收款人姓名、汇款人姓名、货币金额、附言、密押、转汇行行号等。

侨汇的汇款人一般需要见到收款人签章的收据，因而转汇行在转汇侨汇时，不主动将头寸划给解付行，而是由解付行解讫后，将报单随副收条划付转汇行。

(2) 解付时的处理手续。解付行收到转汇行寄来的侨汇转汇委托书及附件，应先核对印鉴、密押，再根据转汇委托书逐笔与附件核对，按照规定手续办理解付。

解付行在每日营业终了时，将已解讫的转汇侨汇核销转汇行“转汇委托书”，并汇总一笔划付转汇行，解讫的正收条和通知书上应加盖解付行付讫日期，随附报单寄转汇行。副收条由解付行留作传票附件或另行保管。

(3) 转汇行收到解付行报单的处理手续。转汇行收到解付行的联行报单及所附的解讫侨汇正收条及通知书，经核对无误后，逐笔抽销信汇委托书办理转账。

4. 侨汇的查询

解付行在收到汇出行或转汇行寄来的侨汇总清单、侨汇转汇委托书及附件后，若发现收款人的姓名有误、地址不详、密押或报单签章不符，应及时向汇出行或转汇行查询，待查复后才能解付。

若总清单与附件的汇款笔数、金额不符，但总清单及附件上的签章无误，应速向汇出行查询。为避免积压侨汇，仍可按正常手续解付。解付行在解讫后应暂时记入“暂付款项”科目，等汇出行查复后再转入“汇入汇款”科目，并转销“暂付款项”科目。

应寄送其他通汇行而误寄本行的总清单及附件，应迅速转寄有关行。

5. 侨汇的退汇

对于汇入的侨汇，一般不应随便退回，但在下列情况发生时，可以办理退汇：

(1) 收款人的姓名有误、地址不详，在查询后仍无法解付，可以退汇。

(2) 收款人死亡且无合法继承人，经联系汇出行，在收到其"退汇通知书"时，可以退汇。

(3) 收款人拒收侨汇，要求退汇，解付行应与汇出行联系，在征得汇款人的同意后，再办理退汇。票汇业务的国内持票人申请退汇，须经外汇管理部门审核批准，在发给"邮寄外币票据出国证明书"后，才能向邮局办理汇票邮寄国外手续，以便由汇款人持汇票向汇出行办理退汇。

(4) 汇款人主动要求退汇，汇出行应来电或寄来"退汇通知书"，通知解付行办理退汇。若解付行查明该笔汇款确未解付，可予以退汇。解付行需要填制特种转账传票一式两联，一联连同加盖"退汇"戳记的正式收条侨汇证明书、通知书及汇出行的退汇申请书，与联行划收报单一起寄清算行。一联代传票或与汇出行寄来的"退汇查复书"一起作为传票附件。

二、外币兑换业务

1. 外币兑换的概念及相关规定

外币兑换可以分为三种情况，即外币兑换成人民币、外币兑换成另一种外币或人民币兑换成外币。依据外币兑换的实体，可把其分为广义和狭义的概念。狭义的外币兑换专指外币现钞的兑换业务；广义的外币兑换不仅包括外币现钞的兑换，还包括旅行支票、旅行信用证、信用卡以及外币票据买入等项业务。

我国 2008 年修订的《中华人民共和国外汇管理条例》规定，中华人民共和国境内禁止外币流通，并不得以外币计价结算，但国家另有规定的除外。境内机构、境内个人的外汇收入可以调回境内或者存放境外；调回境内或者存放境外的条件、期限等，由国务院外汇管理部门根据国际收支状况和外汇管理的需要做出规定。

2. 外币兑换种类

外币兑换业务是经营外汇业务银行的一项经常性业务。随着我国国际交往的不断扩大，外币兑换业务量也随之不断增长，可兑换的外币种类也日趋多样化。到目前为止，在世界上 150 多种货币中，我国外汇银行挂牌收兑的外币现钞有 21 种。自 2002 年 1 月 1 日起，欧元纸币与铸币投入流通，取代欧盟各成员国货币，外汇银行的外币兑换也做了相应调整。

3. 兑换外钞的基本程序

(1) 鉴别外钞。每一种货币都有纸币与铸币，每一种货币又都有多种面额和版式。有些货币伪钞较多，在收兑时必须鉴别真伪。由于铸币解钞出运不便，各外汇银行基本不再受理铸币。而对多种面额和版式的纸币，在兑换时，不仅要对各种货币进行全面深入的了解，而且应熟悉各种外币的流通情况，把握外币现钞的退出流通时间等。此外，还要掌握鉴别真假钞的常识，以防止收兑假钞或停止流通的废币。

首先，鉴别各国钞票的主要内容包括钞票上发行机构的名称、面值、币别、金额、印刷年份、连续编号、发行机构的标记和负责人签字、法律有效词句、票面上各种人文景物的装饰图案和花纹等。

其次，从各国钞票的纸张特征、印刷方法和油墨质量等方面鉴别真伪。由于世界各国或地区印刷钞票的要求很高，都力求使用最新、最好和最可靠的印刷技术，如纸钞上加红蓝纤维、安全线、水印、荧光等以防止伪钞。因此，在查钞时，要特别注意这三方面的标准，以眼看和手摸来鉴别真伪。

最后，可利用现代化设备和仪器鉴别伪钞。

(2) 外币兑换操作。

1) 兑入外币。凡属国家外汇管理局“外币收兑牌价表”内所列的各种外国货币，经营外汇业务的外汇银行均可凭持兑人的身份证办理收兑业务。在收兑时，必须坚持“先收后付”的原则。在接到客户交来的外钞时，先鉴别真伪并清点数目，确定为合格外币后，再与顾客核对，然后按当天现钞买入价兑付，填制“外汇兑换水单”和内部传票，经复核无误后交纳，点收外币和支付人民币。若发现伪钞、涂改钞、变造钞和已停止流通的外钞，银行应予以没收，以避免在国内其他行处及代兑点误兑入，并开出没收假钞证明一式两联。

外币兑换水单一式四联：第一联为兑入外币水单，由兑入行加盖业务公章交给持兑人收执；第二联为外汇买卖科目外币贷方传票；第三联为外汇买卖科目借方传票；第四联为外汇买卖统计卡，留存备查之用。

2) 兑出外币。一般是对已签证出境的外国人和批准出国的中国人办理。在兑出外币时，必须根据外汇管理部门在“非贸易外汇申请书”上批准的余额办理，并填制“外币兑换申请书”一式两份。

在办理兑出手续时，经办人员应填制“兑出外币水单”，再根据申请人交付的人民币金额按当日挂牌的现钞卖出价折算外币金额，填写在有关栏内，再交出纳员复核、配款，凭以兑付相应的外币现钞。同时，在外币兑换申请书上加盖业务公章后退回申请人。

兑出外币水单一式四联：第一联为兑出外币水单，由兑出行加盖业务公章后交申请人收执；第二联为外汇买卖科目人民币贷方传票；第三联为外汇买卖科目外币借方传票；第四联为外汇买卖统计卡，留存备查之用。

对境外人员在离境前，要求将入境时兑换的剩余人民币兑换为原币携出境，可凭本人护照和本人自外币兑入日起6个月有效的原外币兑换水单，在外汇指定银行的兑换机构办理，其兑换余额不能超过原兑换水单金额的50%。经办行在兑出外币后，应收回原兑换水单，加盖“已退回”戳记，作为外汇买卖传票的附件。

最后，还应在顾客的海关申报单的外币登记栏中写明，以便海关检查放行。

第三节 信用卡

一、信用卡的概念

信用卡是银行或专业机构为了向消费者提供短期消费信贷而发放的一种信用凭证。由于其具有可直接购物及支取现金的功能，信用卡已成为很盛行的一种消费信贷方式和支付手段。随着国际交往的日趋频繁和世界旅游经济的蓬勃发展，信用卡已成为世界范围内跨地区、跨国境使用的一种支付凭证。

国际上通用的标准信用卡是一种特殊塑料制成的卡片，又称塑料货币。一般卡片长85.725毫米，宽53.975毫米，厚0.762毫米。信用卡的正面印有信用卡名称或标记、发卡机构、卡号、有效期、持卡人姓名，背面有持卡人的预留签字、磁条、银行简单声明等。

二、信用卡的种类

(1) 根据发卡机构的不同，信用卡分为金融卡和非金融卡。银行和其他金融机构发行的信用卡为金融卡，专营公司发行的为非金融卡。

(2) 根据发卡对象的不同，信用卡分为个人卡和公司卡。个人卡是持卡者个人付账的信用卡。公司卡亦称商务卡，可分为主卡和附属卡，它是由某个单位的账户付款的信用卡。

(3) 根据持卡人的资信和社会地位的不同，信用卡可分为普通卡、金卡、白金卡等。

(4) 根据是否给予持卡人授信额度，又可分为贷记卡和借记卡。贷记卡的发卡金融机构允许持卡人在给予的信用额度内先使用、后还款；借记卡的持卡人只能先存款、后使用，没有信用额度。

(5) 根据流通范围的不同，信用卡分国际卡和地区卡。我国可接受兑付的在国际流通的国际卡有7种，它们是万事达卡（Master Card）、维萨卡（Visa Card）、运通卡（American Express Card）、JCB卡（JCB Card）、大莱卡（Diners Card）、百万卡（Million Card）、发达卡（Federal Card）。目前，我国许多银行也发行了可在国际上流通使用的信用卡，如中国银行的外汇长城万事达卡也属于国际卡。我国各商业银行所发行的限于本国国内流通的信用卡均属地区卡。

三、信用卡的申请与使用

1. 申　请

单位或个人在向银行申请办理信用卡时，应填写“信用卡申请表”，交发卡银行审核，发卡行要审查申请人的收入、信誉、担保等情况，符合条件者即可得到发卡行发给的信用卡。

2. 使　用

(1) 支取现金。持卡人凭卡支取现金，可去指定的代付行办理，填写一式三联的取现单，连同信用卡一起交代付行审查。银行首先应审查的内容包括：该卡是否属本代付行代办范畴；是否在有效期内；有无区域限制；取现金额是否在最高限额之内；卡号是否列入注销清单；持卡人护照或身份证件上的姓名与信用卡姓名是否一致；是否转借他人。其次，银行要核对持卡人在取现单上的当面签字与信用卡的预留签字是否相符。在核对无误后，将信用卡的卡号、持卡人姓名、有效期压在取现单上，由经办人员根据持卡人所取金额（在该卡规定取现的最高限额内），加上按协议规定的附加手续费，分别填写在取现单的有关栏目内，交给持卡人签字确认，经核对其签字与信用卡预留印鉴相符，即行兑付其所需的资金。然后，将取现单的“顾客联”和信用卡交还持卡人，另将一联取现单连同一联总计单寄发卡行索偿。若持卡人支取现金超过了最高用款限额，代付行必须先用电传与发卡行联系，在取得授权后，将授权号码填入取现单，办理兑付。

（2）直接购物消费。持卡人在特约商户购物时，特约商户依上述程序进行处理后缮制总计单，并根据总计单上的余额缮制银行送款单或转账进账单，并附总计单和购货人的签购单送交代办行。代办行应审核各项单据的金额及有关内容的完整与正确。在审核无误后，根据持卡购货金额扣 4%的手续费付给。具体扣费及分成情况视代办行与委托行的协议而定，并不是固定不变的，各卡的情况也不尽相同。

四、信用卡的挂失止付

当持卡人需要对其信用卡提出挂失或止付要求时，应直接与发卡机构联系。若代办行受理了信用卡挂失申请书，应立即将持卡人的姓名、卡号等以电传或电报通知发卡机构办理挂失止付，并以最快的方式通知各代办行和特约单位停止受理挂失的信用卡，然后将信用卡挂失申请书寄往发卡机构。在办理业务的过程中，若发现有被注销或止付的信用卡要求兑付，应立即予以扣留收回，并寄往发卡机构。

本章小结

非贸易结算具有与贸易结算不同的特点，其涉及范围广泛、内容繁杂，结算相对灵活简单。本章首先根据国际惯例和我国传统的分类方法，对非贸易结算的范围进行了概括，而后重点介绍了侨汇、外币兑换业务、信用卡等主要的非贸易结算业务。通过本章的学习，我们可以对非贸易结算的主要业务有较全面的了解。

练习题

一、术语解释

非贸易结算　　外币兑换　　信用卡

二、问答题

1. 国际非贸易结算包括哪些主要内容？
2. 我国办理外币兑换的相关规定是什么？
3. 信用卡有哪几种类型？
4. 我国可以受理的国际信用卡有哪些？

主要参考文献

1. 苏宗祥，景乃全，张林森. 国际结算. 3 版. 北京：中国金融出版社，2004.
2. 原擒龙. 国际结算与贸易融资. 2 版. 北京：中国金融出版社，2014.
3. 原擒龙. 国际结算与贸易融资案例分析. 北京：中国金融出版社，2010.
4. 高洁. 国际结算案例评析. 北京：对外经济贸易大学出版社，2006.
5. 庞红，尹继红，沈瑞年. 国际结算. 4 版. 北京：中国人民大学出版社，2012.
6. 王学惠，王可畏. 国际结算. 2 版. 北京：清华大学出版社、北京交通大学出版社，2011.
7. 蔡惠娟. 国际结算. 成都：西南财经大学出版社，2002.
8. 钱薇. 欧元跨国清算系统及清算渠道的选择. 国际金融，2000 (1).
9. 林孝成. 国际结算实务. 北京：高等教育出版社，2004.
10. 姜学军. 国际结算. 3 版. 大连：东北财经大学出版社，2012.
11. 王燕. 国际结算理论与实务. 上海：上海三联书店，2000.
12. 冯正强. 国际结算. 长沙：湖南人民出版社，2001.
13. 朱箴. 国际结算. 北京：中国金融出版社，2005.
14. 佟志广，等. 结构贸易融资. 北京：中信出版社，1998.
15. 梅圣华. 跟单托收实务解析. 金融实务，2006 (6).
16. 阎之大. 责任心+智慧为久拖未结的远期托收案划上圆满句号. 中国外汇，2006 (10).
17. 阎之大. UCP 600 解读与例证. 北京：中国商务出版社，2007.
18. 李金泽. 信用证与国际贸易融资法律问题. 北京：中国金融出版社，2004.
19. 金赛波. 中国信用证法律和重要案例点评. 北京：对外经济贸易大学出版

社，2003.

20. 黄飞雪，李志洁. UCP 600 与 ISBP 681 评述与案例. 厦门：厦门大学出版社，2009.

21. 周红军. 国际担保. 北京：中国金融出版社，2014.

22. 林建煌. ISBP 745. 厦门：厦门大学出版社，2013.

23. 张燕玲. 商业保理发展指南. 北京：中国金融出版社，2017.

24. 刘萍. 应收账款担保融资创新与监管. 北京：中信出版社，2009.

25. 查忠民，金赛波. 福费廷实务操作与风险管理. 北京：法律出版社，2005.

26. 郭立新. 今日福费廷. 中国外汇理财，2011（9）.

27. 宋炳方. 商业银行供应链融资业务. 北京：经济管理出版社，2008.

28. 深圳发展银行中欧国际工商学院供应链课题组. 供应链金融：新经济下的新金融. 上海：上海远东出版社，2009.

29. 李金龙，宋作玲，等. 供应链金融理论与实务. 北京：人民交通出版社，2011.

30. 梁柏谦. 浅析跨境人民币结算业务的清算渠道及模式全解. 天九湾贸易金融微信平台，2016-07-21.

31. 田慧芳. 人民币贸易和跨境结算的发展趋势. 宣讲家网，2016.

32. 包世德. 跨境贸易人民币结算的现状与对策. 时代经贸，2013（14）.

33. 环球银行同业金融电讯协会网站.

34. 国际商会. 跟单信用证统一惯例（UCP 600）.

35. 国际商会. 见索即付保函统一规则（URDG 758）.

36. 最高人民法院. 最高人民法院关于审理独立保函纠纷案件若干问题的规定，2016.

37. 国际商会. 国际备用证惯例（ISP 98）.

38. 国际保理商联合会网站.

39. 中国银行网站.

40. 中国工商银行网站.

41. 中国出口信用保险公司网站.

图书在版编目（CIP）数据

国际结算/高洁，黄莉主编. —4 版. —北京：中国人民大学出版社，2019.9
普通高等学校应用型教材·金融
ISBN 978-7-300-27290-0

Ⅰ.①国… Ⅱ.①高… ②黄… Ⅲ.①国际结算-高等学校-教材 Ⅳ.①F830.73

中国版本图书馆 CIP 数据核字（2019）第 172813 号

普通高等学校应用型教材·金融
国际结算（第四版）
主编 高 洁 黄 莉
Guoji Jiesuan

出版发行	中国人民大学出版社		
社　　址	北京中关村大街 31 号	**邮政编码**	100080
电　　话	010-62511242（总编室）		010-62511770（质管部）
	010-82501766（邮购部）		010-62514148（门市部）
	010-62515195（发行公司）		010-62515275（盗版举报）
网　　址	http://www.crup.com.cn		
经　　销	新华书店		
印　　刷	北京捷迅佳彩印刷有限公司	**版　　次**	2008 年 6 月第 1 版
开　　本	787 mm×1092 mm 1/16		2019 年 9 月第 4 版
印　　张	21.25	**印　　次**	2025 年 3 月第 11 次印刷
字　　数	498 000	**定　　价**	45.00 元